新訂朱子全書

附外編

21

［宋］朱熹 撰
朱傑人 嚴佐之 劉永翔 主編

上海古籍出版社

本册書目

晦庵先生朱文公文集（一）

劉永翔　朱幼文　校點

校點説明

朱子作爲宋代理學的集大成者，不以一藝自限，一生涉獵廣博，著述宏富。研摩所及，遍於經史子集；製作所包，亦跨經史子集。以專著來説，如詩集傳、四書集注屬於經，通鑑綱目、名臣言行録屬於史，通書解、近思録屬於子，楚辭集注、韓集考異則屬於集。朱子全書即以此分别部居、各從其類。書中的經史子部分，不消説絶大多數是朱子理氣性命之説、内聖外王之道的集中表述，而集部的那些校勘注釋之作，也集中體現出朱子的文學與文獻學思想。這些專著皆可各明朱子經史子集之學一端，而合朱子經史子集之學爲一帙者，則非集部之晦庵文集莫屬。朱子文集萬象森羅、無微不燭，舉凡學道、治學、修養、從政、教育、文學、史學、藝術、時事及自己的經歷等等無不涉及，不但可爲朱子所撰各專著之注脚，還可大補各專著之所未及。朱子語類雖亦具此功用，而語録畢竟是他人所記，難免以訛傳訛，文章却是本人所爲，自可信以傳信。更何況語録中的古白話往往由於世易時遷而莫明其意，文集中的文言文却因書面語的穩定性而索解無難。加上文筆之佳，遠勝口語，故歷來朱子學的研究者重視文集過於語類，這不是没有道理的。

鑑於朱子學的重大專題在朱子全書的有關專著卷首均有所介紹，近年來也有不少專著和論文加以探討，所以這裏也不欲辭費，代大匠爲斵，作疊牀架屋之舉了。祇想就文論文，略談一下朱子的辭章之學。這樣做不是因爲我們長於談藝，而是因爲作爲一部文集的校點説明，這是題中應有之義。

但對朱子這位曾公開聲言重道輕文的理學家，談論其詩文，看上去似有褻瀆之嫌，亦難免買櫝還珠之譏。我們記得，他曾批評韓愈、柳宗元「皆祇是要作好文章令人稱賞而已，究竟何預己事，却用了許多歲月，費了許多精神，甚可惜也」（文集卷七四滄洲精舍諭學者）。又説：「文字之設，要以達吾之意而已。政使極其高妙，而於理無得焉，則亦何所益於吾身而何所用於斯世？」（文集卷六一答曾景建）似繼承了程頤的觀點。但這僅是朱子「有爲言之」，恐學生「枉抛心力作詞人」而已，其實他自己是頗重文詞的。在通書注中，他説：「文所以載道也，猶車所以載物。故爲車者必節其輪轅，爲文者必善其詞説，皆欲人之愛而用之。」祇要能載道，並不廢吟風弄月，他留下的一千餘首詩便是明證。朱子能達到這樣的認識，除了周敦頤的影響外，還有着家庭和教育的淵源。其父朱松是當時小有名氣的詩人（文集卷九七累贈通議大夫朱公行狀），其師劉子翬更是名垂後世的詩家（文集卷九〇屏山先生劉公墓表、卷八四跋病翁先生詩），衹是二人皆有濃厚的道學氣。朱子少時受兩位長輩薰陶，在詩歌上下過苦功，後來竟被胡銓以詩人論薦（文集卷九寄江文卿劉叔通詩自注）決不像他自謙那樣是「僥倖」之事。

事實上，朱子酷愛詩歌，除了「少喜作詩」以外（岳珂桯史卷一三晦庵感興詩），還曾對自上古至宋的詩史作過通盤的考察，提出詩歌發展當分三期的主張，還想作一部詩選以申其義而未果（文集卷六四答鞏仲至）。他受劉子翬影響，主張學詩從文選樂府入手（文集卷八四跋病翁先生詩），曾對呂本中「極論詩文必以蘇黄爲法」之説表示不解（文集卷三三答呂伯恭），這在那蘇文黄詩盛行的時代真可謂豪傑之士。他愛讀陶淵明、韋應物，且對二人之詩别有會心，認爲淵明詩「豪放，但豪放得來不覺耳」（朱子語類卷一四〇）。對韋應物，他説：「韋蘇州詩高於王維、孟浩然諸人，以其無聲色臭味也。」「其詩無一字做作，直是自在。」「自在」二字似乎是朱子拈出用以評價一切詩歌的標準。如説：「李賀較怪得些子，不如太白自在。」「古詩較自在，山谷則刻意爲之。」（同上）朱子自己的詩風，看樣子也是以「自在」爲祈嚮的。後人讀他的詩，得到的印象是「中和條貫」、「無事模鐫」（宋詩鈔文公集鈔）。反他爲詩不效邵雍的「擊壤體」，不作「講義語録之押韻者」，所作哲理詩少理障而多理趣。反對道學詩的謝肇淛讀了也説「晦翁詩却有不着相處」（小草齋詩話卷二）。胡應麟至云「大抵南宋古體當推朱元晦」，惋惜其詩「掩於儒」（詩藪雜編卷五）。陳衍也説：「晦翁登山臨水，處處有詩，蓋道學中之最活潑者。」（宋詩精華録卷三）下了「道學先生，惟朱子詩最工」的結論（石遺室詩話續編卷一）。今人錢鍾書先生至推朱子爲「道學家中間的大詩人」（宋詩選注劉子翬短論）。身後之評，出諸道學衰微之後，尤足顯其精確不磨。

與學詩一樣，朱子於古文亦下過苦功，自言「自少喜讀韓文」（文集卷八三跋方季申所校韓文），又言：「余年二十許時，便喜讀南豐先生之文而竊效之。」（文集卷八四跋曾南豐帖）教人作文，亦勉以「考歐曾遺法，料簡刮摩，使其清明峻潔之中自有雍容俯仰之態，則其傳當愈遠而使人愈無遺憾矣」（文集卷六四答鞏仲至）。從這些話中我們可以知道其學文的取徑。但他雖韓、歐、曾並學，寫出來的文字却近曾而不近韓，亦乏歐文一唱三歎之致。箇中的原因，想來恐怕與性分有關，再則曾文「紆徐而不煩，簡奥而不晦」的風格，或許也偏於理學爲宜吧。近人葉德輝曾提出清代姚鼐的文字遠本朱子，且認爲方苞也同樣得力於朱子文集（郎園讀書志卷八）。其實，這其中也許並没有刻意的模仿，祇要聯想到桐城派的遠祖乃是曾鞏，而方、姚二人且同尊理學，那麽，桐城派與朱子在文風上的相似就可以得到合理的解釋了。朱子後來雖也曾轉益多師，但風格早已定型了。正如他自己所説：「某四十以前，尚要學人做文章，後來亦不暇及此矣。然而後來做底文字，便只是二十左右歲做底文字。」（朱子語類卷一三九）對照朱子的文論和他自己的爲文，發現存在一種有趣的言行不一現象。如他説：「韓文力量不如漢文，漢文不如先秦、戰國。」（同上）然而他學文却偏從韓、曾起步。又如他説：「漢末以後，祇做屬對文字，直至後來，祇管弱。」「東漢文章尤更不如，漸漸趨於對偶。」回答他人「古文衰自谷永」之問，他又説：「何止谷永，鄒陽獄中書已自皆作對子了。」（同上）這樣説，似是於文中的對偶之句深惡痛絶了。但不意其本人寫起文章來，却特别偏愛對偶。李光地曾抓住其大學章句序中「俗儒記誦詞章之習，其功倍於小學而無用；異端虚無寂滅之教，其高過於大學而無實」之句，批評説：「南宋文字，苦在枝枝相對，葉葉相當。如『異端』對『俗儒』，『虚無寂滅』對『記誦詞章』，『其高過於大學』對『其功倍於小學』，『而無用』對『而無實』。便開八股之宗，便流爲時文體。」（榕村續語録卷一九）這簡直是在以子之矛攻子之盾了。朱子之所以會如此知行不一，當是如文心雕龍體性所謂「才有天資，學慎始習。斲梓染絲，功在初化。器成綵定，難可翻移」之故。他不是言不顧行，放言高論，而是希望後學能取法乎上，自己則已心有餘而力不足了。平心而論，朱子文章實爲南宋一作手，其邏輯性之强，非同時人可比。正如李光地所説的：「朱子文字，何嘗能到馬、班、韓、柳，但理足，便覺得任他才學筆力馳騁藻耀，都壓他不下。」而且，「一句有一句事理。即疊下數語，皆有疊下數語著落，一字不肯落空。」（榕村續語録卷一九）讀朱子之文，不能不許其爲知言。

總之，朱子的詩文是的確足以載起其儒學之道的。

朱子文集的編印，據現有資料判斷，實早起於其在世之日。檢文集卷六三卷末答胡伯量書的考異補遺，胡泳曾向朱子提及「麻沙所印先生文集中有復陸教授書」，據朱子語類語録姓氏所載：「胡泳，字伯量，南康人，戊午所聞。」戊午係慶元四年（一一九八），可見至遲在此年已有朱子文集問世了。今臺灣故宫博物院所藏晦庵先生文集前集十一卷、後集十八卷（嘗爲天禄琳琅書目後編卷七所著録），疑即胡泳所見之本，緣此本前集卷六有答陸子壽問吉凶之禮書，與胡泳所稱「復陸教授書」内容相同，又其本前集避諱至「慎」，後集避諱至「敦」，所收最晚之文爲淳熙十六年（一一八九）二月所作之大學章句序，而同年三月所作中庸章句序却未收，考光宗即位在是年二月，則其版之刻當在此時，定爲淳熙刊本，不中不遠。若此年至慶元四年間朱集無新本刊行，則胡泳所見極有可能即是此本。其本編次無法，未經朱子手定無疑。

朱子生前還出現過另一種朱子文集，其刊印亦非出自作者本意，這就是王峴刻本。據文集卷五三答劉季章書之八及之十七，又據文集卷二九答劉季章書及卷八四跋王信臣行實，慶元四年（一一九八），王峴不顧朱子的攔阻，曾擅刻文集三册。聽到消息後，朱子「勸其且急收藏，不可印出」。此本後世亦竟無傳。

朱子身後，其季子朱在接受遺命，彙次其文（黄榦勉齋集卷三六朱先生行狀），據説編成八十八卷（朱玉朱子文集大全類編卷末跋）。又黄士毅亦「嘗類文公集百五十卷」（魏了翁鶴山先生大全集卷五三朱文公語類序）。宋史藝文志七尚著録朱熹前集四十卷、後集九十一卷、續集十卷、别集二十四卷。三種今俱不見於天壤之間。

至於流傳至今日的朱子文集，其正集乃是一百卷本，陳振孫直齋書録解題卷一八最早著録，而未提編者之名。趙希弁讀書附志卷下則著録晦庵先生文集一百卷、續集十卷，明言「嘉熙己亥（三年，一二三九），王埜刻於建安，黄壯猷嗣成之，識於後。續集則王遂刊而序之」。此百卷本可謂神物護持，成爲後來閩、浙二本之祖。

現存的閩本爲宋咸淳元年（一二六五）建安書院刻、宋元明遞修本。正集一百卷，據王遂續集序及黄鏞别集序，即王埜（潛齋）所刻。續集雖比王遂本的十卷多一卷，僅增與劉德華一書而已，乃淳祐十年（一二五〇）徐幾所補，前十卷據黄鏞説仍是王遂（實齋）之本。故此本源自趙希弁著録之本無疑，僅多景定四年（一二六三）余師魯所輯别集十卷而已。至於浙本，雖與閩本文字略有異同，篇次稍有參差，但所收篇目無異，闕文亦相一致，若非同源，何以致此？又細察其篇次、文字及卷末考異，二本有互作校勘之迹，則現存二本均非初刻可知。由於閩本較浙本多續、別二集，故後世所刻的朱子文集大多祖述閩本，而以浙本作比勘之用。

這次校點，取四部叢刊影印的明嘉靖十一年張大輪、胡岳所刊晦庵先生朱文公文集爲底本，校以上海圖書館所藏宋刻元明遞修本晦庵先生朱文公文集（簡稱「閩本」）、國家圖書館所藏宋刻元明遞修本晦庵先生文集（簡稱「浙本」）、北京大學圖書館所藏明天順四年賀沈、胡緝所刊晦庵先生朱文公文集（簡稱「天順本」）、影印臺北「故宫博物院」所藏晦庵先生文集（簡稱「淳熙本」）及影印文淵閣四庫全書本晦庵集（簡稱「四庫本」），間亦取校别本，或作他校，并酌採賀瑞麟朱子文集正訛、記疑、正訛記疑補遺之説。文集的校點，由以下諸人分工承擔。正集卷一至卷二五：朱幼文。卷二六至卷四〇：劉永翔。卷四一至卷六〇：徐德明。卷六一至卷七〇：王鐵。卷七一至卷九〇：戴揚本。卷九一至卷一〇〇、續集及别集：曾抗美。附録：徐德明。全稿由劉永翔審訂。限於水平，同人均未敢自是，舛謬之處，讀者方家，揮斤是望。

二〇〇一年七月　劉永翔

目録

第一册

晦庵先生朱文公文集

卷第一

詞　賦　琴操　詩

卷第二

詩

卷第三

詩

卷第四

詩

卷第五

詩

卷第六

詩

卷第七

詩

卷第八

詩

卷第九

詩

卷第十

詩　樂府

卷第十一

封事

卷第十二

封事

卷第十三

卷第十四

卷第十五

卷第十六

卷第十七

奏狀

卷第十八

奏狀

卷第十九

奏狀

第二冊

卷第二十

申請

卷第二十一

申請

卷第二十二

辭免

卷第二十三

辭免

卷第二十四

書時事出處

卷第二十五

書時事出處　劄子

卷第二十六

書時事出處　劄子

卷第二十七

書時事出處　劄子

卷第二十八

書時事出處 劄子

卷第二十九

書時事出處　劄子

卷第三十

書汪張呂劉問答

卷第三十一

書汪張呂劉問答

卷第三十二

書汪張呂劉問答

卷第三十七

書問答論事

卷第三十八

書問答

第三冊

卷第三十九

書知舊門人問答

卷第四十三

書知舊門人問答

卷第四十四

書知舊門人問答

卷第四十五

書知舊門人問答

卷第四十六

書知舊門人問答

卷第四十七

書知舊門人問答

卷第四十八

書知舊門人問答

卷第四十九

書知舊門人問答

卷第五十

卷第五十一

卷第五十二

書知舊門人問答

卷第五十三

書知舊門人問答

第四冊

卷第五十四

書知舊門人問答

卷第五十五

書知舊門人問答

卷第五十六

書知舊門人問答

卷第五十七

書知舊門人問答

卷第五十八

書知舊門人問答

卷第五十九

書知舊門人問答

卷第六十

書知舊門人問答

卷第六十一

卷第六十二

卷第六十三
書知舊門人問答

卷第六十四

書知舊門人問答

卷第六十五

卷第六十六

卷第六十七

雜著

卷第六十八

雜著

卷第六十九

雜著

卷第七十

雜著

第五冊

卷第七十一

卷第七十二

雜著

卷第七十三

雜著

卷第七十四

雜著

卷第七十五

序

卷第七十六

序

卷第七十七

記

卷第七十八

記

卷第七十九

記

卷第八十

卷第八十一

跋

卷第八十二

跋

卷第八十三

跋

卷第八十四

跋

卷第八十五

銘　箴　贊　表　疏　啓　婚書　上梁文

卷第八十六

祝文

卷第八十七

祭文

卷第八十八

碑

卷第八十九

碑

卷第九十

墓表

卷第九十一

墓誌銘

第六册

卷第九十二

墓誌銘

卷第九十四

墓誌銘

卷第九十五上

行狀

卷第九十五下

行狀

卷第九十九

卷第一百

公移

晦庵先生朱文公續集

卷第四上

卷第四下

卷第五

卷第六

卷第七

卷第八

卷第九

晦庵先生朱文公別集

卷第二

書

卷第三

書以下講學及雜往來帖

卷第四

書

卷第五

書

卷第六

書

卷第七

詩　記　祝文　祭文　題跋

卷第八

卷第九

公移

卷第十

公移

晦庵先生朱文公文集卷第一

詞　賦　琴操　詩

虞帝廟迎送神樂歌詞〔一〕

桂林郡虞帝廟迎送神樂歌者〔二〕，新安朱熹之所作也〔三〕。熹既爲太守張侯栻紀其新宮之績〔四〕，又作此歌以遺桂人，使聲于廟庭〔五〕，侑牲璧焉。其詞曰：

皇胡爲兮山之幽，翳長薄兮俯清流〔六〕。渺冀州兮何有，眷兹土兮淹留。皇之仁兮如在，子我民兮不窮以愛。沛皇澤兮横流〔七〕，暢威靈兮無外。潔尊兮肥俎，九歌兮招舞，嗟莫報兮皇之祜。皇欲下兮儼相羊，烈風雷兮暮雨。

右迎神三章，二章四句，一章五句。

虞之陽兮瀰之滸〔八〕，皇降集兮巫屢舞。桂酒湛兮瑶觴，皇之歸兮何許？龍駕兮天門，羽旄兮繽紛。俯故宫兮一嘅〔九〕，越宇宙兮無隣。無隣兮奈何？七政協兮羣生嘉。信玄功兮不宰〔一〇〕，猶彷彿兮山阿。

右送神三章，章四句。

白鹿洞賦

白鹿洞賦者，洞主晦翁之所作也〔一一〕。翁既復作書院洞中，又賦其事以示學者。其詞曰：

承后皇之嘉惠，宅廬阜之南疆。閔原田之告病，惕農扈之非良。粵冬孟之既望〔一二〕，夙余駕乎山之塘。徑北原以東騖，陟李氏之崇岡。地名李家山。揆厥號之所繇，得頹址於榛荒。曰昔山人之隱處，至今永久而流芳。陳舜俞廬山記云：唐李渤字濬之，與兄涉偕隱白鹿洞，後爲江州刺史，乃即洞創臺榭，環以流水，雜植花木，爲一時之勝。自昇元之有土，始變塾而爲庠。儼衣冠與弦誦，紛濟濟而洋洋。廬山記又云：南唐昇元中，因洞建學館，置田以給諸生，學者大集。乃以國子監九經李善道爲洞主，掌其教授。江南野史亦云，當時謂之白鹿國庠。在叔季而且然，矧休明之景運。皇穆穆以當天，一軌文而來混。念敦篤於化原，乃搜剔乎遺遯。盼黃卷以置郵，廣青衿之疑問。樂菁莪之長育，拔雋髦而登進。謹按國朝會要：太平興國二年，知江州周述乞以九經賜白鹿洞，詔從其請，仍驛送之。六年，以洞主明起爲蔡州褒信主簿，旌儒學，榮鄉校也。迨繼照於咸平，又增修而罔倦。廬山記又云：咸平五年敕重脩，又塑宣聖、十哲之象。旋錫冕以華其歸，琛亦肯堂而詒孫。郭祥正書院記云：祥符初，直史館孫冕以疾辭于朝，願得白鹿洞以歸老，詔從之。冕未及歸而卒。皇祐五年，其子比部郎中琛即學之故址爲屋，榜曰「書堂」，俾子弟居而學焉。四方之士來者亦給其食。悵茂草於熙寧，尚茲今其奚論？廬山記熙寧中作，已云鞠爲茂草矣。夫既啓余以堂壇，友又訂余以册書。尋訪之初，得樵者指告其處，客楊方子直遂贊興作之謀〔一三〕。既而劉清之子澄亦裒集故實來寄〔一四〕。謂此前脩之逸迹，復關我聖之宏撫。亦既震于余衷，乃謀度而咨諏。尹悉心以綱紀，吏竭蹷而奔趨。士釋經而敦事，工殫巧而獻圖。曾日月之幾何，屹厦屋之渠渠〔一五〕。事具吕祖謙伯恭所作書院記。山蔥瓏而遶舍〔一六〕，水汩㶁而循除。諒昔人之樂此，羌異世而同符。偉章甫之峨峨，抱遺經而來集。豈顓眺聽之爲娱，實覬宫牆之可入〔一七〕。愧余脩之不敏，何子望之能給？矧道體之亡窮，又豈一言而可緝。請姑誦其昔聞，庶有開於時習。曰明誠其兩進，抑敬義其偕立。允莘摯之所懷，謹巷顔之攸執。彼青紫之勢榮，亦何心乎俛拾！

亂曰：澗水觸石，鏘鳴璆兮。山木苯蕁，枝相樛兮。彼藏以脩，息且游兮。德隆業茂，聖澤流兮。往者弗及，余心憂兮。來者有繼，我將焉求兮？

感春賦

觸世塗之幽險兮，攬余轡其安之？慨埋輪而縶馬兮，指故山以爲期。仰皇鑒之昭明兮，眷余衷其猶未替。抑重巽於既申兮，狥耕野之初志。自余之既還歸兮，畢藏英而發春。潛林廬以靜處兮〔一八〕，闃蓬户其無人。披塵編以三復兮，悟往哲之明訓。嗒掩卷以忘言兮，納遐情於方寸。朝吾屣履而歌商兮，夕又賡之以清琴。夫何千載之遥遥兮，乃獨有會於余心。忽嚶鳴其悦豫兮，仰庭柯之葱蒨。悼芳月之既徂兮，思美人而不見。彼美人之脩嫭兮，超獨處乎明光。結丹霞以爲綬兮，佩明月而爲璫。悵佳辰之不可再兮〔一九〕，懷德音之不可忘。樂吾之樂兮，誠不可以終極。憂子之憂兮，孰知吾心之永傷〔二〇〕。

空同賦

何孟秋之玄夜兮，心憀戾而弗怡。偃予軀之既寧兮，神杳杳兮寒闈。雲屋掩而弗扃兮，壁帶耿而夜光〔二二〕。宕予魄而不得視兮，悵竚立其怔營。靈脩顧予而一笑兮，歡並坐之從容。寐將分而不忍兮，且欲往而焉從？眷予衷之廓落兮，奄愁結而增忡。超吾升彼崑崙兮，路脩遠而焉窮？忽憑危以臨睨兮，蕩廣寒與閬平風。信真際之明融兮，又何必懷此夢也！矢予詞以自寫兮，盍將反予旆乎空同！

招隱操

淮南小山作招隱，極道山中窮苦之狀，以風切遁世之士，使無遐心，其旨深矣。其後左太沖、陸士衡相繼有作，雖極清麗，顧乃自爲隱遁之辭，遂與本題不合。故王康琚作詩以反之，雖正左、陸之誤，而所述乃老氏之言，又非小山本意也。十月十六夜，許進之挾琴過予書堂，夜久月明，風露凄冷，揮絃度曲，聲甚悲壯。既乃更爲招隱之操，而曰：「穀城老人嘗欲爲予依永作辭，而未就也。」予感其言，因爲推本小山遺意，戲作一闋，又爲一闋以反之。口授進之，併請穀城、七者及諸名勝相與共賦之，以備山中異時故事云。

南山之幽，桂樹之稠，枝相樛。高拂千崖素秋，下臨深谷之寒流。王孫何處？攀援久淹留。

聞說山中，虎豹晝嘷。聞說山中，熊羆夜咆。叢薄深林鹿呦呦，獮猴與君居，山鬼伴君遊。君獨胡爲自聊，歲云莫矣將焉求？思君不見，我心徒離憂。

南山之中，桂樹秋風，雲冥濛。下有寒棲老翁，木食澗飲迷春冬。此間此樂，優游渺何窮！

右招隱。

我愛陽林，春葩晝紅。我愛陰崖，寒泉夜淙。竹柏含煙悄青葱。徐行發清商〔二二〕，安坐撫枯桐。不問簞瓢屢空，但抱明月甘長終。人間雖樂，此心與誰同？

右反招隱。

遠游篇

舉坐且停酒，聽我歌遠游。遠游何所至？咫尺視九州。九州何茫茫，環海以爲疆。上有孤鳳翔，下有神駒驤。孰能不憚遠，爲我游其方？爲子奉尊酒〔二三〕，擊鋏歌慨慷。送子臨大路，寒日爲無光。悲風來遠壑，執手空徊徨。問子何所之？行矣戒關梁。世路百險艱，出門始憂傷。東征憂暘谷，西遊畏羊腸。南轅犯癘毒，北駕風裂裳〔二四〕。願子馳堅車，躐險摧其剛。峨峨既不支，瑣瑣誰能當？朝登南極道，暮宿臨太行。睥睨即萬里，超忽凌八荒〔二五〕。無爲蹩躠者，終日守空堂〔二六〕！

擬古八首

離離原上樹，戢戢澗中蒲。娟娟東家子，鬱鬱方幽居。濯濯明月姿，靡靡朝華敷。昔爲春蘭芳，今爲秋蘼蕪。寸心未銷歇，託體思同車。

綺閣百餘尺，朝霞冠其端。飛櫩麗遠漢，曲楹何盤桓！清謡發徽音，一唱再三歎。借問誰爲此？佳人本邯鄲。微響激流風，浮雲慘將寒。爲言何所悲，遊子在河關。不恨久離闊，但憂芳歲闌。願爲清宵夢，燕昵窮餘歡。

上山採薇蕨，側徑多幽蘭。採之不盈握，欲寄道里艱。沈憂念故人，長夜何漫漫！芳馨坐銷歇，徘徊以悲嘆。

佳月朗秋夜〔二七〕，蟋蟀鳴空堂。大火西北流，河漢未渠央。野草不復滋，白露結爲霜。梁燕起高飛，雲雁亦南翔。念我同心子，音形阻一方。不念執手歡，隔我如參商。寓龍不爲澤，畫餅難充腸。金石徒自堅，虛名真可傷！

鬱鬱澗底樹，揚英秋草前。與君結歡愛，自比金石堅。金石終不渝，歡愛終不疏。一夕遠離别，悠悠在中途。相思未云變，音容定何如？傷彼三春蕖，灼灼層華敷。盛時不可留，恐逐嚴霜枯。夫君來何晚？賤妾長離居。

高樓一何高，俯瞰窮山河。秋風一夕至，憔悴已復多。寒暑遞推遷，歲月如頹波。離騷感遲暮，惜誓閔蹉跎。放意極驩虞，咄此可奈何！邯鄲多名姬，素豔凌朝華。妖歌掩齊右，緩舞傾陽阿。徘徊起梁塵，綷縩紛衣羅。麗服秉奇芬，顧我長咨嗟。願生喬木陰，寅緣若絲蘿。

夫君滄海至，贈我一篋珠。誰言君行近，南北萬里餘！結作同心花，綴在紅羅襦。雙垂合歡帶，麗服眷微軀。爲君一起舞，君情定何如？

衆星何歷歷，嚴宵麗中天。殷憂在之子，起步荒庭前。出門今幾時，書札何由宣？沉吟不能釋，愁結當誰憐？臨風一長嘆，淚落如奔泉。

題謝少卿藥園二首自此詩至卷終，先生手編，謂之牧齋淨稿。

謝公種藥地，窈窕青山阿。青山固不羣，花藥亦婆娑。一掇召沖氣，三掇散沈痾。先生澹無事，端居味天和。老木百年姿，對立方嵯峨。持此供日夕，不樂復如何！

小儒忝師訓，迷謬失其方。一爲狂瘖病〔二八〕，望道空茫茫。頗聞東山園，芝朮緣高岡。瘖聾百不治，效在一探囊〔二九〕。再拜藥園翁，何以起膏肓？

邵武道中同前詩，起辛未。

風色戒寒候，歲事已逶遲。勞生尚行役，遊子能不悲？林壑無餘秀，野草不復滋。禾黍經秋成，收斂已空畦。田翁喜歲豐，婦子亦嘻嘻。而我獨何成，悠悠長路歧。凌霧即曉裝，落日命晚炊。不惜容鬢凋，鎮日長空飢。征鴻在雲天，浮萍在青池。微蹤政如此，三嘆復何爲？

友人黄子衡欲之上庠以詩留行

若士有奇操，久厭山林卑。奮衣千里道，已與親友辭。子行何悠悠，世路方如兹。歸來亦何日，車馬光陸離。幽蘭生前林，擢置白玉墀。不以芳意遠，結根終不移。願子崇明德，潛躍貴因時。悲風靜夜聽，喬木歲寒姿。何以迴軒駕？千載相與期。

奉酬丘子野表兄飲酒之句〔三〇〕

微褐不充體，寒夜懷重衾。古來窮廬士，歲暮多苦心。苦心亦何爲，世路多崎嶔〔三一〕。不藉盃中物，離憂坐自侵。舉杯當勿辭，何爲復沉吟？醺酣遺所拘，神慮契遐襟。荒湎思前戒，歡謠發清音。雅唱一何高！仰酬非所任。中章聊叙報，洪量亦余欽。

丘子野表兄郊園五詠

欲識淵明家，離離疏柳下。中有白雲人，良非遯世者。柳

結㮣遂芳植，覆牆擁深翠。還當具春酒，與客花下醉。荼蘼

移自溪上園，種此牆陰路。墻陰少人行，來歲障幽户。竹

芭蕉植秋檻，勿云憔悴姿。與君障夏日，羽扇寧復持？芭蕉

花柳遶宅茂，先生在郊居。下帷良已苦，時作帶經鋤。蔬圃

古意〔三二〕

兔絲附樸樕，佳木生高岡。弱蔓失所依〔三三〕，佳木徒蒼蒼。兩美不同根，高下永相望。相望無窮期，相思諒徒爲。同車在夢想，忽覺淚沾衣。不恨歲月遒〔三四〕，但惜芳華姿。嚴霜萎百草，坐恐及兹時。盛年無再至，已矣不復疑。

送劉旬甫之池陽省覲六十四丈遂如行在所上計

雨雪成歲暮，之子遠徂征。酌酒起相送，慨我別離情。池陽實大藩，佐車屈時英。子行一請覲，上計趨吳京。良玉懷貞操，芳蘭含遠馨。臨歧一珍重，即此萬里程。

晨起對雨二首

凄冽歲云晏，雨雪集晨朝。高眠適方起，四望但蕭條。遠氛白漫漫，風至林靄消。流潦冒荒塗，清川亦迢迢。遐瞻思莫窮，端居心自超。覽物思無託，即事且逍遥。

晨起候前障，白煙眇林端。雨意方未已，后土何時乾？倚竹聽蕭瑟，俯澗聞驚湍。景物豈不佳，所嗟歲已闌。守道無物役，安時且盤桓。翳然陶兹理，貧悴非所歎。

殘臘

殘臘生春序，愁霖逼歲昏。小紅敷艷萼，衆緑被陳根。陰壑泉方注，原田水欲渾。農家向東作，百事集柴門。

客舍聽雨壬申

沈沈蒼山郭，暮景含餘清。春靄起林際，滿空寒雨生。投裝即虚館，簷響通夕鳴。遥想山齋夜，蕭蕭木葉聲。

宿武夷觀妙堂二首

陰靄除已盡，山深夜還冷。獨卧一齋空，不眠思耿耿。閑來生道心，妄遣慕真境。稽首仰高靈，塵緣誓當屏。

清晨叩高殿，緩步遶虚廊。齋心啓真祕，焚香散十方。出門戀仙境，仰首雲峰蒼。躊躇野水際，頓將塵慮忘。

社日諸人集西岡

郊原曖芳物，細雨青春時。前岡遐敞地，登覽情無遺。農畝懷歲功，壺漿祝神釐。我慚里居氓，十載勞驅馳。今朝幸休閑，追逐聊嘻嘻。笑語歡成舊，盡醉靡歸期。

久雨齋居誦經

端居獨無事，聊披釋氏書。暫釋塵累牽，超然與道俱。門掩竹林幽，禽鳴山雨餘。了此無爲法，身心同晏如。

新竹

春雷殷巖際，幽草齊發生。我種南窗竹，戢戢已抽萌。坐獲幽林賞，端居無俗情。

雨中示魏惇夫兼懷黄子厚二首

讀書春日晏，雨至滿郊園。一灑幽叢竹，藹藹清陰繁。齋居無還往，鎮日空掩門。欲將沖靜趣，與子俱忘言。

暄風變春餘，卉木日葱蒨。林間一雨來，滿庭寒草徧。寂寞謝朋儔，晤語懷雋彦。良無一水遥，阻闊何由見？

夜聞子規

幽林欲雨氣含凄，春晚端居園徑迷。獨向高齋展衾臥，南山夜夜子規啼。

杜門

杜門守貞操，養素安沖漠。寂寂閟林園，心空境無作。細雨被新筠，微風動幽籜。聊成五字句，吟罷山花落。浩然與誰期？放情遺所託。

宿山寺聞蟬作

林葉經夏暗，蟬聲今夕聞。已驚爲客意，更值夕陽曛。

晨登雲際閣

晨起躋僧閣，徙倚望平郊。攢巒夏雲曉，蒼茫林影交。暫釋川途念，憩此煙雲巢。聊欲托僧宇，歲晏結蓬茅。

池上示同遊者

藕葉蓋波面，池花猶未紅。聊承曉露餘，散步詠涼風。香氣已飄忽，客懷誰與同？唯應同遊子，芳意更匆匆。

過黃塘嶺

屈曲危隥轉，沉陰山氣昏。蟬聲高樹暗，石瀨淺流喧。已過黃塘嶺，欲覓桃花源。無爲此留滯，驅馬踰山樊。

宿白芒畬

早發招賢里，夜宿白芒畬。川暝前山雨，風驚澗樹花。途陸綿異縣，曛黑泊田家。逢人聊問路，猶恨去程賒。

濯足澗水二首

濯足澗邊石，山空水流喧。行旅非吾事，寄此一忘言。

澗邊濯足時，脩途倦煩燠。振策欲尋源，山空無往躅。

自溪口買舟至順昌示同行者

時燠倦長途，買舟至西郭。煙波方渺然，坐此溪上閣。子留且歡宴，我去成蕭索。同行不同調，此意誰與託？

宿篔簹鋪

庭陰雙樹合，窗夕孤蟬吟。盤礴解煩鬱，超摇生道心。

倒水坑作

窮幽鮮外慕，殖志在丘園。即此竟無得，空恨歲時遷。川陸綿半載，煩燠當歸緣。憩此蒼山曲，洗心聞澗泉。

夏日二首

夏景已逾半，林陰方澹然。鳴蟬咽餘響，池荷競華鮮。抱痾守窮廬，釋志趣幽禪。即此窮日夕，寧爲外務牽！

雲臻川谷暝，雨來林景清。齋舍無餘事，涼氣散煩纓。望山懷釋侶，盥手閱仙經。誰懷出塵意？來此俱無營。

對雨

虛堂一遊矚，驟雨滿空至。的皪散方塘〔三五〕，冥濛結雲氣。勢逐風威亂，望窮山景翳。煙靄集林端，蒼茫欲無際。涼氣襲輕裾，炎氛起秋思。對此景凄凄，還增沖澹意。

齋居聞磬

幽林滴露稀，華月流空爽。獨士守寒棲，高齋絶羣想。此時鄰磬發，聲合前山響。起對玉書文，誰知道機長？

又聞琴作

瑶琴清露後，寥亮發窗間。韻逐回風遠，情隨玄夜闌。端居獨無寐，林扉空掩關。起望星河落，哀絃方罷彈。

讀道書作六首

巖居秉貞操，所慕在玄虚。清夜眠齋宇，終朝觀道書。形忘氣自沖，性達理不餘。於道雖未庶，已超名跡拘。至樂在襟懷，山水非所娱。寄語狂馳子，營營竟焉如？

失志墮塵網，浩思屬滄洲。靈芝不可得，歲月逐江流。碧草晚未凋，悲風颯已秋。仰首鸞鶴期，白雲但悠悠。

白露墜秋節，碧陰生夕凉。起步廣庭内，仰見天蒼蒼。東華緑髮翁，授我不死方。願言勤脩學，接景三玄鄉。

四山起秋雲，白日照長道。西風何蕭索〔三六〕，極目但煙草。不學飛仙術，日日成醜老。空瞻王子喬，吹笙碧天杪。

鬱羅聳空上，青冥風露凄。聊乘白玉鸞，上與九霄期。激烈玉簫聲，夭矯餐霞姿。一回流星盼，千載空相思。

王喬吹笙去，列子御風還。至人絶華念，出入有無間。千載但聞名，不見冰玉顔。長嘯空宇碧，何許蓬萊山？

秋雨

一雨散林表，清陰生廣庭。喜兹新秋夜，起向高齋行。煩歊獲暫祛，凉氛集華纓。沉沉遠林氣，愜此端居情。節物坐如此，撫世襟方盈。歸當息華念，超遥悟無生。

秋夕懷子厚二首

雨歇林氣爽，月華湛遥暉。齋居玩物變，廓落滄洲期。焚香散碧虚，撫節陳清詩。抗志屬雲端，非君諒誰知？

凉氣沉齋宇，夕陰未渠央。寒棲屬遥夜，長簟卷單床。浮雲蔽中天，愁霖隔秋窗。思君一晤對，耿耿何能忘！

病中呈諸友

窮居值秋晦，抱疾獨齋居。行稀草生徑，一雨復旬餘。交親各所營，曠若音塵疏。始悟端居樂，復理北窗書。讀誦興已闌，起坐方躊躇。緑樹滿空庭，策策凉飆初。良時不復停，煩吝未云袪。還思對君子，日夕佇軒車。

川上見月歸示同行者

川上偶攜手，皓月起林端。一舒臨流望，玄露已先漙。歸掩荒園扉，更怯裳衣單。清夜可晤言，獨處誰爲歡？

月夜述懷

皓月出林表，照此秋牀單。幽人起晤歎，桂香發窗間。高梧滴露鳴，散髮天風寒。抗志絶塵氛，何不棲空山？

冬雨不止

忽忽時序改，白日藏光輝。重陰潤九野，小雨紛微微。蒼山寒氣深，高林霜葉稀。田家秋成意，落落乖所期。曠望獨興懷，戚戚愁寒飢。事至當復遣，且掩荒園扉。

贈仰上人

澗谷秋雲曉，飄颻無定姿。氛氳升遠樹，凌亂起寒飔。雨罷成孤鶴，天高逐散絲。上人歸别嶺，心迹但如斯。

即事偶賦

白煙竟日起，雨晦蒼山深。老菊不復妍，丹楓滿高林。抱病寢齋房，窗户結愁陰。起望一舒情，遐眺豁煩襟。人生亦已勞，世路方崎嶔。且詠招隱作，無爲名跡侵。

作室爲焚修之所擬步虚辭

歸命仰璇極，寥陽太帝居。翛翛列羽幢，八景騰飛輿。願傾無極光，回駕俯塵區。受我焚香禮，同彼浮黎都。

寄題咸清精舍清暉堂

山川佳麗地，結宇娱朝昏。朝昏有奇變，超忽難具論。千嵐蔽夕陰，百嶂明晨暾。穹林擢遥景，回澗盪秋氛。覽極慚未周，窮深遂忘喧。欲將身世遺，況託玄虚門。境空乘化往，理妙觸目存。珍重忘言子，高唱絶塵紛。

冬日二首

蕭索時序晚，已復度高秋。回澗白波起，通川絳樹稠。晨風散清霜，嘉稻卷平疇。獨懷志士感，歲事幸將休。

清霜染澗樹，蕭索向嚴冬。密雨有時集，寒雲無定容。波明横瀨出，風急遠林空。一櫪窗間眺，高旻矗亂峯。

春日即事癸酉

郊園卉木麗，林塘煙水清。閑棲衆累遠，覽物共關情。憇樹鳥啼幽，緣原草舒榮〔三七〕。悟悦心自遣，誰云非達生？

誦經

坐厭塵累積，脱躧味幽玄。静披笈中素，流味東華篇。朝昏一俯仰，歲月如奔川。世紛未云遣，仗此息諸緣。

春日言懷〔三八〕

春至草木變，郊園猶掩扉。兹晨與心會，覽物徧芳菲。桃蕚破淺紅，時禽悦朝暉。泉谷暖方融〔三九〕，原田水初肥。東作興庶甿，歲功始在兹。端居適自慰，世事復有期。終然心所向〔四〇〕，農畝當還歸。

晚步

東原欝已秀，嘉樹藹初緑。衆卉發春陽，前山可遐矚。端居日康倦〔四一〕，涉澗步墟曲。景幽恣所尋，悟悦何由足〔四二〕。鳥鳴華薄深，泉響亂流續。握手一同忻，吾生詎幽獨！

懷友

山夕煙景亂，林空鳥啼幽。懷人隔春江，夢想積離憂。覽物懷悄悄，臨觴但悠悠。徘徊東西步，悟歎復何求？

山館觀海棠作二首

景暄林氣深，雨罷寒塘淥。置酒此佳辰，尋幽慕前躅。芳樹麗煙華，紫綿散清馥。當由懷別恨，寂寞向空谷。

春草池塘緑，忽驚花嶼紅。亂英深淺色，芳氣有無中。置酒賓朋集，披襟賞咏同。若非摹寫得，應逐綵雲空。

題畫

青鸞凌風翔，飛仙窈窕姿。高挹謝塵境，妙顔粲瓊蕤。登霞抗玉音，結霧吹參差。神鈞儛空洞，玄露湛霄暉。山中玉斧家，胡不一來嬉？真凡路一分，冥運千年期。

過武夷作

弄舟緣碧澗，棲集靈峯阿。夏木紛已成，流泉注驚波。雲闕啓蒼茫〔四三〕，高城鬱嵯峨。眷言羽衣子，俛仰日婆娑。不學飛仙術，纍纍丘冢多。

同安官舍夜作二首

官署夜方寂，幽林生月初。閑居秋意遠，花香寒露濡。故國異時節，欲歸懷簡書。聊從西軒卧，塵思一蕭疏。

窗户納凉氣，吏休散朱墨。無事一翛然，形神罷拘役。暫愒豈非閑，無論心與跡。

寄山中舊知七首

結茅雲壑外，石澗流清泉。澗底採菖蒲，顔色永芳鮮。超世慕肥遯，鍊形學飛僊。未諧物外期，已絶區中緣。

客子歸來晚，江湖欲授衣。路岐終寂寞，老大足傷悲。慷慨平生志，冥茫造物機。清秋鷴鶚上，萬里看横飛。

晨興香火罷，入室披仙經。玄默豈非尚，素餐空自驚。起與塵事俱，是非忽我營。此道難坐進，要須悟無生。

故園今夜半，林影澹逾清。曳杖南溪路，君應獨自行。潺湲流水思，蕭索早秋聲。盡向琴中寫，焉知離恨情！

採藥侵晨入亂峯，宿雲無處認行蹤。歸來應念塵中客，寄與玄芝手自封。

淒涼梧葉變，芬馥桂花秋。日夕湖臯勝，哦詩憶舊遊。

秋至池閣靜，天高林薄疏。西園有佳處，那得與君俱？

述懷

夙尚本林壑，灌園無寸資。始懷經濟策，復愧軒裳姿。效官刀筆間，朱墨手所持。謂言殫蹇劣，詎敢論居卑。任小才亦短，抱念一無施。幸蒙大夫賢，加惠寬箠笞。撫己實已優，於道豈所期？終當反初服，高揖與世辭。

釋奠齋居

理事未逾月，簿書終日親。簡編不及顧，几閣積埃塵。今辰屬齋居，煩蹋一舒伸。瞻眺庭宇肅，仰首但秋旻。茂樹禽囀幽〔四四〕，忽如西澗濱。聊參物外趣，豈與俗子羣！

試院雜詩五首

齋宇夜沉寂，淒涼群物秋。卧聽簷瀉盡，心屬故園幽。了事知何日，分曹喜勝流。笑談真暫爾，不敢恨淹留。

寒燈耿欲滅，照此一窗幽。坐聽秋簷響，淋浪殊未休。

窮秋一雨至，暫止復蕭蕭。曲沼寒流滿，空庭涼葉飄。聞鍾懷故宇，覽物屬今朝。一詠歸來賦，頓將形跡超。

長廊一遊步，愛此方塘淨。急雨散遥空，圓文滿幽鏡。階空緑苔長，院僻寒飈勁。長歗不逢人，超摇得真性。

藝苑門禁肅，長廊似僧居。偶來一散步，暫與塵網疏。文字謝時輩，銓衡賴羣儒。伊予獨何者？偪仄心煩紆。

巖桂

山中緑玉樹，蕭灑向秋深。小閣芬微度，書帷氣欲侵。披懷清露曉，遇賞夕嵐陰。珍重王孫意，天涯淚滿襟。

秋懷

井梧已飄黃，澗樹猶含碧。煙水但逶迤，空齋坐蕭瑟。端居生遠興，散漫委書帙。愛此北窗閑，時來岸輕幘。微鍾忽迢遞，禽語破幽寂。賞罷一悄然，淡泊忘所適。

喜晴

衝飇動高柳，渌水澹微波。日照秋空淨，雨餘寒草多。放懷遺簿領，發興託煙蘿。忽念故園日，東阡時一過。

夜賦

暗窗螢影亂，秋幃露氣深。羣籟喧已寂，青天但沉沉。惻愴懷高侶，幽默抱沖襟。遥憶忘言子，一寫山水音。

曉步

初日麗高閣，廣步愛脩廊。重門掩秋氣，高柳蔭方塘。閩海冬尚温，晏陰天未霜。坐悲景物殊，亦念歲時荒。故園屬佳辰，登覽遍陵岡。賓遊盡才彦，蕭散屏壺觴。别來時已失，懷思寧暫忘！宦遊何所娱，要使心懷傷。

書事

重門掩晝靜，寂無人境喧。嚴程事云已，端居秋向殘。超摇捐外慮，幽默與誰言？即此自爲樂，何用脱籠樊！

八月十七夜月

忽忽秋逾半，清輝萬里同。遥知竹林夜〔四五〕，共賞碧雲空。寂寞盈尊酒，凄凉滿院風。寒塘空自緑〔四六〕，不似小園東。

憶齋中二首

高齋一遠眺，西南見秋山。景翳夕陰起，竹密幽禽還。賞愜慮方融，理會心自閑。誰料今爲客，寥落一窗間。

蟋蟀亂秋草，故園風露深。何因不歸去，坐使百憂侵？

秋夕

秋風桂花發，夕露寒蛩吟。歲月坐悠遠，江湖亦阻深。紛思寧復整，離憂信難任。終遣誰爲侶？獨此澹沖襟。

夢山中故人

風雨蕭蕭已送愁，不堪懷抱更離憂。故人只在千巖裏，桂樹無端一夜秋。把袖追歡勞夢寐，舉杯相屬暫綢繆。覺來却是天涯客，簷響潺潺瀉未休。

懷子厚

中夏辭故里，涉秋未停車。賓友坐離闊，田園想榛蕪。感兹風露朝，起望一煩紆。眷彼忘言子，鬱鬱西齋居。俯飲蒼澗流，仰咏古人書。名應里閭薦，心豈榮利俱。琅然撫枯桐，幽韻泉谷虚。褰裳欲往聽，乖隔靡所如。

南安道中

曉澗淙流急，秋山寒氣深。高蟬多遠韻，茂樹有餘陰。煙火居民少，荒蹊草露侵。悠悠秋稼晚，寥落歲寒心。

垂澗藤

寒泉下碧澗，古木垂蒼藤。蔭此萬里流，閑花自層層。何人賞幽致？白髮巖中僧。

臨流石

偃蹇西澗濱，枵然似枯木。下有幽泉鳴，上有蒼苔緑。來往定何人？山空此遺躅。

懸崖水

秋天林薄疏，翠壁呈清曉。迢遞瀉寒泉，下有深潭悄。時飄桂葉來，尋源路殊杳。

穿林徑

屈曲上雲端，似向崖陰斷。行聞山鳥鳴，下與泉聲亂。去去不知疲，幽林自成玩。

九日

故國音書阻一方，天涯此日思茫茫。風煙歲晚添離恨，湖海尊前即大荒〔四七〕。薄宦驅人向愁悴，舊遊惟我最顛狂。細思萬石亭前事，辜負黄花滿帽香。

督役城樓

天高無遊氣，林景澹餘暉。感此霜露節〔四八〕，但傷風土非。季秋時序温，百卉不復腓。祇役郊原上，暄風一吹衣。仕身諒無補，課督慚飢羸。還憶故園日，策杖田中歸。

再至作

荒城一騁望，落景麗譙門。隱隱鍾猶度，依依嵐欲昏。風霜非故里，禾黍但秋原。極目歸來晚，茲懷誰與論？

晚望

禾黍彌平野，凄凉故國秋。清霜凝碧樹，落日翳層丘。覽物知時變，爲農覺歲遒。不堪從吏役，憔悴欲歸休。

苧溪道中

秋山有紅樹，忽憶野田中。禾黍收將盡，氛埃晚欲空。登原悲落景，倚杖怯高風。更有寒塘水，應將此處同。

十月朔旦懷先隴作

十月氣候變，獨懷霜露悽。僧廬寄楸檟，饋奠失茲時。竹柏翳陰岡，華林敞神扉。汛掃託群隸，瞻護煩名緇。封塋諒久安，千里一歔欷。持身慕前烈，銜訓倘在斯。

步虚詞二首

扉景廓天津，空同無員方。丹晨儛七氣，孕秀東渟房〔四九〕。飡吐碧琳華，仰噏飛霞漿。竦轡絶冥外，眄目撫大荒。策我緑軒軿，上際於浪滄。神鈞亦寥朗，晻靄晨風翔。養翮塵波裏，縱神非有亡。一樂無終永，千春詎能當！

褰裳八度外，竦轡霄上遊。軒觀隨雲起，偃駕東渟丘。丹芙耀瓊岡，三素粲曾幽。躡景遺塵波，偶想即虚柔。盼目娱真際，不喜亦不憂。宴罷三椿期〔五〇〕，顛徊翳滄流。千載何足道，太空自然疇。

民安道中

祇役東原路，長風海氣陰。蒼茫生遠思，憭慄起寒襟。午泊僧寮静，昏投縣郭深。拙勤終不補，誰使漫勞心？

西郊縱步

西郊一遊步，極目是秋山。積水羣峯碧，清霜楓樹丹。故園心不展，投策詎能閑？且適平生意，無令雙鬢斑。

寄黄子衡

遠宦去鄉井，終日無一歡。援琴不能操，臨觴起長歎。我友客京都，肅肅雲天翰。別去今幾時？各在天一端。有酒不同斟，中情誰與宣？裁詩一問訊，重使心思傳〔五一〕。

濯足萬里流

褰裳緣碧澗，濯足憩清幽。却拂千巖石，聊乘萬里流。氛埃隨脱屣，步武欲横秋。極目滄江晚，煙波殊未休。

孤鶴思太清

孤鶴悲秋晚，淩風絶太清。一爲棲苑客，空有叫羣聲。夭矯千年質，飄颻萬里情。九臯無枉路，從遺碧雲生。

與諸同寮謁奠北山過白巖小憩

聯車涉修坂，覽物窮山川。疏林泛朝景，翠嶺含雲煙。祠殿何沈邃，古木鬱蒼然。明靈自安宅，牲酒告恭虔。肸蠁理潛通，神蚪亦蜿蜒。既欣歲事舉，重喜景物妍。解帶憩精廬，尊酌且留連。縱談遺名跡，煩慮絶拘牽。迅晷諒難留，歸軫忽已騫。蒼蒼暮色起，反旆東城阡。

懷山田作二首

郊園多所樂，況此歲云暮。寒色澹遥空〔五二〕，清霜變紅樹。欲舒林表望，詎識塵中趣？向晚寂無人，氤氲欲成霧。冬日

冰溪流已咽，陰嶺寒方結。忽值早梅春，未恐芳心歇。的皪終自妍，殷勤爲誰折？千里寄相思，相思政愁絶。梅花

夜雨二首

擁衾獨宿聽寒雨，聲在荒庭竹樹間。萬里故園今夜永，遥知風雪滿前山。

故山風雪深寒夜，只有梅花獨自香。此日無人問消息，不應憔悴損年芳。

將理西齋

欲理西齋居，厭兹塵境擾。發地得幽芳，斸石依寒篠。閑暇一題詩，懷沖獨觀眇。偶此愜高情，公門何日了？

寄題金元鼎同年長泰面山亭

抗心塵境外，結宇臨秋山。乘高一騁望，表裏窮遐觀。衆巘互攢列，連岡莽縈環。陽崖煙景舒，陰壑悲風寒。碧草晚未凋，林薄已復丹。仙人吴門子，歲晚當來還。

冬至陰雨

窮陽值歲晏，忽復層陰結。一雨散霏微，千林共騷屑。端居遺簿領，遠意懷幽潔。曠慮守微痾，殊方感新節。豈伊田廬念，丘壠心摧折。還登東嶺岡，瞻佇何由歇？

安溪道中泉石奇甚絶類建劍間山水佳處也

驅車陟連岡，振轡出林莽。霧露曉方除，日照川如掌。行行遵曲岸，水石窮幽賞。地偏寒篠多，澗激淙流響。祇役未忘倦〔五三〕，心神暫蕭爽。感兹懷故山，何日税征鞅〔五四〕？

留安溪三日按事未竟

縣郭四依山，清流下如駛。居民煙火少，市列無行次。嵐陰常至午，陽景猶氛翳。向夕悲風多，遊子不遑寐。我來亦何事？吏桀古所記。奉檄正淹留，何當語歸計？

安溪書事〔五五〕

清溪流不極，夕霧起嵐陰。虛邑帶寒水〔五六〕，悲風號遠林。涵山日欲晦〔五七〕，窺閣景方沉〔五八〕。極目無遺眺〔五九〕，空令愁寸心。

梅花兩絶句

溪上寒梅應已開，故人不寄一枝來。天涯豈是無芳物，爲爾無心向酒杯。

幽壑潺湲小水通，茅茨煙雨竹籬空。梅花亂發籬邊樹，似倚寒枝恨朔風。

柚花甲戌

春融百卉茂，素榮敷緑枝。淑郁麗芳遠，悠颺風日遲。南國富嘉樹，騷人留恨詞。空齋對日夕，愁絶鬢成絲。

病告齋居作

層陰靄已布，小雨時漂灑。獨卧一窗間，有懷無與寫。高居生遠興，春物彌平野。慮曠景方融，事遠情無捨。聊寄兹日閑，塵勞等虚假。

感事有嘆

榮華難久恃，代謝安可量？宿昔堂上飲，今歸荒草鄉。高臺一以傾，繐帳施空房。繁絃既闋奏，緩舞亦輟行。桃李自妍華，春風自飄揚。戀幄靡遺思，更衣有餘芳。身徂名亦滅，事往恨空長。寄語繁華子，古今同一傷！

夏日

凉氣集幽樹，清陰生廣庭。偶兹憩煩燠，忽憶郊園行。婉娩碧草滋，迢遞玄蟬鳴。官曹且休暇，自適幽居情。

聞蟬

悄悄山郭暗，故園應掩扉。蟬聲深樹起，林外夕陽稀。

秋夜歎

秋風淅瀝鳴清商，秋草未死啼寒螀。幽人幽人起晤歎，仰視河漢天中央。河漢西流去不息，人生辛苦何終極？蒼山萬疊雲氣深，去鍊形魂生羽翼。

茅舍獨飲

出身從吏役，驅車涉窮山。日落陰景晦，天高風氣寒。豈無斗酒資，獨酌誰爲歡？一盃且復醉，百念中闌干。

宿傳舍見月

空堂寒夜月華清，獨宿凄凉夢不成。欲向階前舞凌亂，手持杯酒爲誰傾？

寄諸同寮

把酒江頭煙雨時，遥知江樹已芳菲。應憐倦客荒茅裏，落盡梅花未得歸。

登羅漢峯

休暇曹事簡，登高恣窺臨。徜徉偶此地，曠望披塵襟。落日瞰遠郊，暮色生寒陰。歡餘未去已〔六〇〕，更欲窮幽尋。行披茂樹盡，豁見滄溟深。恨無雙飛翼，往詣蓬山岑。

登面山亭是日氛霧四塞，獨見雙髻峯。

新亭夙所聞，登眺遂兹日。極目但蒼茫，前瞻如有失。煙鬟稍呈露，衆嶺方含鬱。長歗天風來，雲散空宇碧。

雙髻峯

絶壑藤蘿貯翠煙，水聲幽咽亂峯前。行人但説青山好，腸斷雲間雙髻仙。

涉澗水作

幽谷濺濺小水通，細穿危石認行蹤。回頭自愛晴嵐好，却立灘頭數亂峯。

試院即事乙亥

端居惜春晚，庭樹緑已深。重門掩晝靜，高館正陰沈。披衣步前除，悟物懷貞心。澹泊方自適，好鳥鳴高林。

借王嘉叟所藏趙祖文畫孫興公天台賦凝思幽巖朗詠長川一幅有契于心因作此詩二首〔六一〕

翩然乘孤鶴，往至蒼崖巔。上有桂樹林，下有清泠淵。洗心詠太素〔六二〕，泛景窺靈詮。棲身託歲暮，畢此巖中緣。

山空四無人，澗樹生涼秋〔六三〕。杖策忘所適，水木娱清幽。散髮塵外飈，濯足清瑶流。靜歗長林内〔六四〕，舉翮仍丹丘。

雜記草木九首

高蘿引蔓長，插楥垂碧絲。西窗夜來雨，無人領幽姿。天門冬

弱植不自持，芳根爲誰好？雖微九秋榦，丹心中自保。紅蕉

根節含露辛，苕穎扶楥緑。蠻中靈草多，夏永清陰足。扶留

種竹官墻陰，經年但憔悴。故園新緑多，宿榦轉蒼翠。竹

窈窕安榴花，乃是西隣樹。墜蕚可憐人，風吹落幽户。榴花

春條擁深翠，夏花明夕陰。北堂罕悴物，獨爾澹沖襟。萱草一

西窗萱草叢，昔是何人種？移向北堂前，諸孫時遶弄。萱草二

端居春向殘，夏氣已清穆。睡起悄無人，風驚滿窗緑。獨覺

晨起獨行園，花藥發奇穎。猶嫌墜露稀，更汲寒泉井。澆花

觀黄德美延平春望兩圖爲賦二首

川流匯南奔，山豁類天闢。層甍麗西崖，朝旦峯峯碧〔六五〕。劍閣望南山

方舟越大江，凌風下飛閣。仙子去不還，蒼屏倚寥廓。冷風望演山

祠事齋居聽雨呈劉子晉

刀筆常時篋笥盈，齋祠今喜骨毛清。與君此日俱無事，共愛寒階滴雨聲。

校勘記

〔一〕虞帝廟迎送神樂歌詞　淳熙本無「歌」字，浙本無「詞」字。

〔二〕桂林郡虞帝廟迎送神樂歌者　「歌」，淳熙本作「詞」。

〔三〕新安朱熹之所作也　「安」下，淳熙本有「人」字。「熹」，淳熙本作「某」。

〔四〕熹既爲太守張侯栻紀其新宫之績　「熹」、「太」，淳熙本作「某」、「其」。

〔五〕使聲于廟庭　「使」、「廟」，淳熙本作「俾」、「其」。

〔六〕翳長薄兮俯清流　「清」，淳熙本作「滄」。
〔七〕沛皇澤兮横流　「沛皇」，考異云：一作「仰皇」。
〔八〕虞之陽兮瀨之滸　「虞之」、「瀨之」，考異云：一作「韶之」，一作「武之」。
〔九〕俯故宫兮一慨　「慨」，淳熙本作「慨」。
〔一〇〕信玄功兮不宰　「玄功」，淳熙本作「元功」，避真宗所封道教聖祖趙玄朗諱也。
〔一一〕洞主晦翁之所作也　「洞」上，淳熙本有「其」字。
〔一二〕粤冬孟之既望　「冬孟」，淳熙本作「孟冬」。
〔一三〕客楊方子直遂贊興作之謀　「興作」，浙本作「作興」。
〔一四〕既而劉清之子澄亦裒集故實來寄　「裒」，原作「褒」，據閩本改。
〔一五〕屹厦屋之渠渠　「厦屋」，浙本作「夏屋」。
〔一六〕山葱瓏而遶舍　「葱瓏」，記疑云：疑當作「蔥蘢」。
〔一七〕實覬宫墻之可入　「實」，淳熙本作「曾不」。
〔一八〕潛林廬以靜處兮　「林」，浙本作「故」。
〔一九〕悵佳辰之不可再兮　「悵佳」，考異云：一作「恨佳」。
〔二〇〕孰知吾心之永傷　「吾心」，考異云：一無「心」字。
〔二一〕壁帶耿而夜光　「壁帶」，考異云：一作「璧帶」。

〔二二〕徐行發清商 「清商」，考異云：一作「商歌」。
〔二三〕爲子奉尊酒 「尊」，淳熙本作「杯」。
〔二四〕問子何所之至北駕風裂棠 考異云：一作「願子審所之行矣戒關梁南轅犯癘毒北駕風裂棠東征憂暘谷西遊畏羊腸世路百險艱出門始悲傷」。淳熙本句序同考異，惟「犯癘毒」作「觸瘴霧」，「西遊」作「西逝」。
〔二五〕超忽凌八荒 「凌」，淳熙本作「臨」。
〔二六〕終日守空堂 「空」，淳熙本作「高」。
〔二七〕佳月朗秋夜 「月」，原作「人」，據閩本、浙本改。
〔二八〕一爲狂痞病 「痞」，閩本、浙本均作「酲」。
〔二九〕效在一探囊 「效」，浙本作「救」。
〔三〇〕奉酬丘子野表兄飲酒之句 「句」，浙本作「作」。
〔三一〕世路多崎嶔 「多」，浙本作「方」。
〔三二〕古意 考異云：一作「傚古」。
〔三三〕弱蔓失所依 「所依」，考異云：一作「所託」。
〔三四〕不恨歲月遒 「月遒」，考異云：一作「月流」。
〔三五〕的皪散方塘 「方」，浙本、天順本作「芳」。

〔三六〕西風何蕭索　「索」，浙本作「條」。
〔三七〕緣原草舒榮　「緣原」，考異云：一作「緑源」。
〔三八〕春日言懷　考異云：一作「春日書懷」。
〔三九〕泉谷暖方融　「谷」，記疑云：祠堂本作「石」。
〔四〇〕終然心所向　「向」，浙本作「尚」。
〔四一〕端居日康倦　底本詩末小注云：「倦」，疑當作「健」。
〔四二〕悟悦何由足　「由」，浙本作「時」。
〔四三〕雲闕啓蒼茫　「啓蒼」，考異云：一作「起蒼」。
〔四四〕茂樹禽囀幽　「囀」，原作「轉」，據浙本改。
〔四五〕遥知竹林夜　「竹林」，考異云：一作「故園」。
〔四六〕寒塘空自緑　「緑」，浙本、閩本作「淥」。
〔四七〕湖海尊前即大荒　「湖海」，考異云：一作「江海」。
〔四八〕感此霜露節　「感此」，考異云：一作「感兹」。
〔四九〕孕秀東渟房　「孕」，原作「朵」，據浙本改。
〔五〇〕宴罷三椿期　「罷」，浙本作「覾」。
〔五一〕重使心思傳　「重使」，考異云：一作「却使」。

〔五二〕寒色澹遥空　「色澹」，考異云：一作「色靄」。

〔五三〕祇役未忘倦　「忘倦」，考異云：一作「忘疲」。

〔五四〕何日税征鞅　「征鞅」，考異云：一作「歸鞅」。

〔五五〕安溪書事　考異云：一作「晚望」。

〔五六〕虚邑帶寒水　「虚邑」，考異云：一作「井邑」。

〔五七〕涵山日欲晦　「涵山日欲」，考異云：一作「山深日已」。

〔五八〕窺閣景方沉　「窺閣」，考異云：一作「地迥」。

〔五九〕極目無遺眺　「極目」，考異云：一作「一目」。

〔六〇〕歡餘未去已　底本詩末小注云：「餘」，疑當作「娱」；「去」，疑當作「云」。

〔六一〕借王嘉叟所藏至作此詩二首　考異云：此題一作「借王嘉叟天台横卷」。

〔六二〕洗心詠太素　「洗心」，考異云：一作「凝神」。

〔六三〕澗樹生凉秋　「澗樹」，考異云：一作「桂樹」。

〔六四〕静歗長林内　「長林」，考異云：一作「兹林」。

〔六五〕朝旦峯峯碧　「朝旦」，考異云：一作「朝夕」。

晦庵先生朱文公文集卷第二

詩

送王季山赴龍溪

故人千石令，便道此之官。契闊三秋永，逢迎一笑歡。田園知不遠，謡俗問非難。已想躬玄默，鳴絃亦罷彈。

之德化宿劇頭鋪夜聞杜宇

王事賢勞祇自嗤，一官今是五年期。如何獨宿荒山夜，更擁寒衾聽子規？

次韻傅丈題呂少衛教授藏書閣

西樓誰與共閑居？茂樹婆娑清晝餘〔一〕。大隱祇今同一壑，行吟非昔似三閭。揣摩心事惟黄卷，料理家傳亦素書。更鑿寒泉供漱石，世紛不擬問焉如。

次旬父韻

五字何人寄？鏘鳴滿袖金。劇知多暇日，誰與共幽尋？簿領淹窮海，鶯花遶故林。功名終好在，且莫負初心。

次祝澤之表兄韻

裸裎相向但悠悠，信道乾坤日夜浮。此去安心知有法，向來示病不難瘳。優游静室閑窗底〔二〕，放浪東阡南陌頭。萬事何由到懷抱，夕陽芳草自春秋。

次祝澤之表兄韻送劉子晉歸省

之子真吾友，心期到古人。殷勤來講學，迢遞遠辭親。黄卷工夫妙，斑衣夢想頻。今朝首歸路，何處問知津？

送祝澤之表兄還鄉

首夏何來此？清秋却復歸。應緣心未快，豈是世相違。落日空書館，涼風淨客衣。功名須努力，别淚莫頻揮。

知郡傅丈載酒幞被過熹於九日山夜泛小舟弄月劇飲二首

扁舟轉空闊〔三〕，煙水浩將平。月色中流滿，秋聲兩岸生。杯深同醉極，嘯罷獨魂驚。歸去空山黑，西南河漢傾。

誰知方外客，亦愛酒中仙。共踏空林月，來尋野渡船。醉醒非各趣，心跡兩忘緣。江海情何限〔四〕，秋生蓬鬢邊〔五〕。

教思堂作示諸同志

吏局了無事，横舍終日閑。庭樹秋風至，涼氣滿窗間。高閣富文史，諸生時往還。縱談忽忘倦，時觀非云慳。詠歸同與點，坐忘庶希顏。塵累日以銷，何必棲空山！

再得古木

青山一何深，上下盡雲木。中有千歲姿，偃蹇卧寒谷。明堂不徵材，大匠肯回目？樵斧莫謾尋，從渠媚幽獨。

示諸同志

夏木已云暗，時禽變新聲。林園草被徑，端居有餘清〔六〕。端居亦何爲？日夕掩柴荆。静有絃誦樂，而無塵慮并。良朋肯顧予，尚有夙心傾。深慚未聞道，折衷非所寧。眷焉撫流光，中夜歎以驚。高山徒仰止，遠道何由征？

示四弟〔七〕

十日一洗沐，諸生各歸休。虚齋息羣響，兀坐心悠悠〔八〕。雨久苔徑荒，林深鳥啼幽。階前樹萱草，與子俱忘憂。

還家即事

獻歲事行役，徂春始還歸。昔往草未芳，今來翠成幃。扶疏滿園陰，時禽互翻飛〔九〕。叢萱亦已秀，丹葩耀晨輝。即事誰與娱？淹留自忘機。日暮復出門，悵然心事違〔一〇〕。古人不可見，獨掩荒園扉〔一一〕。

小盈道中

今朝行役是登臨，極目郊原快賞心。却笑從前嫌俗事，一春牢落閉門深。

題囊山寺

曉發漁溪驛，夜宿囊山寺。雲海近蒼茫〔一二〕，層嵐擁深翠。行役倦脩途，投歸聊一憩。不學塔中仙，名塗定何事？

題九日山石佛院亂峯軒二首

因依古佛居，結屋寒林杪。當户碧峯稠，雲煙自昏曉。

巖中老釋子，白髮對青山。不作看山想，秋雲時往還。

題可老所藏徐明叔畫卷二首

羣峯相接連〔一三〕，斷處秋雲起。雲起山更深，咫尺愁千里。

流雲繞空山，絶壁上蒼翠。應有採芝人，相期煙雨外。

再至同安假民舍以居示諸生

端居託窮巷，廪食守微官。事少心慮怡，吏休庭宇寛。晨興吟誦餘，體物隨所安。杜門不復出，悠然得真歡。良朋夙所敦，精義時一殫。壺餐雖牢落，此亦非所難。許生不葷肉。

六月十五日詣水公庵雨作

雲起欲爲雨〔一四〕，中川分晦明。纔驚横嶺斷，已覺疏林鳴。空際旱塵滅，虛堂涼思生。頹簷滴瀝餘，忽作流泉傾。況此高人居，地偏園景清。芳馨雜悄蒨，俯仰同鮮榮。我來偶兹適，中懷澹無營。歸路緑泱漭，因之想巖耕。

末利

曠然塵慮盡，爲對夕花明。密葉低層幄，冰蕤亂玉英。不因秋露濕，詎識此香清？預恐芳菲盡，微吟遶砌行。

謝人送蘭

幽獨塵事屏，晼晚秋蘭滋。芳馨不自媚，掩抑空相思。晤對日方永，披叢露未晞。翛然發孤詠，九畹陳悲詩。

又

淹留閲歲序，契闊心懷憂。獨卧寄僧閭，一室空山秋。徘徊起顧望，俯仰誰爲儔？伊人遠贈問，孤根亦綢繆。芳馨不我遺，三載娱清幽。愧無瓊琚報，厚意竟莫酬〔一五〕。瞻彼南陔詩，使我心悠悠。

秋蘭已悴以其根歸學古

秋至百草晦，寂寞寒露滋。蘭皐一以悴，蕪穢不能治。端居念離索，無以遺所思。願言託孤根，歲晏以爲期。

去歲蒙學古分惠蘭花清賞既歇復以根叢歸之故畹而學古預有今歲之約近聞頗已著花輒賦小詩以尋前約幸一笑

秋蘭遞初馥，芳意滿冲襟。想子空齋裏，淒涼楚客心。夕風生遠思，晨露灑中林。頗憶孤根在，幽期得重尋。

秋夕二首

西齋坐竟日，曠然誰與儔？感兹風露夕，始知天宇秋。庭樹且扶疏，時物詎淹留？心空累云遠，歲月真悠悠。

公門了無事，吏散終日閑。涼葉何蕭蕭，悲吟庭樹間。琴書寫塵慮，菽水怡親顔。憶在中林日，秋來長掩關。

秋夜聽雨奉懷子厚

悄悄窗户暗，青燈讀殘書。忽聽疏雨落，稍知凉氣初。披襟聊自適，掩卷方躊躇。亦念同懷人，悵望心煩紆。鳴琴愛靜夜，樂道今閑居。岑岑空山中，此夕知焉如？

對月思故山夜景

沉沉新秋夜，凉月滿荆扉。露泫凝餘彩，川明澄素暉。中林竹樹映，疏星河漢稀。此夕情無限，故園何日歸？

同僚小集梵天寺坐間雨作已復開霽步至東橋玩月賦詩二首

傑閣翔林杪，披襟此日閑。層雲生薄晚，凉雨遍空山。地迥衣裳冷，天高澄霽還。出門迷所適，月色滿林關。

空山看雨罷，微步喜新凉。月出澄餘景，川明發素光。星河方耿耿，雲樹轉蒼蒼。晤語逢清夜，兹懷殊未央。

梵天觀雨

持身乏古節，寸禄久棲遲。暫寄靈山寺，空吟招隱詩。讀書清磬外，看雨暮鍾時。漸喜涼秋近，滄洲去有期。

兼山閣雨中

兩山相接雨冥冥，四牖東西萬木清。面似凍梨頭似雪，後生誰與屬遺經？

登閣

横空敞新閣，高處絶炎氛。野迥長風入，天秋涼氣分。憑欄生逸想，投迹遠人羣。終憶茅簷外，空山多白雲。

秋懷二首

秋風吹庭户，客子懷故鄉。矧此卧愁疾，徘徊守空房。伫想澗谷居，林深慘悲涼。鵾鷄感蕭辰，拊翼號風霜。氛雜無留氣，悄蒨有餘芳。幸聞衛生要，招隱夙所臧。終期謝世慮，矯翮兹山岡。

懷痾坐竟日，晚色散幽樹。寂歷候蟲悲，沉瀁碧草露。端居興方澹，沉默自成趣。羽觴歡獨持，瑶琴誰與晤？空知玄思清，未惜年華度。美人殊不來，歲月恐遲暮。

中元雨中呈子晉

徂暑尚繁鬱，大火空西流。兹辰喜佳節，凉雨忽驚秋。晼晚蘭徑滋，蕭萷庭樹幽。炎氣一以去，恢台逝不留。刀筆隨事屏，塵囂與心休。端居諷道言，焚香味真諏。子亦玩文史，及此同優游。

秋暑

晨興納新凉，亭午倦猶暑。卧對北窗扉，淡泊將誰侣？疏樹含輕颸，時禽轉幽語。端居悟物情，即事聊容與。

和李伯玉用東坡韻賦梅花

北風日日霾江村，歸夢正爾勞營魂。忽聞梅蘂臘前破，楚客不愛蘭佩昏。尋幽舊識此堂古，曳杖偶集僧家園。嵐陰春物未全到，邂逅只有南枝温。冷光自照眼色界〔一六〕，雲艷未怯扶桑暾〔一七〕。遥知雲臺溪上路，玉樹十里藏山門。自憐塵羈不得去，坐想佳處知難言〔一八〕。但哦君詩慰岑寂，已似共倒花前罇。

與諸人用東坡韻共賦梅花適得元履書有懷其人因復賦此以寄意焉

羅浮山下黄茅村，蘇仙仙去餘詩魂。梅花自入三疊曲，至今不受蠻煙昏。佳名一旦異凡木，絶艷千古高名園。却憐冰質不自暖，雖有步障難爲温。羞同桃李媚春色，敢與葵藿爭朝暾？歸來只有脩竹伴，寂歷自掩疏籬門。亦知真意還有在，未覺浩氣終難言。一杯勸汝吾不淺，要汝共保山林罇。

挽劉寶學二首

天地誰翻覆？人謀痛莫支。公扶西極柱，威動北征旗。肉食謀何鄙！家山志忽齎。平生出師表，今日重傷悲。

生死公何有？飄零我自傷。向非憐不造，那得此深藏！心折風霜裏，衣沾子姪行。哦詩當肅挽〔一九〕，悲哽不成章。

寄題梅川溪堂

滄波流不極，上有一畝園。幽人掩關卧，脩竹何娟娟。虚堂面羣峯，秀色摩青天。静有山水樂，而無車馬喧。人言市門子〔二〇〕，往往蒼崖顛。揮手謝世人，日中翔紫煙。遺迹尚可覿，神交邈無緣。慨然一永歎，耀靈忽西遷。褰裳下中沚，濯足娱清川。

和劉抱一

幾年牢落舊村墟，此日翛然水竹居。病起試尋春逕草，客來聊煮雪畦蔬。開樽細説平生事，信手同翻集古書。適意何勞一千卷，新詩閑出笑談餘。

再和

久矣投裝返舊墟，不將心事賦閑居。荷鉏帶月朝治穢，植杖臨風夕挽蔬。三逕猶尋陶令宅〔二一〕，萬籤聊借鄴侯書。木瓜更得瓊琚報，吟咏從今樂有餘。

送芮國器二首

拄節千山外，勤勞飽所經。一心無適莫，萬口自丹青。拂拭先賢傳，光輝處士星。活人功更遠，試與問林坰。

紫陌同年舊，青雲得路新。論心端有契，下榻豈辭頻。話别驚如許，相逢渺未因。期公念經濟，從此上星辰。

梅花開盡不及吟賞感嘆成詩聊貽同好二首

憶昔身無事，尋梅只怕遲。沉吟窺老樹，取次折横枝。絶艷驚衰鬢，餘芳入小詩。今年何草草，政爾負幽期！

棐几冰壺在，梅梢雪蕊空。不堪三弄咽，誰與一尊同？鼻觀殘香裏，心期昨夢中。那知北枝北，猶有未開叢！

宋丈示及紅梅臘梅兩詩借韻輒復和呈以發一笑〔一二〕

聞説寒梅盡，尋芳去已遲。冷香無宿蕊〔一三〕，穠艷有繁枝。正復非同調，何妨續舊詩。

廣平偏娬媚，鐵石誤心期〔二四〕。宋丈此篇乃用施朱粉事。

風雪催殘臘，南枝一夜空。誰知荒草裏，却有暗香同？質瑩輕黄外，芳滕淺絳中〔二五〕。不遭岑寂侣，何以媚孤叢？

呈黄子厚

茅齋塵事遠〔二六〕，幽獨興無窮〔二七〕。永晝呻吟内〔二八〕，新凉愁思中。朱顔非昨日，緑鬢又秋風。珍重牆東客〔二九〕，遥憐此意同〔三〇〕。

奉酬子厚詠雪之作

遥夜不能寐，披衣起彷徨。仰視天正黑，寒氣慘悲凉。飛霰忽下零，雪花亦飄揚。飄揚未云已，須臾滿空翔。前山失舊姿〔三一〕，川谷流素光。念昔少小時，無事志四方。五年江海上，不見雪與霜。飄飖今日情，浩蕩誰能量？凌晨飲一杯，竟日守空堂，竚立玩奇變，永言獲新章。躊躇欲何報？玉樹生瓊岡。

送籍溪胡丈赴館供職二首

祖餞衣冠滿道周，此行誰與話端由？心知不作功名計〔三二〕，秖爲蒼生未敢休。

執我仇仇詎我知，謾將行止驗天機。猿悲鶴怨因何事？只恐先生袖手歸。

寄籍溪胡丈及劉恭父二首

先生去上芸香閣，閣老新峨豸角冠。留取幽人卧空谷，一川風月要人看。

甕牖前頭翠作屏〔三三〕，晚來相對静儀刑。浮雲一任閑舒卷，萬古青山只麽青。

挽范直閣二首

獻納陪興運，如公衆所期。憂時最深切，信道不磷緇。落落歸來賦，怱怱殄瘁詩。菟裘當日計，宰木後人悲。

先友多名士，存亡幾許人？惟公且彊健，於我更情親。出處論心晚，音書枉誨頻。素車今日會，誰與共傷神？

頃以多言害道絶不作詩兩日讀大學誠意章有感至日之朝起書此以自箴蓋不得已而有言云

神心洞玄鑒，好惡審薰蕕。云何反自誑？閔默還包羞。今辰仲冬節，寤歎得隱憂。心知一寸光，昱彼重泉幽。朋來自兹始，羣陰邈難留。行迷亦已遠，及此旋吾輈。

仁術

在昔賢君子，存心每欲仁。求端從有術，及物豈無因。惻隱來何自？虚明覺處真。擴充從此念，福澤遍斯民。入井倉皇際，牽牛觳觫辰。向來看楚越，今日備吾身。

聞善決江河

大舜深山日，靈襟保太和。一言分善利，萬里決江河。可欲非由外，惟聰不在它。勇如爭赴壑，進豈待盈科？學海功難竝，防川患益多。何人親祖述，耳順肯同波？

仰思二首

公德明光萬世師，從容酬酢更何疑。當年不合知何事？清夜端居獨仰思。
聖賢事業理難同，僭作新題欲自攻。王事兼施吾豈敢，儻容思勉議成功。

困學二首

舊喜安心苦覓心，捐書絶學費追尋。困衡此日安無地，始覺從前枉寸陰。
困學工夫豈易成，斯名獨恐是虛稱。傍人莫笑標題誤，庸行庸言實未能。

復齋偶題

出入無時是此心，豈知鷄犬易追尋〔三四〕。請看屏上初爻旨，便識名齋用意深。

示四弟

務學脩身要及時，競辰須念隙駒馳。清宵白日供遊蕩〔三五〕，愁殺堂前老古錐〔三六〕。

克己

寶鑑當年照膽寒，向來埋没太無端。祇今垢盡明全見，還得當年寶鑑看。

曾點

春服初成麗景遲，步隨流水玩晴漪。微吟緩節歸來晚，一任輕風拂面吹。

伐木

伐木相將入遠山，共聽幽鳥語關關。殷勤若解當時意，此日那容不盡歡！

春日

勝日尋芳泗水濱，無邊光景一時新。等閑識得東風面，萬紫千紅總是春。

春日偶作

聞道西園春色深〔三七〕，急穿芒屩去登臨〔三八〕。千葩萬蕊爭紅紫，誰識乾坤造化心？

觀書有感二首〔三九〕

半畝方塘一鑑開〔四〇〕，天光雲影共徘徊。問渠那得清如許〔四一〕？爲有源頭活水來。

昨夜江邊春水生〔四二〕，蒙衝巨艦一毛輕。向來枉費推移力〔四三〕，此日中流自在行。

題西林院壁二首

觸目風光不易裁，此間何似舞雩臺。病軀若得長無事，春服成時歲一來。

巾屨翛然一鉢囊，何妨且住贊公房。却嫌宴坐觀心處，不奈簷花抵死香。簷前有柚花。

題西林可師達觀軒

窈窕雲房深復深，層軒俄此快登臨。卷簾一目遥山碧，底是高人達觀心？

再題

紹興庚辰冬，予來謁隴西先生，退而寓於西林院惟可師之舍，以朝夕往來受教焉。閲數月而後去。可師始嘗爲一室於其居之左，軒其東南以徙倚瞻眺，而今鉛山尉李兄端父名之曰「達觀軒」，蓋取賈子所謂「達人大觀，物無不可」云者。予嘗戲爲之詩以示可師，既去而遂忘之。壬午春，復拜先生於建安，而從以來，又舍于此者幾月，師不予厭也，且欲予書其本末置壁間，因取舊詩讀之，則歲月逝矣，而予心之所至者未尺寸進焉，爲之三歎自廢。顧師請之勤勤，不得辭，於是手書授之，而又叙其所以然者如此。雖其辭鄙陋若無足稽，然予之往來師門蓋未憖也。異時復至，又將假館于此，仰視屋壁，因舊題以尋歲月，而愓然乎其終未有聞也。然則是詩之不没，亦予所以自勵者。可師嘗遊諸方，問佛法大意，未倦而歸，尚有以識予意也。三月九日熹書。

古寺重來感慨深，小軒仍是舊窺臨。向來妙處今遺恨，萬古長空一片心。

示西林可師二首

身世年來欲兩忘，一春隨意住僧房。行逢舊隱低回久，緑樹鶯啼清晝長。

幽居四畔只空林，啼鳥落花春意深。獨宿塵龕無夢寐，五更山月照寒衾。

感事書懷十六韻

胡虜何年盛，神州遂陸沉。翠華棲浙右，紫塞僅淮陰。志士憂虞切，朝家預備深。一朝頒細札，三捷便聞音〔四四〕。授鉞無遺算，沈機識聖心。東西兵合勢，南北怨重尋。小却奇還勝，窮凶禍所臨。旃裘方舞雪，血刃已披襟。殘類隨煨燼，遺黎脱斧碪。戴商仍夙昔，思漢劇謳吟。共惜山河固〔四五〕，同嗟歲月侵。泉蓍久憔悴，陵柏幸蕭槮。正爾資羣策，何妨試盍簪。折衝須舊衮，出牧仗南金。衆志非難狥，天休詎可諶？故人司獻納，早晚奉良箴。

次韻劉彦采觀雪之句

朔風吹空林，眇眇無因依。但有西北雲，冉冉東南飛。須臾層陰合，慘淡周八維。凍雨不流澌，飛花舞妍姿。翳空乍滅没，散影還參差。萬點隨飄零，百嘉潛潤滋。徘徊瞻詠久，默識造化機。上寒下必温，欲積無根基。漸看谷樹變，稍覺叢篁低。皓然遂同色，宇宙乃爾奇！繁華改新觀，凛冽忘前悲。摛章愧佳友，佇立迎寒吹。感此節物好，嘆息今何時。當念長江北，鐵馬紛交馳。

次韻彦采病中口占

一榻流年度，篝燈遥夜闌。短衾閑自擁，清鏡莫頻看。竹密初驚雪，梅疏却耐寒。從今花木夢，無復在雕欄。

感事

聞説淮南路，胡塵滿眼黄。棄軀慚國士，嘗膽念君王。却敵非干櫓，信威藉紀綱。丹心危欲折，竚立但彷徨。

聞二十八日之報喜而成詩七首

胡馬無端莫四馳，漢家元有中興期。旃裘喋血淮山寺，天命人心合自知。
天驕得意任驅馳，太歲乘蛇已應期。一夜旄頭光殞地，飲江胡馬未全知。
雪擁貂裘一馬馳，孤軍左袒事難期。奏函夜入明光殿，底事盧兒探得知？所報乃御營宿衛官奏，故有是句。
渡淮諸將已爭馳，兔脱鷹揚不會期。殺盡殘胡方反旆，里閭元未有人知。

漢節熒煌直北馳，皇家卜世萬年期。東京盛德符高祖，説與中原父老知。

追鋒聞説日驅馳，舊德登庸儻有期。張魏公。聖主聰明似堯禹，忠邪如許詎難知〔四六〕？

恭惟大號久風馳〔四七〕，清蹕傳呼却未期。此日不須勞玉趾，寸心那得侍臣知！

次子有聞捷韻四首

神州荆棘欲成林，霜露凄凉感聖心。故老幾人今好在？壺漿爭聽鼓鼙音。

殺氣先歸江上林，貔貅百萬想同心。明朝滅盡天驕子，南北東西盡好音。

孤臣殘疾卧空林，不奈憂時一寸心〔四八〕。誰遣捷書來蓽户？真同百蟄聽雷音。

胡命須臾兔走林，驕豪無復向來心。莫煩王旅追窮寇，鶴唳風聲盡好音。

奉陪判院丈充父平父兄宿回向用知郡丈壁間舊題之韻

暮雨停驂處，僧廬古道邊。千峯環傑閣，一水下平田。行役無期度，經過幾歲年。明朝須飽飯，躡足上寒煙。

感事再用回向壁間舊韻二首

江北傳烽火〔四九〕，胡兒大入邊。已聞隳列障，不但擾屯田。借箸思人傑，摧鋒屬少年。偷安慚暇食〔五〇〕，萬竈起愁煙。

廊廟憂虞裏，風塵慘淡邊。早知煩汗馬，悔不是留田〔五一〕。迷國嗟誰子，和戎誤往年。腐儒空感慨，無策靜狼煙。

蒙判院丈示及再用元韻之作率易和呈以求指誨

疇昔經行地，溪山寂寞邊。冰霜凝巨壑，風雨暗中田。古寺堪投晚，塵龕閱紀年。論文寒夜永，清絶裊爐煙。

數日前與判院丈有宋村之約雪中有懷奉呈判院通判二丈

雲垂天闊歲將闌，一室翛然獨掩關。擁褐不知風折木，開軒惟見雪漫山。玄空杳靄低迷外，碧樹瓏璁掩映間。吟罷左思招隱句〔五二〕，扁舟無路過長灣。

次韻判院丈雪意之作

端居歲復窮，閉户守沖澹。風陰原野悲，月黑庭除暗。淅瀝靜先知，崩奔誰與探？坐想青瑶林，寒光生素艷。

熹伏蒙判院丈垂示用韻喜晴之句率爾奉酬伏乞笑覽

客枕終難穩，歸來鼾息深。曉鷄回遠夢，缺月掛空林。冰谷晨加帽，晴窗晝解襟。詩筒多妙語，仍喜舊盟尋。

登梅嶺

去路霜威勁，歸程雪意深。往還無幾日，景物變千林。曉磴初移屐，寒雲欲滿襟。玉梅疏半落〔五三〕，猶足慰幽尋。

雪意〔五四〕

向晚浮雲四面平〔五五〕，北風號怒達天明〔五六〕。寒窗一夜清無睡，擬聽杉篁葉上聲。

昨夕不知有雪而晨起四望遠峯皆已變色再用元韻作兩絶句〔五七〕

朔風吹盡暮雲平，室暖爐紅睡達明。但怪朝來滿山白，不知昨夜打窗聲。

千林無葉一川平，萬壑瓊瑶照夜明。未覺殘梅飄落盡，只愁羌管不成聲。

奉陪彦集充父同游瑞巖謹次莆田使君留題之韻

踏破千林黄葉堆，林間臺殿欝崔嵬。谷泉噴薄秋逾響，山翠空濛晝不開。一壑祇今藏勝概，三生疇昔記曾來。解衣正作留連計，未許山靈便却回。

伏讀趙清獻公瑞巖留題感歎之餘追次元韻〔五八〕

趙公名迹此猶微〔五九〕，已薦行藏第一機。直自當年留翰墨，至今窮谷尚光輝。時清諫疏空遺藁，歲晚高齋自掩扉。高齋，公晚年所居，每夕獨處一室，使人扃其外云。珍重九原如可作，問渠何處是真歸。

伏讀二劉公瑞巖留題感事興懷至於隕涕追次元韻偶成二篇〔六〇〕

誰將健筆寫崖陰，想見當年抱膝吟。緩帶輕裘成昨夢〔六一〕，遺風餘烈到如今。西山爽氣看猶在，北闕精誠直自深。故壘近聞新破竹，起公無路祇傷心。右懷寶學公作。近聞西兵進取關陝，其帥即公舊部曲也。

投紱歸來臥赤城，家山無處不經行。寒巖解榻夢應好，絶壁題詩語太清。陳迹一朝成寂寞，靈臺千古自虛明。傳來舊業荒蕪盡，慚愧秋原宿草生〔六二〕。右懷病翁先生作。翁領崇道祠官，故有「赤城」之句。

入瑞巖道間得四絶句呈彦集充父二兄

憶昔南遊桂樹陰，歸來遺恨滿塵襟。籃輿此日無窮思，萬壑千巖秋氣深。

翩翩一馬兩肩輿，路轉秋原十里餘。共説前山深更好，不辭迢遞款禪居。

清溪流過碧山頭，空水澄鮮一色秋。隔斷紅塵三十里，白雲黄葉共悠悠。

風高木落晚秋時〔六三〕，日暮千林黄葉稀〔六四〕。祇有蒼蒼谷中樹，歲寒心事不相違。

挽籍溪胡先生三首〔六五〕

夫子生名世，窮居幾歲年？聖門雖力造，美質自天全。樂道初辭幣，憂時晚奏篇〔六六〕。行藏今已矣，心迹故超然。

澹泊忘懷久，渾淪玩意深。簞瓢無改樂，山水自知音。册府遺編在，公所定著論語會義，副在祕閣。丘原宰樹陰。門人封馬鬣，寒日共沾襟。

先友多淪謝，唯公尚典刑。向來深繾綣，猶足慰飄零。喬木摧霜榦，長空没曉星。傷心遽如許，孤露轉竛竮。

次韻潮州詩六首

濠上齋二首

黄堂理事餘，便坐永兹日。語默趣雖殊，晦明心本一。舊聞真體露，已歎羣疑失。迨此復幾年，定知久純白。

道若大路然，奈此人好徑。即事昧本心，離動覓真静。安知濠上翁，妙入玄中境。偶寄郡齋閑，無欲民自正。

閑坐

坐歗無餘事，淡然塵慮希。閑中自怡悦，妙處絶幾微。韓子成今古，顛師果是非？悠然發孤笑，千載儻來歸。

銷寇

年來揭陽郡，牢落海陰墟。雲嶠無幽子，潢池有跖徒。單車亦已税，蔓草不須鉏。比屋絃歌裏，功高化鱷圖。

山丹

昔遊嶺海間，幾見蠻卉拆。素英溥夕露，朱蘤爛晴日。歸來今幾年？晤對衹寒碧。因君賦山丹，悦復見顔色。

山居即事用疊翠亭韻

世情日以疏，庭樹日以密。我心自悠悠，兩忘喧與寂。門開山疊翠，雨罷雲絶迹。天涯此興同，萬里寄消息。

柬舍姪〔六七〕

回頭别子時，歲月劇風雨。老大無所成，慚嘆中夜舞。長鑱足呻吟，短褐極藍縷。古人不可期，炯炯心獨苦。

夏日齋居得潮州詩卷咏歎之餘用卒章之韻以紀其事

孟夏氣淑清，窗户有佳色。卧聞幽籜翻，轉覺林景寂。參差帙委素，縹緲香横碧。啜菽有餘歡，纓冠非所職。故人海邊郡，妙語寄遠翼。咏嘆不得聞，超然見胸臆。

壽母生朝〔六八〕下六首附見於此。

秋風蕭爽天氣凉，此日何日升斯堂？堂中老人壽而康，紅顔緑鬢雙瞳方。家貧兒癡但深藏，五年不出門庭荒。竈陘十日九不煬，豈辦甘脆陳壺觴！低頭包羞汗如漿，老人此心久已忘。一笑謂汝庸何傷，人間榮耀豈可常？惟有道義思無疆，勉勵汝節彌堅剛。熹前再拜謝阿娘，自古作善天降祥。但願年年似今日，老萊母子俱徜徉。

又二首

敬爲生朝舉一觴，短歌歌罷意偏長。願言壽考宜孫子，緑鬢朱顔樂未央。

陰瀋園林歲欲霜，怪來和氣滿中堂。要知積善工夫巧，變得人間作壽鄉。

又三首

昨夜秋風凉氣歸，今朝喜色動簾幃。細斟瀲灩新春酒，戲舞斑斕舊綵衣。願上龜蓮千歲壽，永令鳧藻一家肥。也知厚德天應報，更説陰功世所希。

暑退秋容欲凛然，北堂佳氣倍澄鮮。舊痾已向新凉失，壽骨應隨爽籟堅。塵外光陰那有盡，尊前風月浩無邊。癡兒六六今如許，慚愧西河不老仙。

仙人昔住紫琳房，一旦翩然下大荒。久悟客塵無自性，故應福禄未渠央。徙居邂逅成嘉遯，捧檄因循愧漫郎。願借寒潭千丈碧，年年此日奉華觴。

又一首

竹柏交柯庭院清，西風不動翠簾旌。高堂正喜新涼入，樂事仍逢壽斝傾。盡室丹衷歸善禱，滿頭緑鬢定重生。年年此日歡娱意，更願時豐樂太平。

丁丑冬在温陵陪敦宗李丈與一二道人同和東坡惠州梅花詩皆一再往反昨日見梅追省前事忽忽五年舊詩不復可記憶再和一篇呈諸友兄一笑同賦

江梅欲破江南村，無人解與招芳魂〔六九〕。朔雲爲斷蜂蝶信，凍雨一洗煙塵昏。天憐絶艷世無匹，故遣寂寞依山園。自欣羌笛娱夜永，未要鄒律回春温。連娟窺水墮殘月，的皪泣露晞晨暾。海山清游記玉面〔七〇〕，衰病此日空柴門。相逢不敢話疇昔，能賦豈必皆成言？雕鎸肝腎竟何益，況復制酒哦空樽。

歲晚燕集以梅花已判隔年開分韻賦詩得已字

陽愆冬氣昏，日暮悲風起。晤言欲誰從？斗酒會鄰里。盤餐乏珍脆，肴核闕儲峙。

無以奉嘉賓，鉼罄亦可耻。所賴數子賢，深睠不余鄙。夜闌更促席，燈火共歡喜。酣歌氣激冽〔七一〕，傑句韻清美。衰懶愧英游，歲晚情何已！

卓國太生朝〔七二〕

鳳凰山下鳳凰城，十載重來雙眼明。贒喜故人頻獻納，足知賢母外榮名。生朝舉酒天香裏，賤子當歌魯頌聲。問訊豪眉今幾許？年年此日照人清。

又一首〔七三〕

玄冬周四運，肅氣驅煩喧。孕此貞秀質，德美難具論。巍巍北堂高，福履神所敦。晨昏極榮養，夙昔蒙天恩。明年啓國封，屈狄文魚軒。斑衣結紫綬，玉樹承金尊。歡娱何所忘〔七四〕，千載如飛奔。惟應玄中趣，眇眇自本根。洗心河漢津，入此無窮門。超然謝衆甫，永與天壤存。

社後一日作

聖作重品節，等殺古所詳。里有秦社稷，僭差遂無章。王綱諒已隳，精意尚不亡。尚論千載前，簡編有遺芳。侃侃陳孺子，恂恂萬春鄉。敬恭事耆老〔七五〕，禱賽謹田桑。悠悠我里居，歲事有故常。向來諸老翁，惇厖亦端莊。交神庶或享，與物同樂康。今我胡不樂？悵然下頹岡。古人不可見，今人自猖狂。

三月三日祀事畢因脩禊事于靈梵以高閣一長望分韻賦詩得一字〔七六〕

逝川無停波，歲月一何疾！居然雨露濡，我意日蕭瑟。共惟西山足，宰樹久蒙密。晤言起哀敬，時事該禮律。肴羞既紛羅〔七七〕，薦饋亦芳苾。周旋極悽愴，俛仰詎終畢？更衣適精舍，鄰曲會茲日。簋黍畀煇胞，從容罄脅膟。嘉賓更盤礴〔七八〕，環堵窺逸筆。即事君獨哦，非才我何述。矧茲衰病餘，苦畏煩慮怵。賦罷掩寒棲，存存常抱一。

夏日二首

端居倦時暑，竟日掩柴門。窗風遠飆至，竹樹清陰繁。靜有圖史樂，寂無車馬喧。茲焉愜所尚，難與世人論。

季夏園木暗，窗户貯清陰。長風一掩苒，衆緑何蕭槮！玩此消永晝〔七九〕，泠然滌幽襟。俯仰無所爲，聊復得此心。

汲清泉漬奇石置熏爐其後香煙被之江山雲物居然有萬里趣因作四小詩

晴窗出寸碧，倒影媚中川。雲氣一吞吐，湖江心渺然〔八〇〕。

一水渺空闊，羣山中接連。寒陰白霧湧，飛度碧峰前。

隱几對寒碧，忘言心自閑。豈知宜寂士，滅跡青峯間。杜詩：「滅跡君山湖上之青峯。」

吟餘忽自笑，老矣方好弄。慨然思古人，尺璧寸陰重。

偶題三首

門外青山翠紫堆〔八一〕，幅巾終日面崔嵬。只看雲斷成飛雨，不道雲從底處來。

擘開蒼峽吼奔雷，萬斛飛泉湧出來。斷梗枯槎無泊處，一川寒碧自縈回。

步隨流水覓溪源，行到源頭却悵然。始悟真源行不到，倚筇隨處弄潺湲。

次張彥輔韻

風霜歲云徂，塵事眯雙目。故人書鼎來，照眼一連玉。把玩不知疲，日晏坐空腹。卷藏什襲祕，寒光夜穿櫝。嗟予骯髒姿，十駕不能速。丘壑聊自娱，簞瓢亦云足〔八二〕。君侯湖海士，逸氣謝追逐。胡爲不予鄙，乃肯顧林谷？高軒緩前期，清夢遶雙竹。起將杜陵句，寫寄玉川屋。我窮詩未工，最覺貂難續。感君殷勤意，吟苦屢更燭。羣公饒藻思，裂牋動盈束。歷險正摧輈，爭先俄擊轂。低回欲引避，悵望曷歸宿？出吻竟無奇，彊顏終自恧。北風催歲年，兩鬢失新緑。樊生念學稼，曹子悲食粟。死灰寧復然，寡過良所欲。耿耿自知明，何勞詹尹卜！

次張彦輔賞梅韻

朔風萬里開雲屏，清霜夜墜朝景晴。南枝浩蕩正春色，凍蘂的皪含空明。花邊偶對青銅鏡，槁項不堪冰雪映。擁爐獨坐只悲吟，振策出遊舒遠興。暗香何處時一飄？行行復值最長條。仰頭欲折渺誰贈？滿意相思那得邀！極知異縣淹行李，心賞未甘輕付畀。石雄賦罷不相聞，秀野書來因舉似。兩翁句法爭新奇，畫出疏影沉寒漪。幽探自出塵境外，勝概未許兒曹知。祇今嚼蘂攀條處，它日重來記前度。風臺月觀悄無言，玉笛冰灘索同賦。嗟予衰懶倦將迎，過眼紛紛無復情。尚喜疏英窺水白，更憐落片點苔青。興來亂插飛蓬首，擬向君家醉君酒。酒酣耳熱莫狂歌，布鼓雷門須縮手！

借韻呈府判張丈既以奉箴且求教藥

一生江海逈無儔，材大應容小未周。景好身閑真復樂，酒酣耳熱却堪憂。飛騰莫羡摩天鵠，純熟須參露地牛。我亦醒狂多忤物，頗能還贈一言不？

家山堂晚照效輞川體作二首

夕陽浮遠空，西峯背殘照。爽氣轉分明，與君共晚眺〔八三〕。

山外夕嵐明，山前空翠滴。日暮無與期，閑來岸輕幘。

即事有懷寄彦輔仲宗二兄二首

一水方涵碧，千林已變紅。農妝爭暖日，老病怯高風。徙倚非無計，心期莫與同。向來歡會處，離合太匆匆。

聞説雙飛槳，翩然下廣津。江湖知子樂，魚鳥諒情親。淹速須關命，行藏不繫人。三山雖好在，惜取自由身。

次知府府判二丈韻三首

兩公清廟瑟，窈窕拂朱絲。事紀一朝勝，名從千古垂。流傳當共賦，惆悵不同時。且要君頤解，寧辭匡說詩。

憶昨中秋夕，寒盟約重尋〔八四〕。幔亭歡舉酒，江閣快論心。月墮俱忘起，罍空始罷斟。祇今千嶺隔，悵望一何深！武夷之遊，張王二丈、元履、子厚及熹與焉，江閣之集，子衡移具，知府丈亦賜臨屈，此詩併簡同會諸公云。

志士懷韜略，奇兵吼鏌干。關河那得往？肝膽不勝寒。壯節悲如許，雄圖渺未闌。皇輿方仄席，陋巷敢求安？得浙中知舊書云，聖上留意武備，諸郡練卒皆點名閱武，賜賚有加，戎士感奮。

巢居之集以中有學仙侶吹簫弄明月爲韻探策賦之而熹得中字遂誤爲諸君所推高俾專主約既而賦詩者頗失期於是令最後者具主禮以當罰乃稍集獨敦夫圭甫違令後至衆白罰如約飲罷以蒼茫雲海路歲晚將無獲分韻熹得將字而子衡兄得蒼字實代熹出令〔八五〕

一昨樓上飲，所歡不可忘。羣公各賦詩，佩玉何鏘鏘！二子朱絲絃，掩抑獨叵量。經營久不作，一奏聲滿堂。巧遲未足多，譴負先取償。主盟謬夙推，否德愧莫當。兹焉不舉法，何以存令章？劉子具盤食，魏子輸壺漿。悠然復一醉，歸路相扶將。

昨承諸兄臨辱不揆以薄酒蔬食延駐都騎明日視壁間所張墨刻有亡去者人以爲德慶丈之庾也馳問遺索蒙需拙詩輒賦所懷往奉一笑而尊犍刻可以歸於我矣

歲暮霜霰集，賓友從我游。置酒臨高齋，觴酌屢獻酬。雞黍罄中庖，肴核供庶羞。所恨乏珍肥，懽意不得周。何悟上客懷，徙我夜壑舟？平明但素壁，篆刻不可求。究索勞象罔，高蹤希盜丘。我亦慚仲子，獨未忘輕裘。

昨以詩徵亡碑於四十一丈既蒙酬和而諸兄亦繼作焉聯爲巨編藏之巾笥雖所亡古刻不可復得而此之所獲則已多矣顧其中猶有不能釋然者因念吾子厚隸法妙古人當爲我大書偉辭於壁庶以焜燿區區之望彼死鬼之陳迹其存亡蓋不足爲重輕也次韻見意云

端居感物化，悵恨不出游。賦詩往追亡，顧得雜佩酬。結綬光陸離，緼袍非所羞。終然抱耿耿，尼父悲東周。凄凉尊犍崖，望想滄浪舟。低徊不得去，寂寞將焉求。安知崔蔡徒，考槃共斯丘。爲我揮素壁，報君當紫裘。少陵詩：「紫裘隨劍几，義取無虚歲。」謂李邕受潤筆資〔八六〕。

再賦解嘲

宇宙一瞬息，人生等浮游。云何百年内，萬變紛相酬？顛倒不自知，旁觀乃堪羞。拱揖尚虞夏，干戈到商周。豈悟曠士懷，泛若不繫舟。駟馬諒弗視，名高非所求。彼哉夸奪子，逝矣崑崙丘。褰裳絶冥外，天風舞雲裘。熹受碑于共父，以禮讓。四十一丈取之於熹，則有慚德矣。故有「商周」之語。

題祝生畫呈裴丈二首

近代丹青手，心期良獨難。夫君偏有思，妙處却無端。堂上三湘遠，人間五月寒。空囊今有此，不用一錢看。

斗酒淋漓後，顛狂不作難。千峯俄紙上，萬景忽豪端。石瘦岡巒古，林深煙雨寒。蒼茫無限意，俗眼若爲看？

挽延平李先生三首

河洛傳心後，毫釐復易差。淫辭方眩俗，夫子獨名家。本本初無二，存存自不邪。誰知經濟業，零落舊煙霞！

聞道無餘事，窮居不計年。簞瓢渾謾與，風月自悠然。灑落濂溪句，從容洛社篇。平生行樂地，今日但新阡。

岐路方南北，師門數仞高。一言資善誘，十載笑徒勞。斬板今來此，懷經痛所遭。有疑無與析，揮淚首頻搔。

用西林舊韻二首

一自籃輿去不回，故山空鎖舊池臺。傷心觸目經行處，幾度親陪杖屨來。

上疏歸來空皂囊，未妨隨意宿僧房。舊題歲月那堪數，慚愧平生一瓣香！

校勘記

〔一〕茂樹婆娑清晝餘　「茂樹」，考異云：一作「幾樹」。
〔二〕優游靜室閑窗底　「靜室」，考異云：一作「淨室」。
〔三〕扁舟轉空闊　「轉空」，考異云：一作「漾空」。
〔四〕江海情何限　「情何」，考異云：一作「清何」。
〔五〕秋生蓬鬢邊　「秋生」，考異云：一作「秋來」。
〔六〕端居有餘清　「餘清」，考異云：一作「餘情」。
〔七〕示四弟　考異云：一作「休日」。
〔八〕兀坐心悠悠　「兀坐」、「心悠」，考異云：一作「默坐」、「真悠」。
〔九〕時禽互翻飛　「互翻」，考異云：一作「共翻」。
〔一〇〕悵然心事違　「悵」，浙本作「怏」。
〔一一〕獨掩荒園扉　「獨掩」，考異云：一作「日掩」。浙本考異作「且掩」。
〔一二〕雲海近蒼茫　「蒼茫」，考異云：一作「蒼黄」。
〔一三〕羣峯相接連　「羣峯」，考異云：一作「羣山」。
〔一四〕雲起欲爲雨　「雲起」，考異云：一作「雲氣」。

〔一五〕厚意竟莫酬　「厚意」，考異云：一作「晤歎」。
〔一六〕冷光自照眼色界　「眼」，正訛作「顏」。
〔一七〕雲艷未怯扶桑暾　「雲」，正訛作「雪」。
〔一八〕坐想佳處知難言　「難」，天順本作「能」。
〔一九〕哦詩當肅挽　「肅」，閩本作「簫」。
〔二〇〕人言市門子　「人言」，考異云：一作「今古」。
〔二一〕三逕猶尋陶令宅　「猶尋」，考異云：一作「獨尋」。
〔二二〕宋丈示及紅梅臘梅兩詩借韻　「兩詩借韻」，原作「借韻兩詩」，據淳熙本乙。
〔二三〕冷香無宿蕊　「冷」，淳熙本作「清」。
〔二四〕鐵石誤心期　底本詩末小注云：「誤」，一作「悟」。
〔二五〕芳滕淺絳中　「滕」，淳熙本作「騰」。據説文水部：「滕，水超踴也。」段玉裁云：「騰者，滕之假借。」則「滕」不煩改「騰」。
〔二六〕茅齋塵事遠　「遠」，淳熙本作「隔」。
〔二七〕幽獨興無窮　「無」，淳熙本作「何」。
〔二八〕永晝呻吟内　「内」，淳熙本作「裏」。
〔二九〕珍重牆東客　「珍重」，淳熙本作「寄語」。

〔三〇〕遥憐此意同　「憐」，淳熙本作「知」。
〔三一〕前山失舊姿　「失」，原作「朱」，據浙本改。
〔三二〕心知不作功名計　「作」，浙本作「足」。
〔三三〕甕牖前頭翠作屏　「翠作」，浙本作「列畫」。
〔三四〕豈知鷄犬易追尋　「豈知」，考異云：一作「豈如」。
〔三五〕清宵白日供遊蕩　「清宵」、「遊蕩」，考異云：一作「清陰」、「遨蕩」。
〔三六〕愁殺堂前老古錐　「堂前」，考異云：一作「堂頭」。
〔三七〕聞道西園春色深　「色深」，考異云：一作「已深」。
〔三八〕急穿芒屩去登臨　「屩」，淳熙本作「屨」。
〔三九〕觀書有感二首　考異云：一作「雜詩」，一作「絶句」。
〔四〇〕半畝方塘一鑑開　「方」，閩本、天順本作「芳」。
〔四一〕問渠那得清如許　考異云：一作「怪來澈底清無滓」。
〔四二〕昨夜江邊春水生　「江邊」，考異云：一作「江頭」。
〔四三〕向來枉費推移力　「枉費」，考異云：一作「幾費」。
〔四四〕三捷便聞音　「聞音」，考異云：一作「同音」。
〔四五〕共惜山河固　「共惜」，考異云：一作「共措」。

〔四六〕忠邪如許詎難知　「忠邪」，淳熙本作「羣臣」。
〔四七〕恭惟大號久風馳　「惟」，淳熙本作「聞」。
〔四八〕不奈憂時一寸心　「不奈」，考異云：一作「無奈」。
〔四九〕江北傳烽火　考異云：一作「烽火傳江北」。
〔五〇〕偷安慚暇食　「暇食」，考異云：一作「飽食」。
〔五一〕悔不是留田　「留田」，考異云：一作「屯田」。
〔五二〕吟罷左思招隱句　「左」原作「三」，據浙本、閩本改。
〔五三〕玉梅疏半落　「玉梅」，考異云：一作「野梅」。
〔五四〕雪意　「意」下，淳熙本有「絶句」二字。
〔五五〕向晚浮雲四面平　「浮雲」，考異云：一作「愁雲」。
〔五六〕北風號怒達天明　「達天」，考異云：一作「徹天」。
〔五七〕昨夕不知有雪而晨起四望遠峯皆已變色再用元韻作兩絶句　「晨」、「兩」，淳熙本作「早」、「二」。
〔五八〕伏讀趙清獻公瑞巖留題感歎之餘追次元韻　淳熙本作「追和趙清獻公韻一首」。
〔五九〕趙公名迹此猶微　「迹」，淳熙本作「邇」。
〔六〇〕伏讀二劉公瑞巖留題感事興懷至於隕涕追次元韻偶成二篇　淳熙本作「追和二劉公韻二首」。

〔六一〕緩帶輕裘成昨夢　「成」，淳熙本作「空」。
〔六二〕慚愧秋原宿草生　「慚愧」，淳熙本作「悵望」。
〔六三〕風高木落晚秋時　「風高」，考異云：一作「霜清」。
〔六四〕日暮千林黄葉稀　「黄葉」，考異云：一作「紅葉」。
〔六五〕挽籍溪胡先生三首　淳熙本作「胡原仲挽詩三首」。
〔六六〕憂時晚奏篇　「奏」，淳熙本作「獻」。
〔六七〕東舍姪　考異云：一作「東令姪」。按此首詩題原與右六首題齊平，則似爲次韻潮州詩六首中者，然其中濠上齋詩有二首，此首若亦屬之，則數當爲七，與題不符。且味題及詩意亦與前六首不類，姑析出自爲一首。
〔六八〕壽母生朝　「朝」，淳熙本作「日」。
〔六九〕無人解與招芳魂　「與」，淳熙本作「語」。
〔七〇〕海山清游記玉面　「記玉」，考異云：一作「識玉」。淳熙本作「記識」。
〔七一〕酣歌氣激冽　「冽」，正訛作「烈」。
〔七二〕卓國太生朝　底本下有小注云：「太」下，疑當有「夫人」二字。按：目録此題正有此二字。
〔七三〕又一首　淳熙本作「太碩人生朝」。
〔七四〕歡娱何所忘　「所忘」，考異云：一作「所至」。

〔七五〕敬恭事耆老 「耆老」，考異云：一作「耆年」。

〔七六〕三月三日祀事畢因脩禊事于靈梵以高閣一長望分韻賦詩得一字 「三月三日」，淳熙本作「上巳」；「祀事畢因」，同上無之；「脩禊事」，同上作「脩祀事」；「事」下，同上有「飲」字；「分韻」，同上作「爲韻」；「賦詩」，同上無之。

〔七七〕肴羞既紛羅 「紛」，閩本、浙本、天順本均作「分」字。

〔七八〕嘉賓更盤礴 「更」，淳熙本作「既」。

〔七九〕玩此消永晝 「晝」，淳熙本作「日」。

〔八〇〕湖江心渺然 「湖江」，考異云：一作「湖山」。

〔八一〕門外青山翠紫堆 「青山」，考異云：一作「南山」。

〔八二〕箪瓢亦云足 「箪」原作「簞」，據浙本改。

〔八三〕與君共晚眺 「與君共」，考異云：一作「爲君共」。「共」，浙本考異云：一作「供」。

〔八四〕寒盟約重尋 「約重」，考異云：一作「得重」。

〔八五〕吹簫弄明月 「明」，淳熙本作「山」。

〔八六〕謂李邕受潤筆資 「資」下，浙本有「也」字。

晦庵先生朱文公文集卷第三

詩

奉同張敬夫城南二十詠〔一〕

納湖

詩筒連畫卷，坐看復行吟。想像南湖水，秋來幾許深？

東渚

小山幽桂叢，歲暮靄佳色。花落洞庭波，秋風渺何極！

詠歸橋

緑漲平湖水，朱欄跨小橋。舞雩千載事〔二〕，歷歷在今朝。

船齋

考槃雖在陸，滉瀁水雲深。正爾滄洲趣，難忘魏闕心。

麗澤堂

堂後林陰密，堂前湖水深。感君懷我意，千里夢相尋〔三〕。

蘭澗

光風浮碧澗，蘭杜日猗猗。竟歲無人采，含薰祇自知。

書樓

君家一編書，不自圯上得。石室寄林端，時來玩幽賾。

山齋

藏書樓上頭，讀書樓下屋。懷哉千載心，俯仰數椽足。

蒙軒

先生湖海姿，蒙養今自閟。銘坐仰先賢，點畫存象繫。

石瀨

疏此竹下渠，漱彼澗中石。暮館繞寒聲，秋空動澄碧。

卷雲亭

西山雲氣深，徙倚一舒歗。浩蕩忽搴開，爲君展遐眺。

柳堤

渚華初出水，堤樹亦成行。吟罷天津句，薰風拂面涼。

月榭

月色三秋白，湖光四面平。與君凌倒景，上下極空明。

濯清

涉江采芙蓉，十反心無斁。不遇無極翁，深衷竟誰識？

西嶼

朝吟東渚風，夕弄西嶼月。人境諒非遥，湖山自幽絶。

淙琤谷〔四〕

湖光湛不流，嵌竇亦潛注。倚杖忽淙琤，竹深無覓處。

聽雨舫

綵舟停畫槳，容與得欹眠。夢破篷窗雨〔五〕，寒聲動一川。

梅堤

仙人冰雪姿，貞秀絶倫擬。驛使詎知聞，尋香問煙水。

採菱舟

湖平秋水碧，桂棹木蘭舟。一曲菱歌晚，驚飛欲下鷗。

南阜

高丘復層觀，何日去登臨？一目長空盡，寒江列暮岑。

次韻傅丈武夷道中五絶句

地久天長歲不留，坐來念念失藏舟。回看萬法皆兒戲，還直先生一笑不？

分符擁節幾經年，聞道方成屋數椽。只恐未容高枕卧，却須持橐聽鳴鞭。

勳業今從鏡裏休，篋中空有敝貂裘。死灰那復飛揚意，惠許深慚不易酬。

常記桐城十載前，幾回風雨對床眠。他年空憶今年事，却説黄亭共惘然。

諸郎步武各駸駸，季子尤憐産萬金。衣鉢相傳自端的，老生無用與安心。

題畫卷丁亥

小山

飛來小坡坨，未雨已滂濞。荒此定何人？蘇公有遺記。

吴畫

妙絶吴生筆，飛揚信有神。羣仙不愁思，步步出風塵。

卵研

端溪有潛虬，孕此金玉質。混沌一竅開，千年瀉寒液。

鬼佛

冥濛罔象姿，相好菩薩面。鬼佛吾詎知，水石玩奇變。

范寬

山雄雲氣深，樹老風霜勁。下有考槃人，超摇得真性。

題祝生畫

裴侯愛畫老成癖，歲晚倦遊家四壁。隨身只有萬疊山，祕不示人私自惜。俗人教看亦不識，我獨摩娑三太息。問君何處得此奇？和璧隋珠未爲敵。答云衢州老祝翁，胸次自有陰陽工。峙山融川取世界，咳雲唾雨呼雷風。昨來邂逅衢城東，定交斗酒歡無窮。自言妙處容我識，爲我掃此須臾中。爾時聞名今識面，回首十年齊掣電。裴侯已死我亦衰，祇君雖老身猶健。眼明骨輕鬢不變〔六〕，筆下江山轉葱蒨。爲君多織機中練，更約無事重相見。

秀野以喜無多屋宇幸不礙雲山爲韻賦詩熹伏讀佳作率爾攀和韻劇思慳無復律吕笑覽之餘賜以斤斧幸甚〔七〕

高人山水心，結習自無始〔八〕。五畝江上園，清陰遍桃李。一堂聊自娱，三徑亦可喜。

試問避俗翁，何如尊賢里？温公獨樂園在尊賢里。門前車馬客，無非朝大夫。問公獨何事，中歲遽此圖？長安二三公，髮白形枯臞。隱憂念名節，亦有此樂無？「隱憂念名節」，張大參疏中語。君侯嗜圖史，插架何其多！徙居三十乘〔九〕，流汗幾橐駝。千載誰晤語？端居自絃歌。至哉天下樂，歲月如子何〔一〇〕！

西山一何高！雲氣出寒麓。中有無事人，鳴泉遶茅屋〔一一〕。宴坐今幾何？無以媚幽獨。興至偶成篇〔一二〕，呼兒爲余讀〔一三〕。

我居深山中，茅舍破不補〔一四〕。上見風攪林，下有雲承宇。聞公落新宫，户牖不可數。懶惰心力衰〔一五〕，念公亦良苦。

夜吟招隱詩〔一六〕，月落寒泉井。自非千載人，誰與共清景？散髮心朗寥，凝神味淵永。功名恐相期〔一七〕，富貴非所幸。

仙人空山居，道意妙羣物。度世君則然，脩身吾豈不〔一八〕？飛行仰雲路，趺坐探理窟。獨夜扣星壇〔一九〕，清齋具簪笏。

青山背夕陽，兹景公所愛。虛堂日落時，遷坐一解帶。嵐分疑有處〔二〇〕，鳥度知無礙〔二一〕。須臾暮色來〔二二〕，默默無與會〔二三〕。

端居屏塵慮〔二四〕，萬事付一尊。客來語世故，舉白當浮君。超摇謝衆甫，嘷沓從諸孫。何以自怡悦？窗中見秋雲。

清溪何迢迢〔二五〕！上有千仞山〔二六〕。山中學仙侣，白石爲門關。丹經苦吟哦〔二七〕，至道窮躋攀。豈知人間世，風塵縈九寰〔二八〕！

次劉秀野蔬食十三詩韻

乳餅

清朝薦疏盤，乳鉢有真味。不用精瓊糜，無勞爛羊胃。

新筍

翛翛江上林〔二九〕，白日暗風雨。下有萬玉虯，三冬卧寒土。

紫蕈

誰將紫芝苗，種此槎上土？便學商山翁，風餐謝肥羜。

子薑本草云：薑久食，去臭氣，通神明。或云傷心氣，不可多食者，非是。

薑云能損心，此謗誰與雪？請論去穢功，神明看朝徹。

茭筍〔三〇〕

寒茭翳秋塘，風葉自長短。刳心一飽餘，并得牀敷軟。

南芥

黄龍記昔遊，園客有佳遺。不謂洛生吟〔三一〕，輟餐時擁鼻。

蓴菜

小草有貞性，託根寒澗幽。懦夫曾一啜，感憤不能休。

木耳

蔬腸久自安，異味非所諺。樹耳黑垂聃，登盤今亦乍。

蘿蔔

紛敷剪翠叢，津潤擢玉本。寂寞病文園，吟餘得深齦。

芋魁

沃野無凶年，正得蹲鴟力。區種萬葉清，深煨奉朝食。

筍脯

南山春笋多，萬里行枯腊。不落盤餐中，今知緑如簀。

豆腐世傳豆腐本乃淮南王術。

種豆豆苗稀，力竭心已腐。早知淮王術，安坐獲泉布。

白蕈

聞説閬風苑，瓊田産玉芝。不收雲表露，烹瀹詎相宜？

伏讀秀野劉丈閒居十五詠謹次高韻率易拜呈伏乞痛加繩削是所願望

秀野

爲憐蘅芷滿芳洲，特地臨江賦遠遊。十畝何妨自春色，萬緣從此付東流。静看朝市真兒戲，須信田園是老謀。出處知公有餘裕，未應辛苦謝靈丘。

積芳圃

樂事從兹不易涯，朱門還似野人家。行看靚艷須携酒，坐對清陰只煮茶。曉起蒼凉承墜露，晚來光景亂蒸霞。平生結習今餘幾，試數毗那㯄上花。

家山堂

負米歸來手自春，豈知門外有晴峯。羡公竟日塵氛遠，拄頰看山幽興濃。心鏡懸知不同調，詩壇那敢少爭鋒！空餘遠嶽尋師意，箇裏何妨爲指蹤。

拙政堂

驥足寧同曳尾龜，青山終是費心期。陶公歸去有餘樂，潘令閑居不足追。自笑十連非所慕，未應三徑苦無資。明朝謾擁朱輪去，猿鶴咨嗟政爾爲〔三二〕。

香界

幽興年來莫與同，滋蘭聊欲泛光風。真成佛國香雲界，不數淮山桂樹叢。花氣無邊醺欲醉，靈氛一點靜還通。何須楚客紉秋佩，坐卧經行住此中。

春谷

武夷高處是蓬萊，採得靈根手自栽〔三三〕。地僻芳菲鎮長在，谷寒蜂蝶未全來。紅裳似欲留人醉，錦障何妨爲客開。飲罷醒心何處所？遠山重疊翠成堆。

舫齋

扁舟容與小房櫳，摇颺簾旌蜀錦紅。兩岸兼葭秋色裏，一川煙浪夕陽中。不愁灩澦雙蓬鬢，未怯江湖萬里風。築室水中聊爾爾，何須極浦望朱宮！

藥圃

種藥春畦有近功，不辭耘耔謾勞躬。漸看杞菊充庖下〔三四〕，即見芝英入籠中。病去自知非往日，身輕何必御泠風。出門會有兒童笑〔三五〕，不是當年植杖翁。

山人方丈

方丈翛然屋數椽，檻前流水自清漣。蒲團竹几通宵坐，掃地焚香白晝眠。地窄不容揮塵客，室空那有散花天。箇中有句無人薦，不是諸方五味禪。

龜峯樓

楊柳東邊桂樹西，小樓晴眺極霏微。山川政爾供凝目，塵土何妨略振衣。俯瞰桑田悲物化，閑披蘂笈洞玄機。却疑欄外連穹石，似厭支牀去不歸。

月波臺〔三六〕

潺潺流水注回塘〔三七〕，中作平臺受晚涼。四面不通車馬跡〔三八〕，一尊聊飲芰荷香〔三九〕。韓公無復吟花島，楚客何勞賦藥房。少待須臾更清絶，月華零露洗匡牀。

挽蔬園

未覺閑來歲月頻，荷鉏方喜土膏勻。連畦已放瑶簪露，覆地行看玉本新。小摘登盤先餉客，晚炊當肉更宜人。却憐寂寞公儀子，拔盡園蔬不歎貧。

秋香徑

門外黄塵没九逵，坊中叢桂長樛枝。三秋冷蕊從開落，終歲清陰不改移。幽逕祇愁空翠滴，濃香一任晚風吹。攀援却恨王孫遠，惆悵千林日暮時〔四〇〕。

曲池軒

去年種竹長新篁，今歲穿渠過野塘。自喜軒窗無俗韻，亦知草木有真香。林間急雨生秋思，水面微風度晚凉。却厭端居苦無事，凭欄閑理釣絲長。

前村〔四一〕

玉立寒煙寂寞濱，仙姿瀟灑淨無塵。千林摇落今如許，一樹横斜獨可人。真與雪霜娛晚景〔四二〕，任從桃柳殿殘春。緑陰青子明年事，衆口驚嗟鼎味新〔四三〕。

秀野劉丈寄示南昌諸詩和此兩篇

滕王閣下水初生，聞道登臨復快晴。帝子詎知陳迹在，長江肯趁曲池平？山楹雨罷珠簾捲，簷鐸風驚玉佩鳴。滿眼悲凉今古恨，人生辛苦竟何成？

知向潮邊弄碧漪，欄干三撫漾晴輝。流傳妙語驚離闊，想像清游欲奮飛。公去不應停驛騎，我來直欲掛朝衣〔四四〕。南州高士何由見，且看新荷出水稀。

次秀野韻五首〔四五〕

史君簾閣對脩篁，起看名園雨後春。便賦新詩留野客，更傾芳酒酹花神。未酬管樂平生志，且作羲黄向上人。祇恐功名相迫逐，不容老子卧漳濱。

滿園紅紫已爭新，百囀幽禽亦唤人。蠟屐未妨泥步穩，珍叢終恨雨來頻。卧看曉色忻初霽，起約良游醉好春。却笑當年金谷燕，相隨僕僕望車塵。

惆悵春餘幾日光，從今風雨莫顛狂。急呼我輩穿花去，未覺詩情與道妨。蘿帶不須吟杜若，角弓聊復賦甘棠〔四六〕。淋浪坐客休辭醉，飲罷晞身向九陽。

知公久矣厭喧卑〔四七〕，造物尊前唤小兒。一爵未應峨側弁，十分聊爾快翻巵。治中寂寞凝塵日〔四八〕，令尹憂勞退食時。正好相尋發孤笑，莫教牢落負心期。

當年共剪北山萊〔四九〕，脩竹成陰手自栽。書卷莫教春色老〔五〇〕，柴荆肯爲俗人開？公能顧我傳新句，我欲留公潑舊醅。悵望南園芳樹底，明年應放小車來。

留秀野劉丈二首

好雨當春過一犁〔五一〕，我公遠憶故園西〔五二〕。孤篷穩轉清灘急，十里行穿緑樹齊。路熟已欣經霧市，身輕未怕躡雲梯。諸孫剩欲留公住，細和新詩丐指迷。

一去屏山今幾春，歸來三逕但荒榛。剪除便覺風煙好，徙倚還驚物色新。樓外千林遮去路，階前一水戀行塵。勸公更作留連計〔五三〕，同社追遊苦未頻。

次秀野滄波館刈麥二詩

傳聞泛宅賀新成，破月衝煙取次撐。鷁首斜飛寒浪急〔五四〕，篷窗側轉好山橫。知公興有江湖迥，顧我詩無玉雪清。欲跨船舷還未敢，幾時得伴鏡中行？

貽牟夙昔但聲歌，今見郊園樂事多。且喜甌窶符善禱，未須蘆菔糶去聲。妖娥。霞觴政自誇真一，香鉢何煩問畢羅。我欲賣刀來學稼，不知還許受廛麽？小説有人中麥毒，夢紅裳娘子悲歌，有「一丸蘆菔火吾宮」之句。

次秀野躬耕桑陌舊園之韻二首

郊園旱久只多蹊，昨夜欣沾雨一犁。已辦青鞋隨老圃，便驅黄犢過深溪。農談剩喜鄉鄰共〔五五〕，饁具仍教婦子携。指點竹寒沙碧處，不知何似錦城西？

丈人高致邈難干，雲夢何如胸次寬！老去未妨詩律在，人來只怕酒杯乾。故開麥隴供家釀，更有蘭章付客看。下走才慳慚囑和〔五六〕，願公物色稍留殘。

又和秀野二首

愁陰一夜轉和風，曉看花枝露彩濃〔五七〕。覓句休教長閉户〔五八〕，出門聊得試扶笻。物華始信如詩好，春色方知似酒濃。多謝鄰翁笑相迓，爲言晴暖更過從〔五九〕。

江皐晴日麗芳華，翠竹疏疏映白沙。路轉忽逢沽酒客，眼明惟見滿園花。望中景助詩人趣，物外春歸釋子家。向晚却尋芳草逕〔六〇〕，夕陽流水遶村斜。

次秀野詠雪韻二首

閉門高卧客來稀，起看天花滿院飛〔六一〕。地迥杉篁增勝概，庭虚鳥雀噪空饑。酒腸凍澁成新恨，病骨侵凌減舊肥。賴有袁生清興在，忍寒應未泣牛衣。

一夜同雲匝四山，曉來千里共漫漫。不應琪樹猶含凍，翻笑楊花許耐寒。乘興正須披鶴氅，瀹甘猶喜破龍團〔六二〕。無端酒思催吟筆，却恐長鯨吸海乾。

開門驚怪雪交加，亂落横飛詎有涯？密竹不妨呈勁節，早梅何處覓殘花？山陰客子須乘興，洛下先生想卧家。病廢杯觴寒至骨，哦詩無復更豪誇。

次韻雪後書事二首

晴煙裊裊弄晨炊，雪屋流澌未覺遲。擬挈涷醪追勝踐，聊穿蠟屐過疏籬。掃開折竹仍三逕，認得殘梅祇數枝。不耐歲寒心事苦，滔滔欲說定從誰？

未覺春光到柳條，誰教飛絮倚風摇？眼驚銀色迷千界，夢斷彤庭散百寮。梅塢任從長笛弄，竹窗閑把短檠挑。何人剥啄傳清唱？更喜殘年樂事饒。

次韻秀野早梅

可愛紅芳愛素芳？多情珍重老劉郎。疏英的皪尊中影，微月黄昏句裏香。胸次自憐真玉雪，人間何處有冰霜？巡簷説盡心期事，肯醉佳人錦瑟傍？

次秀野極目亭韻

偶向新亭一破顔，高情直寄有無間。地偏已隔東西路，天闊長圍遠近山。浩蕩祇愁春霧合，輪囷却喜暮雲還。不堪景物撩人甚，倒盡詩囊未許慳。

又

坐看山花落幔顔，不知身在翠雲間。食寒到處雨復雨，客裏歸來山又山。永夜孤燈閑照影〔六三〕，無心棲鳥暮忘還。世情分逐流年去，只有詩情老更慳。

次秀野春晴山行紀物之句

衹憑詩律作生涯，到處山林總是家。便與清尊卧芳草，不妨皂蓋拂殘花。側聞温詔詢耆艾，好趁春風入殿衙。回首能忘舊猿鶴？一篇聊爾記年華。

再用韻題翠壁

孤亭一目盡天涯，俯瞰煙村八九家。翠壁何年懸布水，緑陰經雨墮危花。杖藜徙倚凝春望，覓句淹留到晚衙。珍重詩翁莫相惱，枯腸攪斷鬢絲華。

次亭字韻詩呈秀野丈兼簡王宰三首

不駕朝車叩九扃，獨携靈壽向新亭。人言洞裏春長在，自慶樽前老復丁。魚樂波閑詩欲就，鴻冥天闊酒初醒。晚來却向南堂坐，珍重家山數點青。

吏散庭空晝掩扃，行春只到柳邊亭。唱酬共喜摛鴻藻，來往何勞笑白丁〔六四〕！一笑歌呼從自醉，幾年㷼喝爲誰醒？定知細札褒揚後，名入麟臺汗簡青。

幾年寂寞掩柴扃，抱膝長吟竹下亭。不向參同論納甲，且將耘耔付添丁。思玄賦罷鷩遥舉，止酒詩成恨獨醒。却笑春風兩蓬鬢，飄蕭無復舊時青。

次山行佳句呈秀野丈三首

幾日春陰鎖翠巖，忽驚飛蓋度晴嵐。身輕似起煙霞痼，意適寧論禄位貪！句法舊超常語六，年華今富達尊三。從容笑語無餘事，興在南山更向南〔六五〕。

几杖歸來覓故巖，眼中猶記舊煙嵐。詩情自昔元無敵，世味而今更不貪。默數流年欣望八，閑尋隱訣話存三。小生自愧衰頹早，箇裏憑公爲指南。

曈曈朝日出高巖，簌簌征衣曳曉嵐。仕宦向來孤舊意〔六六〕，林泉老去覺真貪。凄凉煙火一百五，零落交遊十二三。歎息幽棲忘世事〔六七〕，卧吹横笛過溪南。

次秀野泛滄波館至赤石觀刈早稻韻

緑雲黄半武夷鄉，碧水縈紆一帶長。聞道放船飛皂蓋，定知行酒載紅裳。櫂謳如賀豐年信，農家以早稻爲晚禾信。樂飲閑酬此日凉。禾黍誰言不陽艷，晚炊流詠有餘香。

次秀野韻題卧雲庵〔六八〕

君家丘壑本圓成，何意尋荒入翠屏〔六九〕？爲愛晴雲薦孤枕，故將閑日付新亭。夢魂寂寂衣裳冷，心事悠悠簡策青。更把枯桐寫奇趣，鶤絃寒夜獨泠泠〔七〇〕。

奉和秀野見留之句

閑卧秋山塵事稀，西風催唤出巖扉。來看甲第清泉好，更喜仙翁丹頰肥。捫虱坐談端未厭，連環入夢却思歸。明朝振策千峯頂，滿袖瓊琚背夕暉。

次秀野種粟韻

阿香一笑走豐隆，雨遍平疇萬頃中。舊喜樊遲知學圃，今看許子快論功。遥憐鬱鬱翻秋隴，預想垂垂弄晚風。珍重詩翁且强健，東阡南陌興無窮。

和秀野蘄簟之句

史君兩鬢尚青青，學道仍抛後院笙。溽暑快眠知簟好，晚凉徐覺喜詩成。人從蘄水當年寄，詩比韓公此日清。坐對更深誰是伴？唯應闕月共長庚。

次韻寄題芙蕖館三首

亂山叢裏有江鄉，華館清波引興長。正喜白鷗輕易狎，忽驚紅妓儼分行。臨流更好揮椽筆，俯檻何妨接羽觴。共説仙翁閑日月，不因春草夢池塘。

幻成飛閣笑談餘，便有新荷水面鋪。指點清波浮菡萏，驚呼紅影碎娵隅。且將伴侣同杯酒，不用君王予鏡湖。多少故交臺閣上，問渠落拓更能無？

不須艇子棹歌來，且看芙蓉面面開。卷裏有詩都錦繡，席間無地可塵埃。風清月白琴三弄，緑暗紅深酒一杯〔七一〕。明日仲宣樓上去，越吟應是首頻回。

次韻雪後書事二首

惆悵江頭幾樹梅，杖藜行遶去還來。前時雪壓無尋處，昨夜月明依舊開。折寄遥憐人似玉，相思應恨劫成灰。沈吟日落寒鴉起，却望柴荆獨自回。

滿山殘雪對虚堂，想似當年輞口莊。門掩不須垂鐵鎖，客來聊復共藜牀。故人聞道歌圍暖，妙語空傳醉墨香。莫爲姬姜厭憔悴，論文把酒話偏長。

和秀野韻二首

聞道無餘事，翛然百慮空。何心分彼我，無地著窮通。昨日青衿子，明朝白髮翁。天機元自爾，不是故匆匆。

久矣安岑寂，山棲恨不深。謾將門自掩，那有客相尋。炙背迎朝景，加趺度夕陰。感君傳秀句，把卷獨呻吟。

次秀野暑中二首

劇暑悲難度，清秋喜却回。病隨庚伏盡，尊向晚凉開。臨水看雲去，鈎簾待月來。

勝遊驚昨夢，曾上欝蕭臺。熹新自雲谷還家。

絶境人難到，唯堪樂此身。泉吟青玉峽，風度白綸巾。獨往寧無意？長閑未有因。雲山天賜履，吾道豈全貧。雲谷絶頂，四望雲山，環數百里。

次秀野雜詩韻

葺居二首

丈人高卧碧江頭，門掩西風萬木秋。重喜青山還遶屋，却嫌黄葉漸平溝。開軒且放浮嵐入，決水徐通廢圃流。便覺園林頓蕭爽，不妨隨境味玄幽。

向來鞅掌元非病，此日徜徉詎有妨？自喜登臺閑瘦竹，人驚步屧響空廊。高齋雨過新山色，曲沼風來舊水光。千里壯心殊未已，不應疏懶興能長。

刻漏

無疑莫詣君平肆，任運休尋季主家。謾設銅壺候尺咫，閑參玉表驗分差。不妨啓處知時節，那更榮枯紀歲華！却羨昇平好官府，日高三丈放朝衙。

栗熟

樹雜椅桐繼國風，莫教林下長蒿蓬。種樹法：栗下不得有草木。共期秋實充腸飽，不羨春華轉眼空。病起數升傳藥録，本草云：人有脚弱，往栗樹下啖及數升，遂能起行。晨興三咽學仙翁。蘇黄門詩云：「老去自添腰脚病，山翁服栗舊傳方。客來爲説晨興晚，三咽徐收白玉漿。」櫻桃浪得銀絲薦，一笑纔堪發面紅。「銀絲」，見杜詩。本草云：櫻桃服之，令人美顔色。

山藥

怪來朽壤耀瓊英，小斸頃筐可代耕。豢豹於人儘無分，蹲鴟從此不須生。雪饞但使身長健，石鼎何妨手自烹。欲賦玉延無好語〔七二〕，羞論蜂蜜與羊羹。陳簡齋玉延賦有「蜂蜜」、「羊羹」之句〔七三〕。

食梨

珍實渾疑露結成，香葩況是雪儲精。乍驚磊落堆盤出，旋剖輕盈照骨明。盧橘謾勞誇夏熟，柘漿未許析朝酲。啖餘更檢桐君録，快果知非浪得名。本草謂梨爲快果。

導引

聞説牛刀久不更，閑中應接羨門生。向來已悟藏千界，呂公詩云：「一粒粟中藏世界。」今日何勞倒五行！道書云：「五行顛倒術，龍從火裏出。」按蹻有時聊戲劇，居心無物轉虚明。舉觴試問同亭侶〔七四〕，九轉工夫早晚成？

假山焚香作煙雲掬水爲瀑布二首

平地俄驚紫翠堆，便應題作小飛來。爐熏細度巖姿出，綫溜遥分壁色開。獨往但憑南郭几，遠游休剪北山萊。人言造化無私力，珍重仙翁挽得回。

一簣工夫莫坐談，便教庭際湧千巖。眼中水石今成趣，物外煙霞舊所耽。泉細寒聲生夜壑，香銷暝靄變晴嵐。兒童也識幽棲地，共指南山更近南。

家釀二首

鋌艾無中熟，懽謡闕屢豐。但知愁鬢白，那復醉顏紅。田舍寒如此，侯家事不同。新醅撥浮蟻，春滿夜堂中。

聞道兵厨盛，春泉響臘篘。定知盈榼送，不待扣門求。沆瀣應難比，茅柴祇自羞。病身從法縛，好客爲公留。熹近戒酒，故有「法縛」之句。既作此詩，而白衣已至，賓朋已集，可謂詩讖矣。一笑。

酒市二首

聞説崇安市，家家麴米春。樓頭邀上客，花底覓南鄰。詎有當壚子，應無折券人。勸君渾莫問，一酌便還醇〔七五〕。

麗藻摛雲錦，新章寫陟釐。詩傳國風體，興發酒家旗。見説難中聖，遥知但啜醨。盤餐雜鮭菜，那有蟹螯持？

黄雀鮓

黄雀飛鳴處，交交異竊脂。桑扈竊脂，蓋以不食穀得名。稻粱求易足，羅網去何遲。味厚資偏嗜，謀疏闕自爲。韓彭尚葅醢，幺麽爾誠宜！

檳榔

憶昔南遊日，初嘗面發紅。藥囊知有用，茗盌詎能同？蠲疾收殊效，修真録異功。三彭如不避，糜爛七非中。本草云：檳榔殺三蟲。柳子罵尸蟲云：「擊汝酆都，糜爛縱横。」「七非」，見真誥。酆都者，六天之一也。

又五絶卒章戲簡及之主簿

暮年藥裹關身切，此外翛然百不貪。薏苡載來緣下氣，檳榔收得爲袪痰。
錦文縷切勸加餐，蜃炭扶留共一柈。食罷有時求不得，英雄邂逅亦飢寒。
向來試吏著南冠，馬甲蠔山得飫餐。却藉芳辛來解穢，雞心磊落看堆柈。
箇中有味要君參，螫吻春喉久不甘。珍重人心亦如此，莫將寒苦换春酣。
高士沉迷簿領書，有時紅糝綴玄須。定知不著金柈貯，兒女心情本自無。劉穆之初仕爲主簿〔七六〕。

校勘記

〔一〕奉同張敬夫城南二十詠　淳熙本作「奉同敬夫城南之作二十首」。
〔二〕舞雩千載事　「載事」，考異云：一作「載意」。

〔三〕千里夢相尋　「相尋」，考異云：一作「難尋」。
〔四〕淙琤谷　「淙」，紀疑云：疑當作「琮」。
〔五〕夢破篷窗雨　「雨」，淳熙本作「月」。
〔六〕眼明骨輕鬢不變　「鬢不」，考異云：一作「鬢不」。
〔七〕秀野至幸甚　淳熙本作「和劉六四丈秀野十首秀野以杜陵茅屋詩有喜無多屋宇幸不礙雲山爲韻賦詩」。
〔八〕結習自無始　「無始」，淳熙本作「此始」。
〔九〕徙居三十乘　淳熙本作「徒車三千乘」，「千」字疑誤，作「十」爲是。
〔一〇〕歲月如子何　「子」，淳熙本、浙本作「予」。
〔一一〕鳴泉遶茅屋　「茅屋」，考異云：一作「華屋」。
〔一二〕興至偶成篇　「篇」，淳熙本作「詩」。
〔一三〕呼兒爲余讀　「余」，淳熙本、浙本作「予」。
〔一四〕茅舍破不補　「舍」，淳熙本、浙本作「屋」。
〔一五〕懶惰心力衰　「衰」，淳熙本作「勞」。
〔一六〕夜吟招隱詩　「吟」，淳熙本作「哦」。
〔一七〕功名恐相期　「名」，浙本作「德」。

〔一八〕脩身吾豈不　「身」，淳熙本作「真」。
〔一九〕獨夜扣星壇　「壇」，淳熙本作「躔」。
〔二〇〕嵐分疑有處　「分」，淳熙本作「光」。
〔二一〕鳥度知無礙　「鳥」、「知」，淳熙本作「風」、「却」。
〔二二〕須臾暮色來　「來」，淳熙本作「新」。
〔二三〕默默無與會　淳熙本作「此意心默會」。
〔二四〕端居屏塵慮　「端居」，考異云：一作「幽居」。
〔二五〕清溪何迢迢　淳熙本作「清江水悠悠」。
〔二六〕上有千仞山　考異云：一作「其上有羣山」。
〔二七〕丹經苦吟哦　「吟哦」，淳熙本作「吟誦」。
〔二八〕風塵縈九寰　「塵縈」，淳熙本作「塵營」。
〔二九〕翛翛江上林　「翛翛」，考異云：一作「脩脩」。
〔三〇〕茭筍　「筍」原作「荀」，據浙本改。
〔三一〕不謂洛生吟　「謂」，閩本、浙本作「爲」。
〔三二〕猿鶴咨嗟政爾爲　「咨嗟」，考異云：一作「驚嗟」。
〔三三〕採得靈根手自栽　「栽」，原作「裁」，據正訛改。

〔三四〕漸看杞菊充庖下　「杞菊」，考異云：一作「枸杞」。
〔三五〕出門會有兒童笑　「會有」，考異云：一作「會見」。
〔三六〕月波臺　淳熙本作「池中小亭」，僅有前四句，則絶句也。
〔三七〕潺潺流水注回塘　「潺潺」，考異云：一作「濺濺」。
〔三八〕四面不通車馬跡　「跡」，淳熙本作「客」。
〔三九〕一尊聊飲芰荷香　「飲」，淳熙本作「領」。
〔四〇〕惆悵千林日暮時　「千林」，考異云：一作「千秋」。「日暮」兩字原缺，據四庫本補；正訛補引朱玉祠堂本作「落葉」。
〔四一〕前村　底本小注云：題下恐當有「梅」字。
〔四二〕真與雪霜娱晚景　「真與」，考異云：一作「直與」。「晚景」，考異云：一作「晚興」。
〔四三〕衆口驚嗟鼎味新　「驚嗟」，考異云：一作「驚嘆」。
〔四四〕我來直欲掛朝衣　「直欲」，考異云：一作「真欲」。
〔四五〕次秀野韻五首　淳熙本作「次劉秀野韻五首」。
〔四六〕角弓聊復賦甘棠　「復賦」，考異云：一作「復和」。
〔四七〕知公久矣厭喧卑　「公」，原作「君」，據淳熙本、浙本改。
〔四八〕治中寂寞凝塵日　「塵」，淳熙本作「情」。

〔四九〕當年共剪北山萊　「共剪」，考異云：一作「去剪」。
〔五〇〕書卷莫教春色老　「莫」，淳熙本作「從」。
〔五一〕好雨當春過一犁　「春過」，考異云：一作「春遇」。
〔五二〕我公遠憶故園西　「遠憶」，考異云：一作「遠意」
〔五三〕勸公更作留連計　「公」，原作「君」，據淳熙本改。
〔五四〕鷁首斜飛寒浪急　底本小注云：「急」，本作「息」。按閩本正作「息」。
〔五五〕農談剩喜鄉鄰共　「共」，底本作「近」，而考異云：「鄰共」，一作「鄰近」，則原當作「共」，今改。
〔五六〕下走才慳慚囑和　「下走」，考異云：一作「下筆」。
〔五七〕曉看花枝露彩濃　「曉看」，淳熙本作「曉着」。
〔五八〕覓句休教長閉户　「休教」，考異云：一作「誰教」。
〔五九〕爲言晴暖更過從　「過從」，考異云：一作「過逢」。
〔六〇〕向晚却尋芳草逕　「草逕」，考異云：一作「草路」。
〔六一〕起看天花滿院飛　「起看」，考異云：一作「起見」。
〔六二〕瀹甘猶喜破龍團　「猶喜」，考異云：一作「聊喜」。
〔六三〕永夜孤燈閑照影　「永夜」、「照影」四字原缺，據正訛引祠堂本補。

〔六四〕來往何勞笑白丁　「勞笑」，考異云：一作「勞喚」。
〔六五〕興在南山更向南　「向」，淳熙本作「指」。
〔六六〕仕宦向來孤舊意　「仕宦」兩字原缺，據正訛引祠堂本補。
〔六七〕歎息幽棲忘世事　「息幽棲忘」四字原缺，據正訛引祠堂本補。
〔六八〕次秀野韻題卧雲庵　淳熙本作「題卧雲庵和仲固韻」。
〔六九〕何意尋荒入翠屏　「尋荒」，淳熙本作「荒尋」。
〔七〇〕鵾絃寒夜獨泠泠　「寒」，淳熙本作「閑」。
〔七一〕緑暗紅深酒一杯　「紅深」，考異云：一作「紅酣」。
〔七二〕欲賦玉延無好語　「玉」，原作「王」，據浙本改。下同。
〔七三〕陳簡齋玉延賦　「簡」，原作「蕑」，浙本作「閒」，當爲「簡」之壞字。按簡齋爲陳與義之號，其所著簡齋詩集卷一正有玉延賦。今改正。
〔七四〕舉觴試問同亭侣　「舉觴」，考異云：一作「舉頭」。
〔七五〕一酌便還醇　「便還」，考異云：一作「逕還」。
〔七六〕劉穆之初仕爲主簿　「仕」，原作「士」，據閩本、浙本改。

晦庵先生朱文公文集卷第四

詩

答王無功在京思故園見鄉人問

王詩云：「旅泊多年歲，忘去不知迴。忽逢門外客，道發故鄉來。斂眉俱握手，破涕共銜杯。殷勤訪朋舊，屈曲問童孩。衰宗多弟姪，若箇賞池臺？舊園今在否？新樹也應栽。柳行疏密布，茅齋寬窄裁。經移何處竹？別種幾株梅？渠當無絶水，石計總生苔。院果誰先熟？林花那後開？羈心祇欲問，爲報不須猜。行當驅下澤，去剪故田萊。」

我從銅川來，見子上京客。問我故鄉事，慰子羈旅色。子問我所知，我對子應識。朋遊總彊健，童稚各長成。華宗盛文史，連墻富池亭。獨子園最古，舊林間新坰。柳行隨堤勢〔一〕，茅齋看地形。竹從去年移，梅是今年榮。渠水經夏響，石苔終歲青。院果早晚熟，林花先後明。語罷相歎息，浩然起深情。歸哉且五斗，餉子東皋耕。

送吳茂實

朝市令人昏，山林使人傲。誰知昏傲兩俱非，但說山林是高蹈。

短句奉迎荆南幕府二首〔二〕

雄藩荆楚地，自古國西門。客有籌邊略，人知幕府尊。時平烽燧冷〔三〕，事省笑談温。宛洛何年向？奇功要一論。

軍府資長筭，家山輟勝遊。故人千里别，歸騎兩年秋。弔古寧忘恨，開尊且破愁。相思欲回首，但上曲江樓。張敬夫作此樓，熹爲之記。

趙君澤携琴載酒見訪分韻得琴字

山城夜寥閴，虚堂杳沉沉。王孫有高趣，挈榼來相尋。喜兹煩抱舒，未覺杯酒深。一爲塵外想，再撫丘中琴。餘音殷雷動，爽籟悲龍吟。寄謝筝笛耳，寧知山水音？

寄題瀏陽李氏遺經閣二首

老翁無物與孫兒，樓上牙籤滿架垂。更得南湖親囑付，歸來端的有餘師。南湖，張敬夫書院。

讀書不見行間墨，始識當年教外心。箇是儂家真寶藏，不應猶羡滿籯金。

題鄭德輝悠然堂

高人結屋亂雲邊，直面羣峯勢接連。車馬不來真避俗，簞瓢可樂便忘年。移笻緑幄成三徑，回首黃塵自一川。認得淵明千古意，南山經雨更蒼然。

長溪林一鶚秀才有落髮之願示及諸賢詩卷因題其後二首〔四〕

聞説當機百念休，區區何更苦營求？早知名教無窮樂，陋巷簞瓢也自由。

貧里煩君特地過，金幱誰與換魚蓑？它年雲水經行遍〔五〕，佛法元來本不多。

送德和弟歸婺源二首

十舍辛勤觸熱來，琴書曾未拂塵埃。秋風何事催歸興？步出閩山黃葉堆。

十年寂寞抱遺經，聖路悠悠不計程。誤子南來却空去，但將迂闊話平生。

仲縝尊兄對策南宫相顧田舍輒賦小詩攀餞行李

三徑荒凉獨掩門，故人車馬過相存。長安此去無千里，濁酒何妨盡一尊。共説淵源非曩日，好披肝膽奉明恩。不辭妄竊仁人號，執手臨歧敢贈言。

分水鋪壁間讀趙仲縝留題二十字戲續其後

水流無彼此，地勢有西東。若識分時異，方知合處同。觀者請下一轉語。

次劉明遠宋子飛反招隱韻二首

先生留落歲時多，氣湧如山不易磨。却學幽人陶靖節，正緣三徑起絃歌。

榮醜窮通祇偶然〔六〕，未妨閑共聳吟肩。君能觸處真齊物，我亦平生不怨天。

送謝周輔入廣〔七〕

夫君壯節與奇謀，屈首微官世所羞。攬轡未妨聊矍鑠，賦詩直爲寫離憂。蒼茫嶺海三年别，珍重親朋幾日留。滿意分携一盃酒，登山臨水不能休。

和亦樂園韻

莫笑君家五畝園，要須胸次亦平寬。坐間花柳陰初合，望外山河勢若蟠。把酒儘誇雙鬢緑，擊鮮爭見兩輪丹？鄰翁未到心先識，更喜詩筒得細觀。

次韻謝劉仲行惠筍二首

誰寄寒林新斸筍？開奩喜見白差差。知君調我酸寒甚，不是封侯食肉姿。

君詩高處古無師，島瘦郊寒詎足差？縛得獰龍并寄我，句中仍喜見雄姿。

次季通韻贈范康侯〔八〕

朝霜逼凋梅，夕露忽團菊。百年風雨過，宜笑不宜哭。口川失自防，心兵幾回觸？年來身老大，甘此跨下辱。永謝五鼎烹，聊寄一瓢足。雖慚龍蟠泥，肯羨鶯出谷？適意超混茫，放情遺結束。俯仰天壤間，靜勝惟我獨。蒼蒼有心柏，落落無瑕玉。年紀尚無聞〔九〕，頭顱豈須卜！

同張明府登淩風亭懷韓無咎

日夕和風至，西山淡無姿。危亭極遠眺，勝處良在兹。憶昔韓令尹，青雲乃心期。羈羈不得騁，發此胸中奇。前瞻千仞岡，俯視萬頃陂。神襟一以曠，我志浩渺瀰。飛車越滄浪，天風振裳衣。懷哉此焉薄，問訊無邊辭。今公豈不佳，宫商似前徽。相携岸晚幘，共此長相思。

次王宰立春日大雪韻

是身已分老菟裘，肯爲春回作許愁〔一〇〕？偶去尋芳朝信馬〔一一〕，却來踏雪夜驅牛〔一二〕。鋪筵不見小垂手，聯句空慚高結喉。更約桃花紅浪暖，却陪履舄上蘭舟。

再次王宰韻

相隨到處一羊裘，况有澄江散客愁。且看跳魚并集鳥，莫思去馬與來牛。歡情往日空回首，酒味今年不下喉。只待兩公高宴罷，却携茶鼎上漁舟。

送張彥輔赴闕

執手何草草，送君千里道。君行入脩門，披膽謁至尊。問君此去談何事？袖有諫書三萬字。明堂封禪不要論，智名勇功非所敦。願言中興聖天子，脩政攘夷從此始。深仁大義天與通，農桑萬里長春風。朝綱清夷軍律舉，邊屯不驚卧哮虎。一朝決策向中原，著鞭寧許他人先？

天湖四乙丈坐間賞梅作送劉充甫平甫如豫章

竹外横枝老屈盤，冰壺遥夜玉窗寒。兩公明日江南路，雪後園林子細看。

哭羅宗約二首

江閣論心地，重來感慨多。故人今已矣，此道竟如何？但使窮新得，終當訂舊訛。話言雖永隔，吾欲問滄波。

行義追前輩，孤風凛一生。子平婚嫁了，元亮去留輕。涪萬無歸棹，嚴楊有舊盟。空令同社客，生死痛交情。

題米元暉畫

楚山直叢叢，木落秋雲起。向曉一登臺，滄江日千里。

觀劉氏山館壁間所畫四時景物各有深趣因爲六言一絕復以其句爲題作五言四詠

絶壑雲浮冉冉，層巖日隱重重。釋子巖中宴坐，行人雪裏迷蹤。

頭上山洩雲，脚下雲迷樹〔一三〕。不知春淺深，但見雲來去。

夕陽在西峰，晚谷背南嶺。煩鬱未渠央，佇兹清夜景。

清秋氣蕭瑟，遥夜水崩奔。自了巖中趣，無人可共論。

悲風號萬竅，密雪變千林。匹馬關山路，誰知客子心？

觀祝孝友畫卷爲賦六言一絶復以其句爲題作五言四詠

春曉雲山煙樹，炎天雨壑風林。江閣月臨靜夜，溪橋雪擁寒襟〔一四〕。

天邊雲繞山，江上煙迷樹。不向曉來看，詎知重疊數？

炎蒸無處逃，亭午轉歊艴。萬壑一奔傾，千林共蕭瑟。

草閣臨無地，江空秋月寒〔一五〕。亦知奇絶景，未必要人看。

茆屋無煙火，溪橋絶往還。山翁獨乘興，飄灑一襟寒。

祝孝友作枕屏小景以霜餘茂樹名之因題此詩

山寒夕飈急，木落洞庭波。幾疊雲屏好，一生秋夢多。

傅安道楊儀之二漕勸農有詩次韻二首

並峙雙臺峻，分馳四牡閑。共欣膏脈潤，未要粉泥乾。詩律何妨細，歡情豈遂闌。新畬行可問，載酒想同看。

世味今如許，吾生本自閑。心期雖好在，欲習未全乾。錯莫塵編暗，棲遲壯節闌。不因動業晚，清鏡亦頻看。

感懷〔一六〕

經濟夙所尚〔一七〕，隱淪非素期。幾年霜露感〔一八〕，白髮忽已垂〔一九〕。鑿井北山阯〔二〇〕，耕田南澗湄。乾坤極浩蕩，歲晚將何之？

墨莊五詠

墨莊

詩書啓山林，德義久儲積。嗣世知有人，新畬更開闢。

冽軒

窗開深井泉，窈窕千丈碧。何幸且淵澄，無勞遽心惻。

靜春堂

幽人本何心，偶此翳環堵。隱几亦無言，光風遍寰宇。

玩易齋

竹几横陳處，韋編半掩時。寥寥三古意，此地有深期。

君子亭

倚杖臨寒水，披衣立晚風〔二一〕。相逢數君子，爲我説濂翁。

齋居感興二十首

余讀陳子昂感遇詩〔二二〕，愛其詞旨幽邃，音節豪宕，非當世詞人所及。如丹砂空青，金膏水碧，雖近乏世用，而實物外難得自然之奇寶。欲效其體作十數篇，顧以思致平凡，筆力萎弱，竟不能就。然亦恨其不精於理，而自託於仙佛之間以爲高也。齋居無事，偶書所見，得二十篇。雖不能探索微眇〔二三〕、追迹前言，然皆切於日用之實，故言亦近而易知。既以自警，且以貽諸同志云〔二四〕。

昆侖大無外，旁薄下深廣。陰陽無停機，寒暑互來往。皇羲古神聖，妙契一俯仰。不待窺馬圖，人文已宣朗。渾然一理貫，昭晰非象罔。珍重無極翁，爲我重指掌。

吾觀陰陽化，升降八紘中。前瞻既無始〔二五〕，後際那有終〔二六〕？至理諒斯存，萬世與今同。誰言混沌死？幻語驚盲聾。

人心妙不測，出入乘氣機。凝冰亦焦火〔二七〕，淵淪復天飛。至人秉元化，動静體無違。

珠藏澤自媚，玉韞山含暉。神光燭九垓，玄思徹萬微。塵編今寥落，歎息將安歸？

靜觀靈臺妙，萬化此從出〔二八〕。云胡自蕪穢？反受衆形役。厚味紛朵頤，妍姿坐傾國。崩奔不自悟，馳騖靡終畢。君看穆天子，萬里窮轍迹。不有祈招詩，徐方御宸極。

涇舟膠楚澤〔二九〕，周綱已陵夷。況復王風降，故宮黍離離。玄聖作春秋，哀傷實在茲。祥麟一以踣，反袂空漣洏。漂淪又百年，僭侯荷爵珪。王章久已喪，何復嗟歎爲？馬公述孔業，託始有餘悲。拳拳信忠厚，無乃迷先幾？

東京失其御，刑臣弄天綱。西園植奸穢，五族沉忠良。青青千里草，乘時起陸梁。當塗轉凶悖，炎精遂無光。桓桓左將軍，仗鉞西南疆。伏龍一奮躍，鳳雛亦飛翔。祀漢配彼天，出師驚四方。天意竟莫回，王圖不偏昌。晉史自帝魏，後賢盍更張〔三〇〕？世無魯連子，千載徒悲傷。

晉陽啓唐祚〔三一〕，王明紹巢封。垂統已如此，繼體宜昏風。麀聚瀆天倫〔三二〕，牝晨司禍凶。乾綱一以墜，天樞遂崇崇。淫毒穢宸極，虐焰燔蒼穹〔三三〕。向非狄張徒，誰辦取日功？云何歐陽子，秉筆迷至公？唐經亂周紀，凡例孰此容？侃侃范太史，受説伊川翁。春秋二三策，萬古開羣蒙。

朱光徧炎宇，微陰眇重淵。寒威閉九野，陽德昭窮泉。文明昧謹獨，昏迷有開先。幾微諒難忽，善端本綿綿。掩身事齋戒，及此防未然。閉關息商旅，絶彼柔道牽。

微月墮西嶺，爛然衆星光。明河斜未落，斗柄低復昂。感此南北極，樞軸遥相當。太一有常居，仰瞻獨煌煌。中天照四國，三辰環侍旁。人心要如此，寂感無邊方。

放勛始欽明，南面亦恭己。大哉精一傳，萬世立人紀。猗歟歎日躋，穆穆歌敬止。戒獒光武烈，待旦起周禮。恭惟千載心，秋月照寒水。魯叟何常師，删述存聖軌。

吾聞包犧氏，爰初闢乾坤。乾行配天德，坤布協地文。仰觀玄渾周，一息萬里奔。俯察方儀靜，隤然千古存。悟彼立象意，契此入德門。勤行當不息，敬守思彌敦。

大易圖象隱，詩書簡編訛。禮樂矧交喪，春秋魚魯多。瑶琴空寶匣，絃絶將如何〔三四〕？興言理餘韻，龍門有遺歌。程子晚居龍門之南。

顔生躬四勿，曾子日三省。中庸首謹獨〔三五〕，衣錦思尚絅。偉哉鄒孟氏！雄辨極馳騁。操存一言要，爲爾挈裘領。丹青著明法，今古垂焕炳。何事千載餘，無人踐斯境？

元亨播羣品，利貞固靈根。非誠諒無有，五性實斯存。世人逞私見，鑿智道彌昏。豈若林居子〔三六〕，幽探萬化原。

飄飄學仙侶，遺世在雲山。盗啓元命秘，竊當生死關。金鼎蟠龍虎，三年養神丹。刀圭一入口，白日生羽翰。我欲往從之，脱屣諒非難〔三七〕。但恐逆天道〔三八〕，偷生詎能安？

西方論緣業，卑卑喻羣愚。流傳世代久，梯接淩空虛。顧盼指心性，名言超有無。捷徑一以開，靡然世爭趨。號空不踐實，躓彼榛棘途〔三九〕。誰哉繼三聖〔四〇〕？爲我焚其書。

聖人司教化，黌序育群材。因心有明訓，善端得深培。天叙既昭陳，人文亦褰開。云何百代下，學絶教養乖？羣居競葩藻，爭先冠倫魁〔四一〕。淳風反淪喪，擾擾胡爲哉？

童蒙貴養正，孫弟乃其方。雞鳴咸盥櫛，問訊謹暄凉。奉水勤播灑，擁彗周室堂。進趨極虔恭，退息常端莊。劬書劇嗜炙，見惡逾探湯〔四二〕。庸言戒粗誕，時行必安詳。聖途雖云遠，發軔且勿忙。十五志于學，及時起高翔。

哀哉牛山木，斤斧日相尋。豈無萌蘖在，牛羊復來侵。恭惟皇上帝，降此仁義心。物欲互攻奪，孤根孰能任？反躬艮其背，肅容正冠襟。保養方自此，何年秀穹林〔四三〕？

玄天幽且默，仲尼欲無言。動植各生遂，德容自清温。彼哉誇毗子！呫囁徒啾喧。但逞言辭好，豈知神監昏？曰余昧前訓，坐此枝葉繁。發憤永刊落，奇功收一原。

卜居〔四四〕

卜居屏山下，俯仰三十秋。終然村墟近〔四五〕，未愜心期幽。近聞西山西〔四六〕，深谷開平疇。茆茨十數家，清川可行舟〔四七〕。風俗頗淳朴，曠土非難求。誓捐三徑資，往遂一壑謀。伐木南山巔，結廬北山頭。耕田東溪岸，濯足西溪流。朋來即共歡〔四八〕，客去成孤遊〔四九〕。静有山水樂，而無身世憂。著書俟來哲，補過希前脩。兹焉畢暮景，何必營菟裘！

游武夷以相期拾瑶草分韻賦詩得瑶字〔五〇〕

秋聲入庭户，殘暑不敢驕〔五一〕。起趁汗漫期，兩袂天風飄。眷焉此家山〔五二〕，名號列九霄。相與一來集，曠然心朗寥。棲息共雲屋，追尋唤漁舠〔五三〕。一水屢縈回，千峰鬱岧嶤。蒼然大隱屏，林端聳孤標。下有雲一壑，仙人久相招。授我黄素書，贈我英瓊瑶。茅茨幾時見？自此遺紛囂。

石子重兄示詩留别次韻爲謝三首

此道知君著意深，不嫌枯淡苦難禁。更須涵養鑽研力，彊矯無忘此日心。

克己工夫日用間，知君此意久晞顔。摛文妄意輸朋益，何似書紳有訂頑！

喜見薰成百里春，更慚謙誨極諄諄。願言勉盡精微藴，風俗期君使再醇。

鵝湖寺和陸子壽

德義風流夙所欽，别離三載更關心〔五四〕。偶扶藜杖出寒谷〔五五〕，又枉籃輿度遠岑。舊學商量加邃密，新知培養轉深沉。却愁説到無言處〔五六〕，不信人間有古今。

奉陪機仲宗正景仁太史期會武夷而文叔茂實二友適自昭武來集相與泛舟九曲周覽巖壑之勝而還機仲景仁唱酬迭作謂僕亦不可以無言也衰病懶廢那復有此勉出數語以塞嘉貺不足爲外人道也

此山名自西京傳，丹臺紫府天中天。似聞雲鶴時降集〔五七〕，應笑磨蝗空回旋。我來適此秋景晏，青楓葉赤揺寒煙。九還七返不易得，千巖萬壑渠能專。同遊幸有二三子，天畀此段非徒然。梁郎季子山澤臞，傅伯爰盎瀛洲仙。相逢相得非彊附〔五八〕，却恨馬腹勞長鞭。黄華未和白雪句〔五九〕，畫舸且共清泠川。回船罷酒三太息，百歲誰復來通泉？景仁數日屢誦此句。盈虚有數豈終極，爲君出此窮愁篇〔六〇〕。

奉答景仁老兄贈別之句

古人一去心不傳，舉世誰復知其天？奔趨嗜欲名利境，浩蕩勢若飄風旋。嗟予慨此其已久，矧復痼疾霾雲煙。禪關夜扣手剥啄，丹經晝誦心精專。十年齊楚得失裏，醉醒夢覺今超然。迷心昧性哂竺學，貪生惜死悲方仙。如何懶惰行不力，日月逝矣羲和鞭。祇今已往遠玄象〔六一〕，羡子正似方來川。何憂功名與事業，但要溥博而淵泉。不見君家鼻祖開聖學，照耀今古書三篇。六經說命篇始有「學」字。

復用前韻敬别機仲

君家道素幾葉傳？只今用舍懸諸天。屹然砥柱戰河曲，肯似落葉隨風旋。奮髯忽作蝟毛磔，浩氣勃若霄中煙。隱憂尚喜遺直在，壯烈未許前人專。武夷連日聽奇語，令我兩腋風泠然。初如茫茫出太極，稍似冉冉隨群仙。安能局促夜起舞，下與祖逖爭雄鞭！終憐賢屈惜往日，亦念聖孔悲徂川。願君盡此一杯酒，預澆舌本如懸泉。沃心澤物吾有望，勒移忍繼鍾山篇？

讀機仲景仁别後詩語因及詩傳綱目復用前韻

道有默識無言傳，向來誤矣空談天。只今斷簡窺蠹蝕，似向追蠡看蟲旋。始知古人有妙處，未遽秦谷隨飛煙。終然世累苦妨奪，下帷發憤那容專！一心正爾思鵠至，兩手欲救驚頭然。書空且復罷咄咄，屢舞豈暇陪仙仙？兩年罷詩止酒，故云。功名況乃身外事，我馬肆兀甘回鞭。解頤果值得水井，謂詩傳。鑒古亦會朝宗川，謂綱目。兩公知我不罪我，便可築室分林泉。十年燈下一夜語〔六二〕，閑日共賦春容篇。

讀通鑑紀事本末用武夷唱和元韻寄機仲

先生諫疏莫與傳，忠憤激烈號旻天。却憐廣文官舍冷，只與文字相周旋。上書乞得聊自屏，清坐日對銅爐煙。功名馳騖往莫悔，鉛槧職業今當專。要將報答陛下聖，矯首北闕還潸然。屬詞比事有深意，憑愚護短驚羣仙。誰言未秉太史筆〔六三〕，自幸已執留臺鞭。温公以留臺領書局，時韓魏公與書，有「執鞭」之語。果然敕遣六丁取，香羅漆匣浮桐川。陰凝有戒竦皇鑒，恭聞上讀此書，有「履霜堅冰」之語。陽剥欲盡生玄泉。明年定對白虎殿，更誦大學中庸篇。頃在武夷宫講「正心誠意」〔六四〕。

校勘記

〔一〕柳行隨堤勢　「勢」字原缺，據四部叢刊續編本東皋子集附録所引補。正訛據祠堂本補作「布」，疑非。

〔二〕短句奉迎荆南幕府二首　「迎」，正訛作「送」，據詩意，所改是。

〔三〕時平烽燧冷　「烽燧冷」，浙本作「歌舞盛」。

〔四〕長溪林一鶚秀才至因題其後二首　淳熙本作「長溪林君秀才有落髮之願示及諸賢詩卷邀予同賦遂成二絶」。

〔五〕它年雲水經行遍　「遍」，淳熙本作「處」。

〔六〕榮醜窮通祇偶然　「榮醜窮通」，考異云：一作「榮遇或窮」。

〔七〕送謝周輔入廣　「謝」，淳熙本無之。

〔八〕次季通韻贈范康侯　「季通」，淳熙本無之。

〔九〕年紀尚無聞　「尚無」，考異云：一作「向無」。

〔一〇〕肯爲春回作許愁　考異云：一作「時去時來肯作愁」。

〔一一〕偶去尋芳朝信馬　「去尋芳」，考異云：一作「向花城」。

〔一二〕却來踏雪夜驅牛　「來踏雪」，考異云：一作「歸雲谷」。

〔一三〕脚下雲迷樹　「脚下」，考異云：一作「脚底」。

〔一四〕溪橋雪擁寒襟　「雪擁」，考異云：一作「雪滿」。

〔一五〕江空秋月寒　「秋月」，考異云：一作「耿月」。

〔一六〕感懷　考異云：一作「題佛跡壁」。

〔一七〕經濟夙所尚　「夙所」，考異云：一作「本所」。

〔一八〕幾年霜露感　「霜露」，考異云：一作「風露」。

〔一九〕白髮忽已垂　「忽已」，考異云：一作「今已」。

〔二〇〕鑿井北山阯　「山阯」，考異云：一作「山下」。

〔二一〕披衣立晚風　「衣」，閩本、浙本及天順本均作「襟」。

〔二二〕余讀陳子昂感遇詩　「遇」，原作「寓」，據淳熙本改。

〔二三〕雖不能探索微眇　「眇」，淳熙本、浙本作「妙」。

〔二四〕且以貽諸同志云　「貽」，淳熙本作「詔」。

〔二五〕前瞻既無始　「始」，淳熙本作「際」。

〔二六〕後際那有終　「際」，淳熙本作「察」。

〔二七〕凝冰亦焦火　「亦焦」，考異云：一作「更焦」。

〔二八〕萬化此從出　「此從」，淳熙本作「從此」。

〔二九〕涇舟膠楚澤　「涇」，淳熙本作「泛」。

〔三〇〕後賢盍更張　「盍更」，考異云：一作「合更」。桯史卷一三所引即然。

〔三一〕晉陽啓唐祚　「啓」，淳熙本作「起」。

〔三二〕麀聚瀆天倫　「麀」，原作「塵」，據淳熙本改。

〔三三〕虐焰燔蒼穹　「燔」，淳熙本作「焚」。

〔三四〕紘絶將如何　「如何」，考異云：一作「奈何」。

〔三五〕中庸首謹獨　「首謹」，淳熙本作「守慎」。

〔三六〕豈若林居子　「豈」，淳熙本作「未」。

〔三七〕脱屣諒非難　「難」，淳熙本作「艱」。

〔三八〕但恐逆天道　「道」，淳熙本作「理」。

〔三九〕躋彼榛棘途　「榛棘」，淳熙本作「荆榛」。

〔四〇〕誰哉繼三聖　「哉」，淳熙本作「能」。

〔四一〕爭先冠倫魁　「倫」，淳熙本作「儒」。

〔四二〕見惡逾探湯　「逾」，淳熙本作「如」。

〔四三〕何年秀穹林　「年」，淳熙本作「日」。

〔四四〕卜居　淳熙本作「題武夷卜居」。

〔四五〕終然村墟近　「然」，淳熙本作「愁」。
〔四六〕近聞西山西　「西山」，淳熙本作「武夷」。
〔四七〕清川可行舟　「可」，淳熙本作「通」。
〔四八〕朋來即共歡　「朋」，淳熙本作「客」，「即」，淳熙本作「聊」。
〔四九〕客去成孤遊　「成」，淳熙本作「仍」。
〔五〇〕游武夷至得瑶字　淳熙本作「武夷泛舟得瑶字相期拾瑶草爲韻」。
〔五一〕殘暑不敢驕　「敢」，淳熙本作「復」。
〔五二〕眷焉此家山　「焉」，淳熙本作「言」。
〔五三〕追尋喚漁舠　「舠」，淳熙本、閩本、浙本均作「船」。
〔五四〕别離三載更關心　「更關」，考異云：一作「轉關」。
〔五五〕偶扶藜杖出寒谷　「出寒谷」，考異云：一作「寄寒谷」。
〔五六〕却愁説到無言處　「却愁」，考異云：一作「祇愁」。
〔五七〕似聞雲鶴時降集　「似聞」，考異云：一作「但聞」。
〔五八〕相逢相得非彊附　「非」，原作「要」，據淳熙本改。
〔五九〕黄華未和白雪句　「和」，淳熙本作「知」。
〔六〇〕爲君出此窮愁篇　淳熙本篇末注云：「右游九曲詩，次傅大著之韻。」

〔六一〕祇今已往遠玄象　「往」字原缺，據正訛引祠堂本補。

〔六二〕十年燈下一夜話　「燈下」，考異云：一作「燈火」。

〔六三〕誰言未秉太史筆　「誰」字原缺，據正訛引張伯行濂洛風雅補。

〔六四〕頃在武夷宫講正心誠意　「宫」，閩本作「廛」。

晦庵先生朱文公文集卷第五

詩

拜張魏公墓下

衡山何巍巍，湘流亦湯湯。我公獨何往？劍履在此堂[一]。念昔中興初，孽豎倒冠裳。公時首建義，自此扶三綱。精忠貫宸極[二]，孤憤摩穹蒼[三]。元戎二十萬，一旦先啓行。西征奠梁益，南轅撫江湘。士心既豫附，國威亦張皇[四]。縞素哭新宫，哀聲連萬方。黠虜聞褫魄，經營久彷徨。玉帛驟往來，士馬且伏藏。公謀適不用，拱手遷南荒。白首復來歸，髮短丹心長。拳拳冀感格，汲汲勤修攘。天命竟難諶，人事亦靡常。悠然謝台鼎，騎龍白雲鄉。坐令此空山，名與日月彰。千秋定軍壘，岌嶪遥相望。賤子來歲陰，烈風振高岡。下馬九頓首，撫膺淚淋浪。山頹今幾年？志士日慘傷。中原尚腥羶，人類幾豺狼。公還浩無期，嗣德煒有光。恭惟宋社稷，永永垂無疆。

敬簡堂分韻得月字

煌煌定方中，農隙孟冬月。君侯敞齋扉〔五〕，華榜新未揭。我來適茲時，亦有大夫芰。清觴不留行，晤語得超越。更看雷雨勢，翻動龍蛇窟。襟懷頓能輸，肝膽亦已竭。老仙來何方？湖海氣硉矹。君侯斂袂起，顛越承屨襪。坐人驚創見，引去殊卒卒。伊余不忍逝，頓首願有謁。人生均秉彝，天造豈停歇？云何利害判，所較無一髮？茲焉辨不早，大本將恐蹷。吾言實自箴，君聽未宜忽。

登嶽麓赫曦臺聯句乾道丁亥冬九日〔六〕

泛舟長沙渚，振策湘山岑。晦翁煙雲眇變化，宇宙窮高深。懷古壯士志，憂時君子心。敬夫寄言塵中客，莽蒼誰能尋？晦翁

登定王臺

寂寞番君後，光華帝子來。千年餘故國〔七〕，萬事只空臺。日月東西見，湖山表裏開。從知爽鳩樂，莫作雍門哀。

次敬夫登定王臺韻

今朝風日好，抱病起登臺。山色愁無盡，江波去不回。客懷元老草，節物又疏梅。且莫催歸騎，憑欄更一杯。

七日發嶽麓道中尋梅不獲至十日遇雪作此自此後係南嶽唱酬。

三日山行風繞林，天寒歲暮客愁深。心期已誤梅花笑，急雪無端更滿襟。

大雪馬上次敬夫韻

仙人喬嶽頂，散髮吹參差。唤我二三友，集此西南垂。列筵命洛公，侑坐迎江妃。導之千羽旄〔八〕，投以萬璧璣。繽紛一何麗！晻靄難具知。衆真亦來翔，恍覺叢霄低。茫茫雲霧合，一一瓊瑶姿。回首謝世人，千載空相思。吾衰怯雄觀，未敢探此奇。短衣一匹馬，幸甚得所隨。天寒飲我酒，酒罷賡君詩。人生易南北，復此知何時？

風雪未已決策登山用敬夫春風樓韻

披風蘭臺宫，看雨百常觀。安知此山雲，對面隔霄漢。羣陰匝寰區，密雪渺天畔。峨峨雪中山，心眼悽欲斷。吾人愛奇賞，遽發臨河嘆。我知沍寒極，見晛今當泮。不須疑吾言，第請視明旦。蠟屐得雁行，籃輿或魚貫。

十三日晨起霜晴前言果驗再用敬夫定王臺韻賦詩

北渚無新夢，南山有舊臺。端能成獨往，未肯遽空回。磴滑新經雪，林深不見梅。急須乘霽色，何必散銀杯！

敬夫用熹定王臺韻賦詩因復次韻

新詩通造化，催出火輪來。雲物低南極，江山接漢臺。心期千古迥，懷抱一生開。回首狂馳子，紛紛政可哀！

馬上口占次敬夫韻

幾日城中歌酒昏〔九〕，今朝匹馬向煙村〔一〇〕。迎人况有南山色，勝處何妨倒一尊！

馬上舉韓退之話口占

昨日風煙接混茫，今朝紫翠插青蒼。此心元自通天地，可笑靈宫枉炷香。

雪消溪漲山色尤可喜口占

頭上瓊岡出舊青，馬邊流水漲寒汀。若爲留得晶瑩住？突兀長看素錦屏。

馬跡橋

下馬驅車過野橋，橋西一路上雲霄。我來自有平生志〔一一〕，不用移文遠見招。

登山有作次敬夫韻

晚峯雲散碧千尋，落日衡飈霜氣深。霽色登臨寒夜月，行藏只此驗天心。

方廣道中半嶺小憩次敬夫韻

不用洪崖遠拍肩，相將一笑俯寒煙。向來活計蓬蒿底，浪説江湖極目天。

道中景物甚勝吟賞不暇敬夫有詩因次其韻

穿林踏雪覓鐘聲，景物逢迎步步新。隨處留情隨處樂，未妨聊作苦吟人。

崖邊積雪取食甚清次敬夫韻

落葉疏林射日光，誰分殘雪許同嘗？平生願學程夫子，恍憶當年洗俗腸。

後洞山口晚賦

日落千林外，煙飛紫翠深。寒泉添壑底，積雪尚崖陰。景要吾人共，詩留永夜吟。從教廣長舌，莫盡此時心。

後洞雪壓竹枝横道

石灘聯騎雪垂垂，已把南山入小詩。後洞今朝逢折竹，却思聯騎石灘時。

方廣奉懷定叟

偶來石廩峰頭寺，忽憶畫船齋裏人。城市山林雖一致，不知何處是真身？

方廣聖燈次敬夫韻

神燈照夜惟聞説，皓月當空不用尋。箇裏忘言真所得，便應從此正人心。

羅漢果次敬夫韻

目勞足倦登喬嶽，吻燥腸枯到上方。從遣山僧煮羅漢，未妨分我一盃湯。

壁間古畫精絶未聞有賞音者

老木樛枝入太陰，蒼崖寒水斷追尋。千年粉壁塵埃底，誰識良工獨苦心？

方廣版屋

秀木千章倒，層甍萬瓦差。悄無人似玉，空詠小戎詩。

泉聲次林擇之韻

空巖寒水自悲吟，遥夜何人爲賞音？此日團欒都聽得，他時離索試追尋。

霜月次擇之韻

蓮花峰頂雪晴天，虚閣霜清絶縷煙。明發定知花蔌蔌，如今且看竹娟娟。

枯木次擇之韻

百年蟠木老聱牙，偃蹇春風不肯花。人道心情頑似汝，不須持向我儂誇。

夜宿方廣聞長老守榮化去敬夫感而賦詩因次其韻

拈椎豎拂事非真，用力端須日日新。只麽虚空打筋斗，思君辜負百年身。

蓮花峯次敬夫韻

月曉風清墮白蓮，世間無物敢爭妍。如何今夜峯頭雪，撩得新詩續舊篇？

奉題張敬夫春風樓乾道丁亥冬至〔一二〕

隆堂謹前規，傑閣聳奇觀。憑欄俯江山，極目眇雲漢。主人沂上翁，顧肯吟澤畔。俛仰一喟然，沖融無間斷。我來抑何幸，屢此承晤歎。平生滯吝胸，𡁠若層冰泮。繼今兩切切，保合勤旦旦。萬事儘紛綸，吾道一以貫。

方廣睡覺次敬夫韻

風簷雪屋澹無情，巧作寒窗靜夜聲。倦枕覺來聽不斷，相看渾欲不勝清。

感尚子平事

翩然遠嶽恣遊行，慨想當年尚子平。我亦近來知損益，只將懲窒度餘生。

殘雪未消次擇之韻

脚底悲風舞凍鵶，此行真是躡蒼霞。仰頭若木敷瓊蘂，不是人間玉樹花。

自方廣過高臺次敬夫韻

素雪留清壁〔一三〕，蒼霞對赤城。我來陰壑晚，人説夜燈明。貝葉無新得，蒲人有舊盟。咄哉寧負汝，安敢負吾生！

石廩峯次敬夫韻

七十二峯都插天，一峯石廩舊名傳。家家有廩高如許，大好人間快活年〔一四〕！

行林間幾三十里寒甚道傍有殘火温酒舉白方覺有暖意次敬夫韻

千林一路雪皚堆，吟斷飢腸第幾回？温酒正思敲石火，偶逢寒燼得傾杯。

林間殘雪時落鏘然有聲

青鞋布襪踏瓊瑶，十里晴林未覺遥。忽復空枝墮殘雪〔一五〕，恍疑鳴璬落叢霄。

至上封用擇之韻

疇昔朱陵洞，如今白帝城。天高雲共色，夜永月同明。萬象爭回巧，千峯盡乞盟。登臨須我輩，更約羨門生。

福嚴寺回望嶽市

昨夜相携看霜月，今朝誰料起寒煙。安知明日千峯頂，不見人間萬里天。

福嚴讀張湖南舊詩

樓上低回摻别袖，山中磊落見英姿。白雲未屬分符客〔一六〕，已有經行到處詩。

登祝融峯用擇之韻

今年緣底事？浪走太無端。直以心期遠，非貪眼界寬。雲山於此盡，風袂不勝寒。孤鳥知人意，茫茫去不還。

穹林閣讀張湖南七月十五夜詩詠歎久之因次其韻

南嶽天下鎮，祝融最高峯。仰干幾千仞，俯入一萬重。開闢知何年？上有釋梵宫。白日照雪屋，清宵響霜鏞。極知瓌特觀，仙聖情所鍾。雲根有隱訣，讀罷凌長風。

晚霞

日落西南第幾峯？斷霞千里抹殘紅。上方傑閣憑欄處，欲盡餘暉怯晚風。

過高臺攜信老詩集夜讀上封方丈次敬夫韻

十年聞説信無言，草草相逢又黯然。借得新詩連夜讀，要從苦淡識清妍。

贈上封諸老

夜宿上封寺，翛然塵慮清。月明殘雪裏，泉溜隔窗聲。楮衲今如許，綈袍那復情？爐紅虚室暖，聊得話平生。

自上封登祝融峯絶頂次敬夫韻

衡嶽千仞起，祝融一峯高。羣山畏突兀，奔走如曹逃。我來雪月中，歷覽快所遭。捫天滑青壁，俯壑崩銀濤。所恨無十榼，一掣了六鰲。遄歸青蓮宫，坐對白玉毫。重閣一徙倚，霜風利如刀。平生山水心，真作貨食饕。明朝更清澈，再往豈憚勞。中宵撫世故，劇如千蝟毛。嬉遊亦何益，歲月今滔滔。起望東北雲，茫然首空搔。

十五日再登祝融用臺字韻

江流圍玉帶〔一七〕，天影抱瓊臺。拄杖煙霄外，中巖日月回。箕山藏遁許，吳市隱仙梅。一笑今何在？相期再舉杯。

胡丈廣仲與范伯崇自嶽市來同登絶頂舉酒極談得聞比日講論之樂

我已中峯住，君從何處來？莫留巖底寺，徑上月邊臺。濁酒團欒坐，高談次第開。前賢渺安在？清酹寄餘哀。

醉下祝融峯作

我來萬里駕長風，絶壑層雲許蕩胸。濁酒三杯豪氣發，朗吟飛下祝融峯。

十六日下山各賦一篇仍疊和韻

絶頂來還晚，寒窗睡達明。連床眇歸思，三宿悵餘情。雲合山無路，風回雪有聲。嶽祇珍重意，只此是將迎。

和敬夫韻

蠟屐風煙隨處别，下山人事一番新。世間不但山中好，今日方知此意真。

和擇之韻

仰止平生舊，今年得得來。舉頭天一握，倚杖雪千堆。講道心如渴，哦詩思湧雷。出山遺語在，歸騎莫徘徊。

二詩奉酬敬夫贈言并以爲别

我行二千里，訪子南山陰。不憂天風寒，況憚湘水深？辭家仲秋旦，税駕九月初。問此爲何時？嚴冬歲云徂。勞君步玉趾，送我登南山。南山高不極，雪深路漫漫。泥行復幾程，今夕宿櫧洲。明當分背去，惆悵不得留。誦君贈我詩，三歎增綢繆。厚意不敢忘，爲君商聲謳。

昔我抱冰炭，從君識乾坤。始知太極藴，要眇難名論〔一八〕。謂有寧有跡，謂無復何存？惟應酬酢處，特達見本根。萬化自此流，千聖同兹源。曠然遠莫禦，惕若初不煩。云何學力微？未勝物欲昏。涓涓始欲達，已被黄流吞。豈知一寸膠〔一九〕，救此千丈渾！勉哉共無斁，此語期相敦。

讀林擇之二詩有感自此後係東歸亂稿。

筍輿隨望入寒煙，每誦君詩輒黯然。今夜定知連榻夢，一時飛墮錫山前。

竹輿傲兀聽嘔啞，合眼歸心已到家。遊子上堂慈母笑，豈知行李尚天涯！

馬上贈林擇之

與君歸思渺悠哉，馬上看山首共回。認取山中奇絶處〔二〇〕，他年無事要重來。

梅溪陂下作

野牛浮鼻過寒溪，落木莿槮水下陂。俗手定應摹不得，無人説與范牛知〔二一〕。

寄題李東老淵乎齋

東老幽棲地，淵乎亦妙哉！空山無客到，流水有花開。句律今誰敵？詩仙舊所陪。朱絃悄餘韻，綺席澹浮埃〔二二〕。竟日門多掩，長沙歲一來。端能負猿鶴，歸計莫徘徊！

宿梅溪胡氏客館觀壁間題詩自警二絶

貪生莝豆不知羞，靦面重來躡俊遊。莫向清流浣衣袂，恐君衣袂涴清流。

十年湖海一身輕〔二三〕，歸對梨渦却有情〔二四〕。世路無如人欲險，幾人到此誤平生。

擇之所和生字韻語極警切次韻謝之兼呈伯崇

不是譏訶語太輕，題詩只要警流情。煩君屬和增危惕，虎尾春冰寄此生。

再答擇之

兢惕如君不自輕，世紛何處得關情？也應妙敬無窮意〔二五〕，雪未消時草已生。

十一月二十六日宿萍鄉西三十餘里黄花渡口客舍稍明潔有宋亨伯題詩亦頗不俗因録而和之

鼎足爐邊坐，陶然共一樽。道心元自勝，世味不須論。安穩三更睡，清明一氣存。雖無康樂句，聊爾慰營魂。

二十七日過毛山鋪壁間題詩者皆言有毛女洞在山絶頂問之驛吏云狐魅所爲耳因作此詩

人言毛女住青冥，散髮吹簫夜夜聲。却是郵童解端的，向儂説是野狐精。

次擇之韻聊紀秦事

不知四海已揚湯，舞殿歌臺樂未央。五帝威神等牛馬，六王子女盡嬪嫱。仙心久已攀姑射，辨口從教泣華陽。行客詎明千古意，虚疑霞佩響琳琅。

雪梅二闋奉懷敬夫〔二六〕二闋合次樂府，以有後詩，仍舊編附此。

雲垂幕，陰風慘淡天花落。天花落。千林瓊玖，一空鸞鶴。征車渺渺穿華薄，路迷迷路增離索。增離索。剡溪山水〔二七〕，碧湘樓閣。

梅花發，寒梢掛著瑶臺月。瑶臺月。和羹心事，履霜時節。野橋流水聲嗚咽〔二八〕，行人立馬空愁絶。空愁絶。爲誰凝佇，爲誰攀折？

題二闋後自是不復作矣

久惡繁哇混太和，云何今日自吟哦？世間萬事皆如此，兩葉行將用斧柯。

次韻擇之聽話

語道深慚話一場，感君親切爲宣揚。更將充擴隨鈎索，意味從今積漸長。

次韻伯崇自警二首

十載相期事業新，云何猶歎未成身？流光易失如翻水，莫是因循誤得人？

誦君佳句極優柔，未得明彊是所憂。若悟本來非木石，保君弘毅不能休。

奉答擇之四詩意到即書不及次韻

爲閔人疲上馬行，此時消息儘分明。更憐跣足無衣苦，充此直教天下平。

君看灞橋風雪中，南來北去莽何窮！想應亦有還家客〔二九〕，便爾譏訶恐未公。

東頭不見西頭是，南畔唯嫌北畔非。多謝聖門傳大學，直將絜矩露天機。

安肆真同鴆毒科，君言雖苦未傷和。解嘲却是生回互，政恐紛紛事轉多。

答擇之

長言三復儘温純，妙處知君又日新。我亦平生傷褊迫，期君苦口却諄諄。

次韻擇之見路傍亂草有感

世間無處不陽春，道路何曾困得人！若向此中生厭斁，不知何處可安身。

到袁州二首

馬蹄今日到袁州，山木蕭槮四面愁。多謝晚來風力勁，朔雲寒日共悠悠。

袁州刺史幾何人？韓李流芳獨未泯。道喪時危今日意，九原遺恨一時新。

十二月旦袁州道中作

今朝已是臘嘉平，我獨胡爲在遠行？白髮倚閭應注想，青山聯騎若爲情？

同林擇之范伯崇歸自湖南袁州道中多奇峯秀木怪石清泉請人賦一篇

我行宜春野，四顧多奇山。攢巒不可數，峭絶誰能攀？上有青葱木，下有清泠灣。更憐灣頭石，一一神所剜。衆目共遺棄，千秋保堅頑。我獨抱孤賞，喟然起長嘆。

賦歸雲洞

人生信多患，吾道初不窮。云何感慨士，伏死巇巖中？宜陽古道周，竅石何嵌空？窮幽歷肺腑，履坦開房櫳。頗疑有畸人，往昔寄此宫。歲月詎云幾，井竈無遺蹤。我來記清秋，歸塗渺窮冬。興懷重幽討，永嘯回長風。風回雲氣歸，洞口春濛濛。信美非人境，出門吾欲東。

人言石乳洪羊之勝不及往遊作此

人道歸雲未足誇，洪羊石乳更谽谺。連環入夢難紆軫，回首西風又日斜。

分宜晚泊江亭望南山之勝絶江往遊將還而舟子不至擇之刺船徑渡呼之予與伯崇佇立以俟因得二絶

寒水粼粼受晚風，輕舠來往思無窮。何妨也向溪南去，徙倚空林暮藹中。

一棹翩然喚不回，兩筇江畔久徘徊。早知君有如神技，同下中流亦快哉！

新喻西境

北嶺蒼茫雨欲來，南山騰躑翠成堆。稺杉繞麓千旗卷，野水涵空一鑑開。客路情懷元倥傯，今晨遊眺却徘徊。自然觸目成佳句，雲錦無勞更剪裁。

道間厭苦泥淖思亟還家安坐講習用擇之韻呈二賢友

客路泥塗正所憂，可堪雲物更油油！向來結友輕千里，此去還家且一丘。妙處自應從我得，躬行肯使歎吾猶？兩賢定許相提挈，厚意何勝雜珮酬！

再和油字韻

楚山黄落正離憂，喜見寒杉卷碧油。倦客今年真白髮，羽人何日定丹丘〔三〇〕？奇兵捷出吾當避，狹路爭先子不猶。箇裏竟能無一語，應慚二鳥起相酬。

次韻擇之懷張敬夫〔三一〕

往時聯騎向衡山，同賦新詩各據鞍。此夜相思一杯酒，回頭猶記雪漫漫。

別韻賦一篇

踏雪凌霜眼界新，舉鞭遥指玉嶙峋。回頭此日成千里，横槊思君少一人。

宿新喻驛夜聞風鐸

倦枕欹眠到五更，却嫌風鐸久悲鳴。恍疑絺綌南鄰夜，寒鐵丁東客夢驚。

題野人家

茆簷竹落野人家，只麽悠悠閲歲華。田父把犁寒雨足，牧兒吹笛晚風斜。

題萬安野館

身似孤雲去復還，投裝猶記此窗間。只應煙雨蒼茫外，即是當時萬疊山。

萬安遇長沙便欲附書不果

長沙一别兩悠悠，夢想清湘帶橘洲。欲寄行人數行字，行人不作置書郵。

不見梅再用來字韻

舊歲將除新歲來，梅花長是雪毰堆。如何此日三州路，不見寒葩一樹開？野水風煙迷慘澹，故園霜月想徘徊。夜窗却恐勞幽夢，速把新詩取次裁。

賦水僊花

隆冬凋百卉，江梅厲孤芳。如何蓬艾底，亦有春風香？紛敷翠羽帔，温艷白玉相。黄冠表獨立，淡然水仙裝。弱植愧蘭蓀，高操摧冰霜。湘君謝遺褋，漢水羞捐璫。嗟彼世俗人，欲火焚衷腸。徒知慕佳冶，詎識懷貞剛。凄凉柏舟誓，惻愴終風章。卓哉有遺烈，千載不可忘！

清江道中見梅

今日清江路，寒梅第一枝。不愁風嫋嫋，正奈雪垂垂。煖熱惟須酒，平章却要詩。他年千里夢，誰與寄相思？

臨江買舟

征驂聊駐近江樓，南市津頭問買舟。共説明朝乘雪水，長歌一日到洪州。

鄰林

東皐濺寒水，西崦鐃清陰。南埭奎壁麗，北坨靜且深。入門流緑波，竹樹何蓊槮！積石象雲壑，高堂杳沉沉。左通雲水區，右徑梅杏林。沼沚共回薄，觀臺鬱差參。紛吾千里遊，發軔南山岑。過門得佳賞〔三二〕，慰此夙昔心。紆懷企疏翁，歲晚投冠簪〔三三〕。婆娑此澗谷，俯仰成古今。嗣德世有人，聞道我所欽。相見無雜語，晤言寫胸襟。懷舊復惆悵，命酒聊同斟。飲罷我當去，握手清江潯。

過樟木鎮晚晴二首

朝晴遣我看鄰林，頃刻浮雲萬里陰。拂袖凌風三十里，依然寒日照長吟。

飛雲極目疑梅嶺，落日回頭夢橘洲。從此不愁東路永，祇應西望轉悠悠。

赤岡頭望遠山作

曉起清江弄小舟，晚風吹過赤岡頭。遠峯自作脩眉斂，萬里那知客子愁！

次韻擇之發臨江

千里煙波一葉舟，三年已是兩經由。今宵又過豐城縣，依舊長江直北流。

次韻擇之漫成

落日晴江更遠山，遠山猶在有無間。不須極目傷懷抱，且看漁船近往還〔三四〕。

竹節灘

船下清江竹節灘，長煙漠漠水漫漫。人家斷岸斜陽好，客子中流薄暮寒。

舟中晚賦

長風一萬里，披豁暮雲空。極浦三年夢，扁舟二子同。離離浮遠樹，杳杳没孤鴻。若問明朝事，西山晻靄中。

次韻擇之將近豐城有作

老矣身如萬斛舟，長風破浪若爲收？江山若有逢迎意，到處何妨爲少留。

過豐城作

渺渺豐城縣，回頭憶舊遊。晴江羅遠樹，宿莽亂中洲。寶劍今鱗甲，神光尚斗牛。他年還記得，此夜一扁舟。

舟中見新月伯崇擇之二友皆已醉卧以此戲之

舟中見新月，煙浪不勝寒。與問醉眠客，豈知行路難！殘陽猶水面，孤雁更雲端。篷底今宵意，天邊芳歲闌。

次韻擇之舟中有作二首

一江煙水浩漫漫，昨夜扁舟寄此間。共向船頭望南北，不知何處是家山。

一席三人抵頂眠，心知篷外水如天。起來却怪天如水，月落烏啼浦樹邊。

自東湖至列岫得二小詩

孺子高風何處尋？東湖臺觀水雲深。生芻一束人如玉，此日淒涼萬古心。

昨日來時萬里陰，長江雪後玉千岑。蒼茫不盡登臨意，重對晴天豁晚襟。

列岫望西山最正殆無毫髮遺恨滕王秋屏皆不及也因作此詩二首

城中望西山，拄頰空朝暮。不到列岫亭，詎知親切處？

東西水平分，南北山中判。妙處毫髮間，商略無遺算。

晚飲列岫

危亭披豁對蒼霞，策杖重來日未斜。滿目江山一尊酒，哦詩莫遣太雄誇。

觀上藍賢老所藏張魏公手帖次王嘉叟韻

火風吹散旱天雲，膚寸空餘翰墨新。拭淚相看渺今古，堂堂那復有斯人！

次韻伯崇登滕王閣感舊蓋聞往時延閣公拜疏於此云

金闕銀臺夢想中，樓前拜舞皂囊空。十年殄瘁無窮恨，歎息今人少古風。

觀西山懷嶽麓以爲莫能相上下也聊賦此云

風月平生意，江湖自在身。年華供轉徙，眼界得清新。試問西山雨，何如湘水春？悠然一長嘯〔三五〕，妙絶兩無倫。

進賢道中

往辭湘水曲，今過豫章城。改歲無多日，到家才幾程？晝憐春意迫，夜喜月華清。此去無淹軌，前塗似掌平。

野望

登高立馬瞰晴川，四面平林接暝煙。東望不堪頻極目，歸心已度鳥飛前。

次韻擇之進賢道中漫成五首

白酒頻斟當啜茶，何妨一醉野人家。據鞍又向岡頭望，落日天風雁字斜。

笑指斜陽天外山，無端長作翠眉攢。豈知男子桑蓬志，萬里東西不作難！

夜宿林岡月滿川，歸期屈指正茫然。也知地脉無贏縮，只把陰晴更問天。

誰作窗間擁鼻聲，更哦樂府短歌行？從教永夜清無寐，只恐晨雞不肯鳴。

日暮重岡上，人勞馬亦飢。不妨隨野雀，容易宿寒枝。

次韻擇之夜宿進賢客舍

白日照寒野，䌷然千里平。馳暉一以没，浩蕩驚飈生。露彩林表見，月華波上明。同行魯狂士〔三六〕，忽發商歌聲。洗耳金石奏，信知塵累輕。

次韻擇之潤陂有作

我行欲安適？莽莽窮山陂。晨裝遠林表，午憩通川湄。曠望想慈親，行役嗟吾兒。喟然陟屺歎，歸心浩無涯。曉霜徒御寒，暮雨朋儔悲。前期諒非遠，無爲苦愁思。

過潤陂日晴意可喜至暮復雨伯崇有詩因次其韻

客裏歲云暮，我心殊未平。悠悠惜往日，鬱鬱懷平生。況復久陰雨，喜兹霜曉明。那知不終日，又作瀟瀟聲。坐厭泥塗辱，空嗟鴻雁輕。

山行兩日至金步復見平川行夷路計程七日可到家矣

行穿側徑度荒山，又踏深泥過野田。路轉忽然開遠望，眼明復此見平川。江煙浦樹悲重疊〔三七〕，楚水閩山喜接連。稅駕有期心轉迫〔三八〕，棱棱瘦馬不勝鞭。

次韻擇之金步喜見大江有作

江頭四望遠峯稠，江水中閒自在流。並岸東行三百里，水源窮處即吾州。此江發源分水嶺，故前詩有「楚水閩山喜接連」之句。

次韻擇之餘干道中

寒盡春生草又青，化工消息幾曾停？因君一詠陵陂麥，恍憶儂家老圃亭。亭下，予家種麥處也。

安仁曉行

夙駕安仁道，行行得自娱。荒山圍野闊，遠樹出林孤。景晦長煙合，天寒碧草枯。歸心懷往路，極目向平蕪〔三九〕。

十七日早霜晴觀日出霧中喜而成詩

斜月夜窗白，肅霜朝氣清。長塗披素錦，寒霧湧金鉦。已作三冬雨，何妨十日晴！天公且相念，莫遣暮雲生。

再用前韻

久陰冬竟暖，欲霽氣先清。田舍占煙火，軍家候鼓鉦。風霜千里肅，天地一朝晴。明日知何日？陽春又發生。

次韻擇之過丫頭巖

四面晴岡紫石崖，如何渾作白皚皚？須知暖入陰泉溜，不是寒封積雪堆。

章巖

豁爾天開宇，呀然夜不扃。閑雲任棲宿，密雨斷飄零。破屋僧常住，高軒客屢經。古今題寫處，一半蘚文青。

次韻擇之章巖

驅馬倦長道，投鞭憩此巖。來應六鰲戴，跡是五丁劖。泉脉流青潤，林稍擁碧巉。老禪深閉户，客子且征衫。

鉛山立春六言二首

雪擁山腰洞口，春迴楚尾吴頭。欲問閩天何處，明朝嶺水南流。
行盡風林雪徑，依然水館山村。却是春風有脚，今朝先到柴門。

次二友石井之作三首

一竇陰風萬斛泉，新秋曾此弄清漣。人言湛碧深無底，只恐潛通小有天。
聯騎君登泉上亭，黃塵雙眼想增明。籃輿獨向溪南路，惆悵不成同隊行。
泉嵌側畔一川明，水石縈迴更有情。聞說近來疏葺好，想應仍是舊溪聲。

次韻擇之鉛山道中二首

幾月高堂闕問安，歸塗不管上天難。誦君兩疊思親句，也信從來取友端。
行盡江湘萬疊山，家山猶在有無間。明朝漸喜登閩嶺，澗水分流響珮環。

次韻擇之發紫溪有作

明日振衣千仞岡，夜分起看月和霜。久知行路難如此，不用悲歌淚滿裳。

次韻別林擇之

暫時相別不須悲，楚調淒涼政爾爲。幾曲清溪足相送，一天明月豈曾離？上堂嘉慶多爲問，緣道風光少賦詩。更謝同袍二三子，夜來幽夢滿春池。

次韻別范伯崇二首東歸亂稿止此。

平生罪我只春秋，更作囂囂萬里遊。賴有吾人肯相伴，羣譏衆詆不能憂。

累月追隨今別離，人生離合豈無時？願言更勵堅高志，力索窮探慰所思。

有懷南軒老兄呈伯崇擇之二友二首

憶昔秋風裏，尋盟湘水傍。勝遊朝挽袂，妙語夜連牀。別去多遺恨，歸來識大方。惟應微密處，猶欲細商量。

積雨芳菲暗，新晴始豁然。園林媚幽獨，窗户愜清妍。晤語心何遠，謂日與擇之講論。書題意未宣。謂數收伯崇近書。懸知今夜月，同夢舞雩邊。

九日登天湖以菊花須插滿頭歸分韻賦詩得歸字

去歲瀟湘重九時，滿城寒雨客思歸。故山此日還佳節，黄菊清罇更晚暉。短髮無多休落帽，長風不斷且吹衣。相看下視人寰小，祇合從今老翠微。

歸報德再用前韻

幾枝藤竹醉相攜，何處千峯頂上歸？ 正好臨風眺平埜〔四〇〕，却須入谷避斜暉。 酒邊泉溜寒侵骨，坐上嵐光翠染衣。 踏月過橋驚易晚，林坰回首更依微。

雪中與林擇之祝弟登劉園之宴坐巖有懷南嶽舊遊賦此呈擇之屬和并寄敬夫兄

風雪集歲晏，掩關聊自休。 今辰展遐眺，倚此寒巖幽。 同雲暗空室，皓彩迷林丘。 崩奔小澗歇，飛舞增綢繆。 仰看鸞鶴翔，俯視江漢流。 乾坤有奇變，澒洞驚兩眸。 三酌不自温，倚杖空冥搜。 悲歌動華薄，璀璨忽滿裘。 向來一杯酒，浩蕩千里遊。 亦復有茲賞，微言寄清酬。 解攜今幾許？ 光景逝不留。 懷人眇山嶽，省己紛愆尤。 對此奇絶境，一歡生百憂。 茫然發孤詠，遠思誰能收？

校勘記

〔一〕劍履在此堂　「劍履」，考異云：一作「劍几」。

〔二〕精忠貫宸極　「精忠」，考異云：一作「精誠」。
〔三〕孤憤摩穹蒼　「孤憤」，考異云：一作「忠憤」。
〔四〕國威亦張皇　「國威」，考異云：一作「國勢」。
〔五〕君侯敞齋扉　「扉」，淳熙本作「房」。
〔六〕乾道丁亥冬九日　「冬」上，浙本爲墨丁，記疑云：「冬九日」，疑少「月」字。實則「冬」上所缺必爲「孟」字。據張栻南軒集卷一五南嶽唱酬序，朱熹乾道丁亥秋至長沙，十一月庚午（六日）離長沙道衡山以歸，則仲冬九日决不可能登嶽麓，遑論季冬。
〔七〕千年餘故國　「餘」，瀛奎律髓卷一作「遺」，注云：一作「餘」。
〔八〕導之千羽旄　「羽旄」，考異云：一作「羽化」。
〔九〕幾日城中歌酒昏　「歌酒」，考異云：一作「飲酒」。
〔一〇〕今朝匹馬向煙村　「煙村」，考異云：一作「前村」。
〔一一〕我來自有平生志　「生志」，考異云：一作「生意」。
〔一二〕按此篇浙本在敬簡堂分韻得月字詩後。
〔一三〕素雪留清壁　「留清」，考異云：一作「流清」。底本詩末注云：「清」，疑當作「青」。
〔一四〕家家有廩高如許大好人間快活年　考異云：一作「教人鎮作豐年願樂聖何妨萬億年」。
〔一五〕忽復空枝墮殘雪　「雪」，浙本作「白」。考異云：一作「忽聽冰條墮清響」。

〔一六〕白雲未屬分符客　考異云：一作「今朝暫豁平生意」。
〔一七〕江流圍玉帶　「帶」，閩本、浙本、天順本均作「界」。
〔一八〕要眇難名論　「要眇」，考異云：一作「要妙」。
〔一九〕豈知一寸膠　「豈知」，考異云：一作「豈無」。
〔二〇〕認取山中奇絶處　「山」，淳熙本作「湘」。
〔二一〕無人説與范牛知　查慎行初白庵詩評卷中云：「牛」，疑當作「寬」。
〔二二〕綺席澹浮埃　「澹浮」，考異云：一作「湛浮」。
〔二三〕十年湖海一身輕　「湖」，淳熙本、閩本、浙本、天順本均作「浮」。
〔二四〕歸對梨渦却有情　「梨」，原作「黎」，據淳熙本改。查慎行云：「梨渦」，見豫章詩話胡忠簡公事。「黎」字譌，當作「梨」。
〔二五〕也應妙敬無窮意　「敬」，浙本作「取」。
〔二六〕雪梅二闋奉懷敬夫　淳熙本作「憶秦娥詠梅長沙道中作」。
〔二七〕剡溪山水　「水」，淳熙本作「月」。
〔二八〕野橋流水聲嗚咽　「野橋」，考異云：一作「斷橋」。
〔二九〕想應亦有還家客　「家客」，考異云：一作「家樂」。
〔三〇〕羽人何日定丹丘　「羽人」，考異云：一作「新詩」。「日定」，考異云：一作「日寄」。

〔三一〕次韻擇之懷張敬夫　「敬夫」，浙本作「南軒」。淳熙本題作「次擇之新喻道中跨馬奉懷南軒」。
〔三二〕過門得佳賞　「佳」，閩本、天順本作「嘉」。
〔三三〕歲晚投冠簪　「冠」，浙本作「華」。
〔三四〕且看漁船近往還　底本詩末原注：「船」，一本作「舠」。
〔三五〕悠然一長嘯　「悠然」，考異云：一作「悠悠」。
〔三六〕同行魯狂士　「同行」，考異云：一作「同舟」。
〔三七〕江煙浦樹悲重疊　「悲重疊」，考異云：一作「傷緜邈」。
〔三八〕稅駕有期心轉迫　考異云：一作「欲近慈闈心轉切」。
〔三九〕極目向平蕪　「向」，浙本作「尚」。
〔四〇〕正好臨風眺平楚　「楚」，淳熙本、閩本、浙本、天順本均作「楚」。

晦庵先生朱文公文集卷第六

詩

和人游西巖

平生壯志浩無窮，老寄寒泉亂石中。閑去披襟弄清泚，靜來合眼聽玲瓏。不知澗寺晴時雨〔一〕，何似溪亭落處風。吟罷君詩自瀟灑〔二〕，此心端不限西東。

次知郡章丈遊山之韻

前峰鸞鶴去無蹤，邂逅荒尋得故宫。但覺風煙隨意好，便驚塵土轉頭空。提壺命駕幽期遠，授簡哦詩妙處同。安得西山一丸藥，共隨簫鼓向雲中。

題周氏溪園三首〔三〕

循澗闢芳園，結亭對虛壁。澄潭俯幽鑒，空翠仰寒滴。主人心事遠，妙寄塵壤隔。豈爲功名期，而忘此泉石。溪亭

危亭竹柏間，悄蒨日幽絶。朔風一以厲，愛此枝上雪。仰悲玄景駛，俯歎群芳歇。不用此時來，那知歲寒節！雪亭

手種籬間樹，枝繁不忍删。新亭最佳處〔四〕，勝日共歡顔。景晏春紅淺，雨餘寒翠潸〔五〕。光風回巧笑，桃李任漫山。嫣然亭

寄林擇之

故人千里寄書來，三復塵襟頓豁開。勸我從容深燕養，莫將佔畢苦沉埋。杖藜此日應同趣，揮麈何時得共陪？珍重相期俱努力，自慚殊未竭淵才。

送林擇之還鄉赴選三首

青驪去路欲駸駸，回首猶須話此心。一别便成三數月，有疑誰講過誰箴？

門外槐花似欲黄，高堂應望促歸裝。箇中自有超然處，肯學兒曹一例忙？
今朝握手送君歸，馬上薰風拂面吹。不用丁寧防曲學，寒窗久矣共心期。

題林擇之欣木亭〔六〕

危亭俯清川，登覽自晨暮。佳哉陽春節！看此隔溪樹。連林爭秀發，生意各呈露。大化本無言，此心誰與晤？真驩水菽外，一笑和樂孺。聊復共徜徉，殊形乃同趣。

擇之誦所賦擬呂子進元宵詩因用元韻二首

何處元宵好？山房入定僧。往來衣上月，明暗佛前燈。實際徒勞說，空華詎可憑？還教知此意，妙用一時興。
何處元宵好？寒龕獨寐人。月窗同皎皎，燈鏡自塵塵。靜鑒通天地，潛思妙鬼神。却憐迷路子，狂走鬧城闉。

次韻擇之梧竹二首并呈季通

竹塢深深處，檀欒遶舍青〔七〕。暑風成慘淡〔八〕，寒月助清泠。客去空塵榻，詩來拓采檽。此君同一笑，午夢頓能醒。

永日長梧下，清陰小院幽。自憐風娟娟，客賦雨瀏瀏。作别今千里，相思欲九秋。更憐同社友，復此誤淹留。

擇之寄示深卿唱和烏石南湖佳句輒次元韻三首

未識南湖景，遥欣二子遊。賞心并勝日，妙語逼清秋。剩欲携書卷，相將買釣舟。微吟歸去晚，杜若滿汀洲。

平湖渺空闊，積水暮生寒。但見緑千頃，不知深幾竿。人間元迫隘，世路足艱難。若了滄洲趣，無勞正眼看。

年來年去爲誰忙？三伏炎蒸忽變凉。閲世謾勞心悁悁，懷人空得鬢蒼蒼。詩篇眼界何終極，道學心期未遽央。安得追尋二三子，舞雩風月共徜徉。

小詩奉送擇之仁友赴漕臺之招後篇喜趙公之得士而不敢致私怨焉然别懷黯然不能成章亦足以見區區也二首

之子論交久，深衷兩自知。提携方有賴，離索遽成悲。聖處應無斁〔九〕，書來肯見私？

臨分莫惆悵，努力共心期〔一〇〕。

珍重東臺老，英聲舊所聞。能懷吐哺意，豈但枉書勤。得士看如許，持心定不羣。願言推此志，清濁見朋分。

擇之賢友歸途左顧示以四明酬唱焕爛盈編三復咏嘆想見聚遊之樂輒用黄山即事之韻賦呈擇之兼懷子重老兄順之賢友

十年身卧白雲堆，已分黄塵斷往回。不是幽人遺俗去，肯尋流水渡關來？三秋風月從頭説，千里湖山覿面開。久欲過逢須一快，豈知勞結倍難裁！

夜聞擇之誦師曾題畫絶句遐想高致偶成小詩

一幅瀟湘不易求，新詩誰遣送閑愁？遥知水遠天長外，更有離騷極目秋。

次林擴之閑善避暑韻二首

炎官虐焰遍山村，也到蕭蕭柳下門。水玉秋菰那可得，羡君行處午陰繁。

山齋幾日旱塵昏，欲拂朱絃已憚煩。凉意感君持寄我，雨聲花思滿胸存〔一一〕。

送林熙之詩五首

君行往返一千里，過我屏山山下村。濁酒寒燈静相對，論心直欲到忘言。

仁體難明君所疑，欲求直截轉支離。聖言妙緼無窮意〔一二〕，涵泳從容只自知〔一三〕。

天理生生本不窮，要從知覺驗流通。若知體用元無間〔一四〕，始笑前來説異同。

十年燈火與君同，誰道年來西復東？不學世情雲雨手，從教人事馬牛風。

古鏡重磨要古方，眼明偏與日爭光。明明直照吾家路，莫指并州作故鄉。

春雪用韓昌黎韻同彭應之作

既有陽春曲，那無白雪謡？連天飛不斷，著地暖還銷。未掩高人户，難齊衲子腰。稍開銀世界，漸長玉枝條。興盡愁烟艇，行迷認野橋。酒腸渾欲凍，吟筆爲誰摇？殘臘成三白，餘寒又一朝。香隨梅蘂落，輕伴柳花飄〔一五〕。神女羞捐佩，鮫人敢獻綃？東皇應好事，避舍亦相饒。

次彭應之餐雪韻

雪水瀹清茗〔一六〕，自謂絶世清。終然犯煙火，況復勞煎烹。豈如午霽餘，探此竹外楹。柘漿發甘和，寶盌凝寒晶。心胸既清凉，齒頰亦鏘鳴。吞腥期永謝，飲玉希長生。

次彭應之魚樂亭韻

亭前活水破輕冰，漸見遊儵傍石稜。老子自知魚樂處，不須莊惠與同登。

與劉德明祝濟之胡子寬晚步偶成

雨罷寒逾勁〔一七〕，霜威正凛然。不知荒逕濕，行到野橋邊。曠望情何極，徘徊意莫傳。清波涵衆影，日落暗晴川〔一八〕。

劉德明彦集祝弟以夏雲多奇峰爲韻賦詩戲成五絶

出山幾何時？歸來便長夏。端居心不怡，散策長林下。

爲客厭城市，還家辭世紛。朝昏何所見？但有四山雲。

閉門事幽討，歲月忽已多。客來無可問，與君共絃歌。
干時本已懶，胸次況亡奇。若問中林趣，婆娑祇自知。
炎蒸不可奈，雲氣滿前峯。向夕風吹盡，微聞遠寺鍾。

仙洲新亭熹名以晝寒紫微張公爲書其額判院劉丈乃出新句輒次高韻二首

聞説藤蘿外，神龍舊所蟠。擘開千丈峽，寫盡一襟寒。賞寄三杯酒，歸投六尺竿〔十九〕。
若無詩律好，清絶不成歡。

悄蒨非人境〔二〇〕，寒蟬夏已稠。陽崖驚素雪，午扇怯清秋。共説新亭好，真堪妙墨留。
賞心元不厭，仙夢肯來遊？時已聞安國之訃。

次韻晝寒

行穿危磴盡，林表見孤亭。澗瀉千尋白，峰回四面青。塵襟元落落，風腋自泠泠。一
醉今何許？無心賦獨醒。

次判院丈畫寒亭韻有懷平父

把酒懷人處，幽尋記往時。新亭勞指顧，勝踐闕追隨。爲報層欄出，莫憂浮柱攲。惟應舊飛雪，想象合心知。

次判院丈清湍之什

明滅青羅帶，周遭碧玉環。孤亭感陳迹，茂樹喜重攀。爽氣琴尊外，泉聲枕簟間。詩成無寫處，絶壁蘚痕斑。

遊密庵分韻賦詩得還字

我行得佳友，勝日尋名山。春山既妍秀，清溪亦潺湲。行行造禪扉，小憩腰脚頑。窮探意未已，理策重躋攀。入谷翳蒙密，俯澗隨泓灣。誰將百尺綃，掛此長林間？雄聲殷地厚，洪源瀉天慳。偉哉奇特觀！儻此一日閑。所恨境過清，悄愴暮當還。顧步三嘆息，人生何苦艱！

遊密庵分韻賦詩得絶字

閩鄉饒奇山，仙洲故稱傑。巍然一峯高，復與衆山絶。傳聞極目處，天水遠明滅。萬里倏往還，三光下羅列〔一二〕。我來發孤興，徑欲躋嵽嵲。病骨竟支離，何當攀去轍？

次韻宿密庵

忽作經宵別，胸奇莫與陳。暮歸誇得句，寒苦頓生春。道義知無斁，文章自有真。它年應共説，此日自由身。

遊密庵

弱齡慕丘壑，兹山屢遊盤。朝隮青冥外，暮陟浮雲端。晴嵐染襟裾，水石清肺肝。俯仰未云已，歲月如飛翰。中年塵霧牵，引脰空長歎。曠歲一登歷，心期殊未闌。矧此親友集，笑談有餘歡。結架迫彎碕，徙倚臨奔湍。共惜前古祕，今爲後來觀。落景麗雲木，回風馥秋蘭。林昏景益佳，悵然撫歸鞍。諒哉故山好，莫遣兹盟寒！

游晝寒以茂林脩竹清流激湍分韻賦詩得竹字

仙洲幾千仞，下有雲一谷。道人何年來，借地結茅屋？想應厭塵網，寄此媚幽獨。架亭俯清湍，開徑玩飛瀑。交游得名勝，還往有篇牘。杖屨或鼎來，共此巖下宿。夜燈照奇語，曉策散游目。茗椀共甘寒，蘭臯薦清馥。至今壁間字，來者必三讀。再拜仰高山，慢然心神肅。我生雖已後，久此寄齋粥〔一二〕。孤興屢呻吟〔一三〕，羣遊幾追逐。十年落塵土，尚幸不遠復。新涼有佳期，幾日戒征軸。肎興出門去，急雨遍原陸。入谷尚輕埃，解裝已銀竹。虛空一瞻望，遠思翻蹙恧。祖跣亟躋攀，冠巾如膏沐。雲泉增舊觀，怒響震寒木。深尋得新賞，一簣今再覆。同來況才彥，行酒屢更僕。從容出妙句，珠貝爛盈匊。後生更亹亹，俊語非碌碌。吾纓不復洗，已失塵萬斛。所恨老無奇，千毫真浪禿！

聞季通德明諸友入山以詩迎之仍請先往觀瀑布

勝友南窗底，看書老歲華。不因寒瀑響，肯到野僧家？古徑開能久，新亭去豈賒？躋攀那可緩，寂寞有雄夸。

次觀瀑布韻

快瀉蒼崖一道泉，白龍飛下鬱藍天。空山有此真奇觀，倚杖來看思凛然。

和季通晝寒韻

萬壑爭流處〔二四〕，千年樹石幽〔二五〕。危亭因我作，勝日爲君留。酒笑紅裙醉，詩慚雜珮酬。尚嫌心境窄，更約九垓游。

次韻謁忠顯劉公墓下

理亂由來今古同，覆車那肯戒前蹤？紛紛誤國人無數〔二六〕，不昧丹心獨此公〔二七〕。

次季通晝寒亭韻二首

不信高懷與世殊，清游試問與誰俱？相將静聽潺湲水，洗滌塵襟肯自污？

山行前後有光輝，撲撲浮嵐翠染衣。直到仙洲奇絶處，晝寒亭下玉龍飛。

飲清湍亭石上小醉再登晝寒

水邊今日共傳杯，多謝殷勤數子來。三伏炎蒸那有此？百年懷抱頓能開。雲山合匝還生霧，雪澗崩騰怒吼雷。却恨蒼屏遮遠日，凌風直欲跨蓬萊。

次清湍亭韻二首

上下青山今白頭，穿雲入塢未能休。因君去覓仙洲路，却嘆周南獨滯留。

仄徑穿林欲造天，未妨停策聽涓涓。知君便有刀頭意，莫忘仙洲澗底泉！

立春大雪邀劉圭甫諸兄遊天湖〔二八〕

同雲被四野，寒氣慘悲凉。回風一以定，密雪來飄揚。時當冬候窮，開歲五日彊。蓬巷無與適，陟此瓊臺岡。賓友既追隨，兒童亦攜將。攀躋得冢頂，徙倚聊彷徨。俯視千里空〔二九〕，仰看萬鶴翔。遠迷亂峯翠，近失平林蒼。偃薄瑩神骨，咀嚼清肝腸。朗詠招隱作，悲吟黄竹章。古人不可見，來者誰能量？且復記兹日，他年亦難忘。

次圭父游將軍巖韻二首

極目危岑杳靄間，誰將層棟壓巑岏。瘦筇上上莫辭遠，絕境行行得細觀。智井尚餘茅經處，考槃無復碩人寬。倦來拂石支拳睡，萬壑吟風午夢闌。

陳迹真成俯仰間，回頭猶認碧巑岏。更煩地主殷勤意，得盡雲山表裏觀。景晏共愁歸路遠，年侵獨負酒盃寬。明朝覓句酬珠玉，剩喜詩情却未闌。

圭父約爲金斗之遊次韻獻疑聊發一笑

幾日春風未破寒，遠峯晴露玉巑岏。不成蠟屐携筇去，且復鉤窗拄頰觀。聞道追遊當作意，故應期日尚能寬。陰崖凍合無垂練，却恐詩翁興易闌。

次彥集經營別墅之作

回北成南指顧間，要令華敞對巑岏。家山信有千巖擁〔三〇〕，家山堂見武夷諸峯。雲月何妨兩處觀。傑閣已資鄰築勝，熹近蒙知府掇賜舊第樓居。新基還見繚墻寬。老仙鶴骨殊蕭爽，歸興從今豈易闌！

彥集圭父擇之同飲白雲精舍以醉酒飽德爲韻熹分得飽字醉中走筆奉呈

奔趨名利場，禍福急相絞。夜窗一反側，膚垢紛兩爪。豈知親朋集，晚食聊一飽。心期共悠悠，文字各稍稍。華燭既屢更，詩腸亦頻攪。寒更儘渠深，孤諷寧至卯。

次劉圭甫和人梅花韻〔三一〕

意行欲遍江村路，恰到詩人斷魂處。梅花未肯笑春風，蔓草何須怨零露？歸來四壁無餘聲，俯檻祇有寒塘青。美人邂逅一笑粲，倒影的皪疏枝橫。寸心久矣遺紛雜，不但老禪齋夏臘。此時悵悵欲何言？本根落落幾難合〔三二〕。走遍諸君詩卷中，西湖東閣病還同。劃然長笑驚夢破〔三三〕，碧雲散盡山叢叢。平父有「攀條嚼蘂繞千回，日暮碧雲驚四合」之句，故云。

奉酬圭父末利之作

玉蘂琅玕樹，天香知見薰。露寒清透骨，風定遠含芬。爽致銷繁暑，高情謝曉雲。遥憐河朔飲，那得醉時聞？

奉酬圭父白蓮之作

忽傳夔府句，并送遠公蓮。翠蓋臨風迥，冰華浥露鮮。舞衣清縞袂，倒景爛珠躔。想象芙蓉闕，冥冥絶世緣。

次圭父觀魚韻

平生三伏斷追遊，誰喚來穿澗樹幽？初訝網横天影破，忽驚人蹴浪花浮。鳴榔不用齊吴榜，鼓枻何須學楚謳？便有金盤堆白雪，却憐清泚向東流。

奉同黄子厚賦白芙蓉呈劉彦集平父

湛湛曲池水，曉含風露清。田田緑羅蓋，粲粲白玉英。澹然絶世姿，不與穠艷并。俯鑒冰雪影，詎懷兒女情？山中徒淹留，堂下空目成。獨有忘機客，相看兩無營。

觀洪遵雙陸譜有感呈劉平甫范仲宣二兄

近從新譜識梟盧，擬唤安陽舊博徒。只恐分陰閑過了，更教人誚牧猪奴。陶桓公嘗語人曰：「大禹聖者，乃惜寸陰。至於衆人，當惜分陰，豈可逸游荒醉，生無益於時，死無聞於後，是自棄也。」諸參佐或以談戲廢事者，乃命取其酒器蒲博之具，悉投之江。吏將則加鞭扑，曰：「樗蒲者，牧猪奴戲耳。君子當正其衣冠，攝其威儀，何有蓬頭跣足，自謂宏達耶？」

次劉彦集木犀韻三首

衆芳摇落九秋期，横出天香第一枝。莫似寒梅太孤絶，更交遥夜笛中吹。

仙衣襳試鬱金黄，便覺秋風滿院芳。定觀極知先透徹，通心豈是故迎將？

秋到寒巖桂樹叢，小山吟罷思悲翁。不妨更作淹留計，占取人間十里風。

寄謝劉彦集菖蒲之貺二首

君家蘭杜久萋萋，近養菖蒲緑未齊。乞與幽人伴岑寂，小窗風露日低迷。

泉清石瘦碧纖長，秋露懸珠炯夜光。箇裏無窮閑造化，别來誰與共平章？

公濟惠山蔬四種并以佳篇來貺因次其韻

蓴

靈草生何許？風泉古澗傍。褰裳勤採擷，枝筯嚏芳香〔三四〕。冷入玄根閟，春歸翠穎長〔三五〕。遥知拈起處，全體露真常〔三六〕。

芹

晚食寧論肉？知君薄世榮。瓊田何日種？玉本一時生。白鶴今休誤，青泥舊得名。收單還灸背〔三七〕，北闕儻關情。時公濟試禮部。

筍

新筍因君寄，康廬入夢中。丹元餘故宅，翠竹尚餘風。日日來威鳳，年年饌籜龍〔三八〕。猶嫌有兼味，不似一源功。廬山簡寂觀道士陸脩静之所居，從遠法師蓮社之遊，賜號丹元先生。觀有甜苦筍，今者所惠，乃甜筍也。

蕨

西山採蕨人，蓬首尚傾國。懷哉遠莫致，引脰氣已塞。頃筐忽墮前，此意豈易得？良遇不可遲，枯筇有餘力。

題吳公濟風泉亭

澗谷居永久，高情未云酬。兹焉發天祕，始造寒巖幽。上有茂樹陰，下有清泉流。結亭倚蒼峭，鑿磴窮嵌丘。翠壁自屏立，青蘚亦環周。朅來憩永夏，凛若臨清秋。仰空韻笙竽，俯檻鏘琳璆。幽聽一以會，悠然與神謀。遐哉超世心！暇日聊娱憂。笑問車馬客，誰能淹此留？

再題吳公濟風泉亭

華林翠磵響風泉，竟日閑來石上眠。更結危亭俯幽聽，未妨長作地行仙。

奉和公濟兄留周賓之句丙申九日

端居感時序，駕言誰適從？聊攜二三子，杖屨此日同。悠哉素心人，宴坐空巖中。

真成三秋別，夢想情何窮。行行陟崇岡，引脰希高風。忽然兩相值，俯仰迷西東。鱣堂偶休閒，雞黍聊從容。不辭腰脚勞，共上西南峯。佩萸笑長房，把菊追陶公。遐觀衆山迴，一酌千慮融。興罷復來歸，杳靄秋堂空。窺樽訖餘瀝，倚閣聞疏鐘。主人意未闌，驪駒勿怱怱。

寄吳公濟兼簡李伯諫五首

客子歸來春未深〔三九〕，祇應寒雨罷登臨〔四〇〕。閑窗竟日焚香坐，一段孤明見此心。

三徑莓苔晝掩關，君來問道却空還。從今蠟屐應無恙〔四一〕，有興何妨再入山！

盤翁別去久無書，可復因循自作疏。珍重寄聲煩問訊〔四二〕，箇中消息定何如？

繁絃急筦盛流傳，清廟遺音久絶絃。欲識寥寥千古意，莫將新語勘塵編。謂鹽官中庸。

憶昔殊方久滯淫，年深歸路始駸駸〔四三〕。傍人欲問簞瓢樂〔四四〕，理義誰知悦我心？

公濟和詩見閔耽書勉以教外之樂以詩請問二首

至理無言絶淺深，塵塵刹刹不相侵。如云教外傳真的，却是瞿曇有兩心。

未必瞿曇有兩心，莫將此意攪儒林。欲知陋巷憂時樂，只向韋編絶處尋。

伯諫和詩云邪色哇聲方漫漫是中正氣愈鬖鬖予謂此乃聖人從心之妙三歎成詩重以問彼二首

任從耳畔妍聲過，特地胸中順氣萌。箇裏詎容思勉得，羨君一躍了平生。

闕里當年語從心，至今蹤跡尚難尋。況君直至無心處，肯向人前話淺深？

游百丈山以徙倚弄雲泉分韻賦詩得雲字

執熱倦煩跼，駕言起宵分。隨川踏曉月〔四五〕，度嶺披朝雲。攀緣白石梯，拂拭蒼蘚紋。噴薄驚快覿，琮琤喜先聞。奇哉此精廬！眇然隔塵氛。諸公肯同來，定非俗子羣。永日坐清樾，短章策奇勳。慨然念疇昔，聯裾已荒墳。中路忘磬折，寸心謾絲棼。惟應泉石願，三生有餘薰。兹游獲重尋，十載心氤氳。他年訪舊躅，山靈莫移文。

百丈山六詠

石磴

層崖俯深幽，微逕忽中斷。努力一躋攀，前行有奇觀。

小澗

兩崖交翠陰，一水自清瀉。俯仰契幽情，神襟頓飄洒。

山門

置屋兩山間，巧當奇絶處。峽束百泉傾，澗激回風度。

石臺

出谷轉石稜〔四六〕，俯身窺木末。夕眺嵐翠分，朝隮雲海闊。

西閣

借此雲窗眠，静夜心獨苦。安得枕下泉，去作人間雨。

瀑布

巔崖出飛泉，百尺散風雨。空質麗晴暉，龍鸞共掀舞。

游蘆峯分韻得盡字

蘆山一何高！上上不可盡。我行獨忘疲，泉石有招引。須臾出蒙密，矯首眺無畛。已謂極峥嶸，仰視猶隱嶙。新齋小休憩，餘力更勉黽。東峯切霄漢，首夏正凄緊。杖策同攀躋，極目散幽窘。萬里俯連環，千重瞰孤隼。因知平生懷，未與塵慮泯。歸塗採薇蕨，晚餉雜蔬筍。笑謂同來人，此願天所允。獨往會淹留，寒棲甘菌蠢。山阿子慕予，無憂勒回軫。

同丘子服游蘆峯以嶺上多白雲分韻賦詩得白字

登巖出囂塵，入谷媚泉石。悠然愜幽趣，不覺幾朝夕。高尋倦冢頂，舊賞歎陳迹〔四七〕。

仰慚仙人杖，俯愧謝公屐。昨日吾弟來，勇往意無斁。今晨蓐食罷，千仞一咫尺。心期未究竟，眼界已開闢。浮野衆麓青，縈雲兩川白〔四八〕。須臾互吞吐，變化已今昔。曠若塵慮空〔四九〕，悲哉人境窄！平生有孤念，萬里思矯翮。感此復忡然〔五〇〕，胡爲尚形役？

登蘆峯

行到蘆峯最上頭，幾回振策又還休。因君好句撩孤興，却恨雲煙未肯收。

將游雲谷約同行者

躋險擇幽棲，搴蘿結茅屋。疏泉下石瀵，種樹滿煙谷。時登北原上，一騁千里目。雲物下逶迤，岡巒遠重複。暫辭忽曠歲，再往恨牽俗。因悲昨游侶，或已在鬼録。前年元履同游。暄風悟新陽，一雨欣衆緑。明發君莫遲，幽期我當卜。

七月六日早發潭溪夜登雲谷翌旦賦此〔五一〕

懷山不能寐，中宵命行軒。亭午息畏景，薄暮登危巒。峻極踰百磴，縈紆欲千盤。行行遂曛黑，月落天風寒。羽人候中塗，良朋集林端〔五二〕。問我何所迫，而嘗茲險艱。疲勞既云極，飢渴不能言。投裝卧中丘，幸此一室寬。怒號竟永夕，客枕無時安。旦起闢幽户，竹樹青檀欒。驚喜非昔睹，披尋得新觀。淹留十日期，俯仰有餘歡。寄語後來子，勿辭行路難！

雲谷二十六詠

雲谷

寒雲無四時，散漫此山谷。幸乏霖雨姿，何妨媚幽獨。

南澗

危石下峥嶸，高林上蒼翠。中有横飛泉，崩奔雜奇麗。

瀑布

峯回危逕轉，垂練忽千尋。不爲登山倦，躊躇秋澗陰。

雲關

白雲去復還，黃塵到難入。只有澗水聲，出關流更急。

蓮沼

亭亭玉芙蓉，迥立映澄碧。只愁山月明，照作寒露滴。

杉逕

南起雲關口〔五三〕，縈紆上草堂。天風發清籟，山月度寒光。

雲莊

小丘横翠几，層嶂復嵯峨。釋耒閑來看，巖姿此處多。

泉硤

入關但平田，復此得清響。何必問真源，神襟一蕭爽。

石池

兩崖蒼峭石〔五四〕，護此碧泓寒。秋月來窺影，驪珠吐玉盤。

山楹

山楹一悵望，恨此雲迷谷。仙人不可期，縹緲雙髻緑。

藥圃

長鑱斸靈根，蒔此泉下圃。珍劑未須論，丹荑已堪煑。

井泉

山高澤氣通，石竇飛靈液。默料谷中雲，多應從此出。

西寮

畬田種胡麻，結草寄林樾。珍重無心人，寒棲弄明月。

晦庵

憶昔屏山翁，示我一言教。自信久未能，巖棲冀微效。

草廬

青山繞蓬廬，白雲障幽户。卒歲聊自娱，時人莫留顧。

懷仙

西望多奇峰，北瞰獨仙府。欲致武夷君，石壇羅桂醑。

揮手

山臺一揮手，從此斷將迎。不見塵中事，惟聞打麥聲。

雲社

自作山中人，即與雲爲友。一嘯雨紛紛，無勞三奠酒。

桃蹊〔五五〕

澗裏春泉響〔五六〕，種桃泉上頭。爛紅紛委地〔五七〕，未肯出山流。

竹塢

悄蒨桃蹊北〔五八〕，蕭槮竹塢深。不堪秋夜永，風雨助悲吟。

漆園

舊聞南華仙，作吏漆園裏。應悟見割憂，嗒然空隱几。

茶坂

携籯北嶺西，採擷供茗飲。一啜夜窗寒，跏趺謝衾枕。

絶頂

當年赫曦臺，移治在兹嶺〔五九〕。寥廓無四鄰，三光疑倒影。

北澗

土斷川亦分，北下成陰澗。秀石得佳名，服膺吾敢慢？澗有仁義石。

中溪

南下東嶺阿，云是中溪道。巖樹愛樛枝，石田悲蔓草。

休庵

別嶺有精廬，林巒亦幽絶〔六〇〕。無事一往來，茶瓜不須設。

雲谷雜詩十二首

登山

夕陽翳東峰，微月下西嶺。不辭青鞋穿，陟此巖路永。巖路永且躋〔六一〕，中情何耿耿！

值風

山下風吹衣，山上風拔木〔六二〕。茅茨何足保，瀛海慮翻覆。永念執圕人〔六三〕，撫心還自恧〔六四〕。見易傳震卦。

翫月

風起雲氣昏，風定天宇肅。遥遥萬里暉，炯炯穿我屋。良友共徘徊，山中詎幽獨？

謝客

野人載酒來〔六五〕，農談日西夕。此意良已勤，感歎情何極。歸去莫頻來〔六六〕，林深山路黑。

勞農

四體久不勤，筋力坐駑緩。何事兩山阿，離離豆苗滿？多謝植杖翁，居然見長短。

講道

高居遠塵雜，崇論探杳冥。亹亹玄運駛，林林羣動爭。天道固如此，吾生安得寧？

懷人

吾黨二三子，欲來從我遊。塵機諒擾擾，遐諾終悠悠〔六七〕。空山日復晚，佇立悵夷猶。

子厚、伯崇有約不至〔六八〕。

倦遊

故人千里別，約我仍丹丘。云何一解散，書到令人愁？此山豈不幽，何必賦遠遊！

時得伯恭書，報罷天台之遊。

修書

紬書厭塵累，執簡投雲關〔六九〕。靈鑰啓玄秘，蕭斧鋤幽姦〔七〇〕。書成莫示人，留置此山間。

宴坐

登山思無窮，臨水心未厭。沉痾何當平〔七一〕？膏肓今自砭〔七二〕。默坐秋堂空，遐觀靡餘念。

下山

行隨流水聲，步出哀壑底〔七三〕。緑樹枝相樛，白澗石齒齒。樹石無窮年，流水日千里。

還家

出去柴門掩，歸來蕙草秋。素荂林下吐，清芬衣上浮。欲寄山中友，日暮悵離憂。

雲谷合記事目效俳體戲作三詩寄季通

雲關須早築，基趾要堅牢。栽竹行教密，穿池岸欲高。乘春移菡萏，帶雪覓蕭槮。謂杉徑也。更向關門外，疏泉斬亂蒿。

堂成今六載，上雨復旁風。逐急添茆蓋，連忙畢土功。謂柱下貼塼。桂林何日秀？蘭逕幾時通？并築雙臺子，東山接水筒。

莊舍宜先立，山楹却漸營。泉疏藥圃潤，堰起石池清。早印荒田契，仍標別户名。想應頻檢校，祇恐欠方兄。

雲谷懷魏元履

歎息艮齋老，當年共此來。千峯奇絶處，一望興悠哉！病怯披雲卧，詩勞擁鼻裁。祇今何處所？宿草閟餘哀。

送許順之南歸二首

門前三逕長蒿萊，愧子殷勤千里來。校罷遺書却歸去，此心元自不曾灰。

幾年江海事幽尋，偏與雲僧話此心〔七四〕。今日肯來論舊學，歲寒猶恐雪霜侵。

宿雲際寺許順之將別以詩求教次韻

薄暮投花縣，聯車入翠微。長林生缺月，永夜照寒扉。情話欣無斁，離懷悵有違。勉哉彊毅力，千里要同歸。

挽汪端明三首〔七五〕

聖主興炎運，明公起妙年。材推漢庭右，學自北方傳。出入丹心壯，安危素髮鮮。空餘題劍在，光燭舊林泉。

曠宇元無際，孤標自不羣。物情良有寄，讒口詎堪聞。未許時明政，猶堪史闕文。衣冠忽長夜，餘子謾紛紛。

先友當年盛，斯文元祐徒。艱虞共流落，存没半嗚呼。顧我真無賴，逢公幸不孤。祇今還一慟，即此是窮塗。

彦集奉檄歸省示及佳篇次韻奉酬呈諸兄友

游子思親久聚糧，不堪官裏簿書忙。平生況少鷹鸇意，此日尤慚時世粧。臘雪未消歡奉檄，春風初轉喜還鄉。上堂佳慶從容問，一噂何妨累十觴。

彦集兄再適臨汀惠顧蓬蓽賦詩留别眷予良勤次韻祖行言不盡意

賸喜君才老更成，伊優叢裏見孤撑。官身未免心徒壯，親膝頻違淚欲横。簿領不嫌春笱束，廉聲要比玉壺清。枉車投翰殷勤甚，安得仁言與贈行！

圭父爲彦集置酒白蓮沼上彦集有詩因次其韻呈坐上諸友

大阮歸來客滿堂，更移芳席近回塘。共憐的皪水花淨，并倚離披風蓋涼。銀筆看題青玉案，佳人悵望碧雲鄉。此時此景真愁絶，病著無因爲舉觴。

寄題宜春使君定叟張兄隱齋此詩恐當合作一首。

大專槃萬生，異體實同氣。云胡分彼己，直以私自蔽？
君家桂林伯，德學妙一世。閉户不忘憂，纓冠矧行義。
眷言介弟賢，四益謹先畀。千里各分符，一心同盡瘁。
遠題齋户册，來表棲息地。系述寫心胸，俯仰資惕厲。
陽嘉既滌蕩，陰慝失封閉。介然彼苛癢，赫若我黥劓。
拊摩極哀恫，征取敢常藝。戰兢一日力，洋溢四封被。
君看物我間，隱顯豈殊致。願反振民功，更懋根本計。

次韻題平父兄重建一枝堂

晝戟朱門枕碧山，貂蟬元自出儒冠。更餘此日林間樂，遠繼當年膝下歡。命駕賓朋千里近，放懷琴酒百憂寬。遺編却好傳孫子，莫遣因循學宴安。

日用自警示平父

圓融無際大無餘，即此身心是太虚。不向用時勤猛省，却於何處味真腴？尋常應對尤須謹，造次施爲更莫疏。一日洞然無別體，方知不枉費功夫。

抄二南寄平父因題此詩

闕里言詩得賜商，子貢、子夏。千秋誰復與相望？鄒汾孟子、文中子。斷簡光前載，關洛張子、程子。新書襲舊芳。析句分章功自少〔七六〕，吟風弄月興何長！從容咏嘆無今古，此樂從兹樂未央。

題劉平甫定庵五詠

定庵

風生長林悲，雲起空谷暝。下有不死人，一室常在定。

巢雲

入山何所見？雲樹春濛濛。安知巢居子，避世於其中！

山臺

林居厭棲迷〔七七〕，山頂幸清曠。無事一登臨，却愁心浩蕩。

井泉

開山昔何人，鑿此寒泉井？獨夜漱瓊瑶，泠然發深省。

壽穴

百年不可期，一壑當預卜。自憐木偶人，空羨王官谷。

劉平甫席上分韻得寫字

歲暮風雨交，流雲暗平野。公子燕華姻，招呼及同社。高情寄壺觴，晤語到風雅。剪燭夜堂深，幽懷共輸寫。此詩恐當作一首。

劉平甫分惠水梔小詩爲謝二首

年來衰懶罷書淫，偶向盆山寄此心。何事涼陰老居士，便分幽賞助清吟？

何處飛來薝蔔林？老枝樛屈更蕭槮。淒涼杜老江頭句，坐對行吟得自箴。少陵江頭五詠，於梔子詩云：「於身色有用，與道氣傷和。」

和喜雨二絶

雨師誰遣送餘春？珍重天公惠我民。且看歡顔垂白叟，莫愁𩓐顇踏青人。

黄昏一雨到天明，夢裏豐年有頌聲。起望平疇煙草緑，只今投筆事農耕。

和章國華祈雨呈平父諸兄三首

極目平疇半欲枯，遥知精禱意無餘。更憐不待豚蹄祝，便得汙邪暗滿車。
九重清夜仰昭回，旱魃知從何處來？不是幽人祈得雨，又煩丹詔走風雷。
晴窗揮汗苦驕陽，雨檻披衣快晚凉。多謝龍公餘事業，爲驅寒谷變炎方。

山館諸兄共賦驟雨鷺鷥二絶

平疇焦渴不堪論，簫鼓悲秋徹帝閽。霹靂一聲雲自墨，山前山後雨翻盆。
雨罷微塘凛欲秋，飛來白鳥便夷猶。從今認得横塘路，水遠天長百不憂。

唐石雪中

春風欲動客辭家，霖潦縱横路轉賒。行到溪山愁絶處，千林一夜玉成花。

秋日同廖子晦劉淳叟方伯休劉彦集登天湖下飲泉石軒以山水含清暉分韻賦詩得清字

閒居寡儔侶，掩關抱孤清。良友倏來止，曠然舒我情。矧此凉秋初〔七八〕，暑退裳衣輕。相與一攜手〔七九〕，東山眇遐征。前穿林嶺幽，俯瞰川原平。降集崖寺古，徘徊濁醪傾。長吟伐木篇，潛鱗亦相驚。願結沮溺耦，窮年此巖耕。

淳熙戊戌七月二十九日與子晦純叟伯休同發屏山西登雲谷越夕乃至而季通德功亦自山北來會賦詩記事以雲卧衣裳冷分韻賦詩得冷字

端苽得幽貞，考槃寄兹嶺。未成長往計，抱恨中耿耿。秋風吹庭樹，遥夜枕席冷。感彼歲序移，慨此心事永。明晨發孤興，趣駕向絶境。躋攀力雖倦，想象意逾騁。雲山一以眺，俯仰疑倒景。檢校石田收，眷戀茅屋靜。淹留復未遂，外物愧張邴。珍重同來人，妙語各清整。擊節三嘆餘，超然得深省。

宿黄沙以山如翠浪湧分韻賦詩得如字

日中秣吾馬，日暮膏吾車。崎嶇涉南嶺〔八〇〕，浩蕩凌八區〔八一〕。夜雨薦峰前，朝登碧琳墟〔八二〕。蒼茫永歎罷，翕忽清景徂。去此二三子，我行將焉如？崔嵬正丘垤，萬里思南圖。

雲谷次吴公濟韻

昔營此幽棲，邈與世相絶。誓將百年身，來守固窮節。心期苦未遂，歲月一何闊！終然匹夫志，肯遽甘没没〔八三〕？兹晨復登瞰，目盡雲一抹。激烈永嘯餘〔八四〕，朗寥高韻發。夫君内德備，不學王駘兀。觀心見參倚〔八五〕，出世自英傑〔八六〕。朅來肯顧我，同去弄雲月。微言得深扣，大句亦孤拔。多謝警疏慵，未敢嘆瞻忽。更問毫釐間〔八七〕，是同端是别？

宿休庵用德功壁間韻贈陳道人

暮入千峯裏，寒棲一草庵。室連丹竈煖，厨引石泉甘。塵慮紛難到，神光暖内含〔八八〕。非君有道氣，孤絶詎能堪？

挽劉樞密三首

天畀經綸業，家傳忠義心。謀謨經國遠〔八九〕，勳烈到人深。廊廟風雲斷，江湖歲月侵。一朝成殄瘁，九牧共沾襟。

談笑平蠻策〔九〇〕，焦勞振廩功。復讎乖宿志〔九一〕，忍死罄餘忠。人嘆百身贖，天悲一鑑空。九原終莫起，千載自英風。

久矣身無用，前恩嘆莫償。豈期今老大，復此重悲傷。淚向遺書盡，心隨宿草荒。諸君那不死，慟絶鬢成霜！

武夷七詠

天柱峯

屹然天一柱，雄鎮斡維東。祇説乾坤大，誰知立極功？

洞天

絶壁上千尋，隱約巖棲處。笙鶴去不還，人間自今古。

畫鶴

誰寫青田質？高超雁鶩羣。長疑風月夜，清唳九霄聞。

仰高堂

面勢來空翠，哦詩獨好仁。懷人今已矣，誰遣棟梁新？此堂與迎緑亭皆劉建康所名。禮記引「高山仰止，景行行止」之詩，而曰：「詩之好仁如此。」

趨真亭

危亭久已傾，祇有頹基在。何事往來人，不知容鬢改？

大小藏巖

藏室岌相望，塵編何莽鹵？欲問伯陽翁，風煙迷處所。

丹竈

仙人推卦節，煉火守金丹。一上煙霄路，千年亦不還。

壬子三月二十七日聞迅雷有感

誰將神斧破頑陰？地裂山開鬼失林。我願君王法天造，早施雄斷答羣心。

校勘記

〔一〕不知澗寺晴時雨　「澗寺」，考異云：一作「澗樹」。

〔二〕吟罷君詩自瀟灑　「罷」，淳熙本、浙本作「斷」。

〔三〕題周氏溪園三首　考異云：一無後一首。按末首淳熙本有之，題爲「海棠亭」。

〔四〕新亭最佳處　「最佳」，淳熙本作「臨絶」。
〔五〕景晏春紅淺二句　淳熙本作「翠袖經寒薄，紅粧帶雨漕」。
〔六〕題林擇之欣木亭　「題」上，淳熙本有「寄」字。
〔七〕檀欒遶舍青　「檀欒」，考異云：一作「團欒」。
〔八〕暑風成慘淡　「慘淡」，考異云：一作「慘澹」。
〔九〕聖處應無斁　「斁」，原作「數」，據淳熙本改。
〔一〇〕努力共心期　「共」，淳熙本作「用」。
〔一一〕雨聲花思滿胸存　「花思滿胸存」，考異云：一作「花氣滿思存」。
〔一二〕聖言妙緼無窮意　「妙緼」，考異云：一作「妙蓄」。
〔一三〕涵泳從容只自知　「只自」，考異云：一作「合自」。
〔一四〕若知體用元無間　考異云：一作「若明體用真無間」。
〔一五〕輕伴柳花飄　「輕」，浙本作「舞」。
〔一六〕雪水瀹清茗　「清」，淳熙本作「春」。
〔一七〕雨罷寒逾勁　考異云：一作「雨歇寒逾勁」。
〔一八〕日落暗晴川　「暗晴川」，考異云：一作「倍澄鮮」。
〔一九〕歸投六尺竿　「竿」，淳熙本、閩本、浙本均作「單」。

〔二〇〕悄蒨非人境　查慎行云：「悄」，當作「峭」。

〔二一〕三光下羅列　「下羅」，淳熙本作「羅下」。

〔二二〕久此寄齋粥　「齋」，浙本作「韲」。

〔二三〕孤興屢呻吟　「興」，浙本作「陋」。

〔二四〕萬壑爭流處　「爭流」，考異云：一作「爭陳」。

〔二五〕千年樹石幽　「樹」，淳熙本作「謝」。

〔二六〕紛紛誤國人無數　「誤國」，考異云：一作「迷國」。

〔二七〕不昧丹心獨此公　「此公」，考異云：一作「我公」。

〔二八〕立春大雪邀劉圭甫諸兄遊天湖　淳熙本作「立春日大雪邀圭父充父平父季通登天湖」。

〔二九〕俯視千里空　「里」，淳熙本作「界」。

〔三〇〕家山信有千巖擁　「信有」，考異云：一作「倍有」。

〔三一〕次劉圭甫和人梅花韻　淳熙本作「次圭父平父和人梅花之句」。

〔三二〕本根落落幾難合　「本根」，考異云：一作「本願」。

〔三三〕劃然長笑驚夢破　「笑」，淳熙本作「嘯」。

〔三四〕枝節嚏芳香　「芳香」，考異云：一作「芬香」。

〔三五〕春歸翠穎長　「翠穎」，考異云：一作「秀穎」。

〔三六〕全體露真常　「真」，原作「其」，據閩本、浙本改。

〔三七〕收單還炙背　「收單」，考異云：一作「收功」。

〔三八〕年年饌籜龍　「籜龍」，考異云：一作「伏龍」。

〔三九〕客子歸來春未深　「客子」，考異云：一作「投紱」。

〔四〇〕祇應寒雨罷登臨　「祇應」，考異云：一作「祇因」。「罷登」，考異云：一作「倦登」。

〔四一〕從今蠟屐應無恙　「從今」，考異云：一作「只今」。

〔四二〕珍重寄聲煩問訊　「寄聲」，考異云：一作「寄音」。

〔四三〕年深歸路始駸駸　「年深」，考異云：一作「年來」。

〔四四〕傍人欲問簞瓢樂　「欲問」，考異云：一作「若問」。

〔四五〕隨川踏曉月　「川」，淳熙本作「風」。

〔四六〕出谷轉石稜　「出谷」，考異云：一作「山谷」。

〔四七〕舊賞歎陳迹　「歎」，淳熙本作「欲」。

〔四八〕縈雲兩川白　「兩川」，考異云：一作「滿川」。

〔四九〕曠若塵慮空　「塵」，淳熙本作「神」。

〔五〇〕感此復忡然　「忡」，原作「沖」，據淳熙本、閩本、浙本改。

〔五一〕七月六日　「七」，原作「九」，據淳熙本、閩本、浙本改。

〔五二〕良朋集林端　「集」，淳熙本、閩本、浙本、天順本均作「亦」。
〔五三〕南起雲關口　「南起」，淳熙本作「晨起」。
〔五四〕兩崖蒼峭石　「崖」，原作「岸」，據淳熙本、浙本改。
〔五五〕桃蹊　「蹊」，紀疑云：疑當作「溪」。
〔五六〕澗裏春泉響　「裏春」，考異云：一作「東春」。「春」，淳熙本作「舂」。
〔五七〕爛紅紛委地　「爛」，淳熙本作「亂」。
〔五八〕悄蒨桃蹊北　「悄」，疑當作「峭」。
〔五九〕移治在茲嶺　淳熙本作「移來名此嶺」。
〔六〇〕林巒亦幽絶　「林巒」，考異云：一作「林澗」。
〔六一〕巖路永且躋　「永且躋」，淳熙本作「且躋攀」。
〔六二〕山上風拔木　「山上」，考異云：一作「山中」。
〔六三〕永念執鬯人　「永」原作「未」，據浙本、淳熙本改。
〔六四〕撫心還自恧　「撫」，原作「無」，據淳熙本改。
〔六五〕野人載酒來　「來」，淳熙本作「至」。
〔六六〕歸去莫頻來　「頻來」，考異云：一作「煩來」。
〔六七〕遐諸終悠悠　「遐」，淳熙本作「霞」。

〔六八〕子厚伯崇有約不至　淳熙本作「黄子厚范伯崇張元善有約不至」，在題下。

〔六九〕執簡投雲關　「雲關」，考異云：一作「靈關」。

〔七〇〕蕭斧鋤幽姦　「蕭」，原作「肅」，據淳熙本、閩本、浙本改。

〔七一〕沉痾何當平　「痾」，淳熙本作「痌」。

〔七二〕膏肓今自砭　「自」，淳熙本作「日」。

〔七三〕步出哀壑底　「步」，淳熙本作「下」。

〔七四〕偏與雲僧話此心　「偏」，閩本作「遍」。

〔七五〕挽汪端明　「汪」，原作「江」，據閩本、浙本改。

〔七六〕析句分章功自少　「少」，閩本、浙本、天順本均作「小」。

〔七七〕林居厭棲迷　「林居」，考異云：一作「林中」。

〔七八〕矧此凉秋初　「秋」，淳熙本作「颩」。

〔七九〕相與一携手　「相與」，淳熙本作「與子」。

〔八〇〕崎嶇涉南嶺　「嶇」原作「區」，據閩本、浙本改。

〔八一〕浩蕩凌八區　「區」原作「嶇」，據浙本改。

〔八二〕朝登碧琳墟　「墟」，原作「璩」，據浙本改。

〔八三〕肯遽甘没没　「肯遽」，淳熙本作「遽肯」。

〔八四〕激烈永嘯餘　「嘯」，淳熙本作「歎」。

〔八五〕觀心見參倚　考異云：一作「秉心極清淨」。

〔八六〕出世自英傑　「世自」，考異云：一作「世有」。

〔八七〕更問毫釐間　「更問」，考異云：一作「且問」。

〔八八〕神光暖内含　「暖」，正訛改作「曖」。

〔八九〕謀謨經國遠　「經」，淳熙本作「憂」。

〔九〇〕談笑平蠻策　淳熙本作「慷慨平蠻略」。

〔九一〕復讎乖宿志　「志」，淳熙本作「願」。

晦庵先生朱文公文集卷第七

詩

崇壽客舍夜聞子規得三絶句寫呈平父兄煩爲轉寄彥集兄及兩縣間諸親友〔一〕

空山初夜子規鳴，靜對琴書百慮清。唤得形神兩超越，不知底是斷腸聲。

空山中夜子規啼，病怯餘寒覔故衣。不爲明時堪眷戀，久知岐路不如歸。

空山後夜子規號，斗轉星移月尚高〔二〕。夢裏不知歸未得〔三〕，已驅黄犢度寒皐。

寄雲谷瑞泉庵主

憶昔誅茅日，山房我自名。風埃猶俗累，煙雨負巖耕。多謝空門侶，能同物外情。肯來分半壑，聊爾度平生。少待清秋日，閑尋遠嶽盟。不知誰是客，一笑絶塵纓。

入南康界閲圖經感陶公李渤劉凝之事戲作

長官定笑歸來晚，中允應嫌去却回。惟有山人莫相笑，也曾還俗做官來！

屢游廬阜欲賦一篇而不能就六月中休董役卧龍偶成此詩〔四〕

登車閩嶺徼，息駕康山陽。康山高不極，連峰鬱蒼蒼〔五〕。金輪西嵯峨，五老東昂藏。想象仙聖集，似聞笙鶴翔。林谷下凄迷，雲關杳相望。千巖雖競秀，二勝終莫量。仰瞻銀河翻，俯看文龍驤〔六〕。長吟謫仙句，和以玉局章。疇昔勞夢思〔七〕，兹今幸徜徉。尚恨忝符竹，未愜棲雲房。已尋兩峯間，結屋依陽岡〔八〕。上有飛瀑駛，下有清流長。循名協心期，弔古增悲凉。壯齒乏奇節，頽年矧昏荒。誓將塵土蹤，暫寄雲水鄉。封章儻從欲〔九〕，歸哉濯滄浪！

讀李賓老玉澗詩偶成

獨抱瑶琴過玉溪[一〇]，琅然清夜月明時。祇今已是無心久，却怕山前荷蕢知[一一]。

立秋日同子澄寺簿及僉判教授二同寮星子令尹約周君段君同遊三峽過山房登折桂分韻賦詩得萬字輒成十韻呈諸同遊

抗塵幾何時？猿鶴共悲怨。豈知朱墨暇，乃適山水願！兹晨秋令初[一二]，休沐謹邦憲。佳賓忽四來，英僚亦三勸。駕言北郭門，謝此旟隼建[一三]。散目山崔嵬，縱轡路脩曼。凭欄快倒峽，躋壑困脱輓。追攀林樾深，歡喜脚力健。登高眺遠浦，衆景爭自獻。何必仍丹丘，徑欲凌九萬！

和子澄白鹿之句

經旬不到鹿場陰，夢想飛馳不自禁。幸有高軒同勝賞，何妨折屐共幽尋。徘徊未厭詩書樂，感慨難忘忠孝心。更對豐鐫哦伐木，風泉雲壑助清吟。

暇日侍法曹叔父陪諸名勝爲落星之遊分韻得往字率爾賦呈聊發一笑

長江西委輸，匯澤東滉瀁。中川屹孤嶼，佛屋寄幽賞。我來此何日？秋氣欲蕭爽。共載得高儔，良晨豈孤往〔一四〕？酒酣清歗發，浪湧初月上。疊鼓喚歸艎，陳迹真俯仰。

九日奉陪高州史君莆陽別駕會稽丞公善化明府仲衡詩伯并屈子美元範二兄及郡中諸文武同登紫霄絶頂南望江湖北眺淮甸少快心目既歸又得仲衡佳篇句法清麗情致悽惋三復不勝起予之歎謹次韻呈請皆賦之以紀一時之盛甚惠甚望

此日登高處，千巖錦樹稠〔一五〕。無人嘲落帽，有客賦悲秋。忽忽塵中老，忽忽物外遊。江湖空極目，不盡古今愁。

下元節假行視陂塘因與賓友挈兒甥出郭登山歸賦二詩示子直春卿及折桂雲谷并寫呈郡中諸寮友〔一六〕

廬阜東北際，岧嶤五峰尊。中巖穹林繞，青天白雲屯。郡閣有佳眺，徙倚空朝昏。今晨幸休暇，發軔北郭門。牽蘿出林端，躡屐躋雲根。高尋却深宦〔一七〕，小憩欣潺湲。古殿宿寒靄，新甍麗朝暾〔一八〕。扶藜陟東岡，夙昔規曾軒。却倚千尋峭，前窺百泉奔。長風卷浮埃，江湖渺相吞。結架雖未諧，雄環已難論。同來俱勝流，晤語仍王孫。已踐支許諾，不慚夙尚魂。賦詩紀茲日，歲晚期相敦。

卧龍之遊得秋字賦詩紀事呈同遊諸名勝聊發一笑

躡石度急澗，窮源得靈湫。谽谺兩對立，噴薄中怒投。何年避人世，結屋棲巖陬？嘉名信有託，故迹誰能求？我來一經行，凄其仰前脩。鄰翁識此意，伐木南山幽。爲我立精舍，開軒俯清流。多歧諒匪安，一壑真良謀。解組云未遂，驅車且來遊。嘉賓頗蟬聯，野蔌更獻酬。飲罷不知晚，欲去還淹留。躋攀已別峯，窺臨忽滄洲。下集西澗底，沉吟樹相樛。玉淵茗飲餘，三峽空尊愁。懷賢既伊鬱，感事增綢繆。前旌向城郭，回首千峯秋。

卧龍之遊錢通守得江字不及賦詩已解維矣熹用其韻紀事以贈并附卷末

君行安所適？衡風泝濤江。傳聞閬州好，未見心已降。邀君康山遊，聽此巨壑淙。班坐酌溪石，幽尋憩雲窗。勸君盡此杯，錦帆已稠杠。明年儻來東，嗚鐃建高幢。訪我深澗底，晤言絶紛巄。城南且細說，慰我心悾悾。

分韻得眠意二字賦醉石簡寂各一篇呈同遊諸兄

驅車何所適？往至秋雲邊。企彼澗中石，擧觴酹飛泉。懷哉千載人，矯首辭世喧。凄涼義熙後，日醉向此眠。仰視但青冥〔一九〕，俯聽驚潺湲。起坐三太息，涕泗如奔川。神馳北闕陰，思屬東海壖。丹衷竟莫展，素節空復全。低徊萬古情，惻愴顔公篇。爲君結茅屋，歲暮當來還〔二〇〕。醉石

天秋山氣深，日落林景翠。亦知後騎迫，且復一流憩。環瞻峯列屏，迴矚泉下濞〔二一〕。永懷仙陸子，久挹浮丘袂。于今知幾載，故宇日荒廢。空餘醮壇石，香火誰復繼〔二二〕？更憐韋刺史，五字有真意。虎竹付歸人，悲風起横吹。沉吟向絶迹，浩蕩發幽寄。來者知爲誰？念我儻三喟。簡寂

尋白鹿洞故址愛其幽邃議復興建感歎有作

清泠寒澗水，窈窕青山阿。昔賢有幽尚，眷言此婆娑。事往今幾時？高軒絶來過。學館空廢址，鳴絃息遺歌。我來勸相餘，杖策搴緑蘿。謀野欣有獲，披圖知匪訛。永懷當

年盛，莘莘衿佩多。博約感明恩，涵濡熙泰和。凄凉忽荒榛，俯仰驚頽波。發教逮綱紀，喟然心靡它。伐木循陰岡，結屋依陽坡。一朝謝塵濁，歸哉碩人薖！時已疏上尚書乞洞主矣。

遊白鹿洞熹得謝字賦呈元範伯起之才三兄并示諸同遊者

歲月有環周，窮臘忽受謝。眷眷山水心，幸此朱墨暇。招呼得良友，邂逅成夙駕。深尋故轍迹，喜見新結架。永懷拾遺公，藏器此待價。横流詩書澤，下及楊李霸。炎神撫興運，制作流大化。石室萬卷藏，綸言九天下。規模未云遠，荒茀良可詫。自非賢邑宰，誰復此精舍？會當求敕賜，畢願老耕稼。更與盡心期，臨流抗風榭。

元範尊兄示及十梅詩風格清新意寄深遠吟玩累日欲和不能昨夕自白鹿玉澗歸偶得數語

江梅

大雪天地閉，窮陰渺寒濱。誰知江南信，已作明年春。

嶺梅

梅花破萼時，瘴雨吹成雪。驛使忽相逢，無言似愁絶〔二三〕。

野梅

野風吹孤芳〔二四〕，迥立正愁絶〔二五〕。皂蓋莫徘徊，堪看不堪折。

早梅

霜風殊未高〔二六〕，杖策荒園裏。仙子别經年，相看共驚喜。

寒梅

白玉堂前樹，風清月影殘。無情三弄笛，遥夜不勝寒。

小梅

且喜梅花開，莫嗟梅花小〔二七〕。花小風味深，此意君已了。

疏梅

玉笛未黄昏，冰灘已清淺。疏影不勝妍〔二八〕，愁心爲誰遠？

枯梅

樛枝卧龍蛇，泠蘂綴冰雪。千里故人心，今年爲誰折？予家居時，劉平甫每折此枝爲贈〔二九〕。

落梅

花開已凄凉，花落更愁寂。來歲煙雨時，爲君和鼎實。

賦梅

君欲賦梅花，梅花若爲賦。繞樹百千回，句在無言處。

觀梅小集以齋禁不得奉陪因寄小詩

梅花年後欲離披，恰是先生變食時。送與西樓一尊酒，諸君莫負可憐枝。

元範别後寄惠佳篇清叟次韻見示格律俱高詠歎不置因亦用韻寫呈二兄聊發一笑

故人别我去，一月曠音驛。今朝得新詩，開卷意已適。知君到里門，征騎聊一息。行復敞天閽，從容正朝幘。自今九霄路，不復兩塵隔。容與日華東，翱翔禁扉北。回頭五峯下，寂漠笑孤客。不賦歸去來，心形謾相役。右呈元範。

五十行過二，雙鬢颯秋草。平生素心人，誰與共兹抱？今年廬山下，得子恨不早。歲月幸同庚，詩書復同道。惟應山南北，雲母夜堪擣。獨生有先期，迴崖詎難到？丹經不我誑，白髮須一掃。看公鬢眉蒼，杖鉞督征討。右呈清叟。

次卜掌書落成白鹿佳句

重營舊館喜初成，要共羣賢聽鹿鳴。三爵何妨奠蘋藻，一編詎敢議明誠？深源定自閑中得，妙用元從樂處生。莫問無窮庵外事，此心聊與此山盟。

白鹿講會次卜丈韻

宮墻蕪没幾經年，衹有寒煙鎖澗泉。結屋幸容追舊觀，題名未許續遺編。請爲洞主，不報。青雲白石聊同趣，謂西澗劉公。霽月光風更別傳。謂濂溪夫子。珍重箇中無限樂，諸郎莫苦羨騰騫。

再用前韻示諸同遊

幽卧寒巖不記年，飽看山月聽風泉。舒憂正得琴三疊，玩意惟憑易一編。誤落塵中乖夙尚，却思洞裏付真傳。封章倘幸天從欲，便解銅符謝縶騫。

次韻四十叔父白鹿之作

誅茅結屋想前賢，千載遺蹤尚宛然。故作軒窗挹蒼翠〔三〇〕，要將絃誦答潺湲。諸郎有志須精學，老子無能但欲眠。多少箇中名教樂，莫談空諦莫求仙。

送四十叔父

吾家從昔號清門，叔父于今道更尊。客路艱難空自惜，遺經終始向誰論？獨尋雲嶠逢孤姪〔三一〕，共愛春江接故園。細説刈葵休放手，此來真不爲盤飧〔三二〕。

伏蒙祕閣張丈寵顧下邑并以長篇爲貺降歎之餘牽勉繼韻仰求斤削僭率皇恐

向來滅迹東山東，閉門不問烏雌雄。門前有路向塵土，兩足未舉心先慵。當時亦有車馬客，此意欲説嗟誰同？窮居聊復追仲蔚，篤論何必須劉龔？平生故人子張子，相思安得長相從！每勞書疏問生死，坐想星宿羅心胸。幾年持節漢水上，木牛流馬旌旗紅。君王輟饋思頗牧〔三三〕，外庸且訖來朝宗。因能過我紫霄下，後乘載得珠簾櫳。蒼顏白髮應笑我，曷不飽卧陶窗風〔三四〕？開樽鵝池水清激，下馬醮石煙空濛。須臾路轉山更好，摩天巨刃排雙峯。少看銀河忽倒掛，直欲跳下清泠中。南臨匯澤共指點，縹緲貝闕浮珠宮。公言平日愛登覽，到此一洗羣山空。坐間爲我出奇句，不用遠寄南飛鴻。上言雲泉足奇賞，下歎契闊歡相逢。紛吾失脚墮世網，乃有此會寧天窮？流光過眼驚昨夢，舊約回首羞塵容〔三五〕。明朝却上煙艇去，滅没萬頃追鳧翁。

和張彦輔初到南康之句

十年不共賦陽春，正有胸中萬斛塵。失喜清詩還入手〔三六〕，細看佳句轉驚人。知公近覺青山好，顧我頻嗟白髮新。肯過寒齋共尊酒〔三七〕，向來心事請深陳。

奉同都運直閣張丈哭敬夫張兄張丈有詩敢次元韻悲悼之極情見乎詞伏幸采覽二首

秀翁威略憺華戎，遺恨車書久未同。喜有象賢堪嗣事，故知鴻業自無窮。蕃宣合奏三年最，風采俄驚一旦空。根本平生有深計，遺書不但子囊忠。

不應世道即漂淪，何事今年失此人？禮樂端能懷益友，琴笙忍遽樂嘉賓？亦知遊好曾通譜，却記登臨唤卜鄰〔三八〕。兩首悲詩數行淚，感傷那復鬬清新！張丈垂顧，適聞訃音，爲罷郡宴。敬夫向嘗約熹徙居湖之上，蓋相語於裴公臺上云。

祕閣張丈簡寂之篇韻高難繼别賦五字以謝來貺

勞農會稽宅，息駕丹元鄉。丹元不可見，翠壁空雲房。是時中春月，暄風發新陽。白水注幽壑，緑樹敷崇岡。俯聽足怡悦，仰觀共徜徉。班坐得瑶草，傾壺出瓊漿。長吟遊仙詩，亂以招隱章。忽忽林景西，躊躇申慨慷。坐上江海客，兀傲鬚眉蒼。逸氣邁霄漢，英詞吐琳琅。思與泉石勝，韻隨笙鶴翔。追遊不敢及，咏歎可能忘？俗傳歸宗是王右軍故宅。陸脩静封丹元真人。

和張彦輔落星寺之作

嵌空奇石戰驚濤，樓殿峥嶸勢自高。四面真成開玉鑑，三山應是失金鰲。題詩正爾難搜句，舉酒何妨共作豪。倚遍欄干更愁絶，歸來白盡鬢邊毛。

和張彦輔白鹿洞之作

邃谷新華館，風煙再吐吞〔三九〕。舊眠聞野鹿，遺恨響驚猿。李拾遺自此徙居少室乃被徵，故有此句。共賞忻同趣，分攜愴别魂。徘徊空日夕，無策駐行軒。

次張彦輔西原之作

無處堪投跡，空山寄一椽。懸門窺絶壁，繚徑上層巔。檻闊吞江浪，窗虚響谷泉。丹經閑自讀，不爲學神仙。

次張彦輔卧龍之作

瀑水源何處？高疑雲漢通。瀉時垂練直，落處古潭空。客寄詩能好，龍蟠意自雄。知君來峴首，爲我説隆中。

次張彦輔棲賢之作

融冶何年事〔四〇〕？停杯莫問天。祇今從痼疾，疇昔似因緣。傾耳真三峽，投文汚九淵。蘭亭那得此？猶足致羣賢。

和張彦輔雪後棲賢之作

夜來春雪遍林丘〔四一〕，却喜風威曉便收。好上籃輿閑縱目〔四二〕，莫將衲被苦蒙頭。微官正愧逍遥社，勝日猶堪汗漫遊。欲出林關戀瑶草，不妨尊酒更淹留。

謝張彦輔留别之作

一别屢更歲，思君無已時。知君亦念我，相望平兩嗟咨。我病卧田間，君行護疆陲。隱顯既殊跡，會合安可期？今年定何年？有此一段奇。我來五峰陽，君歸九江湄。聞君肯來辱，歡喜不自持。迎君紫霄峯，舉觴白鵝池。强健初共欣，艱棘旋相悲。相顧出危涕，薄言首東歧。留連十日飲，愴恨八哀詩〔四三〕。散懷水石幽，遂忘筋力疲。雄篇既鼎來，逸韻方窮追。云胡遽告别？牙纛風披披。攬袪不得留，酌酒前致辭：願君釂此觴，去上白玉墀。國論罄忠益，廟謨參設施。一請正紀綱，再請誅羌夷。及時樹勳業，慰我空山飢。時聞張荆州訃，張丈有詩哭之，故有「八哀」之句。

奉答張彦輔戲贈之句

已驅送客車，復著登山屐。未論窺臨快，且脱詩酒厄。從今謹出入，保此頤正吉。不奈歲寒心，於公有深憶。王輔嗣注頤卦大象云：「禍從口出，病從口入。」

奉答張彦輔解嘲

康俗遺居萬疊山，高垂鐵鏁詎容攀？青鞋布襪非公事，古木寒泉要我閑〔四四〕。

伏蒙某官寵示和陶見寄舊作伏讀歎仰又感知待期許之意蓋非一日率易次韻少見謝臆伏惟矜憐有以教之

吾公抱經濟〔四五〕，軒冕非所欣。向來清禁闥，本自山林人。浩歌歸去來，神交邈何因？一朝脱冠去，妙境聊同臻。謂予雖後來，臭味亦有聞。賡詞久見屬，重以告語勤。荒寒想高風，令人思無鄰。甘棠矧在此，躑躅晴湖濱。

贈于盛二生

昔日豐城劍，寒光射斗牛。江山餘秀傑，人物尚風流。二妙今安匹？孤帆各倦游。還家問師友，折節慕前修。

秋日告病齋居奉懷黄子厚劉平父及山間諸兄友

出山今幾時？忽忽歲再秋。江湖豈不永，我興終悠悠。況復逢旱魃，農畝無餘收。赤子亦何辜？黄屋勞深憂。而我忝朝寄，政荒積傲尤。懷痾卧空閣，惻愴增綢繆。東南望故山，上有玄煙浮〔四六〕。平生采芝侣，寂寞今焉儔？朝游雲峯巔，夕宿寒巖幽。爲我泛瑶瑟，泠然發清謳。裂牋寄晨風，問我君何求。洪濤捩君柁，狹硤摧君輈。君還若不早〔四七〕，無乃非良謀？再拜謝故人，低徊更包羞。桂華幸未歇，去矣從君游〔四八〕！

夜坐有感

秋堂天氣清〔四九〕，坐久寒露滴。幽獨不自憐，兹心竟誰識？讀書久已懶，理郡更無術。獨有憂世心，寒燈共蕭瑟。

讀諸友遊山詩卷不容盡和和首尾兩篇

去年尋得李家山，考卜真成屋數間。要與青衿時散帙，閑臨碧澗共觀瀾。詩書本説人間事，勳業休看鏡裏顔。誰識寥寥千古意？新詩題罷蘚痕斑〔五〇〕。

向來結友尋名山，下窮絶壑高危顛。胡爲一旦墮塵網？五老在望心茫然。青牛底處有行迹，白鹿幾時同正員？清遊帶雨想幽絶，妙處只恐詩中傳。

戲贈勝私老友

槐花黄盡不關渠，老向功名意自疏。乞得山田三百畆，青燈徹夜課農書。勝私先侍講嘗著農書三卷。

代勝私下一轉語

碓下泉鳴溜決渠，屋頭桑樹緑扶疏。朱虚正自知田事，馬服何妨讀父書！

和戴主簿韻

平生本自好樓居，況接高人永晝餘。共喜江山入尊俎，從教幕府省文書。感君肯出新詩句，恨我終思舊草廬。擬借韋編訂龍馬，免推納甲話蟾蜍。戴嘗有麻衣易説，自以爲得之異人云。

次沈侍郎游楞伽李氏山房韻

喜陪後騎陟崔嵬，竹裏泉鳴古寺開。吟罷蘇仙頭白句，天風更送好詩來。天聰已許一言悟，年少懸知萬卷開。珍重當時讀書處，低回空有後人來。

奉同尤延之提舉廬山雜詠十四篇

白鹿洞書院在郡城東北十五里，事見記文。

昔人讀書地，町疃白鹿場。世道有升降，兹焉更表章。矧今中興年，治具一以張。絃歌獨不嗣，山水無輝光。荒榛適剪除，聖謨已汪洋。亦有皇華使，肯來登此堂。問俗良惻，懷賢增慨慷。雅歌有餘韻，絶學何能忘！

折桂院黄雲觀在書院東北五里。院後作亭，取李白「黄雲萬里動風色」之句名之。

城中東北望，五老何蒼蒼！下有前朝寺，一原頗深藏。門前林澗幽，屋後雲木荒。閑窗亦明潔，著此瑞錦張。僧房有瑞香花。更能理枯筇，步上林北岡。仰視天宇闊，俯瞰江流長。即黄雲觀。受書彼何人？姓字不足詳。竹帛有遺臭，桂樹徒芬芳。李逢吉嘗讀書此院，去而登第，以故得名。

楞伽院李氏山房在折桂西十里，李公擇讀書處。有東坡記文、詩刻、枯樹、墨跋。

躡石循急磵，穿林度重岡。俛入幽谷邃，仰見奇峯蒼。李公英妙年，讀書此雲房。一去上臺閣，致身何慨慷！蘇公記藏書，文字有耿光。餘事亦騷雅，戲墨仍風霜。兩公不歸來，歲月忽已荒。何用建遺烈，寒泉薦孤芳。

棲賢院三峽橋在楞伽西五里。

兩岸蒼壁對，直下成斗絶。一水從中來，湧潏知幾折？石梁據其會，迎望遠明滅。倏至走長蛟〔五一〕，捷來翻素雪。聲雄萬霹靂，勢倒千嵲嵲。足掉不自持，魂驚詎堪説？老仙有妙句，千古擅奇崛。尚想化鶴來，乘流弄明月。

西澗清淨退庵在棲賢西三里〔五二〕，劉凝之舊隱。作亭，取黄太史詩語名之。

淩兢度三峽，窈窕復一原。絶壁擁蒼翠，奔流逝潺湲。聞昔避世人，寄此茅三間。壯節未云遠，高風杳難攀。深尋得遺墟〔五三〕，縛屋臨清灣。坐睨寒木杪，飛泉閟雲關。兹游非昔游，累解身復閑。保此清淨退，當歌不能諼。解印後與友生遊集，徘徊久之。

卧龍庵武侯祠在西澗西三里。

空山龍卧處，蒼峭神所鑿。下有寒潭幽，上有明河落。我來愛佳名，小築寄幽壑〔五四〕。永念千載人，丹心豈今昨？英姿儼繪事，凛若九原作。寒藻薦芳馨，飛泉奉明酌。公來識此意，顧步慘不樂。抱膝一長吟，神交付冥漠。

萬杉寺在卧龍西十里。

休沐聊命駕，駕言何所之？行尋慶雲寺，想像昭陵時。門前杉徑深，屋後杉色奇。空山歲年晚，鬱鬱凌寒姿。當年雨露恩，千載有餘滋。匠石不敢睨，孤標儼相持。寺前後杉萬本，皆天聖中植，有旨禁剪伐者。更啓石室藏，仰瞻天象垂。願以清淨化，永爲太平基。寺藏仁祖御飛白書，有「清淨」字。

開先漱玉亭在萬杉西二里，亭舊在橋上，今廢。

奇哉康山陽！雙劍屹對起。上有横飛雲，下有瀑布水。崩騰復璀璨，佳麗更雄偉。勢從三梁外，影落明湖裏。平生兩仙句，詠嘆深仰止。三年落星灣，悵望眼空眯。今朝隨杖履，得此弄清泚。更誦玉虹篇，塵襟諒昭洗。

簡寂觀在開先西五里，陸脩靜所居。

高士昔遺世，築室蒼崖陰。朝真石壇峻，煉藥古井深。結交五柳翁，屢賞無絃琴。相攜白蓮渚，一笑傾夙心。晚歲更市朝，故山鎖雲岑。柴車竟不返，鸞鶴空遺音。脩静晚爲宋明帝召至建康，卒于崇虚館。我來千載餘，舊事不可尋。四顧但絶壁，苦竹寒蕭槮。相傳竹是脩静手植〔五五〕，其萌即所謂「甜苦筍」者。

歸宗寺在簡寂西十里。

金輪紫霄上，寶界鸞溪邊。往昔王内史，願香有餘煙。相傳寺是王右軍故宅。千年今一歸，景物還依然。澗水既蕩潏，山花亦清妍。不辭原隰勞，樂此賓從賢。訪古共紆鬱，勞農獨勸拳。憐我乖勝踐，裂牋寄真詮。逃禪公勿遽，且畢區中緣。是日熹以事不得陪杖屨。

陶公醉石歸去來館在歸宗西五里。

予生千載後，尚友千載前。每尋高士傳，獨嘆淵明賢。及此逢醉石，謂言公所眠。況復巖壑古，縹緲藏風煙。仰看喬木陰，俯聽横飛泉。景物自清絶，優游可忘年。結廬倚蒼峭，舉觴酹潺湲。臨風一長歗，亂以歸來篇。

温湯在醉石南二里。

連山西南來，中斷還崛起。干霄幾千仞，據地三百里〔五六〕。飛峯上靈秀，衆壑下清美。逮茲勢力窮，猶能出奇偉。誰燃丹黄燄，爨此玉池水？客來爭解帶，萬劫付一洗。當年謝康樂，絃絶今已矣。水碧復流温，相思五湖裏。康樂湖中詩云：「水碧輟流温」，豈未見此水也耶？

康王谷水簾谷口景德觀，在温湯西十五里。入谷又十五里至簾下。

循山西北騖，崎嶇幾經丘。前行荒蹊斷，豁見清溪流。一涉臺殿古，再涉川原幽。縈紆復屢渡，乃得寒巖隈。飛泉天上來，一落散不收。披崖日璀璨，噴壑風飀飀。追薪爨絶品，瀹茗澆窮愁。敬酹古陸子，何年復來游？陸鴻漸茶經第此水爲天下第一。

落星寺在郡城南湖中。

浩浩長江水，東逝無停波。及此一回薄，湖平煙浪多。孤嶼屹中川，層臺起周阿。晨望愛明滅，夕遊驚蕩磨。極目青冥茫，回瞻碧嵯峨。不復車馬迹，唯聞榜人歌〔五七〕。我願辭世紛，兹焉老漁簑。會有滄浪子，鳴舷夜相過。

閏月十一日月中坐彭蠡門喚船與諸人共載泛湖至堤首回棹入西灣還分韻賦詩約來晚復集詩不至者浮以大白僉判「渺」，教授「空」，知縣「望」，吴學録「桂」〔五八〕，掌儀「明」，大彭兄「蘭」，判官「擊」，南公「一」，小彭兄「遡」，彦忠「人」，直卿「余」〔五九〕，公度「槳」，敬直「懷」，衛父「天」，埜「流」，晦翁「光」，泰兒「美」、「棹」、「方」。

解組無多日，歸哉喜欲狂。臨風成邂逅，載月下滄浪。酌酒傳清影，鳴橈擊素光。它年隔千里，此夜莫相忘。

和林擇之黄雲之句兼簡同遊諸兄

登覽日云晏，歸車眇重岡。天風振余旟，夕露沾我裳。數子情未厭，春山杳茫茫。還瞻長江白，迴眺飛雲黄。當念塵中友，心期邈相望。無爲跨鴻鵠，決起凌青蒼。

和彭蠡月夜泛舟落星湖

長占煙波弄明月，此心久矣從誰説？只今一舸漾中流，上下天光兩奇絶。回頭忽見西郭門，尚喜蘇仙有遺烈。問予何事却回船，塵土涴君頭上雪。首句全用蘇養直詩，蘇舊居水西門外，舟行望見其處。

熹罷官觀康王谷水簾夜飲山月軒分韻得主字奉别送行諸君

嗟余老不才，記憶謝明主。畀兹山水郡，北邇通玄府。一官再温凉，十日九塵土。迨兹解章紱，絶境方快覩。殷勤故人厚，追送崖寺古。把酒聽鳴泉，相看淚如雨。

游天池

三年落星渚，北望天池山。臨風幾浩嘆，欲往無飛翰。今朝復何朝，陟此青雲端？高尋已奇絶，俯瞰何其寬！西窮溓溪原，東盡湓城關。渺然滄波外，淮山碧連環。我意殊未極，更思出塵寰。何當駕輕鴻，八表須臾間。視此長江水，滔滔儻西還。

觀野燈

飛螢腐草尋常事，作底兹山獨耀芒？須信地靈資物化，金膏隨處發明光。

山北紀行十二章章八句

祗役廬山陽，矯首廬山陰。雲峯不可覿，碧澗何由尋？昨朝解印章，結友同窺臨。盡彼巖壑勝，滿兹仁知心。予以閏月二十七日罷郡，是夕出城，宿羅漢。二十八日，宿白鹿。二十九日，登黄雲觀，度三峽，窺玉淵，憩西澗，飲西原，宿卧龍。四月一日，過開先，宿歸宗。二日，浴湯泉，入康王谷，觀水簾，宿景德觀。三日，與清江劉清之子澄、永嘉張揚卿清叟、潯陽王阮南卿、周頤龜父、長樂林用中擇之、洛陽趙希漢南紀、會稽陳祖永慶長、武當祁真卿師忠、温陵吴兼善仲達、廬陵許子春景陽、新安胡莘尹仲、建安王朝春卿、長樂余隅占之、陳士直彥忠、黃榦季直、臨淮張彥先致遠、會稽僧志南明老俱行。窺臨事若何？請從圓通說。逶迤山門路，悄蒨脩篁列。溪仍侯家名，屋是孱王設。何救黍離歌，喟焉傷覆轍。圓通寺地名侯溪，本侯氏所居。李後主取以爲寺，無它奇，但門徑竹木深茂可觀耳。行逢石門雨，解驂寒澗東。朝隮錦繡谷，俯仰春冥濛。懸泉忽淙琤，雜樹紛青紅。屢憇小亭古，幽探思無窮。石門澗正在天池山下，有小庵三四。是夕，宿所謂廣福庵者。來日登山，道錦繡谷，再過小橋，橋皆有亭，下又有亭基二〔六〇〕、小亭一。竦身長林端，策足層崖表。仰瞻空界闊，俯歎塵寰小。天池西欽崟〔六一〕，佛手東窈窕。杖屨往復來，憑軒瞰歸鳥。盡錦繡谷，登山稍高，無復林木。坡陀而上，至天池院，在小峯絶頂，乃有石池，泉水不竭。東過佛手巖，石室嵌空，中有井泉，僧緣崖結架以居。下臨錦繡谷，又有石榻，名遠公講經臺。斯須暮雲合，白日無餘暉。金波從地湧，寶燄穿林飛。僧言自雄誇，俗駭無因依。安知本地靈，發見隨天機？天池院西數步，有小佛閣，下臨絶壑，是遊人請燈處。僧云燈非禱不見。是日不禱而光景明滅，頃刻異狀。諸生或疑其妄。予謂僧言則妄，而此光不可誣，豈地氣之盛而然耶？深尋兩林間，清波貫華屋。蓮社有遺蹤，草堂非舊築。脩廊餘故刻，好醜雜珉玉。亦復記經行，深慚後人讀。五日下山，至東、西林。兩寺相去不百步，一溪清駛，橫貫其間。皆自方丈前廊廡下過，他處所無有也。白蓮池在東林法堂前。白公草堂基在寺東，久廢，近歲復創數椽，制殊狹陋，然亦非其正處矣。是日題名，屬寺僧刻於咸通莊田記石。行軒復東騖，祠城當晚遊。胡然冠蓋集，不盡心期幽？夜厭百谷喧，旦失千峯稠。出門有遺恨，回首空綢繆。晚至太平興國宮，唐九天使者祠也。江州教授翁名卿載酒肴與鄉人游應和、歐景文及其諸生二十餘人皆至〔六二〕。山水誠乃奇，云誰究終始？曇遠亦何人？神君豈其鬼？東西妄采獲，誣諂共恢詭。百世踵謬訛，彝倫日頹圮。東林慧遠雜取孔、老之言以附佛學，嘗著沙門不敬王者論。唐明皇自言親見使者降於殿庭，因立此宮，而羣臣造爲妖妄以迎合者甚衆。本朝仍賜宮額神號，置提舉官云。以兹遊覽富，翻令懷抱傷。誰哉可告語？舉俗昏且狂。乾坤有真心，日月垂休光。茫茫宇宙内，此柄孰主張？北度石塘橋，西訪濂溪宅。喬木無遺株，虛堂唯四壁。竦瞻德容晬，跪薦寒流碧。幸矣有斯人，渾淪再開闢。平生勞仰止，今日登此堂。願以圖象意，質之巾几傍。先生寂無言，賤子涕泗滂。神聽儻不遺，惠我思無疆。六日，拜濂溪先生書堂遺像，子澄請爲諸生説太極圖義〔六三〕，先生之曾孫正卿、彥卿、玄孫濤爲設食于光風霽月之亭。明晨江磯寺，尊酒聊對設。孰是十日遊〔六四〕，遽成千里別！英僚樹嘉政，素友厲孤節。努力莫相忘，清宵共明月。七日，薛洪持志、王仲傑之才攜酒自南康來，飲罷，與張、陳、趙南還軍。子澄、許、張歸廬陵，南卿、龜父還家，擇之之湖南，予與王、余、陳、黃東渡湖口而歸。

校勘記

〔一〕崇壽客舍至諸親友　淳熙本作「梓溪聽子規三首寄諸友」。
〔二〕斗轉星移月尚高　「尚」，淳熙本作「上」。
〔三〕夢裏不知歸未得　「歸未得」，考異云：一作「身是客」。
〔四〕偶成此詩　「偶」，淳熙本作「以」。
〔五〕連峰鬱蒼蒼　「連」，淳熙本作「遠」。
〔六〕俯看交龍驤　「交」，淳熙本作「蛟」。
〔七〕疇昔勞夢思　「思」，淳熙本作「想」。
〔八〕結屋依陽岡　「依」，淳熙本作「居」。
〔九〕封章儻從欲　「欲」，方輿勝覽卷一七南康軍引作「願」。
〔一〇〕獨抱瑶琴過玉溪　「獨」，淳熙本、浙本作「欲」。
〔一一〕却怕山前荷蕢知　「蕢」，原作「簣」，據浙本改。
〔一二〕兹晨秋令初　「晨」，淳熙本作「辰」。
〔一三〕謝此旟隼建　「旟隼」，淳熙本作「隼旟」。
〔一四〕良晨豈孤往　「晨」，閩本、浙本、天順本均作「辰」。

〔一五〕千巖錦樹稠　「巖」，淳熙本作「林」。
〔一六〕及折桂雲谷　「谷」，閩本作「公」。
〔一七〕高尋却深宧　查慎行曰：「宧」字疑訛，當作「窅」。
〔一八〕新甍麗朝暾　「甍」，原作「薨」，據文意改。
〔一九〕仰視但青冥　「視」，淳熙本作「頭」。
〔二〇〕歲暮當來還　「暮」，淳熙本作「晚」。
〔二一〕迴矚泉下滈　「迴」，考異云：一作「俯矚」。
〔二二〕香火誰復繼　「誰復」，淳熙本作「復誰」。
〔二三〕無言似愁絶　「似」，淳熙本作「但」。
〔二四〕野風吹孤芳　「風吹」，考異云：一作「風破」。
〔二五〕迥立正愁絶　「愁絶」，考異云：一作「幽絶」。
〔二六〕霜風殊未高　「風」，浙本作「威」。
〔二七〕莫嗟梅花小　「莫嗟」，考異云：一作「莫歎」。
〔二八〕疏影不勝妍　「不勝」，考異云：一作「不成」。
〔二九〕每折此枝爲贈　「每」字原缺，據浙本補。
〔三〇〕故作軒窗挹蒼翠　「挹」，浙本作「揖」。

〔三一〕獨尋雲嶠逢孤姪　「獨尋」、「逢孤」，考異云：一作「獨游」、「尋孤」。
〔三二〕此來真不爲盤飧　「飧」，原作「餐」，據韻律改。
〔三三〕君王輟饋思頗牧　「饋思」，考異云：一作「饋念」。
〔三四〕曷不飽卧陶窗風　「陶」，浙本作「南」。
〔三五〕舊約回首羞塵容　「塵」，浙本作「陳」。
〔三六〕失喜清詩還入手　「失喜清」，淳熙本作「賸喜新」。
〔三七〕肯過寒齋共尊酒　「共」，淳熙本作「近」。
〔三八〕却記登臨唤卜鄰　「唤卜」，考異云：一作「要卜」。
〔三九〕風煙再吐吞　「再吐」，考異云：一作「自吐」。
〔四〇〕融冶何年事　「融冶」，考異云：一作「融結」。
〔四一〕夜來春雪遍林丘　「春」，淳熙本作「深」。
〔四二〕好上籃輿閑縱目　「縱目」，淳熙本作「暇日」。
〔四三〕愴恨八哀詩　「恨」，原作「恨」，據閩本、浙本改。
〔四四〕古木寒泉要我閑　「寒」，淳熙本作「雲」。
〔四五〕吾公抱經濟　「吾公」，考異云：一作「吴公」。
〔四六〕上有玄煙浮　「煙」，淳熙本作「雲」。

〔四七〕君還若不早 「若」，淳熙本作「苦」。

〔四八〕去矣從君游 「君」，淳熙本、閩本、浙本、天順本均作「公」。

〔四九〕秋堂天氣清 「天」，浙本作「夜」。

〔五〇〕新詩題罷蘚痕斑 「蘚」，天順本作「淚」。

〔五一〕倏至走長蛟 「倏至」，考異云：一作「倏起」。「長蛟」，考異云：一作「長虹」。

〔五二〕在棲賢西三里 「三」，原作「二」，據閩本、浙本、天順本改。考方輿勝覽卷一七南康軍清淨退庵引正作「三」。

〔五三〕深尋得遺墟 方輿勝覽引作「尋深得遺址」。

〔五四〕小築寄幽壑 「小」，淳熙本作「卜」。

〔五五〕脩靜手植 「脩靜」，原作「靜脩」，據閩本乙。

〔五六〕據地三百里 「據地」，考異云：一作「環地」。

〔五七〕唯聞榜人歌 「榜」，原作「傍」，據閩本改。

〔五八〕吳學録桂 「桂」，原作「杜」，據浙本改。

〔五九〕直卿余 「卿」，原作「鄉」，據浙本改。

〔六〇〕下又有亭基二 「下」，浙本作「上」。

〔六一〕天池西嶔崟 「嶔崟」，考異云：一作「嵯峨」。

〔六二〕歐景文及其諸生二十餘人皆至　「文」，浙本作「公」。

〔六三〕子澄請爲諸生説太極圖義　「生」，閩本作「人」。

〔六四〕孰是十日遊　「孰是」，考異云：一作「云是」。

晦庵先生朱文公文集卷第八

詩

買船至演平拜建康劉公墓下遂入城假館梅山堂感涕有作

維舟新曆口，步上秣陵阡。高丘忽嵯峨，宿草迷荒煙。拜起淚再滴，哀哉不能言。驅車旦復東，借此虛堂眠。念昔堂中人，經營幾何年？一旦舍之去，千秋不言還。露井益清渫，風林更修鮮。思公獨不見，涕下如奔川。感慨西州門，愴悢山陽篇。晤嘆日隱樹，悲歌月當軒。堂堂忠孝心，終古諒弗諼。尚與吳門子，歸來故山巔。

晚雨涼甚偶得小詩請問遊山之日并請劉平父作主人二首

幾年不踏仙洲路，夢入青藤古木問。好趁新秋一番雨，晝寒亭下弄潺湲。

廬阜歸來衹短笻，解包茶茗粗能供。若須載酒邀賓客〔一〕，付與屏山七者翁〔二〕。

宿密庵分韻賦詩得衣字

不到仙洲歲月移，携壺特地款巖扉。已驚素雪清人骨，更喜蒼煙染客衣。新賞不妨頻徙倚，舊題何事獨嘘欷？明朝驛騎黄塵裏，莫待迷塗始賦歸。

讀子厚步月詩時方聞吕伯恭訃後數日賦此

晚步曲池上，西風吹我裳。仰觀天宇闊，愛此明月光。念我素心人，眇焉天一方。没者永乖隔，存者爲參商。飄零百歲期，寂寞幽鬢霜。還坐三太息，高林鬱蒼蒼。

次子厚秋懷韻

秋風何方來？爲我滌殘暑。庭梧亦何與，索索終夜雨？冥思感物變，念此離索苦。

浩蕩信莫量，幽紛那得覩？丁年舍我去，憔悴故其所。廓落濟時心，頹然復安取。永懷平生友，夢想見眉宇。今晨枉秀句，爛若朝霞舉。去去同采芝，高軒坐凝佇。

黎嶺西南水石佳處不減廬阜戲呈子厚

谷深石瘦水潺潺，便是楞伽折桂間。珍重下邳圯上客，一年幾度到廬山。

讀子厚詩卷用其卒章晨起之韻作詩寄之

晝永倦殘暑，宵分喜新涼。天雞一振翼，爛爛曉月光。病榻感虛徐，中庭起翱翔。懷哉穀城子，物外久不忙。掩抑琴調希，激烈歌聲長。契闊恨清賞，佳期未渠央。緘詞託歸鳥，側佇何能忘！

登蘆峯二首〔三〕

循磵躋危磴，披雲得勝遊。蓬茅增舊葺，竹樹喜新稠。夢想三秋別，徘徊十日留。餘年端可料，此地欲長休。

佳友紛來集，欣然會宿心。風泉陪徙倚，雲月共窺臨。雅唱情俱勝，微言思獨深。玆遊非逸豫，邂逅得良箴。

蘆峯次韻

澗水流千仞，巖姿起萬般。扶藜雖有興，駐屐諒難安。好客能同趣，羣峯肯縱觀。蒼茫却無際，誰與話愁端？

次瑞泉詩韻

興懷來賞趣，對景却忘言。偶與同遊客，行逢幽澗原。淺泓排積腐，暗竇溢流渾。終待寒泉食，無憂水鏡昏。

五禽言和王仲衡尚書

提胡蘆，沽美酒。春風浩蕩吹花柳。不用沙頭雙玉瓶，鳥歌蝶舞爲君壽。祇今一醉是君恩〔四〕，昨日之愁愁殺人！

不如歸去，孤城越絶三春暮。故山只在白雲間，望極雲深不知處。不如歸去不如歸，千仞岡頭一振衣。

泥滑滑，泥滑滑。秦望雲荒鏡湖闊。緑秧刺水水拍堤，牙旗畫舸凌風發。使君行樂三江頭，泥滑水深君莫憂。

脱袴脱袴，桑葉陰陰牆下路。回頭忽憶舍中妻，去年已逐它人去。舊袴脱了却不辭，新袴知教阿誰做？

麥熟吟〔五〕，去年種麥有德音。祇今種熟誰快活〔六〕？種者已卧官牆陰。仁公有政惠存歿，肯使催租更隳突？

酬黄子厚見訪歸途惠詩韻

櫪驥倦千里，籠鶴思九皋。念昔田舍日，不知山林高。一朝逢世紛，故丘得潛逃。平生棲遁志，兹焉始堅牢。故人穀城翁，高情北窗陶。亦復喜我歸，巾車款林巢。申旦更離闊，中情重忉忉。

游密庵分韻賦詩得清字

誤落塵中歲序驚，歸來猶幸此身輕。便將舊友尋山去，更喜新詩取意成。暖翠乍看渾欲滴，寒流重聽不勝清。個中有趣無人會，琴罷尊空月四更。

游密庵得空字

欲覓仙洲路，須乘萬里風。飲泉雲出岫，卧嶺月流空。永夜渾無寐，悲歌莫與同。起來殘樹影，清絶小樓東。

昨爲許進之書胎仙字因以名其室或疑欠舞字者故作此以解之

寒山寒月冷颼颼〔七〕，隻影孤桐萬里遊。帝樂夢回三疊遠，胎仙舞罷一簾秋。未愁悄寂無人會，只恐蹁躚不自休。却笑蕊珠何處所〔八〕？兩忘蝴蝶與莊周。

正月五日欲用斜川故事結客載酒過伯休新居風雨不果二月五日始克踐約坐間以陶公卒章二十字分韻熹得中字賦呈諸同遊者

玄景彫暮節，青陽變暄風。忽尋斜川句，感此勝日逢。駕言當出遊，一寫浩蕩胸。雲物疑異候，凄迷久連空。今朝復何朝？頓覺芳景融。疇曩庶復踐，鄰曲歡來同。伊雅一籃輿，連翩數枝筇。緑野生遠思，清川照衰容。遥瞻西山足，突兀彌畝宫。庭宇豁清曠，林園鬱青葱。於焉一逍遥，芳樽間鳴桐。既爵日樹隱，班荆汀草豐。纖鱗動微波，新荑冠幽叢。惆悵景易晏，徘徊思無窮。願書今日懷，遠寄柴桑翁。仰止固窮節，愧茲百年中。

次呂季克東堂九詠

野塘小隱

傳得希夷九卦圖，歸來不復夢榮途。野塘竟日無人到，讀盡床頭種樹書。

敬義堂

高臺巨牓意何如？住此知非小丈夫。浩氣擴充無内外，肯誇心月夜同孤。

方拙寮

一室歸來萬事新，窗間横竹掛朝紳。九流未讓圜機士，四海寧慚巧宦人〔九〕？

吟哦室

蒲團竹几睡瞢騰〔一〇〕，客問君今幾折肱。身世兩忘無可答〔一一〕，起尋詩句遶階行。

愛蓮

聞道移根玉井旁，開花十丈是尋常。月明露冷無人見，獨爲先生引興長。

月臺

臺上無人伴苦吟，歸鴉過盡日西沉。須臾玉匣開塵鏡，却有孤光共此心。

菜畦

雨餘菜甲翠光匀，杞菊成畦亦自春。骨相定知非食肉，可能長伴箇中人〔一二〕？

海棠屏

蜀樹成行翠作圍，花開時節更芳菲。主人夢亦尋春去，栩栩深穿錦障飛。

橘堤

君家池上幾時栽？千樹玲瓏亦富哉！荷盡菊殘秋欲老，一年佳處眼中來。

挽吳給事三首

臺省傾羣望，江湖去一麾。語聞三諫切，政有百年思。不盡雲龍會，還尋霧豹期。誰知七休詠，翻入八哀詩？

粵自辭神武，超然絶世紛。前身疏太傅，今日范忠文。圃樹寒留月〔一三〕，湖波冷浸雲。懸知千載下，此地想遺芬。

憶昔觀風寄，登堂識老成。忘年見交態，把酒話詩情。別去如三歲，書來忽九京。却思憑檻語，忍遽勒公銘？

伏讀雲臺壁間祕閣郎中盤谷傅丈題詩齒及賤名追懷曩昔不勝感涕輒次元韻呈諸同遊計亦同此歎也

提攜當日忝忘年，曾向瑕丘獨請前。喜看玄雲生素壁，恍疑後學厠先賢。公遊汗漫今何許？我病摧頽久自憐。只有空山無歲月，倚天寒木但蒼然。是日，景仁、景初二兄行視卜宅，亦宿山間，謹并録呈，尤劇悲愴耳。

次韻寄題萬頃寒光奉呈休齋先生

閑將歲月老煙汀，更遺詩情到杳冥。遊子故應悲舊國，壯懷那肯泣新亭？一官避世今頭白，萬卷收功久汗青。但見潮生與潮落，不知沉醉又還醒。

熹伏蒙休齋先生惠詩見留謹次高韻二首

忽驚蕭颯鬢毛秋〔一四〕，起向泉山覓舊遊。盤谷門前淚沾臆，雲臺溪上雪蒙頭。歸歟吾黨又千里，老矣心期但一丘〔一五〕。珍重休齋書滿屋〔一六〕，可無三宿爲君留〔一七〕？

望望西山日幾回〔一八〕，更憐一雨洗浮埃。遠遊莫說雲門寺〔一九〕，往事聊尋單父臺。雞犬蕭疏迷洞口〔二〇〕，交親零落半巖隈。尊前見在君須鬬〔二一〕，速上籃輿相逐來〔二二〕！

用林擇之韻別陳休齋

別離不覺歲時侵，兩地相望共此心。今日還成一尊酒，它年應記百篇吟。傷情後會無期定，握手交情有舊深。多謝晚風知此意，不催寒日下疏林。

奉酬九日東峯道人溥公見贈之作

幾年回首夢雲關，此日重來兩鬢斑。點檢梁間新歲月，招呼臺上舊溪山。三生漫説終無據，萬法由來本自閑。一笑支郎又相惱，新詩不落語言間。

和林擇之鳳凰山韻

木落髻鬟擁，湖平粧鏡空。荒亡餘舊事，慘澹只悲風。興發千山裏，詩成一笑中。諸君莫惆悵，吾道固當窮！

次林擇之涼峯韻

解轡林間寺，歸鴉晚欲盤。望中嵐翠合，愁外夕陽殘。尊酒何妨盡，羈心且自寬。無端滿窗月，遥夜不勝寒。

熹去温陵二十七年而復來顯庵益老見候七里亭又以佳句見招而休齋陳丈寺丞黃丈皆屬和焉因次韻奉酬併呈二丈

不因辭吏役，那得解天刑？故國重來遠，寒山依舊青。興懷感陳迹，舉目愴新亭。尚喜灣頭老，禪房許扣扃。

答黃叔張

日君趨玉陛，抗疏肅邦刑。便有榮褒衮，無勞涕伏青。衆流爭靡靡，一柱獨亭亭。只恐追鋒急，那容晝掩扃。

次韻陳休齋蓮華峯之作

八石天開勢絶攀，算來未似此心頑。已吞繚白縈青外，依舊箇中雲夢寬。

次黃叔張宿涼峯韻

菡萏含跗天外秀，婆娑散影月中孤。惜無畫手追前輩，寫就涼峯憩寂圖。

至鳳凰山再作

門前寒水青銅闕〔二三〕，林外晴峯紫帽孤。記得南坨通柳浪，依稀全是輞川圖。

見梅用攀字韻

年來羞把玉梅攀，萬樹爭春我獨頑。只有顛狂無告訴，詩腸欲斷酒腸寬。

次韻陳休齋懷古堂

平昔塵編裏，心期本自幽。那堪舊泉石，更作此追遊。好句看猶在，遺忠愴已休〔二四〕。亦知今日意，不逐大江流。

寄題九日山廓然亭

昨遊九日山，散髮巖上石。仰看天宇近，俯歎塵境窄〔二五〕。歸來今幾時？夢想掛蒼壁。聞公結茅地，恍復記疇昔。年隨流水逝，事與浮雲失。了知廓然處，初不從外得。遥憐植杖翁，鶴骨雙眼碧。永歗月明中，秋風桂花白。

用林擇之韻呈陳福公

昔公秉鈞衡，金玉我王度。中年幾湖海，偃息安國步。巋然九鼎重，翩若孤雲去。俯仰天地間，誰哉此同趣〔二六〕？

用前韻答方直甫

小儒談大方，任意略權度。未行要疾走，踉蹡不成步。唯應過量人，不作與麼去。請君敞書帷，爲我説歸趣。

用前韻答林史君

十年劇傾馳，此日際風度。胡然龔黃最，未接夔龍步？詩成肯遽休，客醉那得去？却恐驛書來，湖山適成趣。

題君子亭

清晨坐武觀，涼風動高旌。挾弓一笑起，屈此四座英。破的亦已屢，穿楊詎云精？軍吏不敢賀，高鳥時相驚。解韝脱決遂，緩帶飄華纓。俯仰新亭幽，曠然塵慮清。內正外自直，三揖奚所爭？端居得深玩，君子非虚名。

伏承侍郎使君垂示所與少傅國公唱酬西湖佳句謹次高韻聊發一笑二首

百年地闢有奇功，創見猶驚鶴髮翁。共喜安車迎國老，更傳佳句走郵童。閑來且看潮頭入，樂事寧憂酒榼空。會見台星與卿月，交光齊照廣寒宫。

越王城下水融融，此樂從今與衆同。滿眼芰荷方永日，轉頭禾黍便西風。湖光盡處天容闊，潮信來時海氣通。酬唱不誇風物好，一心憂國願年豐。

伏承子直都督侍郎臨餞遠郊仍邀嚴州郎中及諸名勝相與燕集分韻賦詩熹得時字輒成鄙句

芳歲倏云晏，故山風雪時。胡爲在中路，復此行遲遲？爲有賢主人，愛客情依依。昨夕西門道，終宴不能辭。今朝復何朝，祖帳遥相追？賓從俱俊賢，車馬有光輝。敞扉得華觀，俯檻臨清池。南州淑氣多，蕩節佳景隨。雪樹雖改色，青山正含姿。朱氏園外谷中有梅近百株，是日花落已盡。開樽酌春醪，授簡哦新詩。但覺四坐驩，不知寸晷移。流雲暗寒空，蒼煙染人衣。相看暮色至，我去公當歸。别袖不忍分，扣扣陳苦詞。願公崇令德，慰我渴與飢。

臘月九日晚發懷安公父教授壽翁知丞載酒爲别而元禮景嵩子木擇之廷老考叔舜民諸賢相與同舟乘便風頃刻數十里江空月明飲酒樂甚因以星垂平野闊月湧大江流分韻熹得星字醉中别去乃得數語略紀一時之勝云

掛帆望煙渚，整棹别津亭。風水已云便，我行安得停？離樽枉羣賢，濁醪愧先傾。二公厨船未至，先飲舟中餘尊。談笑不知遠，但覺江流清。江水上流接建、劍溪，潮所不及，水益清駛。獵獵甘蔗洲，茫茫白沙汀。斯須復回首，祇有遥山青。甘蔗、白沙，兩地名，相去十許里，頃刻而過。野色一以暝，川光晶孤明。中流漾華月，極浦涵疏星。酒酣客散歸，茫然獨宵征。起視天宇闊，此身一浮萍。難追五湖遊，未願三閭醒。且詠招隱作，孤舟轉竛竮。

伏蒙制置閣學侍郎示及致政少傅相公送行長句并得竊窺酬和佳篇伏讀之餘不勝慰幸謹次高韻少見愚悃以餞車塵伏惟采矚二首

公子威名動海濱，四年相與愧情親。忽聞黄鉞分全蜀，更祝彤庭列九賓。公已上章請對〔二七〕。執手便驚成契闊，贈言還喜和陽春。政成但祝歸來早，别恨無端莫重陳。

地兼梁益盛中權，自昔疇咨出萬全。定喜封章來活國，故煩伏軾去籌邊。公去歲嘗有密疏，上賜手札褒諭。軍民傳詔歡聲溢〔二八〕，婦女迎門巧笑妍〔二九〕。要答君恩與人望，可無清教逮初筵？諸葛武侯初領益州牧，發教與羣下曰：「夫參署者，集衆思、廣忠益也。若遠小嫌，難相違覆，曠闕損矣。違覆而得中，猶棄敝蹻而獲珠玉。然人心苦不能盡〔三〇〕，惟徐元直處兹不惑。又董幼宰參署七年，事有不至，至于十反，來相啓告。苟能慕元直之十一、幼宰之勤渠，有忠於國，則亮可以少過矣。」又曰：「昔初交州平，屢聞得失。後交元直，勤見啓告。前參事於幼宰，每言必盡。後從事於偉度，數有諫止。雖資性鄙暗，不能盡納，然與四子終始好合，亦足以明其不疑於直言矣。」

伏讀致政少傅相公送趙成都佳句兩篇不勝慰幸已次高韻并餞其行而再賦此章以見區區瞻仰之意繕録拜呈伏乞采覽二首

歸來寂莫卧漳濱，夢想威容阻再親。緑野遥聞花欲語〔三一〕，赤書還喜雁來賓。閑中有句人爭誦，妙處無心物自春。行馬不因吾輩設，胸奇猶得話陳陳。

一旦高辭將相權，身名從此慶雙全。人誇迹已風塵外，誰道心遊日月邊〔三二〕。未許前賢專晚節，更將餘事發春妍。君王若要詢黄髮，便好臨雍促肆筵。

送彦集之官瀏陽

急景彫暮節，高風振空林。病夫掩關卧，長謡擁孤衾。聞君千里行，四牡方駸駸。重此别離感，青天欲愁陰。君行豈不勞？民瘼亦已深。催科處處急，椎鑿年年侵。君行寛彼甿，足以慰我心。薦書會滿篋，社酒還同斟。所念家同産，與君如瑟琴。兹焉不並駕，宰木寒蕭槮。尚喜吾諸甥，男恭女知欽。明朝復相憶，悵望楚山岑。

次劉正之芙蓉韻三首

淺緑深紅出短籬，望中都是可憐枝。要看亂颭寒塘水，更待金風滿意吹。

凌波直欲渡横塘，却愛無人獨自芳。且倚新漪閑照影，更憑女伴一扶將。

微吟澤畔幾扶筇〔二二〕，自笑摧頹一秃翁。羞見芙蓉好顔色，且憑詩律傲西風。

校勘記

〔一〕若須載酒邀賓客 「客」，淳熙本作「去」。

〔二〕付與屏山七者翁　「付與」，淳熙本作「分付」。「者」，原作「老」，據淳熙本、閩本、浙本改。
〔三〕登蘆峰二首　「蘆」，原作「廬」，據淳熙本改。
〔四〕衹今一醉是君恩　「一」字原缺，據淳熙本補。
〔五〕麥熟吟　淳熙本疊此三字。
〔六〕衹今種熟誰快活　「種」，正訛改作「麥」。
〔七〕寒山寒月冷颼颼　「寒山寒月」，淳熙本作「虚堂夜静」，浙本作「空山寒月」。
〔八〕却笑蕊珠何處所　「却笑蕊珠」，淳熙本作「堪歎蕊宫」。
〔九〕四海寧慚巧宦人　「海」，淳熙本、浙本作「至」。
〔一〇〕蒲團竹几睡瞢騰　「睡」，淳熙本作「夢」。
〔一一〕身世兩忘無可答　「兩」，淳熙本作「相」。
〔一二〕可能長伴箇中人　「伴」，淳熙本作「作」。
〔一三〕圃樹寒留月　「月」，閩本、浙本作「日」。
〔一四〕忽驚蕭颯鬢毛秋　「忽驚蕭颯」，考異云：一作「還家不覺」。
〔一五〕老矣心期但一丘　「老矣」，考異云：一作「老去」。
〔一六〕珍重休齋書滿屋　「珍重」，考異云：一作「見説」。
〔一七〕可無三宿爲君留　「三宿」，考異云：一作「三日」。

〔一八〕望望西山日幾回　「望望」，考異云：一作「悵望」。
〔一九〕遠遊莫説雲門寺　「遠游」，考異云：一作「勝遊」。
〔二〇〕雞犬蕭疏迷洞口　「蕭疏迷」，考異云：一作「荒涼悲」。
〔二一〕尊前見在君須闘　「見在」，考異云：一作「有酒」。
〔二二〕速上籃輿相逐來　「速上」，考異云：一作「好上」。「逐來」，考異云：一作「趁來」。
〔二三〕門前寒水青銅闕　「銅闕」，考異云：一作「銅闊」。
〔二四〕遺忠愴已休　「已休」，考異云：一作「未休」。
〔二五〕俯歎塵境窄　「俯歎」，考異云：一作「俯視」。
〔二六〕誰哉此同趣　「誰哉」，考異云：一作「懷哉」。
〔二七〕公已上章請對　「已」，原作「以」，據閩本、浙本改。
〔二八〕軍民傳詔歡聲溢　「傳」，淳熙本作「得」。
〔二九〕婦女迎門巧笑妍　「婦」、「巧」，淳熙本作「士」、「語」。
〔三〇〕然人心苦不能盡　「苦」，原作「若」，據閩本、浙本改。三國志卷三九董和傳正作「苦」。
〔三一〕緑野遥聞花欲語　「欲」，淳熙本作「與」。
〔三二〕誰道心遊日月邊　「遊」，淳熙本作「猶」。
〔三三〕微吟澤畔幾扶笻　「扶笻」，考異云：一作「枝笻」。

晦庵先生朱文公文集卷第九

詩

石馬斜川之集分韻賦詩得燈字

改歲風日好，出門欣得朋。復招里中彦，及此雲間僧。行行涉清波，斯亭一來登。徙倚緑樹蔭，摩挲蒼石稜。遥瞻原野春，仰視天宇澄。一水既紆鬱，羣山正崚嶒。時禽悦新陽，潛魚躍輕冰。却念去年日，俛仰愁予膺。長吟斜川詩，日落寒烟凝。暝色變晴景，清尊照華燈。頽顔感川徂，稚齒歡年增。酒盡不能起，朱欄各深憑。

游石馬以駕言出遊分韻賦詩得出字

抱病守窮廬，閉户常罕出。坐見春氣深，清陰晝蒙密。今朝積雨過，淑景回煦律。不有塵外蹤，何由散愁寂？行行整巾屨，散漫委書帙。野逕自縈紆，前峯但崷崪。婆娑茂樹下，左右寒流汩。亂石翳蒼根，於焉憩腰膝。追遊固才彦，逢遇亦奇逸。招邀愧深情，晤言永兹日。君有尊中物，我進沂上瑟。日夕不得留，餘歡未云畢。

三月晦日與諸兄爲真率之約徘徊石馬晚集保福偶成短句奉呈聊發一笑

春服明朝换，晴川漲緑陰。追隨皆勝侶，邂逅即初心。社蹟莓苔古，禪扉竹樹深。移尊真惜日，畢景共披襟。儉德遵賢範，哇詞愧雅音。清和應更好，逸想寄雲岑。是日約後會爲仙洲之游。

比與鄰曲諸賢修舉歲事携壺石馬追補斜川之遊而公濟適至飲罷首出和陶之句以紀其勝輒亦用韻酬答兼呈諸同遊者請共賦之

皇天分四序，代謝無時休。昔人抱孤念，感此成清遊。迴眺曾城皋，朗詠斜川流。歲月今幾許？長波没輕鷗。眷言撫佳辰，荒尋靡遺丘。且復置往事，及兹命高儔。縱策聊並歡，飛觥起相酬〔一〕。未知千載下，亦記此日不？商歌有遺音，林樂無餘憂。但得長如此，吾生復何求！

行視武夷精舍作

神山九折溪，沿泝此中半。水深波浪闊，浮緑春涣涣。武夷溪凡九曲，多急流亂石。此第五曲，水特深闊平緩，緑漪可愛。上有蒼石屏，百仞聳雄觀〔二〕。嶄巖露垠堮，突兀倚霄漢。此峯夷上削下，拔地峭立，如方屋帽。按舊圖名大隱屏。淺麓下縈迴，深林久叢灌。胡然閟千載，逮此開一旦？峯下小山重複，中有平地數十丈，喬木長藤、茂林脩竹交相蔽隱。舊無人迹，乾道己丑，予舟過而樂之。及今始能卜築，以疇曩志。我乘新村船，輟棹青草岸。榛莽喜誅鉏，面勢窮考按。居然一環堵，妙處豈輪奂？左右矗奇峯，躊躇極佳玩。方經始時，予以病不能來。至是送别山西，始自新村買舟以來，視所縛屋三間，制度殊草草。然背負大隱屏，面直溪南大山，左有魏王上昇峯，右有鍾模、三教等石，極爲雄勝。是時芳節闌，紅緑紛有爛。好鳥時一鳴，王孫遠相唤。山多獮猴。暫遊意已愜，獨往身猶絆。珍重舍瑟人，重來足幽伴。已約初夏與同志皆往遊集。

武夷精舍雜詠并序。

武夷之溪東流凡九曲，而第五曲爲最深。蓋其山自北而南者，至此而盡，聳全石爲一峰，拔地千尺。上小平處微戴土，生林木，極蒼翠可玩。而四隤稍下，則反削而入，如方屋帽者，舊經所謂大隱屏也。屏下兩麓，坡陁旁引，還復相抱。抱中地平廣數畝，抱外溪水隨山勢從西北來，四屈折始過其南，乃復繞山東北流，亦四屈折而出〔三〕。溪流兩旁，丹崖翠壁〔四〕，林立環擁〔五〕，神剜鬼刻，不可名狀。舟行上下者，方左右顧瞻，錯愕之不暇，而忽得平岡長阜，蒼藤茂木，按衍迤靡，膠葛蒙翳，使人心目曠然以舒，窈然以深，若不可極者，即精舍之所在也。直屏下兩麓相抱之中，西南向爲屋三間者，仁智堂也。堂左右兩室，左曰隱求，以待棲息；右曰止宿，以延賓友。左麓之外，復前引而右抱，中又自爲一塢，因累石以門之，而命曰「石門之塢」。別爲屋其中，以俟學者之羣居，而取學記「相觀而善」之義，命之曰「觀善之齋」。石門之西少南，又爲屋以居道流，取道書真誥中語，命之曰「寒棲之館」。直觀善前山之巔爲亭，回望大隱屏最正且盡，取杜子美詩語，名以「晚對」。其東出山背，臨溪水，因故基爲亭，取胡公語，名以鐵笛，說具本詩注中。寒棲之外，乃植椶列樊，以斷兩麓之口，掩以柴扉，而以「武夷精舍」之扁揭焉。經始於淳熙癸卯之春，其夏四月既望堂成，而始來居之。四方士友來者亦甚衆，莫不歎其佳勝，而恨它屋之未具，不可以久留也。釣磯、茶竈皆在大隱屏西，磯石上平，在溪北岸；竈在溪中流，巨石屹然，可環坐八九人，四面皆深水，當中科臼自然如竈，可爨以瀹茗。凡溪水九曲，左右皆石壁，無側足之徑。唯南山之南有蹊焉，而精舍乃在溪北，以故凡出入乎此者非魚艇不濟。總之爲賦小詩十有二篇，以紀其實。若夫晦明昏旦之異候，風烟草木之殊態，以至於人物之相羊〔六〕，猿鳥之吟嘯，則有一日之間恍惚萬變而不可窮者。同好之士，其尚有以發於予所欲言而不及者乎哉！

精舍

琴書四十年，幾作山中客〔七〕。一日茅棟成，居然我泉石。

仁智堂

我慚仁智心，偶自愛山水。蒼崖無古今，碧澗日千里。

隱求齋

晨窗林影開，夜枕山泉響。隱去復何求？無言道心長。

止宿寮

故人肯相尋，共寄一茅宇。山水爲留行，無勞具雞黍。

石門塢

朝開雲氣擁，暮掩薜蘿深。自笑晨門者，那知孔氏心？

觀善齋

負笈何方來？今朝此同席。日用無餘功，相看俱努力。

寒棲館

竹間彼何人？抱甕靡遺力。遥夜更不眠，焚香坐看壁。

晚對亭

倚筇南山巔〔八〕，却立有晚對。蒼峭矗寒空〔九〕，落日明彩翠〔一〇〕。

鐵笛亭山前舊有奪秀亭，故侍郎胡公明仲嘗與山之隱者劉君兼道遊涉而賦詩焉。劉少豪勇，游俠使氣，晚更晦迹，自放山水之間，善吹鐵笛，有穿雲裂石之聲。胡公詩有「更煩橫鐵笛，吹與衆仙聽」之句。亭今廢久。一日與客及道士數人尋其故址，適有笛聲發於林外，悲壯回鬱，巖石皆震。追感舊事，因復作亭，以識其處，仍改今名。

何人轟鐵笛，噴薄兩崖開？千載留餘響〔一一〕，猶疑笙鶴來。

釣磯

削成蒼石棱，倒影寒潭碧。求日靜垂竿，兹心竟誰識？

茶竈

仙翁遺石竈，宛在水中央。飲罷方舟去，茶煙裊細香。

漁艇

出載長煙重，歸裝片月輕。千巖猿鶴友，愁絶棹歌聲。

次公濟精舍韻

一室空山裏，纖塵迥莫侵。若非同臭味，誰肯遠過臨？健策凌丹壑，清詩動玉琴。溪邊一回首，平地足崎嶔。

奉同公濟諸兄自精舍來集冲佑之歲寒軒因邀諸羽客同飲公濟有詩贈守元章師因次其韻

蓬萊清淺今幾年？武夷突兀還蒼然。但忻丹籍有期運，不悟翠壁無貪緣。鼎中龍虎應浪語，紙上爻象非真傳。明朝猿叫三峽路，一葉徑上滄浪船。

出山道中口占

川原紅緑一時新，暮雨朝晴更可人。書册埋頭無了日，不如抛却去尋春！

淳熙甲辰中春精舍閒居戲作武夷櫂歌十首呈諸同遊相與一笑

武夷山上有仙靈，山下寒流曲曲清。欲識箇中奇絶處，櫂歌閑聽兩三聲。

一曲溪邊上釣船〔一二〕，幔亭峰影蘸晴川〔一三〕。虹橋一斷無消息，萬壑千巖鎖翠煙〔一四〕。

二曲亭亭玉女峰〔一五〕，插花臨水爲誰容？道人不復陽臺夢〔一六〕，興入前山翠幾重？

三曲君看架壑船，不知停櫂幾何年。桑田海水今如許，泡沫風燈敢自憐〔一七〕？

四曲東西兩石巖，巖花垂露碧㲯毿。金雞叫罷無人見，月滿空山水滿潭。

五曲山高雲氣深，長時烟雨暗平林。林間有客無人識，欸乃聲中萬古心〔一八〕。

六曲蒼屏遶碧灣，茅茨終日掩柴關〔一九〕。客來倚櫂巖花落，猿鳥不驚春意閑〔二〇〕。

七曲移船上碧灘，隱屏仙掌更回看。人言此處無佳景，只有石堂空翠寒〔二一〕。

八曲風烟勢欲開，鼓樓巖下水縈洄。莫言此處無佳景，自是遊人不上來！

九曲將窮眼豁然，桑麻雨露見平川〔二二〕。漁郎更覓桃源路，除是人間別有天。

伏蒙致政少傅相公寵賜寄題武夷精舍詩一首拜受捧讀不勝仰歎無以自見區區感幸之誠輒繼高韻繕寫拜呈冒瀆威尊下情恐悚之至

望斷鈞天白玉都，石田茅屋詎應無？況蒙一字榮褒衮，便覺千峯勝畫圖。舊弼詩情高緑野，狂奴心事只風雩。蒲輪幾日符嘉夢，恰有流霞酒一壺〔二三〕。舊弼，公所居坊名，取答詔語也。熹近嘗夢公趣召枉臨，止飲留宿。翌日登車，手取几間活人書一帙以行，意者公當再施醫國之手，以活斯人乎？李義山武夷詩有「流霞酒一杯」之句。

劉子澄遠寄羊裘且有懷仁輔義之語戲成兩絶爲謝以發千里一笑

短棹長簑九曲灘，晚來閑弄釣魚竿。幾回欲過前灣去，却怕斜風特地寒。

誰把羊裘與醉披？故人心事不相違。狂奴今夜知何處？月冷風凄未肯歸。

過蓋竹作二首

二月春風特地寒，江樓獨自倚欄干。箇中詎有行藏意？且把前峯細數看。

浩蕩鷗盟久未寒，征驂聊此駐江干〔二四〕。何時買得魚船就〔二五〕？乞與人間畫裏看〔二六〕。

送建陽陳丞伯厚還鄉〔二七〕

栝蒼雲壑入秋夢，閩嶺風霜侵鬢絲。歲晚未收稽古力，徑荒曾擬賦歸辭〔二八〕。一官坎壈嗟丞負，百歲歡榮慶母慈〔二九〕。去步逶迤無愠色，此心惟有古人知。

拜鴻慶宮有感

舊京原廟久煙塵，白髮祠官感慨新。北望千門空引籍，不知何日去朝真？

答袁機仲論啓蒙

忽然半夜一聲雷〔三〇〕，萬户千門次第開。若識無心含有象，許君親見伏羲來。

觀林長仁書卷戲題問答

猿去山空鶴亦飛，柴門空掩釣魚磯。門前樹葉都黄了，何事幽人久不歸？

爲愛雲泉百尺飛，故將茅屋傍苔磯。幾年清夢黄塵裏，此日秋風一棹歸。

題嚴居厚溪莊圖

平日生涯一短篷，只今回首畫圖中。平章箇裏無窮事，要見三山老放翁。謂陸務觀。時嚴居厚之官剡中。

擬縣補以蟲鳴秋詩

天籟誰爲主？乘時各自鳴。如分百蟲響，來助九秋清。未歇吟風調，先催泣露聲。乾坤闢氛氣，草木斂華英。易斷愁人夢，難安懶婦驚。唯應廣成子，萬感不關情。古語云：「絡緯鳴，懶婦驚。」見詩疏。

挽蔡太博

疇昔相逢地，知君意矯强。旋聞將使指，勁節動朝行。方爲人材喜，相期事業長。如何遽不淑，未及鬢毛蒼？

乙卯八月晦日浮翠亭次叔通韻

弱植有孤念，獨往窮名山〔三一〕。那知歲月逝，白首塵埃間！今朝定何朝？憑高睨清灣。羣賢亦戾止，共此一日閑。晤言不知疲，林昏鳥飛還。勝踐可無紀？重來諒非艱。留語巖上石，毋使門常關。

用丘子服弟韻呈儲行之明府伯玉卓丈及坐上諸友

我是溪山舊主人，歸來魚鳥便相親。一盃與爾同生死，萬事從渠更故新。

謹次縣大夫見屬之韻

撫摩凋瘵爲心切，摹寫風煙著語親。只願從今更無倦，清詩美政逐年新。

承事卓丈置酒白雲山居飲餞致政儲丈叔通因出佳句諸公皆和熹輒亦繼韻聊發坐中一笑〔三二〕

老去讀書秋樹根，山林兒女定誰尊？偶緣送客來僧寺〔三三〕，却似披雲卧石門。物外祇今成跌蕩〔三四〕，人間何處不啾喧〔三五〕。一杯且爲陽關盡，雙目從教別淚昏〔三六〕。東坡賦徐德占舊居，有「一爲兒女涴，始覺山林尊」之句。

丙辰正月三日贈彭世昌歸山

象山聞説是君開，雲木參天瀑響雷。好去山頭且堅坐，等閑莫要下山來。

和人都試之韻

儲胥闡道落初成，共喜兒郎意氣生。初恨雨聲迷疊鼓，忽驚晴色動高旌。盤牟入詠詩情壯，破的傳觴酒令明。縱使腐儒東鄉坐，不妨堂上有奇兵。

聚星落成致政陳丈舉酒屬客出示新詩而仲卿朝瑞及劉范二兄相與繼作熹幸以卜鄰得陪勝集率爾次韻聊發一笑

適親德範仰循循，遽喜名章肆筆成。謄說臺高今勝昔，極知星聚暗還明。當家翰藻爭春麗，上客詞源徹底清。更共鄰翁閑指點，千峯環合水無聲。

謹次陳昭遠丈龍洲鄉社高韻并呈諸兄友

幾年社酒醉班荆，此日祠壇喜落成。誤許俗書輕染汙，急傳佳語頌登平。年豐已荷天垂慶，人傑還欣地炳靈。不信鄰村是塵境，請看綠水鎖紅亭。

懷潭溪舊居

憶住潭溪四十年，好峰無數列窗前。雖非水抱山環地，却是冬温夏冷天。遶舍扶疏千箇竹，傍崖寒冽一泓泉。誰教失計東遷繆？憊卧西窗日滿川。

甘澤應祈一蘇焦槁皆昭遠致政宣義丈及仲卿諸友晝夜精虔不出道場之力而昭遠丈惠詩反以見屬非所敢當輒依高韻和呈以見鄙懷并簡同社諸兄友

精禱由來未浹辰，如何嘉澍便遄臻。誠通幽隱知無間，喜動龍天信有因。適歎惔焚千畝盡，忽驚滂潤一時均。誰云化育流行妙，只屬乾坤不屬人？

奉題李彦中所藏俞侯墨戲

不是胸中飽丘壑，誰能筆下吐雲煙？故應祇有王摩詰，解寫離騷極目天。

題劉志夫嚴居厚瀟湘詩卷後

瀟湘門外水如天，説著令人意慘然。試問登高能賦客，箇中何似汨羅淵？ 余南遊不能過衡山，但見人説衡州門外泊船處風物令人愁，未知信否。因覽此卷，書以訊之。

聞蛙

兩樞盛怒鬭春池，羣吠同聲徹曉帷。等是一場狼藉事，更無人與問官私。

延平水南天慶觀夜作

石樓雲卧對江城，城角吟霜永夜清。料得南枝正愁絶，不堪聞此斷腸聲。

墨梅

夢裏清江醉墨香，蘂寒枝瘦凛冰霜。如今白黑渾休問，且作人間時世裝。

秋華四首

木芙蓉

紅芳曉露濃，緑樹秋風冷。共喜巧回春，不妨閑弄影。

蕙古所謂蕙，乃今之零陵香。今之蕙，不知起於何時也。

今花得古名，旖旎香更好。適意欲忘言，塵編詎能考？

木犀

喬木生夏涼，芳蕤散秋馥。未覺歲時寒〔三七〕，扶疏方遶屋。

菊

青蘂冒珍叢，幽姿含曉露。政爾破荒寒，詎免傷遲暮？

晦翁足疾得程道人鍼之而愈戲贈此詩

十載扶行恃短筇，一鍼相值有奇功。出門放步人爭看，不是前來勃窣翁。

戲答楊庭秀問訊離騷之句二首

昔誦離騷夜扣舷，江湖滿地水浮天。只今擁鼻寒窗底，爛却沙頭月一船。

春到寒汀百草生，馬蹄香動楚江聲。不甘强借三峯面，且爲靈均作杜蘅。「佛法不怕爛却」，禪家語也。杜蘅一名馬蹄香，本草辨僞藥云：「細辛則杜蘅水浸令直。」三峯，謂華陰也。

孝宗皇帝挽歌詞

阜陵發引，詔許近臣進挽歌辭。熹恭惟盛德大業，不易形容，方將攄竭鄙思，以效萬一，冥搜連日，纔得四語。而忽被閔勞之詔，罷遣東歸，遂不敢成章以進。杜門累年，每竊私恨。戊午之春，大病瀕死，默念平生，仰孤恩遇，無路補報，感激涕泗，不能自已。謹因舊篇，續成十有六韻，略叙本末，以見孤臣亡狀，死不忘君之意云。

精一傳心妙，文明撫運昌。乾坤歸獨御，日月要重光。不值亡胡歲，何由復漢疆？遽移丹極仗，便上白雲鄉〔三八〕。九有哀同切，孤臣淚特滂。詎因逢舜日，曾得厠周行？但憶彤墀引，頻趨黼坐旁。衮華叨假寵，縞素識通喪。似有鹽梅契，還嗟貝錦傷。戴盆驚委照，增秩待行香。手疏攄丹悃，衡程發皂囊。神心應斗轉，巽令亟風揚。未答隆儒厚，俄聞脱躧忙。此生知永已，没世恨空長。内難開新主，遄歸立右廂。因山方慘澹，去國又倉惶。疾病今如許，形骸可自量。報恩寧復日？忍死續殘章。

詩送碧崖甘叔懷游廬阜兼簡白鹿山長吴兄唐卿及諸耆舊三首

羌廬不見幾經年，一話清遊一悵然。此日送君憑問訊，千峯影裏舊潺湲。

知君掛席下清江，未見香爐意已降。直上新泉得雄觀，便將傑句寫長杠。

遺君蹤跡莽荆榛，曾把詩書爲作新。今日總輸吴季子，枕流漱石自由身。

諸人已致書者，此不復及。此外更有陳勝私在九疊屏下田舍，彭師范在隔江都昌縣界中，皆勝士也。趙南紀病卧城中，不知今能出入否。叔懷皆可爲一訪致鄙意，不敢輒以僞跡相汙染也。山間勝處皆有前賢題詠可尋，獨新泉近出，最名殊勝，非三峽、漱石所及，而余未之見，故詩中特言之。黄石巖絶高，而漱玉之原，眼界特曠遠，余嘗一詣而不能及。近聞故吏張生棄家居之，其勇猛精進，老守蓋有愧焉。叔懷儻至其處，試爲物色，頗存問之爲佳。

丘子服來訪道問得古梅折以爲贈劉叔通江文卿俱來各有佳句因各次韻爲答三首

老枝横出數花新，誰寄寒齋雪夜春？江路猶應有幽伴，祇愁難得賞心人。用子服韻。

獨樹臨孤岸，横枝放淺花〔三九〕。不須煩驛使，正耐雪斜斜。用叔通韻。

西湖居士尋詩處，今墮軟紅車馬塵。半樹横枝空好在，只應無地覓高人。用文卿韻。

用子服韻謝水僊花

水中僊子來何處？翠袖黄冠白玉英。報道幽人被渠惱，著詩送與老難兄。

引年得請伏蒙致政學士契丈特垂慶問寵以佳篇捧玩之餘感愧亡量輒借高韻少見謝誠伏幸笑攬

一氣無私物自槃，放臣偏荷主恩寬。方慚妄竊老夫號，詎敢重簪博士冠？身退未妨閑養病，年豐何幸且偷安！新篇似許參同社，願刺仙舟上釣灘。賈生鵩賦「大鈞播物」，史記作「大專槃物」，索隱云：「專，讀作鈞；槃，猶轉也，義與播同。」

蒙恩許遂休致陳昭遠丈以詩見賀已和答之復賦一首

闌干苜蓿久空槃，未覺清羸帶眼寬。老去光華姦黨籍，向來羞辱侍臣冠。極知此道無終否，且喜閑身得暫安。漢祚中天那可料，明年太歲又涒湯昆反灘。建隆庚申距今己未二百四十年矣。嘗記年十歲時，先君慨然顧語熹曰：「太祖受命，至今百八十年矣！」歎息久之。銘佩先訓，於今甲子又復一周，而衰病零落，終無以少塞臣子之責，因和此詩，并記其語以示兒輩，爲之衋然感涕云。

己未九日子服老弟及仲宣諸友載酒見過坐間居厚廟令出示佳句歎伏之餘次韻爲謝并呈同社諸名勝

籬菊斑斑半吐黃，沜中又報紫萸香。輞川有茱萸沜，字與「泮」同。裝成令節秋還晚，撩得高情老更狂。載酒極知乖勝踐，沾衣却免歎斜陽。是日本約會於周園，屬予有故不果出，因集予舍。餘年只恐逢辰少，吟罷君詩引興長。

奉和子服老弟黃楊游巖二詩

聞道黃楊山上頭，千峯環抱百泉幽。羡君拄杖年年去，飽看人間萬頃秋。

游洲巖下水泠泠，枕石何妨夢裏聽。要與他年成故事，謾尋幽處著新亭。

和劉叔通懷游子蒙之韻

扣角聽君悲復悲〔四〇〕，壯心未已欲何之？交游半落丘山外〔四一〕，離别偏傷老大時。尚喜淵潛容賈誼，不須日飲教袁絲〔四二〕。病餘我更無憀賴〔四三〕，勉爲同懷一賦詩。余素不能作唐律，和韻尤非所長，年來追逐，殊覺牽彊。子服乃令更爲手寫此三詩者，不知欲以何用。晨起書罷，欲記歲月，方覺是庚申開基節日。此亦難逢之會，感歎久之。

叔通老友探梅得句不鄙垂示且有領客携壺之約次韻爲謝聊發一笑

迎霜破雪是寒梅，何事今年獨晚開？應爲花神無意管，故煩我輩著詩催。繁英未怕隨清角〔四四〕，疏影誰憐蘸緑盃？珍重南鄰諸酒伴〔四五〕，又尋江路覓香來〔四六〕。

病中承子服老弟同居厚叔通居中居晦諸兄友載酒見過子服有詩牽勉奉和并呈在席幸發一笑

心期萬壑與千巖，屢向君詩得指南。久恨泠然孤宿諾〔四七〕，偶逢兀者便同參〔四八〕。儻蒙大藥分金匕〔四九〕，豈羨奇方出玉函〔五〇〕？誰識留連今夕意〔五一〕？沉痾未散莫回驂。子服數有詩言黃楊之勝，未及往而得足疾，故有「兀者」之句。是夕坐客皆以霜寒欲亟歸，因又有末後句云。

寄江文卿劉叔通

文卿句律如師律，通叔詩情絶世情。政使暮年窮到骨，不教吟出斷腸聲。

詩人從古例多窮，林下如今又兩翁。應笑湖南老賓友，兩年吹落市塵中。此戲子蒙，恐落窮籍不便，可發一笑也。

我窮初不爲能詩，笑殺吹竽濫得癡。莫向人前浪分雪，世間真僞有誰知？僕不能詩，往歲爲澹菴胡公以此論薦，平生僥倖多類此云。

梅

姑射仙人冰雪容，塵心已共彩雲空。年年一笑相逢處，長在愁煙苦霧中。

香茶供養黄蘗長老悟公故人之塔并以小詩見意二首

擺手臨行一寄聲〔五二〕，故應離合未忘情〔五三〕。炷香瀹茗知何處？十二峯前海月明。

一別人間萬事空，他年何處却相逢？ 不須更話三生石，紫翠參天十二峯。

庚申立春前一日

雪花寒送臘〔五四〕，梅萼暖生春。 歲晚江村路，雲迷景更新。

南城吳氏社倉書樓爲余寫真如此因題其上慶元庚申二月八日滄洲病叟

朱熹仲晦父

蒼顔已是十年前，把鏡回看一悵然。 履薄臨深諒無幾，且將餘日付殘編。

校勘記

〔一〕飛觥起相酬 「飛觥」，考異云：一作「飛觴」。

〔二〕百仞聳雄觀 「雄」原作「椎」，據閩本、浙本改。

〔三〕亦四屈折而出 「而出」，考異云：一作「而去」。

〔四〕丹崖翠壁 「丹崖」，考異云：一作「丹壑」。

〔五〕林立環擁　「林立」，考異云：一作「森立」。

〔六〕以至於人物之相羊　「相羊」，考異云：一作「相忘」。

〔七〕幾作山中客　「幾」，淳熙本作「歲」。

〔八〕倚筇南山巔　「南」，淳熙本作「前」。

〔九〕蒼峭矗寒空　「矗」，淳熙本作「倚」。

〔一〇〕落日明彩翠　「彩」，原作「影」，據淳熙本改。查慎行云：「影」，疑當作「彩」，其説是也。

〔一一〕千載留餘響　「千載」，淳熙本作「聲斷」。

〔一二〕一曲溪邊上釣船　「溪邊」，淳熙本作「寒溪」。

〔一三〕幔亭峰影蘸晴川　「晴」，淳熙本作「清」。

〔一四〕萬壑千巖鎖翠煙　「翠」，淳熙本作「暮」。

〔一五〕二曲亭亭玉女峰　「亭亭」，淳熙本作「亭頭」。

〔一六〕道人不復陽臺夢　「復」，淳熙本作「作」。「陽」，浙本、閩本、天順本均作「荒」。

〔一七〕泡沫風燈敢自憐　「燈敢」，淳熙本作「煙苦」。

〔一八〕欸乃聲中萬古心　淳熙本作「茅屋蒼苔魏闕心」。

〔一九〕茅茨終日掩柴關　「終」，淳熙本作「鎮」。

〔二〇〕猿鳥不驚春意閑　「閑」，淳熙本作「還」。

〔二一〕人言此處無佳景二句　底本詩末原注云：此詩後二句，一本作「却憐昨夜峯頭雨，添得飛泉幾道寒」。

〔二二〕桑麻雨露見平川　「見」，淳熙本作「靄」。

〔二三〕按此詩淳熙本題作「和少傅陳公題武夷韻」，詩作：「野性知公適俗疏，山中活計不應無。故憐絶壑開茆宇，便遣名章作畫圖。裴令物情非緑野，魯狂心事只風雩。蒲輪過日須迎候，恰有流霞酒一壺。」

〔二四〕征驂聊此駐江干　「征」，淳熙本作「停」。

〔二五〕何時買得魚船就　「時」，淳熙本作「年」。

〔二六〕乞與人間畫裏看　「人間」，淳熙本作「時人」。

〔二七〕送建陽陳丞伯厚還鄉　淳熙本作「奉送陳子厚」。

〔二八〕徑荒曾擬賦歸辭　「曾」，淳熙本作「先」。

〔二九〕百歲歡榮慶母慈　「慶」，淳熙本作「奉」。

〔三〇〕忽然半夜一聲雷　「半夜」，浙本作「平地」。

〔三一〕獨往窮名山　「往」，原作「住」，據閩本、浙本改。

〔三二〕承事卓丈至坐中一笑　浙本作「白雲寺送儲柯伯升」。

〔三三〕偶緣送客來僧寺　「僧寺」，考異云：一作「僧舍」。

〔三四〕物外祇今成跌蕩　「祇今成」，考異云：一作「情懷常」。

〔三五〕人間何處不啾喧　「何處不」，考異云：一作「唇觜任」。

〔三六〕雙目從教别淚昏　考異云：一作「兩眼那因小馬昏」。

〔三七〕未覺歲時寒　「時」，閩本、浙本作「將」。

〔三八〕便上白雲鄉　「便」，浙本作「更」。

〔三九〕横枝放淺花　「横」，浙本作「疏」。

〔四〇〕扣角聽君悲復悲　「聽君」，考異云：一作「劉郎」。

〔四一〕交游半落丘山外　「半落」，考異云：一作「半數」。

〔四二〕不須日飲教袁絲　「不須日」，考異云：一作「未須痛」。

〔四三〕病餘我更無憀賴　考異云：一作「我今久矣摧頹甚」。

〔四四〕繁英未怕隨清角　「繁英」，考異云：一作「落英」。

〔四五〕珍重南鄰諸酒伴　考異云：一作「聞道南鄰多酒伴」。

〔四六〕又尋江路覓香來　「又尋」，考異云：一作「肯尋」。

〔四七〕久恨泠然孤宿諾　「宿諾」，考異云：一作「獨往」。

〔四八〕偶逢兀者便同參　「便同」，考異云：一作「遂同」。

〔四九〕黛蒙大藥分金匕　「黛蒙」，考異云：一作「黛逢」。

〔五〇〕豈羨奇方出玉函　「方出」，考異云：一作「方扣」。
〔五一〕誰識留連今夕意　考異云：一作「且幸親朋相暖熱」。
〔五二〕擺手臨行一寄聲　「擺手」，考異云：一作「撒手」。
〔五三〕故應離合未忘情　「故應」，考異云：一作「故知」。
〔五四〕雪花寒送臘　「臘」原作「蠟」，據浙本改。

晦庵先生朱文公文集卷第十

詩　樂府

謁表伯余宋祐

江上雪意滿，風吹竹林平。先生但堅坐，稚子開柴荆。

趁韻

千山木脱但空林，天外哀鴻亦叫音。認取溪亭今日意，四更山月湧波心。

次晦叔寄弟韻二首

聞道君歸湘水東，經行長在白雲中。詩成天柱峰頭月，酒醒朱陵洞裏風。舊學難酬香一瓣，流年誰管鬢雙蓬？書來爲指譊訛處，不涉言詮不落空。

試上閩山望楚天，雁飛欲斷勢還連。憑將袖裏數行字，與問雲間雙髻仙。我訪舊遊終有日，君歸故里定何年？祇今千里同心事，靜對簞瓢獨喟然。

次范碩夫題景福僧開窗韻

昨日土墻當面立，今朝竹牖向陽開。此心若道無通塞〔一〕，明暗何緣有去來？

題謝安石東山圖

家山花柳春，侍女髻鬟緑。出處亦何心，晴雲在空谷。

江月圖

江空秋月明，夜久寒露滴。扁舟何處歸？吟嘯永佳夕。

吴山高

行盡吴山過越山〔一〕，白雲猶是幾重關。若尋汗漫相期處，更在孤鴻滅没間。

題蕃騎圖

傳聞姑𡉏欲南侵，愁破雄邊老將心。却是燕姬能捍虜，不教行到殺胡林。

題尤溪宗室所藏二妃圖

瀟湘木落時，玉佩秋風起。日暮悵何之？寂寞寒江水。湘夫人

夫君行不歸，日夕空凝佇。目斷九疑岑，回頭淚如雨。湘君

夜

獨宿山房夜氣清，一窗涼月共虚明。鄰雞未作人聲絶，時聽高梧滴露鳴。

醉作三首七月二十六日夜

淅淅西風起，嗷嗷寒雁多。稻粱隨處有，珍重采薇歌。

淅淅西風起，候蟲寒夜分。千山杳沉寂，竟夕斷知聞。

淅淅西風起，濺濺石瀨鳴。有情從是妄，箇裏定無情？

苦雨用俳諧體

仰訴天公雨太多，纔方欲住又滂沱。九關虎豹還知否？爛盡田中白死禾。楚詞招魂云：「虎豹九關，啄害下人些。」

杉木長澗四首

我行杉木道，弛轡長澗東。傷哉半菽子，復此巨浸攻。沙石半川原，阡陌無遺蹤。室廬或僅存，釜甑久已空。壓溺餘鰥孤，悲號走哀恫。賻恤豈不勤，喪養何能供？我非肉食徒，自閉一畝宫。簞瓢正可樂，禹稷安能同？朅來一經行，歔欷涕無從。所慚越尊俎，豈憚勞吾躬。攀躋倦冢頂，永歗回凄風。眷焉撫四海，失志嗟何窮！

朝發長澗頭，夕宿長澗尾。傷哉長澗人，禍變乃如此！
縣官發廩存鰥孤，民氣未覺回昭蘇。老農向我更揮涕，陂壞渠絶田苗枯！
阡陌縱横不可尋，死傷狼藉正悲吟。若知赤子元無罪，合有人間父母心。

題中峯杉徑

盤回山腹轉脩蛇〔三〕，横入中峯小隱家。好把穉杉緣徑插，待迎涼月看清華。

山寺逢僧談命〔四〕

此地相逢亦偶然〔五〕，漫將牛斗話生緣〔六〕。時行時止非人力，莫問流年衹問天。

贈書工

平生久要毛錐子，歲晚相看兩秃翁。却笑孟嘗門下士，衹能彈鋏傲西風。

蘭

謾種秋蘭四五莖，疏簾底事太關情？可能不作涼風計，護得幽香到晚清？

讀十二辰詩卷掇其餘作此聊奉一笑

夜聞空簞齧飢鼠，曉駕羸牛耕廢圃。時才虎圈聽豪夸，舊業兔園嗟莽鹵。君看蟄龍卧三冬，頭角不與蛇爭雄。毁車殺馬罷馳逐，烹羊酤酒聊從容〔七〕。手種猴桃垂架緑，養得鶡雞鳴角角。客來犬吠催煮茶〔八〕，不用東家買猪肉。

伏承示及毛公平仲墓銘且索挽詩熹不及識毛公而愛重其文舊矣義不可辭顧已不及其虞殯姑以數句題於墓銘後幸辱裁訂或轉而致之其家幸甚〔九〕

毛公神仙骨〔一〇〕，誤落世網中。髫齔出奇語，砉然驚乃翁。弱齡翰墨場，不言已收功。亭亭絶世姿，皎皎冰雪容。顧步一長嘯，笙鶴翔秋空。調高聽者稀，老去竟不逢。一朝謝塵濁，泠然跨剛風。回頭叫安期，舉手邀韓終。千秋有遺想，一往無留蹤。平生故人心，灑涕銘幽宫。斯人不可見，斯文鬼神通。

挽鹿伯可郎中二首

造辟謀謨遠，勤民志慮專。中身謝軒冕，畢志友林泉。出祖傾群彦，歸來足二賢。誰令行樂地，容易鎖寒烟？

疇昔東州路，音書僅一通。承顔終未遂，仰德竟何窮？野哭悲能遽，巖居計莫同。關心九原路，無樹不高風！

挽陳檢正庸二首

厚德高賢躅，清名起懦襟。承宣幾年最，明恕一生心。勢屈飛騰晚，忠存獻納深。忽騎箕尾去，陵柏爲誰陰？

憶昔都門道，光華辱宰卿。丁寧話鹽筴，纖悉見民情。一别驚時論，三年想頌聲。祇今空老淚，難使濁河清。

哭劉嶽卿

曾説幽棲地，君家近接連。要攜邀月酒，同棹釣溪船。遽爾悲聞笛，真成嘆絶絃。林猿催老淚，爲爾一潸然。

詩餞陳兄朝章居士永歸本宅授諸挽者

早歲醇儒業，中年居士身。功名虚竹帛，德義滿鄉鄰。一笑藏舟失，千秋宰樹新。傷心耆舊傳，那復有斯人！

宿石邑館二首[一一]

春江日東注，我行遡其波。揚帆指西澨，兩岸青山多。青山自逶迤[一二]，飛石空嵯峨[一三]。緑樹生其間，幽鳥鳴相和。搴篷騁遐眺，擊楫成幽歌[一四]。獨語無與晤，兹懷竟如何？

停驂石邑館，解纜清江濱。中流櫂歌發，天風水生鱗。名都固多才，我來友其仁。兹焉同舟濟，詎止胡越親？舞雩諒非遠，春服亦已成。相期豈今夕，歲晚無緇磷。

水口行舟二首

昨夜扁舟雨一簑，滿江風浪夜如何？今朝試捲孤篷看，依舊青山緑樹多[一五]。

鬱鬱層巒夾岸青，春山緑水去無聲。煙波一棹知何許？鶗鴂兩山相對鳴。

詠巖桂二首

亭亭巖下桂，歲晚獨芬芳。葉密千層緑，花開萬點黄。天香生浄想，雲影護仙粧。誰識王孫意？空吟招隱章。

露浥黄金蘂，風生碧玉枝。千林向摇落，此樹獨華滋。木末難同調，籬邊不並時。攀援香滿袖，歎息共心期。

次韻芮察院送□寶文赴浙漕二首

遠俗何勞問？威名舊已孚。百城方仰澤，一節遽還都。聖主勤脩政，今年決破胡。期公寧餽輓，注想在謀謨。

考卜川清曠，端居奈樂何？風雲一以便，歲月不勝多。節傳無淹駕，林園得屢過。功名從迫逐，志業豈蹉跎？

挽梁文靖公二首

擢第初龍首，登庸再鳳池。心期詎温飽？身任必安危。幾歲調娱政，今年殄瘁詩。

恭惟衮斂意，不盡鑒亡悲。

疏寵無前比，騰章又夙心。極知求士切，端爲愛君深。鹵簿寒笳遠，塵埃斷藁侵。空令殺公掾，衰涕滿寒襟。

挽周侍郎二首

德量推容物，才猷足濟時。陰功覃遠徼，餘算飽雄師。行李淹星歲，還鄉感羽儀。一朝成殄瘁，九牧共傷悲。

憶昔趨丹闕，看公上玉除。民飢深獻納，主聖極欷歔。解手寒江闊，驚心夜壑虚。朅來空老淚，無地別輤車。頃年，熹以浙東荒政入奏，適公還自荆鄂，先一日引對。具奏沿道所見飢民狼狽之狀，上感其言，賑恤加厚。然熹渡江不旬日，即聞公訃。今者會葬，又以偵伺失期，追送不及，故云。

挽董安人二首

雅望推前輩，承家賴女師。閨門傳懿範，湯沐盛恩私。萬里驂鸞去，千秋宰樹悲。自應銘婦德，誰與篆豐碑？

令尹古循吏，郡君今勝流。平生餘事業，晚歲極熏脩。繐帳真成夢，靈辰竟不留。遺風被簫挽，未覺九泉幽。

題霜傑集

先生人物魏晉間，題詩便欲傾天慳。向來無地識眉宇，今日天遺窺波瀾。平生尚友陶彭澤，未肯輕爲折腰客。胸中合處不作難，霜下風姿自奇特。小儒閱閱金匱書，不滯周南滯海隅。枌榆連陰一見晚，何當挽袖凌空虚？

謝吴公濟菖蒲

翠羽紛披一尺長，帶煙和雨過書堂。知君别有臞仙種，容易難教出洞房。

易二首

立卦生爻事有因，兩儀四象已前陳。須知三絶韋編者，不是尋行數墨人。

潛心雖出重爻後，著眼何妨未畫前。識得兩儀根太極，此時方好絶韋編。

客來二首

客來何處覓紅雲？唯見風前萬點春。心賞未妨隨處好，緑楊陰裏换綸巾。

悵望君家嶺上雲，便攜佳友去尋春。論詩劇飲無他意，未管殘紅落佩巾。

題沈公雅卜居圖

往者仲長子，高情世無儔。一朝謝塵躅，卜築娱清幽。茆屋八九間，下有良田疇。後簷果垂實，前庭樹相樛。勝日賓友來，琴觴共舒憂。言論覈幽妙，理亂窮端由。至今一卷書，凛然昭千秋〔一六〕。沈侯經濟業，夙尚本林丘。談笑出幻境，寤言躡斯遊。仰睇白石崗，俯濯青瑶流。曠然宇宙外，邈矣將焉求？

武林

春風不放桃花笑，陰雨能生客子愁。只我無心可愁得，西湖風月弄扁舟。

桐廬舟中見山寺

一山雲水擁禪居，萬里江樓遶屋除。行色忽忽吾正爾，春風處處子何如？江湖此去隨漚鳥，粥飯何時共木魚？孤塔向人如有意，他年來借一蘧蒢。

伏讀尤美軒詩卷謹賦一篇寄呈伯時季路二兄

我聞洞巖幽，結友事臨眺。浮言妨勝踐，悵望空永嘯。歸來眩奇語，更欲窮窅窱。却尋兩翁意，宴坐得觀照。鳴泉俯淙琤〔一七〕，穹石仰蒼峭。共與前創古，三歎遺墨妙。神遊恍不隔，仁宅忻有要。回首鹿門期，寒雲生遠嶠。熹自林泉、紹德、寒巖之行，而同行有不欲者，遂已。詩卷之首，即東萊舍人呂公、上饒尚書汪公。軒蓋玉水工部喻公所書。

熹次延之年兄韻敬題紹德庵真如軒寫呈伯時季路二兄

先生可是愛吾廬？來往鄰菴幾閏餘。柏下竟開千歲室，竹間猶插萬籤書。悲涼共識臨風處，遊戲誰知落筆初？寄語山靈勤守護，莫將題柱比相如。

益公道人相見信安道温陵舊遊出示近詩因次其韻

別來幾度見歸鴻，歲月悠悠一夢中。莫道相望湖海闊，爭知千里不同風？
一身千里伴征鴻，北去南來羈旅中。珍重故人相認得，新詩重舉舊家風。

次益老韻

乾坤極處無今古，道術多岐自短長。儻有新思還告我，不應無雁到衡陽。

秋日

一雨生涼杜若洲，月波微漾緑溪流。茅簷歸去無塵土，淡薄閑花遶舍秋。

放船二首

浩蕩清江水，依微緑樹風。解維春雨外，弭櫂夕陽中。江草生新徑，巖花點舊叢。詩翁不愁思，逸興莽何窮！

疇昔清溪峽，船頭戲彩翰。十年空往事，一夢記前灘。陡絶垂蒼壁，澄虚列翠巒。

今宵詩卷裏，重得縱遐觀。往年泛舟此峽，有水鳥數十，翔集舟前，舟至輒起，若相導，十餘里乃散。

樂府

水調歌頭

富貴有餘樂，貧賤不堪憂。誰知天路幽險〔一八〕，倚伏互相酬。請看東門黄犬〔一九〕，更聽華亭清唳，千古恨難收〔二〇〕。何似鴟夷子，散髮弄扁舟。鴟夷子，成霸業，有餘謀。收身千乘卿相，歸把釣魚鈎。春晝五湖烟浪，秋夜一天雲月，此外儘悠悠〔二一〕。永棄人間事〔二二〕，吾道付滄洲。

次袁機仲韻

長記與君别〔二三〕，丹鳳九重城。歸來故里愁思〔二四〕，悵望渺難平〔二五〕。今夕不知何夕，得共寒潭烟艇，一笑俯空明。有酒徑須醉，無事莫關情。尋梅去，疏竹外，一枝横。與君吟弄風月〔二六〕，端不負平生。何處車塵不到？有箇江天如許，爭肯換浮名！只恐買山隱，却要煉丹成。

滿江紅劉知郡生朝〔二七〕

秀野詩翁，念故山、十年乖隔〔二八〕。聊命駕、朱門舊隱，綠槐新陌。好雨初晴仍半暖〔二九〕，金缸玉斝開瑶席。更流傳、麗藻借江天，留春色。過里社，將兒姪。談往事，悲陳迹。喜尊前見在，鏡中如昔。兩鬢全欺煙樹綠，方瞳好映寒潭碧。但一年一度一歸來，歡何極！

回文〔三〇〕

晚紅飛盡春寒淺，淺寒春盡飛紅晚。尊酒綠陰繁，繁陰綠酒尊。老仙詩句好，好句詩仙老。長恨送年芳，芳年送恨長。

次圭父回文韻

暮江寒碧縈長路，路長縈碧寒江暮。花塢夕陽斜，斜陽夕塢花。客愁無勝集，集勝無愁客。醒似醉多情，情多醉似醒。

用傅安道和朱希真梅詞韻〔三一〕

臨風一笑，問羣芳誰是，真香純白？獨立無朋，算只有、姑射山頭仙客。絶艷誰憐？貞心自保〔三二〕，邈與塵緣隔。天然殊勝，不關風露冰雪。應笑俗李粗桃，無言翻引得，狂蜂輕蝶。爭似黄昏閑弄影，清淺一溪霜月？畫角吹殘，瑶臺夢斷，直下成休歇。緑陰青子，莫教容易披折。

和西江月

睡處林風瑟瑟〔三三〕，覺來山月團團。身心無累久輕安。況有清涼池館。句穩翻嫌白俗，情高却笑郊寒。蘭膏元自少陵殘。好處金章不换。

又

堂下水浮新緑，門前樹長交枝。晚涼快寫一篇詩。不説人間憂喜。身老心閑益壯，形臞道勝還肥。軟輪加璧未應遲〔三四〕。莫道前非今是〔三五〕。

江檻詞〔三六〕

暮雨朝雲不自憐，放教春漲緑浮天。衹今畫閣臨無地，宿昔新詩滿繫船。 青鳥外，白鷗前。幾生香火舊因緣？ 酒闌山月移雕檻，歌罷江風拂玳筵。

又

已分江湖寄此生。長蓑短笠任陰晴。鳴橈細雨滄洲遠，繫舸斜陽畫閣明。 奇絶處，未忘情。幾時還得去尋盟？ 江妃定許捐雙佩，漁父何勞笑獨醒！

浣溪沙次秀野酴醿韻

壓架年來雪作堆〔三七〕，珍叢也是近移栽。肯令容易放春回？ 却恐陰晴無定度〔三八〕，從教紅白一時開。多情蜂蝶早飛來。

好事近

春色欲來時，先散滿天風雪。坐使七閩松竹，變珠幢玉節。 中原佳氣鬱葱葱，河山壯宫闕。丞相功成千載，映黄流清澈。

隱括杜牧之齊山詩作水調歌頭

江水浸雲影，鴻雁欲南飛。携壺結客何處？空翠眇烟霏。塵世難逢一笑，况有紫萸黄菊，堪插滿頭歸。風景今朝是，身世昔人非。　酬佳節，須酩酊，莫相違。人生如寄，何事辛苦怨斜暉？無盡今來古往，多少春花秋月，那更有危機？與問牛山客，何必獨沾衣！

南鄉子次張安國韻〔三九〕

落日照樓船，穩過澄江一片天。珍重使君留客意，依然。風月從今别一川。　離緒悄危絃，永夜清霜透幕氊。明日回頭江樹遠，懷賢。目斷晴空雁字連。

叔懷嘗夢飛仙爲之賦此歸日以呈茂獻侍郎當發一笑〔四〇〕

脱却儒冠著羽衣，青山緑水浩然歸。看成鼎内真龍虎，管甚人間閑是非！　生羽翼，上烟霏。回頭祇見冢纍纍。未尋跨鳳吹簫侣，且伴孤雲獨鶴飛。

水調歌頭聯句問訊羅漢

雪月兩相映，水石互悲鳴。不知巖上枯木，今夜若爲情？應見塵中膠擾，便道山間空曠，與麽了平生。與麽平生了，□水不流行〔四一〕。熹　起披衣，瞻碧漢，露華清。寥寥千載〔四二〕，此事本分明。若向乾坤識易，便信行藏無間，處處總圓成。記取淵冰語，莫錯定盤星。栻〔四三〕

校勘記

〔一〕此心若道無通塞　「若道」，考異云：一作「若謂」。

〔二〕行盡吴山過越山　「過」，浙本作「望」。

〔三〕盤回山腹轉脩蛇　「腹」，紀疑引徐樹銘新本作「谷」。

〔四〕山寺逢僧談命　淳熙本作「相僧求詩」。

〔五〕此地相逢亦偶然　「此地」，淳熙本作「古寺」。

〔六〕漫將牛斗話生緣　「漫」、「生」，淳熙本作「便」、「因」。

〔七〕烹羊酤酒聊從容　「酒」，淳熙本作「酪」。

〔八〕客來犬吠催煮茶　「犬」，淳熙本作「狗」。

〔九〕姑以數句題於墓銘後　「句」，閩本、浙本、天順本均作「語」。

〔一〇〕毛公神仙骨　「公」，閩本、浙本、天順本均作「君」。

〔一一〕宿石邑館二首　淳熙本僅録第一首，題作「春江」。

〔一二〕青山自逶迤　「自」，淳熙本作「固」。

〔一三〕飛石空嵯峨　「飛」，淳熙本作「亂」。

〔一四〕擊楫成幽歌　「幽」，淳熙本作「悲」。

〔一五〕昨夜扁舟雨一簑　浙本作：「繫纜江邊雨一簑，滿川煙雨夜如何？朝來捲起孤篷望，但覺青山緑樹多。」淳熙本「雨一簑」作「舫一艘」，餘同浙本。

〔一六〕凜然昭千秋　「昭」，浙本作「照」。

〔一七〕鳴泉俯淙琤　「琤」原作「浄」，據浙本改。

〔一八〕誰知天路幽險　「路幽」，淳熙本作「道夷」。

〔一九〕請看東門黄犬　「請看」，淳熙本作「試問」。

〔二〇〕千古恨難收　淳熙本作「千載恨悠悠」。

〔二一〕此外儘悠悠　「儘悠悠」，淳熙本作「更何求」。

〔二二〕永棄人間事　「永棄」，淳熙本作「棄置」。
〔二三〕長記與君別　「長記」，淳熙本作「憶昔」。
〔二四〕歸來故里愁思　「愁思」，淳熙本作「悵望」。
〔二五〕悵望渺難平　「悵」原作「帳」，據閩本改。此句淳熙本作「愁思眇空平」。
〔二六〕與君吟弄風月　「與君吟」，淳熙本作「此時吹」。
〔二七〕滿江紅劉知郡生朝　淳熙本作「滿江紅爲知府劉丈百千之壽」。
〔二八〕十年乖隔　「乖」，淳熙本作「永」。
〔二九〕好雨初晴仍半暖　「仍半」，淳熙本作「何乍」。
〔三〇〕回文　按此調寄菩薩蠻，淳熙本下有「呈秀野」三小字注。
〔三一〕用傅安道和朱希真梅詞韻　「安道」，淳熙本作「守」。按此詞調寄念奴嬌。
〔三二〕貞心自保　「貞」，原作「真」，據淳熙本、浙本改。
〔三三〕睡處林風瑟瑟　「林」，淳熙本作「窗」。
〔三四〕軟輪加璧未應遲　「軟」，淳熙本作「蒲」。
〔三五〕莫道前非今是　「前」，淳熙本作「昨」。
〔三六〕江檻詞　此題淳熙本作「鷓鴣天題江檻」。
〔三七〕壓架年來雪作堆　「雪」，淳熙本作「翠」。

〔三八〕却恐陰晴無定度　「却」，淳熙本作「只」。

〔三九〕南鄉子次張安國韻　「鄉」，原作「歌」，據全宋詞改。

〔四〇〕叔懷至發一笑　按此詞調寄鷓鴣天。

〔四一〕□水不流行　「□水」，原闕兩字，據宋元十五家詞本晦庵詞補。

〔四二〕寥寥千載　此句末，正訛云：「按調缺二字。」

〔四三〕栻　此字原缺，據浙本補。底本篇末注云：「此篇與南軒聯句，一本次於第五卷蓮花峯次敬夫韻詩下。」浙本即如是。

晦庵先生朱文公文集卷第十一

封事 時紹興三十二年壬午夏六月丙子，孝宗皇帝即位，詔求直言。秋八月，公應詔上封事。見文公年譜。

壬午應詔封事

八月七日，左迪功郎、監潭州南嶽廟臣朱熹謹昧死再拜，上書于皇帝闕下：臣恭惟太上皇帝再造區夏，受命中興，憂勤恭儉三十六年，春秋未高，方内無事，乃深惟天下國家之至計，一旦而舉四海之廣、天位之尊，斷自宸衷，傳之聖子。皇帝陛下恭承慈訓，應期御歷，爰初踐阼，曾未幾何，而設施注措之間，所以大慰斯民之望者，新而又新，曾靡虚日，其規摹固已宏遠矣。然猶且謙沖退託，不以聖智自居，首下明詔，以求直言。此尤足以見帝王之高致，知爲治之先務也。天下幸甚。臣竊伏草茅，深自惟念天下之大，不爲無人，忠言嘉謨、崇論谹議，計已日陳於陛下之前，尚恐不足仰望清光，無以少備採擇，况臣之愚，雖欲效其區區，豈能有補於萬分之一哉？又惟即位求言，累聖相承，以爲故事，則未知今日陛下之意，姑以備故事而已耶，抑真欲博盡羣言以冀萬一之助也？臣誠愚昧，不知所出，然愛君尊主，出於犬馬之誠，有不能自已者，故昧死言之，惟陛下留聽。

臣伏讀詔書，有曰「朕躬有過失，朝政有闕遺，斯民有戚休，四海有利病，並許中外士庶直言極諫」者。臣竊以陛下潛德宮府幾三十年，不邇聲色，不殖貨利，無一物之嗜好形於宴私，無一事之過失聞於中外，昧爽而朝，嚴恭寅畏，仁孝之德，孚于上下。所以大繫羣生之仰望，濬發太上之深慈，以至於膺受付託，奄有萬方者，其必有以致之矣。然則聖躬之過失，臣未之聞也。今者臨御未幾，而延登故老，召用直臣，抑僥倖以正朝綱，雪冤憤以作士氣，貢奉之私不輸於内帑，恭儉之德日聞於四方。凡天下之人所欲而未行、所患而未去者，以次罷行，幾無遺恨。然則朝政之闕遺，臣亦未之聞也。至於斯民之戚休，四海之利病，則有之矣。然臣屏伏閩陬十有餘年，足迹未嘗及乎四方，其見聞所及之一二，内自隱度，皆非今日所宜道於陛下之前者，不敢毛舉以溷聖聽。至若陰拱噤默，終不爲陛下一言，則又非臣之所敢安也。

臣聞召公之戒成王曰：「若生子，罔不在厥初生，自貽哲命。」孟子之言亦曰：「雖有智慧，不如乘勢。」方今天命之眷顧方新，人心之蘄向方切，此亦陛下端本正始、自貽哲命之時，因時順理、乘勢有爲之會也。又况陛下聖德隆盛，天下之人傳誦道説，有年于兹。今者正位宸極，萬物咸覩其心，蓋皆以非常之事、非常之功望於陛下，不但爲守文之良主而已也。然而祖宗之境土未復，宗廟之讎耻未除，戎虜之姦譎不常，生民之困悴已極，方此之時，陛下所以汲汲有爲，以副生靈之望者，當如何哉！然則今日之事，非獨陛下不可失之時，抑國家盛衰治亂之機，廟社安危榮辱之兆，亦皆決乎此矣。蓋陛下者，我宋之盛主，而今日者，陛下之盛時。於此而不副其望焉，則祖宗之遺黎裔胄不復有所歸心矣，可不懼哉！可不懼哉！

臣愚死罪，竊以爲聖躬雖未有過失，而帝王之學不可以不熟講也；朝政雖未有闕遺，而脩攘之計不可以不早定也；利害休戚雖不可遍以疏舉，然本原之地不可以不加意也。蓋學不講則過失萌矣，計不定則闕遺大矣，本不端則末流之弊不可勝言矣。臣請得爲陛下詳言之。

臣聞之：堯、舜、禹之相授也，其言曰：「人心惟危，道心惟微。惟精惟一，允執厥中。」夫堯、舜、禹皆大聖人也，生而知之，宜無事於學矣。而猶曰精，猶曰一，猶曰執者，明雖生而知之，亦資學以成之也。陛下聖德純茂，同符古聖，生而知之，臣所不得而窺也。然竊聞之道路，陛下毓德之初，親御簡策，衡石之程，不過諷誦文辭、吟咏情性而已。比年以來，聖心獨詣，欲求大道之要，又頗留意於老子、釋氏之書。疏遠傳聞，未知信否？然私獨以爲若果如此，則非所以奉承天錫神聖之資而躋之堯舜之盛者也。蓋記誦華藻，非所以探淵源而出治道；虛無寂滅，非所以貫本末而立大中。是以古者聖帝明王之學，必將格物致知以極夫事物之變，使事物之過乎前者，義理所存，纖微畢照，瞭然乎心目之間，不容毫髮之隱，則自然意誠心正，而所以應天下之務者，若數一二、辨黑白矣。苟惟不學，與學焉而不主乎此，則內外本末顛倒繆戾，雖有聰明睿智之資、孝友恭儉之德，而智不足以明善，識不足以窮理，終亦無補乎天下之治亂矣。然則人君之學與不學、所學之正與不正，在乎方寸之間，而天下國家之治不治，見乎彼者如此其大，所繫豈淺淺哉！易所謂「差之毫釐，繆以千里」，此類之謂也。

蓋「致知格物」者，堯舜所謂精、一也。「正心誠意」者，堯舜所謂執中也。自古聖人口授心傳而見於行事者，惟此而已。至於孔子，集厥大成，然進而不得其位以施之天下，故退而筆之以爲六經，以示後世之爲天下國家者。於其間語其本末終始先後之序尤詳且明者，則今見於戴氏之記，所謂大學篇者是也。故承議郎程顥與其弟崇政殿說書頤，近世大儒，實得孔孟以來不傳之學，皆以爲此篇乃孔氏遺書，學者所當先務，誠至論也。臣愚伏願陛下捐去舊習無用浮華之文，攘斥似是而非邪詖之説，少留聖意於此遺經，延訪真儒深明厥旨者，置諸左右，以備顧問，研究充擴，務於至精至一之地，而知天下國家之所以治者不出乎此，然後知體用之一原、顯微之無間，而獨得乎堯、舜、禹、湯、文、武、周公、孔子之所傳矣。於是考之以六經之文，鑑之以歷代之跡，會之於心，以應當世無窮之變，以陛下之明聖，而所以浚其源、輔其志者如此其備，則其所至，豈臣愚昧所能量哉！然臣非知道者，凡此所陳，特其所聞於師友之梗概端緒而已。陛下由是講學而自得之，則必有非臣之言所能及者。惟陛下深留聖意毋忽，則天下幸甚。

臣又聞之：爲天下國家者，必有一定不易之計。而今日之計不過乎脩政事、攘夷狄而已矣，非隱奥而難知也。然其計所以不時定者，以講和之説疑之也。夫金虜於我有不共戴天之讎，則其不可和也，義理明矣。而或者猶爲是説者，其意必曰：今本根未固，形勢未成，進未有可以恢復中原之策，退未有可以備禦衝突之方，不若縻以虚禮，因其來聘，遣使報之，請復土疆，示之以弱，使之優游驕怠，未遽謀我，而我得以其間從容興補，而大爲之備。萬一天意悔禍，或誘其衷，則我之所大欲者，將不用一士之命而可以坐得，何憚而不爲哉？臣竊以爲知義理之不可爲矣，而猶爲之者，必以有利而無害故也。而以臣策之，所謂講和者，有百害無一利，何苦而必爲之？夫復讎討賊、自彊爲善之説見於經者，不啻詳矣。

陛下聰明稽古，固不待臣一二言之，請姑陳其利害，而陛下擇焉。夫議者所謂本根未固，形勢未成，進不能攻，退不能守，何爲而然哉？正以有講和之説故也。此説不罷，則天下之事無一可成之理，何哉？進無生死一決之計，而退有遷延可已之資，則人之情雖欲勉彊自力於進爲，而其氣固已涣然離沮而莫之應矣。其守之也必不堅，其發之也必不勇，此非其志之本然，氣爲勢所分，志爲氣所奪故也。故今日講和之説不罷，則陛下之勵志必淺，大臣之任責必輕，將士之赴功必緩，官人百吏之奉承必不能悉其心力，以聽上之所欲爲。然則本根終欲何時而固，形勢終欲何時而成，恢復又何時而可圖，守備又何時而可恃哉？其不可冀明矣。

若曰以虛禮縻之，則彼雖仁義不足而凶狡有餘，誠有謀我之心，則豈爲區區之虛禮而驕？誠有兼我之勢，則亦豈爲區區之虛禮而輟哉？若曰示之以弱，則是披腹心、露情實而示之以本然之弱，非强而示之弱之謂也。適所以使之窺見我之底藴，知我之無謀而益無忌憚耳。縱其不來，我恃此以自安，勢分氣奪，日復一日，如前所云者，雖復曠日十年，亦將何計之可成哉？則是所以驕敵者，乃所以啓敵而自驕；所以緩寇者，乃所以養寇而自緩。爲虜計則善矣，而非吾臣子所宜言也。

且彼盗有中原，歲取金幣，據全盛之勢以制和與不和之權。少懦則以和要我，而我不敢動；力足則大舉深入，而我不及支。蓋彼以從容制和，而其操術常行乎和之外，是以利伸否蟠而進退皆得。而我方且仰首於人，以聽和與不和之命，謀國者惟恐失虜人之驩，而不爲久遠之計，進則失中原事機之會，退則沮忠臣義士之心。蓋我以汲汲欲和，而志慮常陷乎和之中，是以跋前疐後，而進退皆失。自宣和、靖康以來，首尾三四十年，虜人專持此計，中吾腹心，決策制勝，縱横前却，無不如其意者。而我墮其術中，曾不省悟，危國亡師，如出一轍。去歲之事，人謂朝廷其知之矣，而解嚴未幾，虜使復至。彼何憚於我而遽爲若是？是又欲以前策得志於我，而我猶不悟也。受而報之，信節未還，而海州之圍已急矣。此其包藏反覆，豈易可測？而議者猶欲以已試敗事之餘謀當之，其亦不思也哉！

至於請復土疆而冀其萬一之得，此又不思之大者。夫土疆，我之舊也，雖不幸淪没，而豈可使彼仇讎之虜得以制其予奪之權哉？顧吾之德之力如何耳。我有以取之，則彼將不能有而自歸于我；我無以取之，則彼安肯舉吾力之所不能取者而與我哉？且彼能有之而我不能取，則我弱彼强，不較明矣。縱其與我，我亦豈能據而有之？彼有大恩，我有大費，而所得者未必堅也。向者燕、雲、三京之事可以監矣。是豈可不爲之寒心也哉？假使萬有一而出於必不然之計，彼誠不我欺而不責其報，我必能自保而永無他虞，則固善矣。然以堂堂大宋，不能自力以復祖宗之土宇，顧乃乞丐於仇讎之戎狄以爲國家，臣雖不肖，竊爲陛下羞之。夫前日之遣使報聘，以是爲請，既失之矣。及陛下嗣位，天下之望曰「庶幾乎」，而赦書下者，方且禁切諸將毋得進兵，申遣使介，告諭纂承之意，繼脩和好之禮，亦若有意於和議之必成，而坐待土疆之自復者。遠近傳聞，頓失所望。臣愚不能識其何説，而竊歎左右者用計之不詳也。

古語有之：「疑事無功，疑行無名。」今虜以好來而兵不戢，我所以應之者，常不免出於兩塗而無一定之計，豈非所謂疑事也哉？以此號令，使觀聽熒惑，離心解體，是乃未攻而已却，未戰而已敗也。欲以此成恢復之功，亦已難矣。然失之未遠，易以改圖，往者不可諫，而來者猶可追也。願陛下疇咨大臣，總攬羣策，鑒失之之由，求應之之術，斷以義理之公，參以利害之實，罷黜和議，追還使人，苟未渡淮，猶將可及。自是以往，閉關絶約，任賢使能，立紀綱，厲風俗，使吾脩政事、攘夷狄之外，瞭然無一毫可恃以爲遷延中已之資，而不敢懷頃刻自安之意，然後將相軍民，遠近中外，無不曉然知陛下之志，必於復讎啓土，而無玩歲愒日之心，更相激厲，以圖事功。數年之外，志定氣飽，國富兵强，於是視吾力之强弱，觀彼釁之淺深，徐起而圖之，中原故地不爲吾有，而將焉往？此不過少遲數年之久，而理得勢全，名正實利，其與講和請地、苟且僥倖必不可成之虚計，不可同年而語也，明矣。惟陛下深留聖意毋忽，則天下幸甚。

至於四海之利病，臣則以爲繫於斯民之戚休。斯民之戚休，臣則以爲繫乎守令之賢否。然而監司者，守令之綱也；朝廷者，監司之本也。欲斯民之皆得其所，本原之地，亦在乎朝廷而已。

陛下以爲今日之監司姦贓狼藉，肆虐以病民者誰？則非宰執臺諫之親舊賓客乎？其既失勢者，陛下既按見其交私之狀而斥去之矣；尚在勢者，豈無其人，顧陛下無自而知之耳。然則某事之利爲民之休，某事之病爲民之戚，陛下雖欲聞之，亦誰與奉承而致諸民哉？臣以爲惟以正朝廷爲先務，則其患可不日而自革，而陛下似亦有意乎此矣。蓋前日所號召數君子者，皆天下所謂忠臣賢士也。所以正朝廷之具，豈有大於此者哉！然其才之所長者不同，則任之所宜者亦異。願陛下於其大者使之贊元經體，以亮天工；於其細者使之居官任職〔一〕，以熙庶績。能外事者使任典戎幹方之責，明治體者使備拾遺補過之官。又使之各舉所知，布之列位，以共圖天下之事，使疏而賢者雖遠不遺，親而否者雖邇必棄。毋主先入，以致偏聽獨任之譏；毋篤私恩，以犯示人不廣之戒。進退取舍，惟公論之所在是稽，則朝廷正，而内外遠近莫敢不一於正矣。監司得其人，而後列郡之得失可得而知；郡守得其人，而後屬縣之治否可得而察。重其任以責其成，舉其善而懲其惡。夫如是，則事之所謂利，民之所謂休，將無所不舉；事之所謂病，民之所謂戚，將無所不除，又何足以勞聖慮哉？苟惟不然，而切切然今日降一詔，明日行一事，欲以惠民而適增其擾者有之，欲以興利而益重其害者有之，紛紜叢脞，既非君道所宜，宣布奉行，徒爲觀聽之美而已，則亦何補之有？況今旱蝗四起，民食將乏，圖所以寬賦役、備賑贍、業流逋、銷盜賊之計，尤在於守令之得其人，而其本原之地，則又有在。願陛下深留聖意毋忽，則天下幸甚。

蓋天下之事至於今日，無一不弊而不可以勝陳。以獻言者之衆，則或已能略盡之矣。然求其所謂要道先務而不可緩者，此三事是也。夫講學所以明理而導之於前，定計所以養氣而督之於後，任賢所以脩政而經緯乎其中，天下之事無出乎此者矣。伏惟陛下因此初政，端本正始，自貽哲命之時，因時順理，乘勢有爲之會，於此三言深加察納，果斷力行以幸天下。則夫所謂不可勝陳之事，凡見於議者之言而合乎義理之公、切於利害之計者，自然循次及之，各得其所。若其不然，雖有求治之心而致之不得其方，雖有致治之方而爲之不得其序，一旦恭儉勞苦，憂勤過甚，有所不堪而不見其效，則亦終於因循怠惰而無所成矣。豈天下之人所以延頸舉踵而望陛下之初心哉！至於是時，雖欲悔之，臣恐其倍勞聖慮而成效不可期也。

又況旱蝗之災環數千里，陛下始初清明，行誼未過，而天戒赫然若此其甚，其必有説矣。臣愚竊以爲此乃天心仁愛陛下之厚，不待政過行失而先致其警戒之意，以啓聖心，使盛德大美始終純全〔二〕，無可非間，如商中宗、周宣王，因災異而脩德以致中興也。是宜於此三術屢省而亟圖之，以順民心，以答天意。以陛下之聖明，必將有以處此。

愚臣所慮，獨患議者不深惟其所以然之故，以爲其間不免有所更張，或非太上皇帝之意者〔三〕，陛下所不宜爲，以咈親志。臣竊以爲誤矣。恭惟太上皇帝至公無心〔四〕，合德天地，臨御三紀，艱難百爲，其用人造事，皆因時循理以應事變，未嘗膠於一定之說。先後始末之不同，如春秋冬夏之變，相反以成歲功，存神過化，而無有毫髮私意凝滯於其間。其所以能超然遠引，屣脱萬乘而不以爲難者，由是而已。本其傳位陛下之志，豈不以陛下必能緝熙帝學以繼跡堯、禹乎〔五〕？豈不以陛下必能復讎啓土以增光祖宗乎？豈不以陛下必能任賢脩政以惠康小民乎？誠如是也，則臣之所陳，乃所以大奉太上詒謀燕翼之聖心，而助成陛下尊親承志之聖孝也。議者顧欲守一時偶然之跡一二以循之，以是爲太上皇帝之本心，則是以事物有形之粗而語天地變化之神也，豈不誤哉！且古者禪授之懿，莫如堯、舜之盛，而舜承堯禪，二十有八年之間，其於禮樂刑政，更張多矣。其大者，舉十六相，皆堯之所未舉；去四凶，皆堯之所未去。然而舜不以爲嫌，堯不以爲罪，天下之人不以爲非，載在虞書，孔子録之以爲大典，垂萬世法。而况臣之所陳，非欲盡取太上皇帝約束紛更之也，非貴其所賤、賤其所貴而悉更置之也，因革損益，顧義理如何爾，亦何不可？而陛下何嫌之有哉？願早圖之，以幸天下，毋疑於臣之計也。

若夫戰守之機、形制之勢，則臣未之學，不敢妄有所陳。然竊聞之：上流督帥物望素輕〔六〕，黜陟失宜，效於已試；下流戍兵直棄淮甸，長江之險，與虜共之。斯乃古今之所共憂，愚智之所同惑。臣雖鄙闇，亦竊疑之。況今秋氣已高，虜情叵測，傳聞洶洶，咸謂或當復有去歲之舉。雖虛實未可知，然是二者實彊弱安危形勢所繫，呼噏俯仰之間，未足以喻其急也。願陛下并留聖意，臣不勝大願。

臣凡愚不學，頃歲冒昧羣試有司，太上皇帝賜之末第，獲叨官禄。既又誤聽人言，猥加收召，適以疾病，留落不前。今則血氣益衰，精神益耗，屏居山田，未知所以仰報大恩之日。敢因明詔，罄竭愚衷，昧死獻書以聞。迂疏狂妄，不識忌諱，忤犯貴近，切劘事機，罪當萬死。惟陛下哀憐財赦而擇其中。干冒天威，臣無任震懼兢惶、俯伏待罪之至。臣熹昧死再拜。

庚子應詔封事

四月二十一日，宣教郎、權發遣南康軍事兼管内勸農事、提轄本軍界分諸鋪遞角、借緋臣朱熹謹齋沐奉疏，東向再拜，昧死獻于皇帝陛下：臣伏覩三月九日陛下可議臣之奏，申敕監司郡守條具民間利病，悉以上聞，無有所隱。臣以布衣諸生蒙被聖恩，待罪偏壘，乃獲遭值仁聖求言願治，不間疏遠如此，其敢不悉心竭慮以塞詔旨？然臣嘗病獻言者不惟天下國家之大體，而毛舉細故以爲忠；聽言者不察天下國家之至計，而抉擿隱伏以爲明。是以獻言雖多而實無所益於人之國，聽言雖廣而實無以盡天下之美。臣誠不佞，然不敢專以淺意小言仰奉明詔。惟陛下幸於其大者垂聽而審行之，則天下幸甚！

臣嘗謂天下國家之大務莫大於恤民，而恤民之實在省賦，省賦之實在治軍。若夫治軍省賦以爲恤民之本，則又在夫人君正其心術以立紀綱而已矣。董子所謂正心以正朝廷，正朝廷以正百官，正百官以正萬民，正萬民以正四方，蓋謂此也。夫民之不可不恤，不待智者而後能知〔七〕，亦不待明者然後能言也，然欲知其憔悴困窮之實，與其所以致此之由，則臣請以所領之郡推之，然後以次而及其所以施置之方焉。

臣謹按南康爲郡，土地瘠薄，生物不暢，水源乾淺，易得枯涸，人民稀少，穀賤農傷，固已爲貧國矣。而其賦税偏重，比之他處，或相倍蓰。民間雖復盡力耕種，所收之利或不足以了納税賦，須至别作營求，乃可陪貼輸官。是以人無固志，生無定業，不肯盡力農桑，以爲子孫久遠之計。幸遇豐年，則賤糶禾穀，以苟目前之安；一有水旱，則扶老攜幼，流移四出，視其田廬無異逆旅之舍。蓋出郊而四望，則荒疇敗屋，在處有之。故臣自到任之初，即嘗具奏，乞且將星子一縣税錢特賜蠲減。又嘗具申提點坑冶司，乞爲敷奏，將夏税所折木炭價錢量減分數。其木炭錢，已蒙聖慈曲賜開允。獨減税事，漕司相度方上版曹，若得更蒙聖恩特依所請，則一方憔悴困窮之民，自此庶幾復有更生之望矣。然以臣計之，郡之接境江、饒等州，土田瘠薄類此者，非一郡一縣而已也；税賦重大如此者，非一料一色而已也。若不大爲經理，深加隱恤，雖復時於其間少有縱舍，如以杯水救一車薪之火，恐亦未能大有所濟，而剥膚椎髓之禍，必且愈深愈酷，而不可救。元氣日耗，根本日傷，一旦不幸而有方數千里之水旱，則其横潰四出，將有不可如何者。未知陛下何以處此？此臣之所謂民之憔悴困窮而不可不恤者然也。

而臣所謂省賦理軍者，請復爲陛下言之：夫有田則有租，爲日久矣。而今日民間特以税重爲苦者，正緣二税之入，朝廷盡取以供軍，而州縣無復贏餘也。夫二税之入盡以供軍，則其物有常數，其時有常限，而又有貼納水脚轉輸之費，州縣皆不容有所寬緩而減免也。州縣既無贏餘以給官吏、養軍兵，而朝廷發下離軍歸正等人又無紀極，支費日增，無所取辦，則不免創於二税之外别作名色，巧取於民。且如納米收耗，則自七斗八斗以至於一倍再倍而未止也；豫借官物，則自一年二年以至於三年四年而未止也〔八〕，此外又有月椿移用諸雜名額，抛賣乳香、科買軍器、寄招軍兵、打造鐵甲之屬，自版曹總所以至漕司，上下相承，遞相促迫。今日追究人吏，明日取勘知通，官吏無所從出，不過一切取之於民耳。蓋不如是，無以補舊欠、支目前，雖明知其一旦發覺，違法抵罪，而不及顧也。夫以罪及其身而不暇恤，尚何暇於民之恤乎？以此觀之，則今日民貧賦重，其所從來亦可知矣。若不計理軍實而去其浮冗，則民力決不可寬。然國家蹙處東南，恢復之勳未集，所以養兵而固圉者，常患其力之不足，則兵又未可以遽減。竊意惟有選將吏、覈兵籍，可以節軍貲；開廣屯田，可以實軍儲；練習民兵，可以益邊備。誠能行此三者，而又時出禁錢以續經用，民力庶幾其可寬也。

今將帥之選，率皆膏粱騃子、厮役凡流，徒以趨走應對爲能，苞苴結託爲事。物望素輕，既不爲軍士所服，而其所以得此差遣，所費已是不貲。以故到軍之日，惟務裒斂刻剥，經營賈販，百種搜羅，以償債負。債負既足〔九〕，則又別生希望，愈肆誅求。蓋上所以奉權貴而求陞擢，下所以飾子女而快己私，皆於此乎取之。至於招收簡閲、訓習撫摩，凡軍中之急務，往往皆不暇及。軍士既已困於刻剥，苦於役使，而其有能者又不見優異，無能者或反見親寵，怨怒鬱積，無所伸訴。平時既皆悍然有不服之心，一旦緩急，何由可恃？至於軍中子弟，亦有素習弓馬、諳曉戰陣者，例皆不肯就本軍投募，而朝廷反爲之分責州郡，枉費錢物，拖拽短小生疏無用之人，以補軍額。凡此數端，本末巨細，無不乖錯。而所謂將帥者，私欲飽滿，鑽研有效，則又可以束裝問塗，而望他軍之積以爲己資矣。故近歲以來，管軍臣僚遷代之速至有一歲而再易者。是則不惟軍中利病無由究知，冗兵浮食日益猥衆，而此人之所盗竊破費與夫送故迎新，百色支用，已不知其幾何矣。至於總餽輸之任者，亦皆負倚幽陰，交通賄賂，其所程督驅催東南數十州之脂膏骨髓，名爲供軍，而輦載以輸於權倖之門者不可以數計。若乃屯田、民兵二事，又特爲誕謾小人竊取官職之資，而未聞其有絲毫尺寸可見之效。凡此數弊，天下之人孰不知之？而任事之臣略不敢一言以告陛下，惟務迫趣州縣，使之急征横賦，戕伐邦本。而其所以欺陛下者，則曰如是而國可富，如是而兵可彊。陛下亦聞其説之可喜，而未究其實，往往誤加獎寵，畀以事權。是以比年以來，此輩類皆高官厚禄，志滿氣得，而生民日益困苦，無復聊賴。草茅有識之士相與私議竊歎，以爲莫大之禍、必至之憂近在朝夕，顧獨陛下未之知耳。

爲今之計，欲計軍實以紓民力，則必盡反前之所爲，然後乃可冀也。蓋授將印、委利權，一出於朝廷之公議，則可以絶苞苴請託之私。務求忠勇沉毅、實經行陣、曾立勞效之人，則可以革輕授非才之弊。無苞苴請託之私，則刻剥之風可革。將得其人，則軍士畏愛奮厲。蒐閲以時，而竄名冗食者不得容於其間。得人而久其任，則上下相安，緩急可恃，而又可以省送迎之費。軍之汰卒，與凡北來歸正、添差任滿之人，皆可歸之屯田，使之與民雜耕而漸損其請給。其有材勇事藝之人，則計其品秩而多與之田，因以爲什伍之長，使教其人習於馳射擊刺行伍之法。罷去諸州招軍之令，而募諸軍子弟之驍勇者，則授以田〔一〇〕，使隸尺籍。大抵令與見行屯田、民兵之法相爲表裏，擇老成忠實、通曉兵農之務者，使領其事，付以重權，久其事任，毋貪小利，毋急近功，俟其果能漸省列屯坐食之兵，稍損州郡供軍之數，然後議其課最，增秩而因任之。如此十數年間，自然漸見功效。若其功效未能遽見之間，而欲亟圖所以紓州縣民間目前之急者，則願深詔主計將輸之臣，且於見今樁積金穀綿絹數内，每歲量撥三二十萬，視州郡之貧乏者，特與免起上供官物三五分而代其輸。向後軍籍既覈，屯田既成，民兵既練，則上項量撥之數可以漸減，而州郡免起之數可以漸增。州縣事力既益寬舒，然後可以禁其苛斂，責以寬恤，歲課而時稽之，不惟去其加耗預借、非法科敷之弊，又視其土之肥瘠、税之輕重而均減之，庶幾窮困之民得保生業，無復流移漂蕩之意。所在曠土亦當漸次有人開墾布種，而公上之賦亦當自然登足，次第增羨，不俟程督迫促而國真可富、兵真可彊矣。此臣之所謂省賦治軍之説然也。

至於所謂其本在於正心術以立紀綱者，則非臣職之所當及。然天下萬事之根本源流有在於是，雖欲避而不言，有不可得者。且臣頃於隆興初元誤蒙召對，蓋已略陳其梗概矣。今請昧死復爲陛下畢其説焉：夫所謂綱者，猶網之有綱也；所謂紀者猶絲之有紀也。綱無綱則不能以自張，絲無紀則不能以自理。故一家則有一家之綱紀，一國則有一國之綱紀。若乃鄉總於縣，縣總於州，州總於諸路，諸路總於臺省，臺省總於宰相，而宰相兼統衆職，以與天子相可否而出政令，此則天下之綱紀也。然而綱紀不能以自立，必人主之心術公平正大，無偏黨反側之私，然後綱紀有所繫而立。君心不能以自正，必親賢臣、遠小人，講明義理之歸，閉塞私邪之路，然後乃可得而正也。古先聖王所以立師傅之官、設賓友之位、置諫諍之職，凡以先後縱臾，左右維持，惟恐此心頃刻之間或失其正而已。原其所以然者，誠以天下之本在是，一有不正，則天下萬事將無一物得其正者，故不得而不謹也。

今天下之事如前所陳，亦可見矣。陛下欲恤民，則民生日蹙；欲理財，則財用日匱；欲治軍，則軍政日紊；欲恢復土宇，則未能北向以取中原尺寸之土；欲報雪讎耻，則未能繫單于之頸而飲月氏之頭也。此其故何哉？宰相、臺省、師傅、賓友、諫諍之臣皆失其職，而陛下所與親密、所與謀議者，不過一二近習之臣也。此一二小人者，上則蠱惑陛下之心志，使陛下不信先王之大道而悦於功利之卑説，不樂莊士之讜言而安於私暬之鄙態；下則招集天下士大夫之嗜利無耻者，文武彙分，各入其門，所喜則陰爲引援，擢置清顯，所惡則密行訾毁，公肆擠排。交通貨賂，則所盜者皆陛下之財；命卿置將，則所竊者皆陛下之柄。雖陛下所謂宰相、師保、賓友、諫諍之臣，或反出入其門牆，承望其風旨。其幸能自立者，亦不過齪齪自守，而未嘗敢一言以斥之。其甚畏公論者，乃略能驚逐其徒黨之一二，既不能深有所傷，而終亦不敢明言，以擣其囊橐巢窟之所在。勢成威立，中外靡然向之，使陛下之號令黜陟不復出於朝廷而出於此一二人之門，名爲陛下之獨斷，而實此一二人者陰執其柄。蓋其所壞，非獨壞陛下之綱紀而已，乃并與陛下所以立綱紀者而壞之。使天下之忠臣賢士深憂永歎，不樂其生；而貪利無恥、敢於爲惡之人四面紛然，攘袂而起，以求逞其所欲。然則民又安可得而恤，財又安可得而理，軍政何自而脩，土宇何自而復，而宗廟之讎恥又何時而可雪耶？

臣誠至愚，不勝憤懣，因伏惟念自頃進對，得竭狂瞽，陛下不惟赦而不誅，其後十八年間，兩蒙收召，五被除擢。雖臣愚暗，自知無用於世，又爲疾病憂患之所牽留，有不得祗拜恩命者，然陛下之知臣不爲不深、憐臣不爲不厚，顧臣乃獨畏懦藏縮，熟視天下之綱紀廢亂、生靈困苦至於如此，而不能捐生出死，一爲陛下言之，是陛下不負臣而臣負陛下也。今者幸值聖明，開廣言路，而臣官守適在可言之數，於此而又不言，則臣之罪雖萬死不足以自贖。是以敢冒言之，伏惟陛下曲加容貸，留神省察，奮發剛斷，一正宸心，斥遠佞邪，建立綱紀，以幸四海困窮之民，則臣不勝大幸！干冒斧鉞，臣無任瞻天望聖、戰慄俟命之至。臣熹昧死再拜謹言。

貼黄

本軍管内去秋晚田旱損，去冬地震有聲，臣已各具奏聞去訖。是後一向闕雨，耕牛疫死。今雖得雨，恐已後時，而牛死不止，勢甚可慮，伏乞睿照。臣昨蒙賜對，面奉玉音，治天下當以正心誠意爲本，常竊仰歎聖學高明、深達治本如此，天下安得不治？比年以來，乃聞道路之言，妄謂陛下惡聞正心誠意之説，臣下當進對者，至相告戒，以爲諱忌〔一〕。臣雖有以決知其不然，然竊深慮此語流傳，上累聖德，下惑羣聽，伏望睿明，更賜財幸。

繳進奏疏狀

具位臣朱熹。

右臣伏覩進奏院報，三月九日，臣寮奏乞申勑監司郡守條具民間利病悉以上聞，無有所隱，奉聖旨依奏者。臣以非材，誤叨郡寄，竊見管内民間利病有合奏聞事件，顧其間有事干機密不宜宣露者，謹昧萬死，具疏壹通，準式實封，隨狀投進。

貼黄

乞至御前開拆，庶幾千慮之得，有以仰副陛下求言願治之意。干冒天威，臣無任跼蹐俟罪之至。謹録奏聞，伏候勑旨。

戊申封事

十一月一日，朝奉郎、直寶文閣、主管西京嵩山崇福宫臣朱熹謹齋沐具疏，昧死再拜，獻于皇帝陛下：臣猥以庸陋，蒙被聖知，有年於此矣。而兩歲以來，受恩稠疊，有加於前，顧視輩流，無與爲比，其爲感激之深，固有言所不能諭者。然竊惟念狂妄之言，抵觸忌諱，雖蒙聽納，不以爲罪，而伏俟數月，未見其有略施行者。臣誠不自知，求所以堪陛下非常之恩者，而未知所出也，以是慚懼，久不自安。不意陛下又欲召而見之，臣愚，於此仰窺聖意，尤不識其果何謂也。以爲欲聽其計策，則言已陳而不可用；以爲欲加之恩意，則寵既厚而無以加。二者之間，未有所當，此臣之所以徘徊前却，懇扣辭避而不能已也。然而陛下猶未之許，則臣又重思之，前日進對之時，口陳之説，迫於疾作而猶有未盡焉者，蓋嘗請以封事上聞，而久未敢進，豈非陛下偶垂記憶而欲卒聞之乎，抑其别有以乎？臣不得而知也。然君父之命至于再下，而爲臣子者堅卧於家，則臣於此實有所未安者。其所深慮，獨恐進見之後，所言終不可用，而又徒竊誤寵如前之爲，則臣之辭受將有所甚難處而終得罪者。是以輒因前請而悉其所言以獻，以爲雖使得至陛下之前，所言不過如此。伏惟聖慈幸賜觀省，若以其言爲是而次第行之，則臣之志願千萬滿足，退伏巖穴，死無所憾。萬一聖意必欲其來，則臣亦不過求一望見清光，而後懇請以歸而已。若見其言果無可取，則是臣所學之陋，他無所有，政使冒進，陛下亦將何所用之？不若因其懇請而許其歸休，猶足以兩有所全也。又况陛下之庭，侍從之列方有造爲飛語以中害善良，唱爲横議以脅持上下，其巧謀陰計，又有甚於前日之不思而妄發者。陛下無爲使臣輕犯其鋒而復蹈已覆之轍也。

蓋臣竊觀今日天下之勢，如人之有重病，内自心腹，外達四肢，蓋無一毛一髮不受病者。雖於起居飲食未至有妨，然其危迫之證，深於醫者固已望之而走矣。是必得如盧扁、華佗之輩，授以神丹妙劑〔一二〕，爲之湔腸滌胃以去病根，然後可以幸於安全。如其不然，則病日益深而病者不覺，其可寒心，殆非俗醫常藥之所能及也。故臣前日之奏，輒引「藥不瞑眩，厥疾不瘳」之語，意蓋爲此〔一三〕，而其言有未盡也。然天下之事，所當言者不勝其衆，顧其序有未及者，臣不暇言，且獨以天下之大本與今日之急務深爲陛下言之。蓋天下之大本者，陛下之心也。今日之急務，則輔翼太子、選任大臣、振舉綱維、變化風俗、愛養民力、脩明軍政六者是也。臣請昧死而悉陳之，惟陛下之留聽焉：

臣之輒以陛下之心爲天下之大本者，何也？天下之事千變萬化，其端無窮而無一不本於人主之心者，此自然之理也。故人主之心正，則天下之事無一不出於正；人主之心不正，則天下之事無一得由於正。蓋不惟其賞之所勸、刑之所威，各隨所向，勢有不能已者，而其觀感之間，風動神速，又有甚焉。是以人主以眇然之身，居深宮之中，其心之邪正，若不可得而窺者，而其符驗之著於外者，常若十目所視、十手所指而不可掩。此大舜所以有「惟精惟一」之戒，孔子所以有「克己復禮」之云，皆所以正吾此心而爲天下萬事之本也。此心既正，則視明聽聰，周旋中禮，而身無不正。是以所行無過不及而能執其中，雖以天下之大，而無一人不歸吾之仁者。臣謹按尚書舜告禹曰：「人心惟危，道心惟微。惟精惟一，允執厥中。」夫心之虛靈知覺，一而已矣。而以爲有人心、道心之别者，何哉？蓋以其或生於形氣之私，或原於性命之正，而所以爲知覺者不同〔一四〕，是以或危殆而不安，或精微而難見耳。然人莫不有是形，故雖上智，不能無人心；亦莫不有是性，故雖下愚，不能無道心。二者雜于方寸之間〔一五〕，而不知所以治之，則危者愈危，微者愈微，而天理之公，卒無以勝乎人欲之私矣。精，則察夫二者之間而不雜也；一，則守其本心之正而不離也。從事於斯，無少間斷，必使道心常爲一身之主，而人心每聽命焉，則危者安，微者著，而動静云爲自無過不及之差矣。又按論語，顔淵問仁，子曰：「克己復禮爲仁。一日克己復禮，天下歸仁焉。爲仁由己，而由人乎哉？」夫仁者，本心之全德也。己者，一身之私欲也。禮者，天理之節文也。蓋人心之全德莫非天理之所爲，然既有是身，則亦不能無人欲之私以害焉。故爲仁者，必有以勝其私欲而復於禮，則事皆天理而本心之德復全於我也。心德既全，則雖以天下之大而無一人不歸吾之仁者。然其機則固在我而不在人也。日日克之，不以爲難，則私欲净盡，天理流行，而仁不可勝用矣。此大舜、孔子之言，而臣輒妄論其所以用力之方如此，伏乞聖照。

然邪正之驗著於外者，莫先於家人而次及於左右，然後有以達於朝廷而及於天下焉。若宮闈之内，端莊齊肅，后妃有關雎之德，後宮無盛色之譏，貫魚順序，而無一人敢恃恩私以亂典常，納賄賂而行請謁，此則家之正也。退朝之後，從容燕息，貴戚近臣、攜僕奄尹陪侍左右，各恭其職，而上憚不惡之嚴，下謹戴盆之戒，無一人敢通内外、竊威福，招權市寵，以紊朝政，此則左右之正也。内自禁省，外徹朝廷，二者之間洞然，無有毫髮私邪之間，然後發號施令，羣聽不疑，進賢退姦，衆志咸服。紀綱得以振而無侵撓之患，政事得以脩而無阿私之失，此所以朝廷百官、六軍萬民無敢不出於正而治道畢也。心一不正，則是數者固無從而得其正。是數者一有不正，而曰心正，則亦安有是理哉？是以古先聖王兢兢業業，持守此心，雖在紛華波動之中、幽獨得肆之地，而所以精之一之，克之復之，如對神明，如臨淵谷，未嘗敢有須臾之怠。然猶恐其隱微之間或有差失而不自知也，是以建師保之官以自開明，列諫諍之職以自規正。而凡其飲食酒漿、衣服次舍、器用財賄，與夫宦官宮妾之政，無一不領於冢宰之官，使其左右前後，一動一静，無不制以有司之法，而無纖芥之隙、瞬息之頃，得以隱其毫髮之私。蓋雖以一人之尊，深居九重之邃，而懔然常若立乎宗廟之中，朝廷之上，此先王之治所以由内及外，自微至著，精粹純白，無少瑕翳，而其遺風餘烈猶可以爲後世法程也。臣竊見周禮天官冢宰一篇，乃周公輔導成王、垂法後世，用意最深切處。欲知三代人主正心誠意之學，於此考之，可見其實，伏乞聖照。陛下試以是而思之，吾之所以精一克復而持守其心者，果嘗有如此之功乎？所以脩身齊家而正其左右者，果嘗有如此之效乎？宮省事禁，臣固有不得而知者。然不見其形而視其影，不覩其內而占其外，則爵賞之濫、貨賂之流，閭巷竊言，久已不勝其籍籍矣。臣竊以是窺之，則陛下之所以脩之家者，恐其未有以及古之聖王也。

至於左右便嬖之私，恩遇過當，往者淵、覿、説、抃之徒，勢焰熏灼，傾動一時，今已無可言矣。獨有前日臣所面奏者，雖蒙聖慈委曲開譬，然臣之愚終竊以爲此輩但當使之守門傳命，供掃除之役，不當假借崇長，使得逞邪媚、作淫巧於內，以蕩上心，立門庭、招權勢於外，以累聖政。而其有才無才、有罪無罪，自不當論。况其有才適所以爲姦，有罪而不可復用乎？且如向來主管喪事、欽奉几筵之命，遠近傳聞，無不竊笑。臣不知國史書之，野史記之，播于夷狄，傳於後世，且以陛下爲何如主也？縱有曲折，如前日所以諭臣者，陛下亦安能家置一喙而人曉之耶？刑餘小醜，不比人類，顧乃熒惑聖心，虧損聖德以至此極，而公卿大臣拱手熟視，無一言以救其失。臣之痛心，始者惟在於此。比至都城，則又知此曹之用事者非獨此人，而侍從之臣蓋已有出其門者。臣伏見陛下即位以來，臣下稍有知識，無不以此事爲言者。既皆不蒙聽納，甚者至或抵罪，故自近年以來，無復有言此者。蓋知其根株牢固，不可動摇，言之無益，徒取乖牾，以致所言他事亦不見用，故置此事於度外，而姑論其次耳。不唯如此，亦以過失之萌，人所創見，故以爲異而爭言之。及其既久，則習熟見聞，以爲常事而不足言。正如近年冬雷秋雪時時有之，人遂不以爲異。然此豈可常之理哉？惟臣愚暗，不識時宜，故今日猶復論此人所諱言而厭道之事。雖幸未蒙誅斥〔一六〕，而亦未見有所施行也。臣竊思之，必使陛下聽疏遠之言而逐其平日深所愛幸之人，誠有所難能者，然此事利害既陳於前，而臣所深憂，又恐其不可爲後聖法也。伏惟陛下深爲宗社子孫萬世之慮，忍而行之，天下幸甚。至其納財之塗，則又不於士大夫而專於將帥，臣於前日亦嘗輒以面奏，而陛下諭臣以爲誠當深察而痛懲之矣。退而始聞陛下比於環列之尹，已嘗有所易置，乃知陛下固已深察其弊而無所待於人言，然猶未能明正其罪〔一七〕，而反寵以崇資巨鎮，使即便安。此曹無知，何所忌憚？況中外將帥，其不爲此者無幾，陛下亦未能推其類而悉去之也。臣竊聞之道路，自王抃既逐之後，諸將差除多出此人之手。蓋抃與此人專爲諸將交通内侍，納賂買官，得其指意，風喻軍中，等第論薦，以欺陛下，實將帥之牙儈也。今雖去之，而未正其罪。又聞向者鄂帥尅剥之事，亦是此人内外營救，遂致罪人漏網，言者被罪，中外至今爲之不平。既而又有匿名揭榜，暴其過惡者，亦被決配。此不惟行遣太偏，足爲聖政之累，而自此之後，遂無復有人敢言諸將之罪者。以小人握重兵，或在周廬肘腋之間，或在江湖千里之外，而中外無一人敢白其奸，此於國計，深恐未便。前代之監，蓋亦非遠。伏乞陛下少留聖慮。陛下竭生靈之膏血，以奉軍旅之費，本非得已，而爲軍士者，顧乃未嘗得一温飽，甚者採薪織屨、掇拾糞壤以度朝夕，其又甚者，至使妻女盛塗澤、倚市門以求食也。怨詈謗讟，悖逆絶理，至有不可聞者。一有緩急，不知陛下何所倚仗？是皆爲將帥者巧爲名色〔一八〕，頭會箕斂，陰奪取其糧賜以自封殖，而行貨賂於近習，以圖進用。彼此既厭足矣，然後時以薄少號爲羨餘，陰奉燕私之費，以嫁士卒怨怒之毒於陛下。且幸陛下一受其獻，則後日雖知其罪，而不得復有所問也。出入禁闥腹心之臣，外交將帥，共爲欺蔽，以至於此，豈有一毫愛戴陛下之心哉！而陛下不悟，反寵暱之，以是爲我之私人，至使宰相不得議其制置之得失，給諫不得論其除授之是非，以此而觀，則陛下所以正其左右，未能及古之聖王又明矣。

且私之得名，何爲也哉？據己分之所獨有，而不得以通乎其外之稱也。故自匹夫而言，則以一家爲私，而不得以通乎其鄉；自鄉人而言，則以一鄉爲私，而不得以通乎其國；自諸侯而言，則以一國爲私，而不得以通乎天下；至於天子，則際天之所覆，極地之所載，莫非己分之所有，而無外之不通矣，又何以私爲哉？今以不能勝其一念之邪而至於有私心，以不能正其家人近習之故而至於有私人，以私心用私人，則不能無私費，於是内損經費之入，外納羨餘之獻，而至於有私財。陛下上爲皇天之所子，全付所覆，使其無有私而不公之處，其所以與我者亦不細矣。乃不能充其大，而自爲割裂以狹小之，使天下萬事之弊莫不由此而出，是豈不可惜也哉！臣竊聞太祖皇帝改營大内既成，躬御正殿，洞開重門，顧謂侍臣曰：「此如我心，少有邪曲，人皆見之。」臣竊謂太祖皇帝不爲文字言語之學，而其方寸之地正大光明，直與堯舜之心如合符節，此其所以肇造區夏而垂裕無疆也。伏惟陛下，遠稽前聖，而近以皇祖之訓爲法，則一心克正，而遠近莫敢不一於正矣。伏乞聖照。

若以時勢之利害言之，則天下之勢合則彊，分則弱。故諸葛亮之告其君曰：「宫中府中，俱爲一體，陟罰臧否，不宜異同。若有作姦犯科及爲忠善者，宜付有司論其刑賞，以昭陛下平明之理，不宜偏私，使内外異法也。」當是之時，昭烈父子以區區之蜀抗衡天下十分之九，規取中原，以興漢室，以亮忠智爲之深謀，而其策不過如此，可謂深知時務之要而暗合乎先王之法矣。夫以蜀之小，而於其中又以公私自分彼此如兩國，然則是將以梁益之半圖吳魏之全。又且内小人而外君子，廢法令而保姦回，使内之所出者日有以賊乎外，公之所立者常不足以勝乎私，則是此兩國者又自相攻，而其内之私者常勝，外之公者常負也。外有鄰敵之虞，内有陰邪之寇，日夜夾攻而不置，爲國家者，亦已危矣。

夫以義理言之既如彼，以利害言之又如此，則今日之事如不蚤正，臣恐陛下之心雖勞於求賢，而一有所妨乎此，則賢人必不得用，而所用者皆庸繆憸巧之人，雖勤於立政，而一有所礙乎此，則善政必不得立，而所行者皆阿私苟且之政。日往月來，養成禍本，而貽燕之謀未遠，輔相之職不脩，紀綱壞於上，風俗壞於下，民愁兵怨，國勢日卑，一旦猝有不虞，臣竊寒心，不知陛下何以善其後也？然則臣之所謂天下大本惟在陛下之一心者，可不汲汲皇皇而求有以正之哉？臣昨來面奏劄子內一節云：「伏願陛下自今以往，一念之萌，則必謹而察之，此爲天理耶，爲人欲耶？果天理也，則敬以擴之，而不使其少有壅閼；果人欲也，則敬以克之，而不使其少有凝滯。推而至於言語動作之間，用人處事之際，無不以是裁之，知其爲是而行之，則行之惟恐其不力，而不當憂其力之過也；知其爲非而去之，則去之惟恐其不果，而不當憂其果之甚也。知其爲賢而用之，則任之惟恐其不專，聚之惟恐其不衆，而不當憂其爲黨也；知其爲不肖而退之，則退之惟恐其不速，去之惟恐其不盡，而不當憂其有偏也。如此則聖心洞然，中外融徹，無一毫之私欲得以介乎其間，而天下之事將惟陛下之所爲，無不如志矣。」今恐日久，元本不存，再此具奏，伏乞聖照。

至於輔翼太子之說，則臣前日所謂數世之仁者，蓋已微發其端，而未敢索言之也。夫太子，天下之本，其輔翼之不可不謹。見於保傅傳者詳矣。陛下聖學高明，洞貫今古，宜不待臣言而喻。然臣嘗竊怪陛下所以調護東宮者，何其疏略之甚也？由前所論而觀之，豈非所以自治者猶未免於疏略，因是亦以是爲當然而不之慮耶？夫自王十朋、陳良翰之後，宮寮之選，號爲得人，而能稱其職者蓋已鮮矣。而又時使邪佞儇薄、闒冗庸妄之輩或得參錯於其間，所謂講讀，聞亦姑以應文備數，而未聞其有箴規之效。至於從容朝夕、陪侍遊燕者，又不過使臣宦者數輩而已。皇太子睿性夙成，閱理久熟，雖若無待於輔導，然人心難保，氣習易汙，習於正則正，習於邪則邪。此古之聖王教世子者，所以必選端方正直、道術博聞之士與之居處，而又使之逐去邪人，不使見惡行，蓋常謹之於微，不待其有過而後規也。今三代之制雖不可考，且以唐之六典論之，東宮之官，師傅、賓客既職輔導，而詹事府、兩春坊實擬天子之三省，故以詹事、庶子領之，其選甚重。今則師傅、賓客既不復置，而詹事、庶子有名無實，其左右春坊遂直以使臣掌之，何其輕且褻之甚邪？夫立太子而不置師傅、賓客，則無以發其隆師親友、尊德樂義之心；獨使春坊使臣得侍左右，則無以防其戲慢媟狎、奇袤雜進之害。此已非細事矣。至於皇孫德性未定，聞見未廣，又非皇太子之比，則其保養之具尤不可以不嚴。而今日之官屬尤不備，責任尤不專，豈任事者亦有所未之思耶？

謂宜深詔大臣，討論前代典故，東宮除今已置官外，別置師傅、賓客之官，使與朝夕遊處。罷去春坊使臣，而使詹事、庶子各復其職。宮中之事，一言之入，一令之出，必由於此而後通焉。又置贊善大夫，擬諫官以箴闕失。王府則宜稍放六典親王之制，置傅友、咨議以司訓導，置長史、司馬以總衆職，妙選耆德，不雜他材，皆置正員，不爲兼職，明其職掌，以責功效，則其官屬已略備矣。陛下又當以時召之，使侍燕遊，從容啓迪，凡古先聖王正心脩身、平治天下之要，陛下之所服行而已有效，與其勉慕而未能及、愧悔而未能免者，傾倒羅列，悉以告之，則聖子神孫皆將有以得乎陛下心傳之妙，而宗社之安、統業之固，可以垂於永久而無窮矣。此今日急務之一也。臣伏見比者聖詔令皇太子參决庶務，此見聖慮之深，將使皇太子以時習知國家政事之得失也。然臣之愚見，則以爲使之習事，不若勉其脩德。況今皇太子育德春宫幾二十年，其於天下之事，蓋不待習而無不熟矣。獨恐正心脩德之學未至，而於物欲之私未免有所係累，則雖習於其事，而或不能自决於取舍之間。故臣竊論輔養之未至者，非有他也，但欲陛下更留聖意於此而已。伏乞聖照。

至於選任大臣之説，則臣前所謂勞於求賢而賢人不得用者，蓋已發其端矣。夫以陛下之聰明，豈不知天下之事必得剛明公正之人而後可任也哉？其所以常不得如此之人，而反容鄙夫之竊位者，非有他也，直以一念之間未能撤其私邪之蔽，而燕私之好、便嬖之流不能盡由於法度，若用剛明公正之人以爲輔相，則恐其有以妨吾之事、害吾之人而不得肆，是以選掄之際，常先排擯此等，寘之度外，而後取凡疲懦軟熟、平日不敢直言正色之人而揣摩之，又於其中得其至庸極陋，决可保其不至於有所妨者，然後舉而加之於位。是以除書未出而其物色先定，姓名未顯而中外已逆知其决非天下之第一流矣。故以陛下之英明剛斷、略不世出，而所取以自輔者，未嘗有如汲黯、魏徵之比，顧常反得如秦檜晚年之執政、臺諫者而用之。彼以人臣竊國柄，而畏忠言之悟主以發其姦也，故專取此流以塞賢路、蔽主心，乃其勢之不得已者。陛下尊居宸極，威福自己，亦何賴於此輩而乃與之共天下之政，以自蔽其聰明、自壞其綱紀，而使天下受其弊哉？

夫其所以取之者如此，故其選之不得而精；選之不精，故任之不得而重；任之不重，則彼之所以自任者亦輕。夫以至庸之材當至輕之任，則雖名爲大臣，而其實不過供給唯諾，奉行文書，以求不失其窠坐資級，如吏卒之爲而已。求其有以輔聖德、脩朝政而振紀綱，不待智者而知其必不能也。下此一等，則惟有作姦欺、植黨與、納貨賂，以濁亂陛下之朝廷耳。其尤甚者，乃至十有餘年而後敗露以去，然其列布於後，以希次補者，又已不過此等人矣。蓋自其爲臺諫、爲侍從，而其選已如此，其後又擇其尤碌碌者而登用之，則亦無怪乎陛下常不得天下之賢材而屬任之也。然方用之之初，亦曰「姑欲其無所害於吾之私」而已，夫豈知其所以害夫天下之公者乃至於此哉？陛下試反是心以求之，則庶幾乎得之矣。蓋不求其可喜而求其可畏，不求其能適吾意而求其能輔吾德，不憂其自任之不重而常恐吾所以任之者之未重，不爲燕私近習一時之計而爲宗社生靈萬世無窮之計，陛下誠以此取之，以此任之，而猶曰不得其人，則臣不信也。此今日急務之二也。

至於振肅紀綱、變化風俗之説，則臣前所謂勤於立政而善政卒不得立者，亦已發其端矣。夫以陛下之心，憂勤願治不爲不至，豈不欲夫綱維之振、風俗之美哉？但以一念之間未能去其私邪之蔽，是以朝廷之上忠邪雜進，刑賞不分，士夫之間志趣卑汙、廉恥廢壞，顧猶以爲事理之當然，而不思有以振厲矯革之也。蓋明於内，然後有以齊乎外；無諸己，而後可以非諸人。今宫省之間、禁密之地，而天下不公之道、不正之人顧乃得以窟穴盤據於其間，而陛下目見耳聞，無非不公不正之事，則其所以熏蒸銷鑠，使陛下好善之心不著、疾惡之意不深，其害已有不可勝言者矣。及其作姦犯法，則陛下又未能深割私愛，而付諸外廷之議、論以有司之法，是以紀綱不能無所撓敗，而所以施諸外者，亦因是而不欲深究切之。

且如頃年方伯連帥，嘗以有贓汙不法聞者矣，鞫治未竟，而已有與郡之命。及臺臣有言，則遂與之祠禄，而理爲自陳。至於其所藏匿作過之人，則又不復逮捕付獄，名爲降官，而實以解散其事。此雖宰相曲庇鄉黨以欺陛下，然臣竊意陛下非全然不悟其欺者，意必以爲人情各有所私，我既欲遂我之私，則彼亦欲遂彼之私。君臣之間，顔情稔熟，則其勢不得不少容之，且以爲雖或如此，亦未至甚害於事，而不知其敗壞綱紀，使中外聞之，腹非巷議，皆有輕侮朝廷之心，姦贓之吏，則皆鼓舞相賀，不復畏陛下之法令，則亦非細故也。

又如廷臣爭議配享〔一九〕，其間邪正曲直固有所在，則兩無所問而并去之。監司挾私以誣郡守，則不問其曲直而兩皆罷免。監司使酒以凌郡守，亦不問其曲直而兩皆與祠。宰相植黨營私，孤負任使，則曲加保全，而使之去。臺諫懷其私恩，陰拱不言，而陛下亦不之問也。其有初自小官擢爲臺諫，三四年間，趨和承意，不能建明一事，則年除歲遷，至極其選；一日論及一二武臣罪惡，則便斥爲郡守，而不與職名。從臣近典東畿，遠帥西蜀，一遭飛語，則體究具析，無所不至。及究析來上，而所聞不實，則言之者晏然，一無所訶。山陵諸使鬻賣辟闕，煩擾吏民，御史有言，亦無行遣，而或反得超遷。御史言及畿漕，則名補卿列而實奪之權。其所言者，則雖量加絀削，而繼以進用。臣伏見近年惟有主張近習一事，賞信罰必，無所假借，自餘百事多務含容，曲直是非，兩無所問。似聞聖意以謂如此處置，方得均平。此誠堯舜之用心也。然臣於此竊有疑焉。若推其本，則臣固已妄論於前。只據「平」之一字而言，則臣於易象「稱物平施」之言竊有感也。蓋古之欲爲平者，必稱其物之大小高下而爲其施之多寡厚薄，然後乃得其平。若不問其是非曲直而待之如一，則是善者常不得伸而惡者反幸而免，以此爲平，是乃所以爲大不平也。故雖堯舜之治，既舉元凱，必放共兜。此又易象所謂「遏惡揚善，順天休命」者也。蓋善者天理之本然，惡者人欲之邪妄。是以天之爲道，既福善而禍淫，又以賞罰之權寄之司牧，使之有以補助其禍福之所不及。然則爲人君者，可不謹執其柄而務有以奉承之哉！伏惟陛下深留聖意。從班之中，賢否尤雜，至有終歲緘默，不聞一言以裨聖聽者〔二〇〕，顧亦隨羣逐隊，排連儹補。其桀黠者乃敢造飛語、立横議，如臣前所陳者，而宰相畏其凶焰，反撓公議而從之，臺諫亦不敢以聞於陛下而請其罪。臣聞古先聖王敷求哲人，俾輔後嗣，然則今日正是博求賢能，置之列位之時。而此人趣操不謹〔二二〕，懼爲身害，乃敢陰爲讒慝，公肆劫持，遂其姦謀，不爲國計。欲望聖慈密賜宣問。陛下視此綱紀爲如何？可不反求諸身而亟有以振肅之耶？

綱紀不振於上，是以風俗頹弊於下，蓋其爲患之日久矣，而浙中爲尤甚。大率習爲軟美之態、依阿之言，而以不分是非、不辨曲直爲得計。下之事上，固不敢少忤其意；上之御下，亦不敢稍咈其情。惟其私意之所在，則千塗萬轍，經營計較，必得而後已。甚者以金珠爲脯醢，以契券爲詩文，宰相可啗則啗宰相，近習可通則通近習，惟得之求，無復廉恥。父詔其子，兄勉其弟，一用此術，而不復知有忠義名節之可貴。其俗已成之後，則雖賢人君子亦不免習於其説，一有剛毅正直、守道循理之士出乎其間，則羣譏衆排，指爲道學之人，而加以矯激之罪，上惑聖聰，下鼓流俗。蓋自朝廷之上以及閭里之間，十數年來，以此二字禁錮天下之賢人君子，復如崇、宣之間所謂元祐學術者，排擯詆辱，必使無所容措其身而後已。嗚呼，此豈治世之事而尚復忍言之哉！

又其甚者，乃敢誦言於衆，以爲陛下嘗謂今日天下幸無變故，雖有伏節死義之士亦何所用。此言一播，大爲識者之憂，而臣有以知其必非陛下之言也。夫伏節死義之士，當平居無事之時，誠若無所用者。然古之人君所以必汲汲以求之者，蓋以如此之人臨患難而能外死生，則其在平世必能輕爵禄；臨患難而能盡忠節，則其在平世必能不詭隨。平日無事之時得而用之，則君心正於上，風俗美於下，足以逆折姦萌，潛消禍本，自然不至真有伏節死義之事，非謂必知後日當有變故而預蓄此人以擬之也。惟其平日自恃安寧，便謂此等人材必無所用，而專取一種無道理、無學識、重爵禄、輕名義之人，以爲不務矯激而尊寵之，是以綱紀日壞，風俗日偷，非常之禍伏於冥冥之中，而一旦發於意慮之所不及，平日所用之人交臂降叛而無一人可同患難，然後前日擯棄留落之人始復不幸而著其忠義之節。以天寶之亂觀之，其將相貴戚近幸之臣皆已頓顙賊庭，而起兵討賊，卒至於殺身湛族而不悔，如巡、遠、杲卿之流，則遠方下邑，人主不識其面目之人也。使明皇早得巡等而用之，豈不能銷患於未萌？巡等早見用於明皇，又何至真爲伏節死義之舉哉？「商鑒不遠，在夏后之世」，此識者所以深憂於或者之言也。雖以臣知陛下聖學高明，識慮深遠，決然不至有此議論，然每念小人敢託聖訓以蓋其姦，而其爲害至於足以深沮天下忠臣義士之氣，則亦未嘗不痛心疾首，而不敢以識者之慮爲過計之憂也。陛下視此風俗爲如何？可不反求諸身而亟有以變革之耶？此今日急務之三、四也。

至於愛養民力、修明軍政之説，則民力之未裕，生於私心之未克，而宰相臺諫失職也；

軍政之未修，生於私心之未克，而近習得以謀帥也。是數説者，臣皆已極陳於前矣。今請即民力之未裕而推言之：

臣聞虞允文之爲相也，盡取版曹歲入窠名之必可指擬者，號爲歲終羡餘之數，而輸之内帑；顧以其有名無實、積累掛欠、空載簿籍、不可催理者撥還版曹。其爲説曰：内帑之積，將以備他日用兵進取不時之須，而版曹目今經費已自不失歲入之數。聽其言誠甘且美矣，然自是以來，二十餘年，内帑歲入不知幾何，而認爲私貯，典以私人，宰相不得以式貢均節其出入，版曹不得以簿書勾考其在亡，其日銷月耗，以奉燕私之費者，蓋不知其幾何矣。而曷嘗聞其能用此錢以易胡人之首，如太祖皇帝之言哉？徒使版曹經費闕乏日甚，督趣日峻，以至廢去祖宗以來破分良法，而必以十分登足爲限。以爲未足，則又造爲比較監司郡守殿最之法以誘脅之，不復問其政教設施之得失，而一以其能剥民奉上者爲賢。於是中外承風，競爲苛急，監司明諭州郡，郡守明諭屬邑，不必留心民事，惟務催督財賦，此民力之所以重困之本，而税外無名之賦，如和買、折帛、科罰、月樁之屬尚未論也。臣伏見祖宗舊法，凡州縣催理官物，已及九分以上，謂之破分，諸司即行住催，版曹亦置不問。由是州縣得其羸餘，以相補助；貧民些少拖欠〔一一二〕，亦得遷延，以待蠲放。恩自朝廷，惠及閭里，君民兩足，公私俱便〔一一三〕。此誠不刊之令典也。昨自曾懷用事，始除此法，盡刷州縣舊欠，以爲隱漏，悉行拘催。於是民間税物，毫分銖兩，盡要登足。曾懷以此進身，遂取宰相，而生靈受害，冤痛日深。得財失民，猶爲不可，况今政煩賦重，民卒流亡，所謂財者，又將無有可得之理，若不早救，必爲深害。臣每讀大學卒章，見其所論小人之使爲國家，菑害並至，雖有善者，亦無如之何者，其言丁寧痛切，未嘗不爲寒心，惟陛下少留聖意，亟發德音，以幸天下。

其次，則陛下所用之宰相，不能擇中外大吏，而惟狥私情之厚薄；所用之臺諫，不能公行糾劾，而惟快己意之愛憎。是以監司郡守多不得人，而其賢者或反以舉職業、忤臺諫而遭斥逐也。至於監司太多而事權不歸於一，銓法雖密而縣令未嘗擇人，則又其法之有未善者。然其本正，則此等不難區處；其本未正，則雖或舉此，臣恐未見其益而反有害也。

又嘗即夫軍政之不修而推之，則臣聞日者諸將之求進也，必先掊尅士卒以殖私財，然後以此自結於陛下之私人，而祈以姓名達於陛下之貴將。貴將得其姓名，即以付之軍中，使自什伍以上，節次保明，稱其材武堪任將帥，然後具爲奏牘而言之陛下之前。陛下但見其等級推先，案牘具備，則誠以爲公薦而可得人矣，而豈知其諧價輸錢，已若晚唐之債帥哉？只此一事，有耳者無不聞，有口者無不道，然以其門户幽深，蹤跡詭秘，故無路得以窺其交通之實狀，是以雖或言之，而陛下終不信也。夫將者，三軍之司命，而其選置之方乖刺如此，則彼智勇材略之人，其孰肯抑心下首於宦官宫妾之門，而陛下之所得以爲將帥者，皆庸夫走卒，固不知兵謀師律之爲何事，而惟剋剥之是先、交結之是圖矣。陛下不知其然，而猶望其修明軍政、激勸士卒，以彊國勢，豈不誤哉！

然將帥之不得人，非獨士卒之受其弊也。推其爲害之極，則又有以及乎民者。蓋將帥得人，則尺籍嚴而儲蓄羡，屯田立而漕運省。今爲將帥者如此，則固無望其肯核軍實而豐儲蓄矣。至於屯田，則彼自營者尤所不願，故朝廷不免爲之别置使者以典治之。而兵屯之衆資其撥遣，則又不免使參其務。然聞其占護軍人，不肯募其願耕者以行，而彊其不能者以往，至屯則偃蹇不耕，而反爲民田之害。使者文吏，其力蓋有所不能制者。是以陛下欲爲之切而久不得成也。屯田不立，漕運煩費，諸州苗米，至或盡數起發，而無以供州兵之食，則加耗斛面之弊，紛紛而起，而民益困矣。又凡和買、折帛、科罰、月椿之類，往往亦爲供軍之故而不可除。若屯田立，而所資於諸路者減，則此屬庶乎其皆可禁矣。今乃不然，則是置將之不善而害足以及民也。

凡此數者，根株深固，枝條廣闊，若不可以朝變而夕除者。然究其本，則亦在夫陛下之反諸身耳。聖心誠無不正，則必能出私帑以歸版曹矣；版曹不至甚闕，必能復破分之法，除殿最之科，以寛州縣矣；聖心誠無不正，則必能擇宰相以選牧守矣，擇臺諫以公刺舉矣；聖心誠無不正，則必能嚴宦官兵將交通之禁，而以選將屬宰相矣；宰相誠得其人，則必能爲陛下擇將帥以作士氣，討軍實，廣屯田，以省漕運矣。上自朝廷，下達州縣，治民典軍之官既皆得人，然後明詔宰相，議省監司之員，而精其選，重其責。又詔銓曹，使以縣之劇易分爲等差，而常切詢訪天下之官吏能爲縣者，不拘薦舉之有無，不限資格之高下，而籍其姓名，使以次補最劇之縣。果有治績，則優而進之；不勝其任，則絀而退之。凡州縣之間無名非理之供，横歛巧取之政，其泰甚而可去者，可以漸去，而民力庶乎其可寬矣。

至於屯田之利，則以臣愚見，當使大將募軍士，使者招游民，各自爲屯，不相牽制。其給授課督、賞罰政令各從本司，自爲區處。軍中自有將校可使，不須别置官吏。使者則聽其辟置官屬三五人、指使一二十人，以備使令。又擇從官通知兵農之務、兼得軍民之情者一員爲屯田使，總治兩司之政，而通其奏請，趣其應副。又以歲時按行，察其勤墮之實，以行誅賞。如此則兩屯心競，各務其功，田事可成，漕運可省，而諸路無名非理之供、横歛巧取之政，前日有所不獲已而未可盡去者，今亦可以悉禁，民力庶乎其益裕矣。此今日急務之五、六也。屯田一事，如臣之策，亦是將來將帥得人之後方可施行。若將帥止如今日，却恐徒壞漕司已成之功，無補將帥兵屯之實，且乞指揮趁此水災之後，廣招流冗，并行民屯之策，以俟見効。仍詔漕臣更切詢訪利病之未盡者，條具以聞，然後隨事商量，及時措置，庶幾已成之緒不至動摇，輕有廢壞。伏乞聖照。

凡此六事，皆不可緩。而其本在於陛下之一心。一心正則六事無不正，一有人心私欲以介乎其間，則雖欲憊精勞力以求正夫六事者，亦將徒爲文具，而天下之事愈至於不可爲矣。故所謂天下之大本者，又急務之最急而尤不可以少緩者，惟陛下深留聖意而亟圖之。使大本誠正，急務誠脩，而治效不進，國勢不彊，中原不復，仇虜不滅，則臣請伏鈇鉞之誅以謝陛下，陛下雖欲赦之，臣亦不敢承也。

然又竊聞之，今日士夫之論，其與臣不同者非一。及究其實，則皆所謂似是而非者也。蓋其樂因循之無事者，則曰陛下之年寖高，而天下亦幸無事。年寖高則血氣不能不衰，天下無事則不宜更爲庸人所擾。其欲奮厲而有爲者，則又曰祖宗之積憤不可以不攄，中原之故疆不可以不復。以此爲務，則聖心不待勸勉而自彊；舍此不圖，則雖欲策厲以有爲，而無所向望以爲標準，亦卒歸於委靡而已。凡此二說，亦皆有理，而臣輒皆以爲非者，蓋樂因循者知聖人之血氣有時而衰，而不知聖人之志氣無時而衰也；知天下有事之不可以苟安，而不知天下無事之尤不可以少怠也。況今日之天下又未得爲無事乎！且以衛武公言之，其年九十有五矣，猶箴儆於國，以求規諫，而作抑戒之詩以自警，使人朝夕誦之，不離於其側。此其年豈不甚高，而其戒謹恐懼之心，豈以是而少衰乎？況陛下視武公之年，三分未及其二，而責任之重，地位之高，又有十百千萬於武公者。臣雖不肖，又安敢先處陛下於武公之下，而直謂其不能乎？　且天下之事非艱難多事之可憂，而宴安酖毒之可畏。　政使功成治定，無一事之可爲，尚當朝兢夕惕，居安慮危而不可以少怠。　況今天下雖若未有目前之急，然民貧財匱，兵惰將驕，外有彊暴之夷虜，内有愁怨之軍民，其他難言之患，隱於耳目之所不加、思慮之所不接者，近在堂奥之間，而遠在數千里之外，何可勝數？　堂奥之説，已陳於前，此句更乞陛下少留聖慮。　追計其前，既未有可見之效；　却顧於後，又未有可守之規。　臣竊見尋常之人，將欲屬人以一至微至細之事，猶必先爲規模，使其盡善，然後所屬之人有所持循，而不失吾之所以屬之之意。　況有天下者，將以天下至大之事屬之於人，而不先爲盡善可守之規以授之乎？　然臣於此事不敢盡言，若蒙聖明少加聖慮，則當此之時，誠亦一新德業、重整綱維不可失之機會也。　臣狂妄僭率，罪當萬死，伏惟陛下裁赦。　亦安得遽謂無事而遂以逸豫處之乎？　其思奮厲者，又徒知恢復之不可忘、頹墮之不可久，然不知不世之大功易立，而至微之本心難保；　中原之戎虜易逐，而一己之私意難除也。　誠能先其所難，則其易者將不言而自辨。　不先其難而徒欲僥倖於其易，則雖朝夕談之不絶於口，是亦徒爲虚言，以快一時之意而已。　又況此事之失，已在隆興之初，不合遽然罷兵講和，遂使宴安酖毒之害日滋日長，而坐薪嘗膽之志日遠日忘。　是以數年以來，綱維解弛，釁孽萌生，區區東南，事猶有不勝慮者，何恢復之可圖乎？　故臣不敢隨例迎合，苟爲大言以欺陛下，而所望者，則惟欲陛下先以東南之未治爲憂，而正心克己，以正朝廷、脩政事，庶幾真實功效可以馴致，而不至於別生患害以妨遠圖。蓋所謂善易者不言易，而真有志於恢復者，果不在於撫劍抵掌之間也。

論者又或以爲陛下深於老佛之學而得其識心見性之妙，於古先聖王之道蓋有不約而自合者，是以不悦於世儒之常談死法，而於當世之務，則寧以管商一切功利之説爲可取。今乃以其所厭飫鄙薄者陳於其前，亦見其言愈多而愈不合也。臣以爲此亦似是而非之論，非所以進盛德於日新也。彼老子、浮屠之説，固有疑於聖賢者矣，然其實不同者，則此以性命爲真實，而彼以性命爲空虚也。此以爲實，故所謂寂然不動者，萬理粲然於其中，而民彝物則，無一之不具。所謂感而遂通天下之故，則必順其事，必循其法，而無一事之或差。彼以爲空，則徒知寂滅爲樂，而不知其爲實理之原，徒知應物見形，而不知其有真妄之別也。是以自吾之説而脩之，則體用一原，顯微無間，而治心、脩身、齊家、治國，無一事之非理。由彼之説，則其本末横分，中外斷絶，雖有所謂朗澈靈通、虚靜明妙者，而無所救於滅理亂倫之罪、顛倒運用之失也。故自古爲其學者，其初無不似有可喜，考其終則詖淫邪遁之見鮮有不作而害於政事者。是以程顥常闢之曰：「自謂窮神知化，而不足以開物成務；言爲無不周遍，而實外於倫理；窮深極微，而不可以入堯舜之道。天下之學，自非淺陋固滯，則必入於此，是謂正路之榛蕪、聖門之蔽塞，闢之而後可與入道。」嗚呼！此真可謂理到之言，惜乎其未有以聞於陛下者。使陛下過聽髡徒誑妄之説，而以爲眞有合於聖人之道，至分治心、治身、治人以爲三術，而以儒者之學爲最下，則臣竊爲陛下憂此心之害於政事，而惜此説之布於來今也。如或未以臣言爲然，則聖質不爲不高、學之不爲不久〔二四〕，而所以正心脩身以及天下者，其效果安在也？是豈可不思其所以然者而亟反之哉！臣聞仁宗時有程顥者，與其弟頤同受學於周敦頤，實得孔孟以來不傳之緒。同時又有邵雍、張載，相與博約，遂使聖道闇而復明，其功甚大。俗儒淺學既不足以窺其緼奥，姦人鄙夫又以其言居必誠敬，動由禮義，有害於己之所爲，以故相與怨疾，指爲道學，而加詆訕焉。臣已略論於前矣。夫世俗無知，既以道學爲不美，則是必欲舉世之人俱無道、俱不學，悉如己之所爲而後適於其意耳。邪説肆行，人心頗僻，無所忌憚，乃至於此。此正閔馬父之所深憂也。今敦頤等所著之書頗藏册府，陛下試取而觀之，聖學高明，必將有默相契合而見諸行事者。若遂於此賜一言以表章之，則正心之效不惟自得，而所以正人心亦在是矣。伏惟陛下深留聖意。

若夫管商功利之説，則又陋矣。陛下所以取之者，則以既斥儒者之道爲常談死法，而天下之務日至於前，彼浮屠之學又不足以應之，是以有味乎彼之言，而冀其富國彊兵或有近效耳。然自行其説，至今幾年，而國日益貧、兵日益弱，所謂近效者，亦未之見。而聖賢所傳生財之道、理財之義、文武之怒、道德之威，則固所以爲富彊之大，而反未有講之者也，豈不誤哉！今議者徒見老佛之高、管商之便，而聖賢所傳明善誠身、齊家治國平天下者初無新奇可喜之説，遂以爲常談死法而不足學。夫豈知其常談之中自有妙理、死法之中自有活法，固非老佛、管商之陋所能彷彿其萬分也哉！伏惟陛下察臣之言，以究四説之同異而明辨之，則知臣之所言，非臣所爲之説，乃古先聖賢之説，非聖賢所爲之説，乃天經地義自然之理。雖以堯、舜、禹、湯、文、武、周、孔之聖，顔、曾、伋、軻之賢，而有所不能違也。則於臣之言與夫論者之説，其爲取舍從違，不終日而決矣。

抑臣於此又竊有感而自悲焉：蓋臣之得事陛下，於今二十有七年矣，而於其間得見陛下，數不過三。自其始見於隆興之初，固嘗輒以近習爲言矣。辛丑再見，又嘗論之。今歲三見，而其所言又不過此。臣遐方下土田野之人，豈有積怨深怒於此曹而固欲攻之，以快己私也哉！其所以至於屢進不合而不敢悔者，區區之意獨爲國家之計而不敢自爲身謀，其愚亦可見矣。然自頃以來，歲月逾邁，如川之流，一往而不復反。不惟臣之蒼顔白髮已迫遲暮，而竊仰天顔，亦覺非昔時矣。臣之鄙滯，固不能别有忠言奇謀以裨聖聽，而陛下日新之盛德，亦未能有以使臣釋然而忘其夙昔之憂也。則臣於此安得不深有感而重自悲乎？身伏衡茅，心馳魏闕，竊不勝其愛君憂國之誠，敢冒萬死，刳瀝肺肝，以效野人食芹炙背之獻，且以自乞其不肖之身焉。臣區區私計，輒冒威顔，并此陳述：臣賦性拙直，不能隨世俯仰，故自早年即自揣度，决是不堪從宦。所以一向竊食祠禄，前後九任，豈不知有致身之義，亦非恬無濟物之心，寧爲退藏，蓋以避禍。中間稍蒙任使，果然自速顛隮，十年之間〔二五〕，措身無所。今者一出，又致紛紜。幸賴聖明，保全終始。增其禄秩，使足以免於飢寒；進其官資，使足以延於嗣息。此皆已非臣平生意望所及。天地之恩，不啻厚矣。今者奏疏，止爲感激陛下虛心屈己容受狂言，故竭平日憂國之誠，以畢前日願忠之意。所冀上有補於聖明，下無負於所學而已，非敢變其初心，而復有進爲之望也。若蒙聖慈詳賜觀覽，循其本末，次第施行，使臣之言卓然實有可見之效，則臣不待違心犯患以污周行，而其榮遇，已不在諸臣之後矣。如其謬妄，無可施行，則投閑置散，乃分之宜，雖欲借之恩私，適足增其慚懼，决非臣之所敢當也。竊恐陛下見其所論懇切，誤謂尚堪使令，故復具奏，伏乞聖察。伏惟陛下哀憐財赦而擇其中，則非獨愚臣之幸，實宗社生靈之幸。臣之所論，雖爲一時之弊，然其規畫，實皆治體之要，可以傳之久遠而無窮。蓋前聖後聖，其時雖異，而其爲道未嘗不同。此臣之言所以非徒有望於今日，而又將有望於後來也。疏遠賤微，言不敢盡。伏惟聖慈，憐臣愚忠，赦其萬死，或因皇太子參决之際，特賜宣示，千萬幸甚。臣熹誠惶誠恐，昧死再拜謹言。

校勘記

〔一〕於其細者使之居官任職　「職」，浙本作「責」。

〔二〕使盛德大美始終純全　「美」，記疑云：疑當作「業」。
〔三〕或非太上皇帝之意者　考異云：一本無「者」字。
〔四〕恭惟太上皇帝至公無心　「心」，正訛改作「私」。
〔五〕豈不以陛下必能緝熙帝學以繼跡堯禹乎　「堯」，記疑云：疑當作「舜」。
〔六〕上流督帥物望素輕　「督」，浙本作「師」。
〔七〕不待智者而後能知　「智」，原作「魯」，據浙本改。
〔八〕以至於三年四年而未止也　「於」字原缺，據浙本改。
〔九〕債負既足　「債負」，浙本作「償債」。
〔一〇〕則授以田　「則」，浙本、天順本作「别」。
〔一一〕以爲諱忌　「諱」，閩本、浙本作「語」。
〔一二〕授以神丹妙劑　「授」，浙本作「投」。
〔一三〕意蓋爲此　「爲」，天順本作「如」。
〔一四〕而所以爲知覺者不同　「所」原作「得」，據閩本、浙本、天順本改。
〔一五〕二者雜于方寸之間　「于」，浙本作「乎」。
〔一六〕雖幸未蒙誅斥　「未」，浙本作「不」。
〔一七〕然猶未能明正其罪　「能」，浙本作「嘗」。

〔一八〕是皆爲將帥者　浙本無「爲」字。
〔一九〕又如廷臣爭議配享　「廷」，浙本作「朝」。
〔二〇〕不聞一言以裨聖聽者　「聞」，浙本作「開」。
〔二一〕而此人趣操不謹　「謹」，浙本作「定」。
〔二二〕貧民些少拖欠　「少」，浙本、天順本作「小」。
〔二三〕公私俱便　「俱」，浙本作「兩」。
〔二四〕學之不爲不久　「久」，原作「及」，據浙本改。
〔二五〕十年之間　「十」，閩本、浙本及天順本均作「七」，考朱熹自淳熙五年出知南康軍至淳熙十五年上此封事，恰爲十年，「七」字顯誤。

晦庵先生朱文公文集卷第十二

封事

己酉擬上封事

具位臣朱熹敢拜手稽首言曰：臣竊惟皇帝陛下，有聰明睿智之資，有孝友溫恭之德，有寬仁博愛之度，有神武不殺之威。養德春宫垂二十年，一旦受命慈皇，親傳大寶，龍飛虎變，御極當天。凡在覆載之間稍有血氣之屬，莫不延頸舉踵，觀德聽風。而臣適逢斯時，首蒙趣召，且辱賜對，得近日月之光，感幸之深，其敢無説，以效愚忠之一二〔一〕？蓋臣聞古之聖賢，窮理盡性，備道全德，其所施爲雖無不中於義理，然猶未嘗少有自足之心。是其平居所以操存省察而致其懲忿窒欲、遷善改過之功者，固無一念之間斷。及其身之所履有大變革,則又必因是而有以大警動於其心焉,所以謹初始而重自新也。伊尹之告太甲曰:「今王嗣厥德,罔不在初。」又曰:「今嗣王新服厥命,惟新厥德。」召公之戒成王曰:「若生子,罔不在厥初生,自貽哲命。今天其命哲、命吉凶、命歷年,知今我初服,肆惟王其疾敬德。」蓋深以是而望於其君,其意亦已切矣。今者陛下自儲貳而履至尊,由監撫而專聽斷,其爲身之變革,孰有大於此者? 則凡所以警動其心而謹始自新者,計已無所不用其極矣,而臣之愚猶竊有懼焉者,誠恐萬分有一所以警動自新之目或未悉舉,則釁孽之萌將有作於眇綿之間、出於防慮之外者。是以輒忘疏賤,而妄以平日私憂過計之所及者深爲陛下籌之。則若講學以正心,若脩身以齊家,若遠便嬖以近忠直,若抑私恩以抗公道,若明義理以絕神姦,若擇師傅以輔皇儲,若精選任以明體統,若振綱紀以厲風俗,若節財用以固邦本,若脩政事以攘夷狄,凡是十者,皆陛下所當警動自新,而不可一有闕焉者也。臣不勝犬馬愛君憂國之誠,輒敢事爲之説而昧死以獻。謹條其事如左:

其一,所謂講學以正心者。臣聞天下之事,其本在於一人,而一人之身,其主在於一心。故人主之心一正,則天下之事無有不正; 人主之心一邪,則天下之事無有不邪。如表端而影直,源濁而流汙,其理有必然者。是以古先哲王欲明其德於天下者,莫不壹以正心爲本。然本心之善,其體至微,而利欲之攻,不勝其衆。嘗試驗之,一日之間,聲色臭味游衍馳驅，土木之華、貨利之殖雜進於前，日新月盛，其間心體湛然、善端呈露之時，蓋絶無而僅有也。苟非講學之功有以開明其心，而不迷於是非邪正之所在，又必信其理之在我而不可以須臾離焉，則亦何以得此心之正、勝利欲之私，而應事物無窮之變乎？然所謂學，則又有邪正之别焉。味聖賢之言以求義理之當，察古今之變以驗得失之幾，而必反之身以踐其實者，學之正也。涉獵記誦而以雜博相高，割裂裝綴而以華靡相勝，反之身則無實，措之事則無當者，學之邪也。學之正而心有不正者鮮矣，學之邪而心有不邪者亦鮮矣。故講學雖所以爲正心之要，而學之邪正，其繫於所行之得失而不可不審者又如此。易曰：「正其本，萬事理。差之毫釐，繆以千里。」惟聖明之留意焉，則天下幸甚。

其二，所謂脩身以齊家者。臣聞天下之本在國，國之本在家。故人主之家齊，則天下無不治；人主之家不齊，則未有能治其天下者也。是以三代之盛，聖賢之君能脩其政者，莫不本於齊家。蓋男正位乎外，女正位乎内，而夫婦之别嚴者，家之齊也。妻齊體於上，妾接承於下，而嫡庶之分定者，家之齊也。采有德、戒聲色、近嚴敬、遠技能者，家之齊也。内言不出，外言不入，苞苴不達，請謁不行者，家之齊也。然閨門之内，恩常掩義，是以雖以英雄之才，尚有困於酒色、溺於情愛而不能自克者。苟非正心脩身，動由禮義，使之有以服吾之德而畏吾之威，則亦何以正其宫壼、杜其請託、檢其姻戚而防禍亂之萌哉？書曰：「牝雞之晨，惟家之索。」傳曰：「福之興，莫不本乎室家；道之衰，莫不始乎梱内。」惟聖明之留意焉，則天下幸甚。

其三，所謂遠便嬖以近忠直者。臣聞蓬生麻中，不扶而直；白沙在泥，不染而黑。故賈誼之言曰：「習與正人居之，不能無正，猶生長於齊之地，不能不齊言也。習與不正人居之，不能無不正，猶生長於楚之地，不能不楚言也。」是以古之聖賢欲脩身以治人者，必遠便嬖以近忠直，蓋君子小人如冰炭之不相容、薰蕕之不相入。小人進則君子必退，君子親則小人必疏，未有可以兼收並蓄而不相害者也。能審乎此以定取舍，則其見聞之益、薰陶之助，所以謹邪僻之防、安義理之習者自不能已，而其舉措刑賞所以施於外者，必無偏陂之失。一有不審，則不惟其妄行請託、竊弄威權，有以害吾之政事，而其導諛薰染，使人不自知覺而與之俱化，則其害吾之本心正性又有不可勝言者。然而此輩其類不同，蓋有本出下流，不知禮義而稍通文墨者，亦有服儒衣冠，叨竊科第，而實全無行檢者。是皆國家之大賊，人主之大蜮。苟非心正身脩，有以灼見其情狀如臭惡之可惡，則亦何以遠之而來忠直之士、望德業之成乎？諸葛亮有言：「親賢臣，遠小人，此先漢所以興隆也。親小人，遠賢臣，此後漢所以傾頹也。先帝在時，每與臣論此事，未嘗不歎息痛恨於桓靈也〔二〕。」本朝大儒程頤在元祐間常進言於朝，以爲人主當使一日之中親賢士大夫之時多，親宦官宮妾之時少，則可以涵養氣質，薰陶德性，此皆切至之言也。然後主不能用亮之言，故卒以黄皓、陳祗而亡其國。元祐大臣亦不能自用頤説，故紹聖、元符之禍，至今言之，猶可哀痛。前事不遠，惟聖明之留意焉，則天下幸甚。

其四，所謂抑私恩以抗公道者。臣聞天無私覆，地無私載，日月無私照，故王者奉三無私以勞於天下，則兼臨博愛，廓然大公，而天下之人莫不心悦而誠服。儻於其間復以新舊而爲親疏，則其偏黨之情、褊狹之度固已使人憪然有不服之心，而其好惡取舍又必不能中於義理，而甚則至於沮謀敗國、妨德亂政，而其害有不可勝言者。蓋左右厮役横加官賞，宫府寮屬例得褒遷，固不問前例之是非，而或者又不問其有無，此固舊事之失，而不可以不正。況今又有蚃懷姦心、預自憑結者，又將貪天之功以爲己力，而不顧其仰累於聖德，妬賢嫉能，禦下蔽上，而不憂其有害於聖政也。苟不有以深抑私情，痛加屏絶，則何以明公道而服衆心、革宿弊而防後患乎？唐太宗之責龐相壽曰：「我昔爲王，爲一府作主。今爲天子，爲四海作主。爲四海作主，不可偏與一府恩澤。若復令爾重位，必使爲善者皆不用心。」正爲此也。又況有國家者當存遠慮，若漢高祖之戮丁公，我太祖之薄王溥，此其深識雄斷，皆可以爲後聖法。惟聖明之留意焉，則天下幸甚。

其五，所謂明義理以絶神姦者。臣聞天有顯道，厥類惟彰。作善者降之百祥，作不善者降之百殃。是以人之禍福，皆其自取。未有不爲善而以諂禱得福者也，未有不爲惡而以守正得禍者也。而況帝王之生，實受天命，以爲郊廟社稷神人之主，苟能脩德行政，康濟兆民，則災害之去，何待於禳？福禄之來，何待於禱？如其反此，則獲罪於天，人怨神怒，雖欲辟惡鬼以來貞人，亦無所益。又況先王制禮，自天子以至於庶人，報本享親，皆有常典，牲器時日，皆有常度，明有禮樂，幽有鬼神，一理貫通，初無間隔。苟禮之所不載，即神之所不享。是以祭非其鬼，即爲淫祀。淫祀無福，經有明文，非固設此以禁之，乃其理之自然，不可得而易也。其或恍惚之間，如有影響，乃是心無所主，妄有憂疑，遂爲巫祝妖人乘間投隙，以逞其姦欺。誑惑之術既行，則其爲禍又將無所不至。古今以此坐致亂亡者，何可勝數？其監蓋亦非遠。苟非致精學問，以明性命之理，使此心洞然無所疑惑，當有即有，當無即無，則亦何據以秉禮執法而絶妖妄之原乎？先王之政，執左道以亂政，假鬼神以疑衆者，皆必誅而不以聽，其慮深矣。然傳有之：「明於天地之性者，不可惑以神怪；明於萬物之情者，不可罔以非類。」則其爲妄，蓋亦不甚難察。惟聖明之留意焉，則天下幸甚。

其六，所謂擇師傅以輔皇儲者。臣聞賈誼作保傅傳，其言有曰：「天下之命繫於太子，太子之善在於早諭教與選左右。教得而左右正，則太子正，太子正而天下定矣。」此天下之至言，萬世不可易之定論也。至論所以教諭之方，則必以孝仁禮義爲本，而其條目之詳，則至於容貌詞氣之微、衣服器用之細，纖悉曲折，皆有法度。一有過失，則史書之策、宰徹其膳，而又必有進善之旌、誹謗之木、敢諫之鼓，瞽誦詩史書，工誦箴諫，士傳民語，必使至於化與心成，中道若性，而猶不敢怠焉。其選左右之法，則有三公之尊，有三少之親，有道有充，有弼有丞。上之必得周公、太公、召公、史佚之流乃勝其任，下之猶必取於孝弟博聞有道術者。不幸一有邪人厠乎其間，則必逐而去之。是以太子朝夕所與，居處出入，左右前後，無非正人，而未嘗見一惡行。此三代之君所以有道之長，至於累數百年而不失其天下也。當誼之時，固已病於此法之不備。然考孝昭之詔，則猶知誦習誼之所言而有以不忘乎先王之意。降而及於近世，則帝王所以教子之法益疏略矣。蓋其所以教者不過記誦書札之工，而未嘗開以仁孝禮義之習。至於容貌詞氣、衣服器用，則雖極於邪侈而未嘗有以裁之也。寮屬具員而無保傅之嚴，講讀備禮而無箴規之益，至於朝夕所與出入居處而親密無間者，則不過宦官近習、掃除趨走之流而已。夫以帝王之世，當傳付之統，上有宗廟社稷之重，下有四海烝民之生，前有祖宗垂創之艱，後有子孫長久之計，而所以輔養之具疏略如此，是猶家有明月之珠、夜光之璧而委之衢路之側、盜賊之衝也，豈不危哉！詩曰：「豐水有芑，武王豈不仕？詒厥孫謀，以燕翼子。」惟聖明之留意焉，則天下幸甚。

其七，所謂精選任以明體統者。臣聞人主以論相爲職，宰相以正君爲職。二者各得其職，然後體統正而朝廷尊，天下之政必出於一，而無多門之弊。苟當論相者求其適己而不求其正己，取其可愛而不取其可畏，則人主失其職矣；當正君者不以獻可替否爲事，而以趨和承意爲能，不以經世宰物爲心，而以容身固寵爲術，則宰相失其職矣。二者交失其職，是以體統不正，綱紀不立，而左右近習皆得以竊弄威權，賣官鬻獄，使政體日亂，國勢日卑。雖有非常之禍伏於冥冥之中，而上恬下嬉，亦莫知以爲慮者。是可不察其所以然者而反之，以汰其所已用而審其所將用者乎？選之以其能正己而可畏，則必有以得自重之士，而吾所以任之不得不重，任之既重，則彼得以盡其獻可替否之志，而行其經世宰物之心。而又公選天下直諒敢言之士，使爲臺諫給舍，以參其議論，使吾腹心耳目之寄，常在於賢士大夫而不在於羣小，陟罰臧否之柄，常在於廊廟而不出於私門。如此而主威不立，國勢不彊，綱維不舉，刑政不清，民力不裕，軍政不脩者，臣不信也。書曰：「成王畏相。」語曰：「和臣不忠。」且以唐太宗之聰明英特，號爲身兼將相，然猶必使天下之事關由宰相，審熟便安，然後施行。蓋謂理勢之當然，有不可得而易者。惟聖明之留意焉，則天下幸甚。

其八，所謂振綱紀以厲風俗者。臣聞四海之廣，兆民至衆，人各有意，欲行其私。而善爲治者，乃能總攝而整齊之，使之各循其理而莫敢不如吾志之所欲者，則以先有綱紀以持之於上，而後有風俗以驅之於下也。何謂綱紀？辨賢否以定上下之分，核功罪以公賞罰之施也。何謂風俗？使人皆知善之可慕而必爲，皆知不善之可羞而必去也。然綱紀之所以振，則以宰執秉持而不敢失，臺諫補察而無所私，人主又以其大公至正之心恭己於上而照臨之。是以賢者必上，不肖者必下，有功者必賞，有罪者必刑，而萬事之統無所缺也。綱紀既振，則天下之人自將各自矜奮，更相勸勉以去惡而從善，蓋不待黜陟刑賞一一加於其身，而禮義之風、廉耻之俗已丕變矣。惟至公之道不行於上，是以宰執、臺諫有不得人，黜陟刑賞多出私意，而天下之俗遂至於靡然不知名節行檢之可貴，而唯阿諛軟熟、奔競交結之爲務。一有端言正色於其間，則羣譏衆排，必使無所容於斯世而後已。此其形勢，如將傾之屋，輪奐丹雘，雖未覺其有變於外，而材木之心已皆蠹朽腐爛，而不可復支持矣。苟非斷自聖志，洒濯其心，而有以大警敕之，使小大之臣各舉其職，以明黜陟，以信刑賞，則何以振已頹之綱紀而厲已壞之風俗乎？管子曰：「禮義廉耻，是謂四維。四維不張，國乃滅亡。」賈誼嘗爲漢文誦之，而曰：「使管子而愚人也則可，使管子而少知治體，是豈可不爲寒心也哉？」二子之言明白深切，非虚語者。惟聖明之留意焉，則天下幸甚。

其九，所謂節財用以固邦本者。臣聞先聖之言治國，而有節用愛人之說。蓋國家財用皆出於民，如有不節而用度有闕，則横賦暴斂，必將有及於民者。雖有愛人之心，而民不被其澤矣。是以將愛人者必先節用，此不易之理也。國家承五季之弊，祖宗創業之初，日不暇給，未及大爲經制，故其所以取於民者，比之前代已爲過厚，重以熙豐變法，頗有增加。而建炎以來，地削兵多，權宜科須，又復數倍，供輸日久，民力已殫。而間者諸路上供多入内帑，是致户部經費不足，遂廢祖宗破分之法，而上供歲額，必取十分登足而後已。期限迫促，科責嚴峻，監司州縣更相督迫，唯務自寬己責，何暇更察民情？捶撻號呼，有使人不忍聞者。而州縣歲入，多作上供起發，則又於額外巧作名色，寅緣刻剥，此民力之所以大窮也。計其所以至此，雖云多是贍軍，然内自京師，外達郡邑，上自宫禁，下至胥徒，無名浮費，亦豈無可省者？竊計若能還内帑之入於版曹，復破分之法於諸路，然後大計中外冗費之可省者，悉從廢罷，則亦豈不能少有所濟？而又擇將帥、核軍籍、汰浮食、廣屯田，因時制宜，大爲分别，則供軍不貲之費庶幾亦可減節，而民力之寛，於是始可議矣。此其事體至大，而綱目叢細，類非一言之可盡。今亦未暇盡爲陛下言之，惟聖明留意其本如上八者，而後圖之，則天下幸甚〔三〕。

甲寅擬上封事〔四〕

五月二十六日，朝散郎、祕閣修撰、權發遣潭州軍州事兼管内勸農營田事、主管荆湖南路安撫司公事、馬步軍都總管、借紫臣朱熹謹昧死百拜，上疏皇帝陛下：臣近者竊聞陛下過宫一事，多有論諫，未蒙採納，屢降指揮，尋復寢罷。觀聽惶惑，傳聞駭異。如臣孤賤疏遠，竊伏草茅，不聞外廷末議，初不敢妄有開説，塵瀆聖聰。特以今此蒙恩，起當藩屏之任，静思所職，上關國體。若朝廷正，綱紀立，主德修，人心悦，則守土之臣雖極駑鈍，尚可憑藉威靈，勉自驅策，以稱任使。儻根本動摇，腹心蠹壞，大勢傾壓，無復可爲，則中外之臣雖有奇才遠略，亦無所施。況如迂愚，雖欲捐軀報國，亦何所用其力哉？是以不能自已，有不容不爲陛下言者。然臣所讀者，不過孝經、語、孟、六經之書，所學者不過堯、舜、周、孔之道，所知者不過三代兩漢以來治亂得失之故，所講明者不過仁義禮樂、天理人欲之辨，所遵守者又不過國家之條法。考其歸趣，無非欲爲臣者忠、爲子者孝而已。今者取此以爲言，則在廷之臣言之悉矣，陛下聽之亦熟矣。捨此以爲言，則自古天下國家未有可以外此而爲治者。臣今亦不敢廣引前言，備禮上疏，以釣敢言之名而歸過於陛下，請獨以父子天性之説，爲陛下流涕而陳之。

臣聞人之所以有此身者，受形於母，而資始於父。雖有强暴之人，見子則憐，至於襁褓之兒，見父則笑，果何爲而然哉？初無所爲而然，此父子之道，所以爲天性而不可解也。然父子之間，或有不盡其道者，是豈爲父而天性有不足於慈，亦豈爲子而天性有不足於孝者哉？人心本明，天理素具，但爲物欲所昏、利害所蔽，故小則傷恩害義而不可開，大則滅天亂倫而不可救。假如或好飲酒，或好貨財，或好聲色，或好便安，如此之類，皆物欲也。清明之地，物欲昏之，則父或忘其爲慈，子或忘其爲孝，然後造爲讒慝者指疑似以爲真實，指毫髮以爲丘山。譖之於其父，則使施之於其子者不無少過；譖之於其子，則使施之於其父者寖失其常。然後巧爲利害之説以劫之，蓋謂如此則必受其利，不如此則必蹈其害。利害既有以蔽其心，此心日益猜疑。今日猜疑，明日猜疑，猜疑不已，子一舉足而得罪於其父，父一出言而取怨於其子，父子之情壞而禍亂作矣。試於暇時，或於中夜，或於觀書之際，或於靜坐之頃，捐去物欲之私，盡袪利害之蔽，默觀此心之本然，則父子之間固未嘗不慈且孝也。

臣竊觀陛下天資仁孝，初政清明，進退人才，動合公論，一言之善，天下誦之，豈獨於天性至親反用其薄？況備物之養，無大虧闕；政事之間，無大更革；過宫定省，本非難行，猶豫遲回，動踰時月，亦獨何也？無乃事起於纖微，情阻於疏闊，方間隙之將萌，羣臣不能救之於早，及形迹既著，又不能察陛下事親之本心，且無以和陛下父子之情，往往語言拙直，援引過當，其心雖忠於陛下，而不足以感悟陛下之聽，徒以激怒陛下。故近日臨欲過宫而復輟者，陛下未必不曰：「身爲萬乘之主，乃不得一事自由乎？」故不肯屈獨斷之權，爲羣論所迫耳。而陛下父子之情所以至此者，臣竊料陛下即位之初，便有姦人造爲邪説，離間陛下之父子。如一飲宴之失，壽皇慮陛下或怠於爲政；一言動之愆，壽皇憂陛下或至於成疾。此皆愛陛下之至切，故或形於言而不自以爲嫌。其意惟欲陛下遷善改過，正心脩身，以奉天地，以承祖宗，爲有宋萬年無疆之休而已，曷嘗有纖芥忿恨，如浚井塗廩之意哉？而姦人因之造爲危語，往來間諜，以誤聖聽，不唯使陛下之身常懷疑懼，而使陛下之宮中亦皆嚴憚重華而不敢親近。日遠月疏，間隙愈大，天下之人但見壽皇慈覆天下，而於陛下爲尤篤，陛下所以事壽皇者，乃不以孝聞，而以失禮聞，又不知其爲羣小之姦而直以爲陛下之失，街談巷議，偶語族談，至有臣子所不敢聽者。臣恐不惟如此，一旦上帝震怒，匹夫流言，草野僭亂，將仗義而起，夷狄外侮，興問罪之師。當是時，六軍之情能使之親附乎？萬姓之心能使之固結而不解乎？讒邪之人雖復臠而食之，其能有及於國家之敗乎？如臣之愚，雖百千輩咸欲粉身赤族爲陛下死，其能有補於社稷之存亡乎？又聞壽皇聖躬比者小愆和豫，雖未必因此，而天下後世寧不曰意念鬱鬱而至此乎？夫事固有失於毫釐之間，而遂至於不勝悔者，臣子之所不忍言，而忠於事君者亦不敢隱也。昔漢文帝徙淮南王，少失思慮，而尺布斗粟之謡終身病之。夫以兄而不能容其弟，雖賢主不敢自恕其過也，況以天下之大而不能容其父乎？爲今之計，先遣大臣謝罪於重華，次發明詔告諭在廷，言前日之所以不能無疑者以讒邪惑亂之故，誅此姦人，以謝天下，屏斥餘黨，還始初之清明。即日駕過重華，問安侍膳，以盡父子之驩。如此則天下歌舞，四夷尊仰，書之信史，以爲美談。反危而安，特在陛下反覆手之間耳。今愛陛下之切者，中宫也，嘉邸也。忠陛下之至者，一二三大臣也。願出臣章與之參訂，必有以知臣之惓惓於君父，而其言雖陋，實宗社之至計也。限守遠郡，無由請對，而忠憤所激，不能自已。是以冒死拜疏，痛哭流涕而極言之，唯陛下赦其狂瞽。臣冒犯天威，無任震懼殞越之至。臣熹昧死百拜。

乙卯擬上封事文不録。

校勘記

〔一〕以效愚忠之一二　「一二」，浙本作「萬一」。

〔二〕未嘗不歎息痛恨於桓靈也　「桓」原作「威」，據四庫本改。

〔三〕底本原注云：按前總目，此處當有「脩政事以攘夷狄」一條，今缺。

〔四〕甲寅擬上封事　「擬上封事」，浙本作「論過宫疏」。

晦庵先生朱文公文集卷第十三

奏劄

癸未垂拱奏劄一

臣聞大學之道，「自天子以至於庶人，壹是皆以脩身爲本」。而家之所以齊，國之所以治，天下之所以平，莫不由是出焉。然身不可以徒脩也，深探其本，則在乎格物以致其知而已。夫格物者，窮理之謂也。蓋有是物必有是理，然理無形而難知，物有迹而易睹，故因是物以求之，使是理瞭然心目之間而無毫髮之差，則應乎事者自無毫髮之繆。是以意誠心正而身脩，至於家之齊、國之治、天下之平，亦舉而措之耳。此所謂「大學之道」。雖古之大聖人生而知之，亦未有不學乎此者。堯、舜相授，所謂「惟精惟一，允執厥中」者，此也。自是以來，累聖相傳，以有天下。至於孔子，不得其位而筆之於書，以示後世之爲天下國家者。其門人弟子又相與傳述而推明之，其亦可謂詳矣。而自秦漢以來，此學絶講，儒者以詞章記誦爲功，而事業日淪於卑近。亦有意其不止於此，則又不過轉而求之老子、釋氏之門，内外異觀，本末殊歸，道術隱晦。悠悠千載，雖明君良臣間或一值，而卒無以復於三代之盛，由不知此故也。

恭惟皇帝陛下聖德純茂，爰自初潛以至爲帝，仁孝恭儉之德信於天下，紛華盛麗一無所入於其心，此其身可謂脩矣。而臨御天下，期年於此，平治之效，未有所聞，臣竊疑之。意者前日勸講之臣限於程式，所以聞於陛下者不過詞章記誦之習，而陛下求所以進乎此者，又不過取之老子、釋氏之書，是以雖有生知之性、高世之行，而未嘗隨事以觀理，故天下之理多所未察。未嘗即理以應事，故天下之事多所未明。是以舉措之間，動涉疑貳；聽納之際，未免蔽欺。平治之效所以未著，由不講乎大學之道而溺心於淺近虚無之過也。臣竊愚抵冒，罪當萬死。然願陛下清閒之燕，博訪真儒知此道者，講而明之，考之於經，驗之於史，而會之於心，以應當世無窮之變，則今日之務所當爲者不得不爲，所不當爲者不得不止。以至於臣下之忠邪、計慮之得失，不待燭照數計而可否黑白判然矣。若是，則意不得不誠，心不得不正，於以脩身、齊家、平治天下，亦豈有二道哉！

臣之所聞於師者如此，自常人觀之，疑若迂闊陳腐而不切於用。然臣竊以爲正其本，萬事理，差之毫釐，繆以千里，天下之事，無急於此。伏惟陛下擴天日之照，俯賜開納，則非獨微臣之幸，實天下萬世之幸。取進止。

垂拱奏劄二

臣竊觀今日之論國計者，大概有三：曰戰，曰守，曰和而已。然天下之事，利必有害，得必有失，是以三者之中，又各有兩端焉。蓋戰誠進取之勢，而亦有輕舉之失。守固自治之術，而亦有持久之難。至於和之策，則下矣。而主其計者亦以爲屈己愛民，蓄力觀釁，疑敵緩師，未爲失計。多事以來，此三説六端者是非相攻，可否相奪於冥冥之中，談者各飾其私而聽者不勝其眩，雖以陛下之明，蓋未能斷然無惑志於其間也。臣竊以爲此其所以然者，由不折衷於義理之根本，而馳騖於利害之末流故也。故臣嘗竊妄謂人主之學當以明理爲先，是理既明，則凡所當爲而必爲、所不當爲而必止者，莫非循天之理，而非有意、必、固、我之私也。臣請復指其實而明之。

蓋臣聞之，天高地下，人位乎中。天之道不出乎陰陽，地之道不出乎柔剛。是則舍仁與義，亦無以立人之道矣。然而仁莫大於父子，義莫大於君臣，是謂三綱之要、五常之本、人倫天理之至，無所逃於天地之間。其曰君父之讎不與共戴天者，乃天之所覆、地之所載，凡有君臣父子之性者，發於至痛，不能自已之同情，而非專出於一己之私也。恭惟國家之與北虜，乃陵廟之深讎，言之痛切，有非臣子所忍聞者，其不可與共戴天明矣。太上皇帝念此讎之未報，雖享天位，不以爲樂，一旦舉而付之陛下者，以陛下聰明智勇，爲必能成此志也。然則今日所當爲者，非戰無以復讎，非守無以制勝，是皆天理之自然，非人欲之私忿也。陛下亦既有意於必爲矣，間者不知何人，輒復唱爲邪議，以熒惑聖聽，至遣朝臣持書以復虜帥，而爲講和之計。臣竊恨陛下於所不當爲者，不能必止而重失此舉也。且不知陛下不得已於議者之言而姑爲此邪，抑真欲和議之成而爲此邪？以爲姑爲此也，則既爲其始，必慮其終。我既請之，彼必報之，不可以苟爲也。且苟而爲此，欲以何求也哉？無補於事，徒害於理，臣有以知陛下之不爲也。以爲真欲和議之成也，則議者所謂屈己愛民、蓄力觀釁、疑敵緩師未爲失計者，臣請有以議之。

夫人以藐然之身，位乎天地之間，至微也，而能與天地並立而爲三者，以其有仁義之性，而與夫陰陽之氣、剛柔之體同出乎萬物之一原而無間也。古之聖人所以參天地而贊化育者，豈有他哉，亦順此理而無所逆焉耳。今釋怨而講和，非屈己也，乃逆理也。己可屈也，理可逆乎？逆理之禍，將使三綱淪、九法斁，子焉而不知有父，臣焉而不知有君，人心僻違而天地閉塞，夷狄愈盛而禽獸愈繁。是乃舉南北之民而棄之，豈愛之之謂哉！且不曰愛其君父而曰兼愛南北之民，其於輕重之倫、緩急之序，亦可謂舛矣。夫子爲政，以正名爲先。蓋名不正則言不順、事不成，而民無所措其手足。今乃欲舍復讎之名，而以講好爲觀釁緩師之計，蓋不惟使上下離心、中外解體，緩急之間，無以應敵，而吾之君臣上下所爲夙興夜寐以脩自治之政者，亦將因循隳弛而不復振矣〔一〕。正使虜人異日果有可棄而不可失之釁，竊恐吾之可憂乃甚於所可喜，而信誓之重、名分之素，彼皆得以歸曲于我，蓋不待兩兵相加而吾氣已索然矣。

且自宣和、靖康以來，講和之效亦可概見，虜之情僞、吾之得失，蓋不待明者而後知。而小人所以好爲是説者〔二〕，蓋惟君子，然後知義理之所必當爲與義理之必可恃，利害得失既無所入於其心，而其學又足以應事物之變，是以氣勇謀明，無所慴憚，不幸蹉跌，死生以之。小人之心一切反是，其所以專爲講和之説者，特以便其私耳。而謀國者過而聽焉，豈不誤哉！

今使者將還，大議將決，此亦救過補敗之時也。臣願陛下姑置利害交至之説，而以窮理爲先，於仁義之道、三綱之本少加意焉。體驗擴充，以建人極，深詔任事之臣，亟罷講和之議，大明黜陟，以示天下，使知復讎雪耻之本意未嘗少衰。雖使虜意效順，無所邀索，乃是深有包藏，尤足疑畏。正宜引義拒絶，以伐其謀，然後表裏江淮，合戰守之計以爲一，使守固而有以戰，戰勝而有以守，奇正相生，如環之無端，持以歲月，以必復中原、必滅胡虜爲期而後已。雖其成敗利鈍不可逆睹，而吾於君臣父子之間既已無憾，則其賢於屈辱而苟存固已遠矣。臣願陛下以此處心，以此立志，則仁義之道明於上，而忠孝之俗成於下。人道既得，天地之和氣自當忻合無間，而夷狄禽獸亦將不得久肆其毒，則何事之不可成，何功之不可立哉！臣草茅微賤，不識事宜，獨以所學妄論大計，惟陛下擇焉。取進止。

垂拱奏劄三

臣聞益之戒舜曰：「儆戒無虞，罔失法度。罔遊于逸，罔淫于樂。任賢勿貳，去邪勿疑。」而終之曰：「無怠無荒，四夷來王。」周之文、武亦以天保以上治内，采薇以下治外，始於憂勤，終於逸樂。其後中微，小雅盡廢，四夷交侵，中國衰削。宣王承之，側身脩行，任賢使能，内修政事，外攘夷狄，而周道粲然復興。臣嘗以是觀之，然後知古先聖王所以制御夷狄之道，其本不在乎威彊，而在乎德業；其任不在乎邊境，而在乎朝廷；其具不在乎兵食，而在乎紀綱，蓋決然矣。

恭惟陛下躬履艱難之運，而思所以成中興之功者，既知當爲與所當止之大端矣；然而戎虜憑陵，包藏不測，中外之議，咸謂國威未振、邊備未飭、倉廩未充〔三〕、士卒未練，一旦緩急，何以爲計？臣獨以爲今日之憂非此之謂，所可憂者，乃大於此，而恨議者未及之也。臣竊觀今日諫諍之塗尚壅，佞幸之勢方張，爵賞易致而威罰不行，民力已殫而國用未節。以是四者觀之，則德業未可謂修，朝廷未可謂正，紀綱未可謂立，凡古先聖王所以彊本折衝、威制夷狄之道，皆未可謂備。是則臣之所深憂也。不識議者亦嘗以是聞於陛下之聽否乎？臣願陛下三復詩書之言，以監所行之得失，而求所以修德業、正朝廷、立紀綱者。必以開納諫諍、黜遠邪佞、杜塞倖門、安固邦本四者爲急先之務。治其本而毋治其末，治其實而勿治其名，庶幾人心厭服，夷狄知畏，則形勢自彊而恢復可冀矣。臣疏遠賤愚，震慴天威，未敢罄竭所聞，以久稽聖聽，而粗舉其端如此。伏惟陛下留神財幸。取進止。

辛丑延和奏劄一

臣竊惟皇帝陛下臨御以來，夙興夜寐，畏天恤民，誠敬寬仁，格于上下，宜其天心克享，民物阜安，而二十年之間，水旱盜賊，略無寧歲。邇者垂象差忒，識者寒心。饑饉連年，民多流殍。陛下側席興嘆，進賢退姦，分命朝臣，振廩出粟，凡所以奉承天意、慰悦人心者，無所不至。又宜若可以少回災沴、召致和平矣。而間者冬氣太温，雷電震激，嗣歲之計，尚有可憂。臣誠愚昧，有不識其所以然者。嘗竊推迹前事以深求之，意者德之崇者有未至於天歟？業之廣者有未及於地歟？政之大者有未舉，而其小者無所繫歟？刑之遠者或不當，而其近者或幸免歟？君子或有未用，而小人或有未去歟？大臣或失其職，而賤者或竊其柄歟？直諒之言罕聞，而諂諛者衆歟？德義之風未著，而汙賤者騁歟？貨賂或上流，而恩澤不下究歟？責人或已詳，而反躬有未至歟？夫必有是數者，然後足以召災而致異。今以陛下之明聖，則豈有是哉？然而天心未豫，邦本動摇，宸慮雖深，旱氣未究，是則必有説矣。

臣竊不自量，敢冒萬死，伏願陛下聽斷之餘，虚心静慮，試以前數條者反之於身、驗之於事而深自省焉，則淵默之中，無微不照，而凡此得失之端，孰有孰無，孰存孰改，皆無所遁其情矣。若猶以爲未也，則願濬發德音，布告中外，反躬引咎，以圖自新。内自臣工，外及甿庶，有能開寤聖心、指陳闕政者，無間疏賤，使咸得以自通。然後差擇近臣之通明正直者一二人，使各引其所知有識敢言之士三數人寓直殿門，凡四方之言有來上者，悉令省閲，舉其盡忠不隱者，日以聞于聰聽，則夫天人之際，譴告所繇，將有粲然畢陳於前者。然後兼總條貫，稱制臨決，畫爲科品，以次施行。使一日之間雲消霧散，堯天舜日廓然清明，則上帝鬼神收還威怒，羣黎百姓無不蒙休矣。臣以孤遠，受恩過深，圖報無階，抵冒至此，惟陛下寬其斧鑕，留神財幸。臣無任震慴俟罪之至。

貼黄

臣遠稽前史，近考聖朝，以災異求言，具有故事。若以至誠行之而實采用其説，以革前日之弊，則於應天之實，所補不細。今星文雖已退舍，然餓民目今流散，冬雷憂在嗣歲，伏乞斷自聖志，早賜施行。

臣禀性疏拙，字畫不精，衰病目昏，尤艱寫染。今以所陳不宜宣洩，不免親筆書寫。不謹之罪，伏乞財赦。

延和奏劄二

臣聞人主所以制天下之事者，本乎一心，而心之所主，又有天理、人欲之異。二者一分，而公私邪正之塗判矣。蓋天理者，此心之本然，循之則其心公而且正；人欲者，此心之疾疢，循之則其心私而且邪。公而正者逸而日休，私而邪者勞而日拙，其效至於治亂安危有大相絶者，而其端特在夫一念之間而已。舜、禹相傳，所謂「人心惟危，道心惟微。惟精惟一，允執厥中」者，正謂此也。臣嘗竊怪陛下以大有爲之資，膺受付託，憂勤願治，恭儉愛民，二十年於此矣，而間者臨軒，慨然發歎，乃或未免以治效之不進爲憂。因竊以是推之而得其説，請昧萬死爲陛下一二陳之。

夫天下之治固必出於一人，而天下之事則有非一人所能獨任者。是以人君既正其心、誠其意於堂阼之上、突奥之中，而必深求天下敦厚誠實、剛明公正之賢以爲輔相，使之博選士大夫之聰明達理、直諒敢言、忠信廉節，足以有爲有守者，隨其器能，寘之列位，使之交脩衆職，以上輔君德、下固邦本，而左右私褻使令之賤無得以奸其間者。有功則久其任，不稱則更求賢者而易之。蓋其人可退而其位不可以苟充，其人可廢而其任不可以輕奪，此天理之當然而不可易者也。人君察於此理，而不敢以一毫私意鑿於其間，則其心廓然大公、儼然至正，泰然行其所無事而坐收百官衆職之成功。一或反是，則爲人欲私意之病，其偏黨反側、黮闇猜嫌〔四〕，固日擾擾乎方寸之間，而姦僞讒慝叢脞眩瞀，又將有不可勝言者。此亦理之必然也。

恭惟陛下即政之初，蓋嘗選建豪英，任以政事矣。不幸其間不能盡得其人，或以庸陋闒瑣不堪委寄，或以朋比欺罔自速罪辜，而陛下之心又本有前日權臣跋扈之疑，是以不復廣求賢哲，而姑取軟熟易制、承順不違之人以充其位。於是左右私褻使令之賤始得以奉清閒、備驅使，而宰相之權日輕。既而陛下亦慮其勢有所偏而因重以壅己也，則又時聽外庭之論，雖甚狂訐，無所違忤。意者將以陰察此輩之負犯而操切之，欲其有所忌憚而不敢肆於爲惡。陛下之用力則已勞矣，而其翕張禽縱之機、周防畏備之計，又可謂無遺巧矣。然而天下之勢終不免於偏有所重，而治亂安危之效又未能盡如聖志之所欲，蓋既未能循天理、公聖心以正朝廷之大體，則固已失其本矣，而又欲兼聽士大夫之公言，以爲駕馭之術，則士大夫之進見有時，而近習之從容無間。士大夫之禮貌既莊而難親，其議論又苦而難入。近習便僻側媚之態既足以蠱心志，其胥史狡獪之術又足以眩聰明。此其生熟甘苦既有所分，則恐陛下未及施其駕馭之策而先已墮其數中矣。是以比來陛下雖欲微抑此輩，而此輩之勢日重；雖欲兼採公論，而士大夫之勢日輕。重者既挾其重以竊陛下之權，其輕而姦者又借力於陛下之所重，以爲竊位固寵之計，中外相應，更濟其私。至於姦窮惡稔，蹤跡敗露，然後其素輕者不免於譴何，然猶委蛇盤礴，不失其崇資峻秩，而攫取陛下之厚賜優禮以去。其素重者，則陛下固未嘗一問其朋比援引之姦也。日往月來，浸淫耗蝕，使陛下之德業日隳，綱紀日壞，邪佞充塞，貨賂公行，兵怨民愁，盜賊間作，災異數見，饑饉薦臻〔五〕。蓋羣小相挺，人人皆得滿其所欲，唯有陛下了無所得，而國家顧乃獨受其弊。是則陛下之勞既不足以成天下之務，而反以敗之；其巧既不足以勝羣小之姦，而反以助成其勢。若彼之所以蔽遮天理、濁亂聖心，則將益深錮而遂至於不可解。蓋其失萌於一念之疑大臣，而其爲害展轉至此，所謂差之毫釐，謬以千里者。

臣恐陛下於此偶未察也，是以往歲蒙恩賜對，去年應詔言事，皆以明理正心之說陳於陛下之前，惓惓深衷，實在於此。而學淺辭拙，不足以起發聖意，恐懼至今，乃幸復以職事得望清光，敢畢其餘忠如此。誠願陛下深察天理，以公聖心，廣求賢忠〔六〕，以脩聖政。則夫左右私褻使令之賤固已無隙可投，以誤恩顧，則又痛斥而遠屏之，以求除後日蔽遮濁亂深錮之害，庶幾天下之事猶可復爲，而陛下之國家將不至於卒受羣小之弊。臣至愚極陋，學無所成，獨有螻蟻愛君憂國之心，不能自已，妄論至此，悲憤塡膺。伏惟陛下赦其罪而納其忠，深爲宗廟社稷大計，不俟終日，斷然行之，則不唯愚臣之幸，實天下之幸。

貼黄

臣去年所進封事恐元本不存，今別繕寫成册，用袋重封，已於閤門投納，乞賜聖旨宣索。此劄亦係臣親手書寫，目昏筆縱，前劄已具貼黄奏陳，并乞聖照。

延和奏劄三

臣疏繆不材，遠跡林野，陛下過聽，畀以郡符。已試罔功，復叨使指，誤恩横被，又忝職名。方具辭免之間，忽於九月二十二日恭被改除之命，揣分量力，尤所不堪。本欲控陳懇避之誠，庶安愚賤之迹，而是時已聞本路紹興府、衢、婺州水旱饑荒，上軫宸慮。竊恐遷延，或致誤事，遂已即日拜命，具狀申省，乞許奏對。至十月二十八日，方准省劄，恭奉聖旨，令臣疾速奏事，前去之任。臣聞命震惕，不敢稽留，即於今月二日襆被上道〔七〕。至十一日始入本路衢州界，問得本州災傷，常山、江山、開化三縣爲甚，而西安、龍游次之。其婺州、紹興府，則所傳又非衢州之比。臣不勝恐懼，遂自衢州乘舟取疾以來。及節次於本司及被災州縣會到已行事件，乃聞陛下間嘗親御翰墨，戒飭帥臣，詞旨深切，聞者感涕。而前後撥賜米斛，又已二十有餘萬矣。仰見聖心懇惻，急於救民，而於軍國之儲無所愛惜至於如此，甚大惠也。臣猥蒙任使，自惟疏拙，大懼不能有以出斯人於溝壑，仰副陛下焦勞之意，今有管見，合行申請，須至晝一奏聞者。

一、救荒之務，檢放爲先。行之及早，則民知有所恃賴，未便逃移；放之稍寬，則民間留得禾米，未便闕乏。然而州郡多是吝惜財計，不以愛民爲念，故所差官承望風指，已是不敢從實檢定分數。及至申到帳狀，州郡又加裁減，不肯依數分明除放。又早田收割日久，檢踏後時，致有無根查者，乃是州郡差官遲緩之罪，而檢官反謂人户違法，不爲檢定。其有檢定申到者，州郡亦不爲蠲放，就中下户所放不多，尤被其害。訪聞本路州縣亦有似此去處，欲乞候臣將來到任，廣行詢究，更與從實蠲減。

一、伏覩近降指揮，旱傷州縣上户賑糶〔八〕，止令勸諭，毋得科抑。仰見聖明深察物情，恤貧安富，兩得其所。然竊恐官吏被此指揮之後，其間或有便文自營之人，必將泛然不以勸諭爲意，而上户亦有詞説，難以勸諭。官司米斛不多，將來無以接續，其害又有不可勝言者。欲乞且令州縣將未勸諭者權以去年認數爲約，已勸諭者權據見認之數爲準，多方詢訪，加意考核，不得比同尋常，報應空文，須管究心體訪，得其實數。其實不能及數者，更與量減。實可更多出者，則與量添。其有鹵莽滅裂、徒爲煩擾去處，將來本司覺察得知，具名聞奏。庶幾所認之數必得其平，而無科抑之患矣。

一、應募獻米，合格推賞之人，多被官吏邀阻乞覓，聞有至今未推賞者。近雖已蒙立法約束，更乞明詔户部，先具見今奏到已未推賞各件進呈〔九〕，將未推賞人日下推賞。行下諸路州縣，有未申奏者，限一月内並到。如違，許被抑人進狀陳訴，重作行遣。又上户已經去年獻助，今年所蓄想已不多。若必依舊格方得推賞，則恐無復及格之人可以獻助。欲乞檢會淳熙元年三月二十四日勑户部勘當到點檢台州措置賑濟官耿延年所申浙東路賑濟賑糶，依湖南、江西米數減半紐計，推賞指揮，謂如四千石合補承信郎，今減作二千石之類。申明行下，庶幾應募者衆，得濟飢民。仍勒所司立定保明狀式，及令逐處官司承受應募理賞詞狀文帖，並要當日行遣。如將來依式奏到省部，却稱文字不圓，及諸處故違程限者，官員重加降責，人吏並行決配，庶幾富者樂輸，貧者得食，實爲兩便。

一、伏覩今歲紹興府已蒙聖慈撥賜米斛十七萬石，訪聞昨來本府抄劄飢民户口，若自十一月至來年三月，約用米八十萬石，方可足用。其間固不能無冒濫虛數，今來本府節次删減，未知將來定作多少户口計度。但今所有米數及糴米錢，姑以元抄劄數計之，不過得四分之一。況又州府見闕軍儲，竊慮不免却將撥賜米斛暗行借兑，則所得糶濟米數愈見不多。若州府只據見米措定人口，抄劄糶濟，則所及不廣，必致人户流離餓殍，上勞聖慮。又，臣經由衢州，見得本州旱損雖云不及紹興府、婺州兩州，然其處水路淺澁，冬月尤甚，運載錢米極爲艱難。本州雖已差官往浙西收糴，然糴本至少，所得不多，而所費水脚已不貲矣。臣今來欲望聖慈更撥賜豐儲倉米三十萬石應副紹興府，三萬石應副衢州。如無見管米斛，即計目今米價支借内帑見錢，令其趁此米價未至騰踴之間，前去有米州郡收糴，旋次般載回州。其上件錢米並乞專責本司差委隣州官吏出納，州府不得干預，庶免侵兑之弊。其已撥賜錢米，亦乞令本司選委本州通判一員同共主管，不得别作支用。仍詔守臣疾速措置，收糴軍糧，不管誤事。其婺州雖蒙撥賜米五萬石，尚恐未足賑濟，却候臣親到本州相度會計，别具奏聞者。

貼黄

臣竊聞陛下節儉憂勤，規恢遠略，内庫所積錢帛甚多。今既天時未順，未可興師，而近甸飢荒至於如此，伏願聖慈權其輕重，特賜借撥。

據紹興府申到撥下諸縣米數，總計二十一萬二千餘石，除嵊縣六萬八千餘石係排日糶濟外，餘縣十四萬三千餘石係間日糶濟，竊恐飢民一日止得半升之米不能存活。今欲依嵊縣例排日糶濟，即合更用十四萬三千餘石。又聞官吏抄劄不無漏落，又慮流民却回復業，兼數内所稱摺運，乃是三摺之數，將來米價日增，及有往來脚費，風波滯留，不無欠折。又，本府民貧，勸諭所得，恐亦不多，須更備米十五六萬石，準備添貼，所以約計乞米三十萬石。如蒙撥賜，今亦未敢盡數般取，如是將來糶濟不盡，却行回納。伏乞睿照。

一、諸郡荒歉人户日有流移，一切官物不堪催理。其紹興府人户夏税已蒙聖慈等第免閣住催，唯衢、婺州當來失於申奏，致人户未蒙依例推恩。而户部、漕司催督州郡，亦如平日。州郡無所從出，其勢必取於縣，縣無所從出，則人户必有受其弊者，甚失聖主惻怛哀憐之意。然計户部、漕司所催，必是指定支遣之數，有不得而已者，其勢又不容直行禁止。欲乞朝廷取會户部、漕司合得諸州解發錢帛之數〔一〇〕，且於内庫支撥應副，而詔户部、漕司，被災州縣所欠新舊官物並且住催，直至明年蠶麥熟後，却將舊欠逐旋催理，寬作料次，撥還内庫，決然不至敢有欠闕。其人户名下新舊上供官物，亦乞明詔州縣未得催理。其紹興府雖已有前件住催指揮，竊恐州縣奉行不虔，及將今年檢放外殘零苗米催督嚴峻，亦乞聖慈更賜戒約，令其寬限人户輸納。

貼黄

臣續訪聞紹興府雖蒙指揮住催官物，而春夏之間，官吏多已先期催足，民户實未盡霑聖恩。今體問得本府人户合納丁鹽錢、丁身折帛絹、折帛綿、本色絹〔一一〕、本色綿五項，不以有無産業物力，一丁並納九百餘錢，來春即便起催，飢餓之餘，實難供納。臣愚欲望聖慈將來年合納錢數預行蠲放，庶幾官吏無以作弊，下户實被聖恩，有以慰安民心，感召和氣。伏候聖旨。

一、今年旱地廣闊，只有湖南、二廣及浙西兩三郡豐熟。而廣東海路至浙東爲近。臣昨受命之初，訪聞彼處米價，大段低平，即嘗印牓，遣人散於福建、廣東兩路沿海去處，招邀米客，許其約束税務，不得妄收力勝雜物税錢，到日只依市價出糶，更不裁減。如有不售者，官爲依價收糴。自此向後，必多有人興販前來，但臣元牓約束本路州縣税場不得妄有邀阻收税及力勝一節，更乞聖慈申嚴行下，有違戾者，官吏並比見行條法，各加一等坐罪。至來年六月，却依舊法。其收糴本錢，乞許行下本路沿海州軍，將今年糶過米錢及兑那諸色窠名支撥充應，庶幾不失信於客人，向後易爲招誘。如或更蒙朝廷量立賞格，召人興販，行下諸路，曉示勸誘，仍先降空名付身數十道付本司，俟有上件販到米斛之人，即與書填給付。蓋緣客人糶貨了畢，便欲歸回元處，不能等候，即與土居上户不同。伏乞聖察。

一，救荒之政，著於令甲，及近年節次指揮雖已詳悉，然而全在官吏遵奉推行，然後民被實惠。況今年荐飢，公私匱竭，比之常歲，事體不同。欲乞聖慈特降指揮，戒敕本路守令以下，令其究心奉行，悉意推廣。其故有違慢不虔之人，俾臣奏劾一二，重作施行，以警其餘。其有老病昏愚，不堪驅策者，亦許具名聞奏，別與差遣。却選本路官吏惻怛愛民、才力可仗者，特許不拘文法，時暫差權。謂如治獄捕盜官不許差出之類。仍依富弼、趙抃例，選差得替待闕、宫廟持服官員，時暫管幹，事畢具名申奏，量與推賞，如減磨勘〔一二〕、陞名次之類。庶幾官吏向前，人蒙實利。

延和奏劄四

臣比因講求荒政，復有二事，雖非今日拯救之急，而實異時久遠之利，不敢不言。今謹別具進呈下項：

一，臣昨任南康軍日，適值旱傷，深慮檢放搔擾下户。偶有士人陳説，乞將五斗以下苗米人户免檢全放，當時即與施行，人以爲便。本路提舉常平尤袤遂以其法行之諸郡，其利甚博。近日經由信州，則聞玉山一縣亦得檢官如此措置，除上三等户隨分減放外，下二等户盡行蠲免，通計一縣所放，亦不過共成五分。問之道旁居民，莫不稱其平允。此最爲法之善者，而律令未有明文。又今年檢踏已畢，行之不及，欲乞聖慈詳酌，特詔有司定著爲令，自今水旱約及三分以上，第五等户並免檢踏具帳，先與全户蠲放。如及五分以上，即并第四等户依此施行。其州縣差官後時，致得旱損田苗不存根查，亦乞立法坐罪。其所損田即與相度地形高低、水源近遠，比並鄰至分數檢放，庶幾貧民永遠利便。

一、臣所居建寧府崇安縣開耀鄉有社倉一所〔一三〕，係昨乾道四年鄉民艱食，本府給到常平米六百石，委臣與本鄉土居朝奉郎劉如愚同共賑貸。至冬收到元米，次年夏間，本府復令依舊貸與人户，冬間納還。臣等申府措置，每石量收息米二斗，自後逐年依此斂散。或遇小歉，即蠲其息之半，大饑即盡蠲之。至今十有四年，其支息米造成倉敖三間收貯，已將元米陸百石納還本府。其見管三千一百石，並是累年人户納到息米，已申本府照會，將來依前斂散，更不收息，每石只收耗米三升。係臣與本鄉土居官及士人數人同共掌管，遇斂散時，即申府差縣官一員監視出納。以此之故，一鄉四五十里之間，雖遇凶年，人不闕食。竊謂其法可以推廣，行之他處，而法令無文，人情難彊。妄意欲乞聖慈特依義役體例，行下諸路州軍，曉諭人户，有願依此置立社倉者，州縣量支常平米斛，責與本鄉出等人户，主執斂散，每石收息二斗，仍差本鄉土居或寄居官員士人有行義者，與本縣官同共出納。

收到息米十倍本米之數，即送元米還官，却將息米歛散，每石只收耗米三升。其有富家情願出米作本者亦從其便，息米及數，亦當撥還〔一四〕。如有鄉土風俗不同者，更許隨宜立約，申官遵守，實爲久遠之利。其不願置立去處，官司不得抑勒，則亦不至搔擾。此在今日言之，雖無所濟於目前之急，然實公私儲蓄豫備久遠之計。及今歉歲施行，人必願從者衆。其建寧府社倉見行事目，謹録一通進呈。伏望聖慈詳察，特賜施行。

右謹具如前。取進止。

延和奏劄五

臣竊見浙東路和買絹萬數浩瀚，而紹興府獨當其半。舊例，自物力三十八貫五百以上人户均敷。人户苦於輸納，多立詭户，隱寄物力，以避均敷，是致見納人户所敷愈重。其間又有不該敷納田地之數，官司不爲除豁，其弊非一。前後臣僚申請，並蒙聖慈施行，而一時有司不能奉承德意，牽於衆説，未有定論。臣以得之傳聞，未知其間微細曲折，不敢輒有陳請。然聞一郡之人無不以此爲病，猥蒙任使，不敢坐視。欲望聖慈特降指揮，許臣到官與本路帥臣、監司同共相度，限來年二月内要見定論，申奏取旨。從來年夏料爲始，革去舊弊，庶幾饑饉餘民得安生業，世世子孫沐浴仁聖之膏澤，不勝幸甚。取進止。

延和奏劄六

臣昨蒙聖恩，待罪南康小壘，自惟短拙無以補報萬分。到任之初，即以本軍星子縣税錢偏重，民不聊生條具奏聞，乞賜蠲減，總計不過納絹一千五十餘匹、錢二千九百餘貫。伏蒙聖慈開納，即賜施行，而有司不能仰體德意，輒引議臣對補之説以拒其請。臣於今年得替之前，又嘗具奏，冀卒蒙恩，而逮今累月，未奉進止。竊意有司尚守前説，然臣之愚亦有不能自已者，謹以前奏之内最明白者二條，復爲陛下陳之。

按本縣所管廬山一帶，多是高巖峭壁、穹石茂林，其間雖有些小田段，類皆磽瘠寒冷，所入不多。而經界官吏起紐税錢數目浩瀚，難以輸納，以故紹興年中守臣徐端輔者因寺院之請，減去一百四十餘貫。減之誠是也，然初不請命於朝而輒私減之，既又慮夫經税之或虧也，則妄引經界以前不明文帳，將人户下田升作中等，中田升作上等，亦有徑自下等而升上等者，按籍履畝而横加其税，計錢一百四十餘貫，以陰補所免廬山税錢之數。中間常有漕臣按臨、人户陳訴，漕司爲之張榜約束改正，而本軍不復奉行。其後又有人户曾經户部陳訴，而亦不能正也。臣竊惟國家子愛黎元，憂勤懇惻，常賦之外，一毫不忍有所多取。而下土小臣率情妄作，乃敢以一百四十餘貫之税無故而妄加於人，雖其除之於山，粗若得宜，而增之於田，則悖謬甚矣。故臣前奏，欲乞將端輔所減山税明降指揮，特與蠲減，而其所增田税却與改正，依舊等色均税。其爲事理曉然無可疑者，而所蠲之數亦不甚多。不謂有司不顧大體而惜小費，乃欲限以對補之説，則是使臣又爲端輔之所爲而後已爾。未興一利而先起一害，臣雖至愚，有所不忍爲也。

今雖已去官守，然於此縣疲瘵之民有未能忘者，故敢不避斧鉞之誅，復以上聞。欲望聖慈矜閔，明詔有司，將此兩條先次減免改正。其餘項目，臣亦未敢便乞施行，悉祈蠲免，且乞專委本路監司一員子細相度，俟其奏報，别賜指揮。至於淳熙六年十月十九日議臣對補之説，其言各細鄙狹，不達大體，無以將順陛下克己愛民、聽言革弊之美意。而程奏顯言，頒布海内，非所以宣德意而廣仁聲於天下也。欲望聖明并賜追寢。自今以來，四方内外或有以蠲除爲請者，究其虚實而一以法義裁之，則彼固不得以肆其僥倖苟免之計，亦何必逆爲之限，以傷遠近祈恩望幸之心哉！抑古人亦有言曰：「百姓足，君孰與不足？百姓不足，君孰與足？」此乾坤廣大之心，聖賢親切之訓，臣願陛下於此深留聖意，則彼妄庸淺俗之言自將深藏遠屏，不敢以陳於陛下之前矣。臣進越妄言，犯非其分，不勝恐懼戰慄之至。取進止。

延和奏劄七

臣昨任南康軍日，嘗具狀奏乞賜白鹿洞書院勑額，及乞以太上皇帝御書石經并版本九經注疏給賜本洞，今亦未蒙施行，而朝野喧傳，相與譏笑，以爲怪事。臣誠恐懼，不敢不盡其説。謹按本洞書院實唐隱士李渤所居，當時學者多從之遊，遂立黌舍。至五代時，李氏爲建官師，給田贍養，徒衆甚盛。迨至國初，猶數十百人。太平興國中，常蒙詔賜九經而官其洞主，見於會要。而咸平五年，有勑重修，仍塑宣聖及弟子像，又見於陳舜俞所記。簡牘具存，可覆視也。夫以此洞之興，原其所自，雖若淺鮮無足言者，而太宗皇帝、真宗皇帝眷顧褒崇至於如此，則聖意所存，至深至遠，必有非下吏淺聞所能窺測者。今乃廢而不舉，使其有屋廬而無勑額、有生徒而無賜書，流俗所輕，廢壞無日。此臣所以大懼而不能安也。然竊意有司所以不能無疑於臣之請〔一五〕，固未必皆如譏笑者之言，殆必以爲州縣已有學校，不必更爲煩費耳。如其果然，則臣請有以質之：

夫先王禮義之官與異端鬼教之居，孰正孰邪？三綱五常之教與無君無父之説，孰利孰害？今老佛之宫遍滿天下，大郡至踰千計，小邑亦或不下數十，而公私增益，其勢未已。至於學校，則一郡一縣僅一置焉，而附郭之縣或不復有。其盛衰多寡之相絶至於如此，則於邪正利害之際亦已明矣。今有司非徒不能有所正於彼，而反疑臣之請於此，臣不能識其何説也！今幸蒙恩賜對，故敢復以爲請。伏望聖慈，下臣此章，特從其請，既以紹承先志，啓迪羣心，又以丕闡大猷，昭示抑邪與正之漸，實天下萬世之幸。取進止。

校勘記

〔一〕亦將因循隳弛而不復振矣　「隳」，浙本作「廢」。
〔二〕而小人所以好爲是説者　此句疑衍，或有訛奪。
〔三〕倉廩未充　「倉」，浙本作「帑」。
〔四〕黠闇猜嫌　「黠」，原作「黯」，據閩本、浙本改。
〔五〕饑饉薦臻　「臻」，浙本作「致」。
〔六〕廣求賢忠　「忠」，閩本、浙本、天順本均作「才」。
〔七〕即於今月二日襆被上道　「襆」，原作「樸」，據閩本、浙本、天順本改。
〔八〕上户賑糶　「糶」，原作「糴」，據閩本、浙本改。
〔九〕已未推賞各件進呈　「各」，浙本、天順本作「名」。
〔一〇〕諸州解發錢帛之數　「諸州」，浙本作「州府」。

〔一一〕本色絹　「絹」，原作「綃」，據閩本、浙本、天順本改。
〔一二〕如減磨勘　「勘」原作「勸」，據閩本、浙本、天順本改。
〔一三〕臣所居建寧府崇安縣開耀鄉有社倉一所　「社」，原作「杜」，據浙本改。
〔一四〕亦當撥還　「當」，閩本、浙本、天順本作「與」。
〔一五〕不能無疑於臣之請　「請」，原作「謂」，據浙本改。

晦庵先生朱文公文集卷第十四

奏劄

戊申延和奏劄一

臣聞昔者帝舜以百姓不親、五品不遜，而使契爲司徒之官，教以人倫，父子有親，君臣有義，夫婦有别，長幼有序，朋友有信。又慮其教之或不從也，則命皐陶作士，明刑以弼五教，而期于無刑焉。蓋三綱五常，天理民彝之大節，而治道之本根也。故聖人之治，爲之教以明之，爲之刑以弼之，雖其所施或先或後，或緩或急，而其丁寧深切之意，未嘗不在乎此也。乃若三代王者之制，則亦有之，曰：凡聽五刑之訟，必原父子之親、立君臣之義以權之。蓋必如此，然後輕重之序可得而論，淺深之量可得而測，而所以悉其聰明、致其忠愛者，亦始得其所施而不悖。此先王之義刑義殺，所以雖或傷民之飢膚、殘民之軀命，然刑一人而天下之人聳然不敢肆意於爲惡，則是乃所以正直輔翼而若其有常之性也。後世之論刑者不知出此，其陷於申商之刻薄者，既無足論矣，至於鄙儒姑息之論、異端報應之説，俗吏便文自營之計，則又一以輕刑爲事。然刑愈輕而愈不足以厚民之俗，往往反以長其悖逆作亂之心，而使獄訟之愈繁，則不講乎先王之法之過也。

臣伏見近年以來，或以妻殺夫，或以族子殺族父，或以地客殺地主，而有司議刑，卒從流宥之法。夫殺人者不死，傷人者不刑，雖二帝三王不能以此爲治於天下，而況於其繫於父子之親、君臣之義、三綱之重，又非凡人之比者乎？然臣非敢以此之故遂勸陛下深於用法而果於殺人也，但竊以爲諸若此類涉於人倫風化之本者，有司不以經術義理裁之，而世儒之鄙論、異端之邪説、俗吏之私計得以行乎其間，則天理民彝幾何不至於泯滅，而舜之所謂無刑者又何日而可期哉？故臣伏願陛下深詔中外司政典獄之官，凡有獄訟，必先論其尊卑上下、長幼親疏之分，而後聽其曲直之辭。凡以下犯上、以卑凌尊者，雖直不右，其不直者罪加凡人之坐。其有不幸至於殺傷者，雖有疑慮可憫，而至於奏讞，亦不許輒用擬貸之例。又詔儒臣博采經史以及古今賢哲議論及於教化刑罰之意者，删其精要之語，聚爲一書，以教學古入官之士與凡執法治民之官，皆使略知古先聖王所以敕典敷教、制刑明辟之大端，而不敢陰爲、姑息、果報、便文之計，則庶幾有以助成世教而仰稱陛下好生惡殺、期於無刑之本意。取進止。

延和奏劄二

臣聞獄者，民命之所繫，而君子之所盡心也。今天下之獄，死刑當決者皆自縣而達之州，自州而達之使者；其有疑者，又自州而上之朝廷，自朝廷而下之棘寺，棘寺讞議而後致辟焉。其維持防閑，可謂周且審矣。然而憲臺之所詳覆、棘寺之所讞議者，不過受成於州縣之具獄，使其文案粗備、情節稍圓，則雖顛倒是非、出入生死，蓋不得而察也。是故欲清庶獄之源者，莫若遴選州縣治獄之官。今縣之獄委於令，其選固已精矣，而未必皆得人，其弊未易革也。若州獄，則今銓格凡選人任滿，有舉主關陞者，方注繁難令録，其慮蓋已詳矣。然注司理者乃不用此令〔一〕，而近制唯進納癃老之人，然後不得注擬；此外則常調關陞者，雖昏繆疾病之人，皆得而爲之。甚至於流外補官若省部胥史，亦得而爲之。彼以薦舉關陞者，固未必盡得才能公正之人，然比之昏繆疾病、無善可稱與夫胥史之入官者，則有間矣。蓋昏繆疾病之人苟且微禄，唯知自營，其於獄事蒙成吏手，漫不加省。而胥史之入官者又或狃於故習，與吏爲徒，販鬻走弄，無所不至。故州郡小大之獄往往多失其平，怨讟咨嗟，感傷和氣，上爲聖政之累，莫此爲甚。

臣愚欲望陛下明詔銓曹，更定選格，凡州郡兩獄官專注任滿、有舉主關陞人，或應格不足，則次任任滿、銓試中第二等以上人，其常調關陞及省部胥史並不得注擬。見在任者，非舉主關陞人，即令守倅銓量。如委昏繆疾病，即保明聞奏，特與祠禄。其未到人，候赴上日，亦從守倅銓量，方許放上。若守倅徇私失實，即許監司劾奏罷免。所有省部胥史，雖已注官待次，並令赴部别與擬授。庶幾治獄之官其選少清，各知任職，仰副陛下欽恤之意。取進止。

貼黄

臣契勘縣獄止是知縣獨員推鞫，一或不得其人，則拆换款詞，變亂情節，無所不至。今既未能盡變銓法，則亦不容無少更革。欲望睿慈詳酌，明降指揮，令縣丞同行推訊，無丞處即用主簿。仍遇大囚到獄，即限兩日内具入門款，先次飛申本州及提刑司照會。庶幾粗革舊弊，天下幸甚！

延和奏劄三

臣竊見諸路提刑司所管拘催州縣經總制錢，蓋前代之所無，而祖宗盛時亦未之有，特起於宣和末年，倉卒用兵，權宜措畫。當時建議之臣方且自以爲功，而其兄聞之，乃爲哭於先廟，以爲作俑之禍且及子孫。渡江以後，雖知其弊，然費出愈繁，遂不能罷，復有增加。以至于今，乃爲大農之經賦，有司不復敢有蠲除之議。然其始者，亦但計其出納多寡之實數而隨以取之，則事雖失體而未有甚害。及紹興中推行經界之法，民間違限契約悉出投印，故一二年間，此錢之額倍於常歲。逮其畢事，則便復常數而無復前日之羡矣。而一時乃有憸佞掊克之人，輒爲比較之説以誤朝聽，使凡歲入經總制錢悉以經界之年爲額。其後雖或知其非義而小變之，然猶必使趁及一年所收最多之數。至其甚無藝者，則雖或災傷年分檢放倚閣，苗米税錢已無所入，而所謂經總制錢者，版曹總所猶不肯與之蠲除〔二〕，上下相臨，轉相逼迫。下吏無所措其手足，則其勢必至於巧爲名色，取之於民，以求幸免。司察之官雖知其然，然既利其歲額之盈，則亦不容有所何問。顧猶不足以及數，則遂不過將新蓋舊，轉後爲前。歲月愈深，逋負日積，大郡所欠十數萬緡，小郡亦不下一二萬數。官吏操切日益嚴峻，而莫有知其事之本原者。臣愚不知州縣之煎熬局促果何日而少紓，斯民之歎息愁怨果何時而少息也。

陛下厚德深仁，愛民如子，疾痛痾癢，無細不知。抑搔按摩，無遠不及，顧偶未聞此法之弊而已。故臣輒敢冒昧以聞，伏望聖慈深照本末，特詔有司先將災傷年分檢放倚閣苗税數内所收經總制額盡依分數豁除，然後别詔大臣深圖所以節用裕民之術，討論經總制錢合與不合立額比較之利病而罷行之〔三〕，以幸天下，臣不勝大願。取進止。

延和奏劄四

臣竊見江西路諸州舊有科罰之弊，蓋因歲入有限而費出無常，是以不免巧取於民，以備支發。凡是百姓有事入門，不問曲直，恣意誅求，無有藝極，民間受弊不可勝言。爲監司州縣者欲一切繩之以法，則財計頓闕，州縣不可復爲，雖有良吏，亦無以免。若一切恣之不問，則法廢不行，民怨無告，而貪虐之吏更復並緣以濟其私，爲害愈甚。前此漕司蓋嘗頗捐羨錢，以補州縣歲計之闕而禁其科罰，然後遠民得以粗安。然聞其間亦有循習舊態未能盡革去處。欲望聖慈特降睿旨，令本路帥臣諸司博訪事宜，共行措畫，逐一條奏，以俟聖裁。庶幾官用不乏、民賦有經，仰寬宵旰之憂，潛消災沴之氣，一路幸甚。取進止。

延和奏劄五

臣竊惟陛下以大有爲之資，奮大有爲之志，即位之初，慷慨發憤，恭儉勤勞，務以内修政事、外攘夷狄、汛掃陵廟、恢復土疆爲己任，如是者二十有七年于兹矣。而因循荏苒，日失歲亡，了無尺寸之效可以仰酬聖志、下慰人望。不審陛下亦嘗中夜以思而求其所以然之説耶？以爲所任者非其人，則陛下之神明，豈可謂所任盡非其人？以爲所由者非其道，則陛下之仁聖，豈可謂所由盡非其道？以爲規模不定，則陛下之規模嘗定矣；以爲志氣不立，則陛下之志氣嘗立矣。然且若是，何耶？

臣誠愚賤，竊爲陛下惑之，故嘗反覆而思之，無乃燕閒蠖濩之中、虚明應物之地，所謂天理者有未純、所謂人欲者有未盡而然歟？天理有未純，是以爲善常不能充其量；人欲有未盡，是以除惡常不能去其根。爲善而不能充其量，除惡而不能去其根，是以雖以一念之頃，而公私邪正、是非得失之幾未嘗不朋分角立而交戰於其中。故所以體貌大臣者非不厚，而便嬖側媚之私顧得以深被腹心之寄；所以寤寐豪英者非不切，而柔邪庸繆之輩顧得以久竊廊廟之權。非不樂聞天下之公議正論，而亦有時而不容；非不欲聖天下之讒説殄行，而亦未免於誤聽；非不欲報復陵廟之仇耻，而或不免於畏怯苟安之計；非不欲愛養生靈之財力〔四〕，而或未免於歎息愁怨之聲。凡若此類，不一而足，是以所用雖不至盡非其人，而亦不能盡得其人；所由雖不至盡非其道，而亦不能盡合其道。規模蓋嘗小定，而卒至於不定；志氣蓋嘗小立，而卒至於不立。虚度歲月，以至於今，非獨不足以致治，而或反足以召亂；非獨不可以謀人，而實不足以自守；非獨天下之人爲陛下惜之，臣知陛下之心亦不能不以此爲恨也。閒者天啓聖心，日新盛德，奮發英斷，整頓綱維，蓋有意乎天理之純而人欲之盡矣。然臣竊以其事觀之，則猶恐其未免乎交戰之患也。蓋詰傳寫漏洩文字之罪，則便嬖側媚之流知所懼矣。然而去者未遠而復還，存者更進而愈盛，則知陛下親寵此曹之意未衰也。罷累年竊位盜權之姦，則柔邪庸繆之黨知所懼矣。然而希次補者襲其迹以僥倖而不訶，當言責者懷其私以緘默而不問，則知陛下委任此輩之意猶在也。增置諫員，斥遠邪佞，則兼聽之美固有以異乎前日矣。然可諫之端無窮，則其或繼進而愈切，未知陛下果能納而用之否也。辨明誣枉，慰撫孤直，則燭幽之明固有以異乎前日矣。然造言之人無責，則其或捷出而益巧，未知陛下果能遠而絶之否也。謝却傲使，嘉獎壯圖，宜若可以勵苟安之志矣。而置將之權旁出奄寺，軍政敗壞，士卒愁怨，則恐未有以待天下之變。振廩蠲租，重禁科擾，宜若可以寬疲民之力矣。而監司不擇，守令貪殘，政煩賦重，元元失職，則恐未有以固有邦之本。即是數者而論之，則是所謂天理者雖若小勝，而所謂人欲者終未盡除也。夫以陛下之神聖仁明，涖政之久，圖治之切，宜其晏然高拱，以享功成治定之安久矣。而歲月逾邁，四顧茫然，陰陽方爭，勝負未決，不知將復何日何時而可以粗見聖治之成也耶？

聞之道路，比來士大夫之進説者多矣。然不探其本而徒指其末，不先其難而姑就其易，毛舉天下之細故，而不本於陛下之身，營營馳騁乎事爲利害之末流，臣恐其未足以端出治之本、清應物之源，以贊陛下正大宏遠之圖，而使天下之事悉如聖志之所欲也。昔者舜、禹、孔、顔之間，蓋嘗病此而講之矣。舜之戒禹曰：「人心惟危，道心惟微。惟精惟一，允執厥中。」而必繼之曰：「無稽之言勿聽，弗詢之謀勿庸，謹乃有位，敬脩其可願，四海困窮，天禄永終。」孔子之告顔淵，既曰：「克己復禮爲仁。一日克己復禮，天下歸仁焉。爲仁由己，而由人乎哉？」而又申之曰：「非禮勿視，非禮勿聽，非禮勿言，非禮勿動。」既告之以損益四代之禮樂，而又申之曰：「放鄭聲，遠佞人。鄭聲淫，佞人殆。」嗚呼！此千聖相傳心法之要，其所以極夫天理之全而察乎人欲之盡者，可謂兼其本末巨細而舉之矣。兩漢以來，非無願治之主，而莫克有志於此，是以雖或隨世以就功名，而終不得以與乎帝王之盛。其或耻爲庸主，而思用力於此道，則又不免蔽於老子、浮屠之説。靜則徒以虚無寂滅爲樂，而不知有所謂實理之原；動則徒以應緣無礙爲達，而不知有所謂善惡之機。是以日用之間，内外乖離，不相爲用，而反以害於政事。蓋所謂千聖相傳心法之要者，於是不復講矣。

臣愚不肖，竊願陛下即今日之治效泝而上之，以求其所以然之故，而於舜、禹、孔、顔所授受者少留意焉。自今以往，一念之萌，則必謹而察之，此爲天理耶，爲人欲耶？果天理也，則敬以擴之，而不使其少有壅閼；果人欲也，則敬以克之，而不使其少有凝滯。推而至於言語動作之間、用人處事之際，無不以是裁之。知其爲是而行之，則行之惟恐其不力，而不當憂其力之過也；知其爲非而去之，則去之惟恐其不果，而不當憂其果之甚也；知其爲賢而用之，則任之惟恐其不專，聚之惟恐其不衆，而不當憂其爲黨也；知其爲不肖而退之，則退之惟恐其不速，去之惟恐其不盡，而不當憂其有偏也。如此則聖心洞然，中外融徹，無一毫之私欲得以介乎其間，而天下之事將惟陛下之所欲爲，無不如志矣。詩曰：「豐水有芑，武王豈不仕？貽厥孫謀，以燕翼子，武王烝哉！」矧今祖宗光明盛大之業付在陛下，將以傳之無窮，四海之内，所望於陛下者不但數世之仁而已。書曰：「若藥不瞑眩，厥疾不瘳。」惟陛下深留聖志，痛自刻勵而力行之，使萬世之後猶可以爲後聖法程，則宗社神靈永有依託，萬方黎獻永有歸往，天下幸甚，天下幸甚。

臣孤陋寡聞，學無所就，前此兩蒙賜對，所言大意與此略同。辭不別白，旨不分明，曾不足以上悟聖心，而陛下哀憐，不忍終棄，使得復望清光。環視其中，無他所有，輒繹舊聞，復以此進。僭妄狂率，罪當萬死，伏惟陛下財赦。取進止。

甲寅行宫便殿奏劄一

臣竊聞之，天下之事有常有變，而其所以處事之術有經有權。君臣父子，定位不易，事之常也；君令臣行，父傳子繼，道之經也。事有不幸而至於不得盡如其常，則謂之變，而所以處之之術不得全出於經矣，是則所謂權也。當事之常而守其經，雖聖賢不外乎此，而衆人亦可能焉。至於遭事之變而處之以權，則唯大聖大賢爲能不失其正，而非衆人之所及也。故孔子曰：「可與立，未可與權。」蓋言其難如此。而夷、齊、季札之徒所以輕千乘之國以求即乎吾心之所安，寧隕其身、亡其國而不敢失其區區之節者，亦爲此也。

乃者天運艱難，國有大咎，天變爲之見於上，地變爲之作於下，人情爲之哀恫怫鬱〔五〕，而皆有離叛散亂之心。方此之時，宗廟社稷危於綴旒，是則所謂天下之大變而不可以常理處焉者也。是以太皇太后躬定大策，皇帝陛下寅紹丕圖，未及號令之間，不越須臾之頃，而鄉之危者安、離者合，天下之勢翕然而大定。此亦可謂處之以權而庶幾乎有以不失其正者矣。然自頃至今，亦既三月，而天變未盡消，地變未盡弭，君親之心未盡懽，學士大夫、羣黎百姓或反不能無疑於逆順名實之際。至於禍亂之本，又已伏於冥冥之中，特待時而發耳。

臣雖至愚，亦知竊爲陛下憂之，而未知其計之所出，故嘗反覆以思而參以所聞，則尚猶有可諉者，亦曰陛下之心前日未嘗有求位之計，今日未嘗忘思親之懷而已爾。嗚呼！此則所謂道心微妙之全體、天理發用之本然，而所以行權而不失其正之根本也。誠即是心以充之，則孔子所謂求仁得仁而無怨，孟子所謂終身訢然。樂而忘天下者，臣有以知陛下之不難矣。借曰天命神器不可以無傳、宗廟社稷不可以無奉，則轉禍爲福、易危爲安，亦豈可以舍此而他求哉！充吾未嘗求位之心，則可以盡吾負罪引慝之誠；充吾未嘗忘親之心，則可以致吾温凊定省之禮〔六〕。始終不越乎此，而大倫可正、大本可立矣。陛下誠能動心忍性，深自抑損，所以自處常如前日未嘗有位之時，内自宫掖燕私之奉、服食器用之須，不敢一毫有所加於潛邸之舊；外至百辟多儀之享、恩澤匪頒之式，不敢一旦而全享乎萬乘之尊。專務積其誠意，期以格乎親心，然後濬發德音，痛自克責，嚴飭羽衛，益勤問安視膳之行。十日一至而不得見，則繼以五日；五日一至而不得見，則繼以三日；三日而不得見，則二日而一至，以至于無一日而不一至焉，俯伏寢門，怨慕號泣，雖勞且辱，有所不憚。然而親心猶未底豫，慈愛猶未復初，逆順名實之疑不涣然而冰釋，則臣不信也。

若夫災異之變、禍亂之幾有未盡去，則又在乎陛下凝神恭默，深監古先，日與大臣講求政理，可否相濟，惟是之從，必使發號施令無一不出乎朝廷，進退人材無一不合乎公論，不爲偏聽以啓私門，則聖德日新，聖治日起，而天人之應不得違，孽孽之萌不得作矣。

今日之計，莫大於此，惟陛下深留聖意而亟圖之。若復因循，日復一日，所以行權者遂失其正，則臣恐禍變之來，不但禮樂不興，刑罰不中而已也。人心易離，天命難保，厥監不遠，深可畏懼。臣山野戇愚，不識忌諱，罪當萬死，惟陛下寬之。取進止。

行宫便殿奏劄二

臣竊惟皇帝陛下祗膺駿命，恭御寶圖，正位之初，未遑它事，而首以博延儒臣、討論經藝爲急先之務，蓋將求多聞以建事，學古訓而有獲，非若記問愚儒詞章小技，誇多以爲博、鬭靡以爲工而已也。如是則勸講之官所宜遴選，顧乃不擇，誤及妄庸，則臣竊以爲過矣。蓋臣天資至愚極陋，雖嘗挾策讀書，妄以求聖賢之遺旨，而行之不力，老矣無聞，況於帝王之學，則固未之講也，其何以當擢任之寵而辱顧問之勤乎？是以聞命驚惶，不敢奉詔。然嘗聞之，人之有是生也，天固與之以仁義禮智之性，而叙其君臣父子之倫，制其事物當然之則矣。以其氣質之有偏、物欲之有蔽也，是以或昧其性以亂其倫、敗其則而不知反。必其學以開之，然後有以正心脩身而爲齊家治國之本。此人之所以不可不學，而其所以學者初非記問詞章之謂，而亦非有聖愚貴賤之殊也。以是而言，則臣之所嘗用力，固有可爲陛下言者，請遂陳之。

蓋爲學之道，莫先於窮理，窮理之要必在於讀書，讀書之法莫貴於循序而致精，而致精之本則又在於居敬而持志，此不易之理也。夫天下之事莫不有理，爲君臣者有君臣之理，爲父子者有父子之理，爲夫婦、爲兄弟、爲朋友以至於出入起居、應事接物之際，亦莫不各有理焉。有以窮之，則自君臣之大以至事物之微，莫不知其所以然與其所當然，而亡纖芥之疑，善則從之，惡則去之，而無毫髮之累。此爲學所以莫先於窮理也。至論天下之理，則要妙精微，各有攸當，亘古亘今，不可移易。唯古之聖人爲能盡之，而其所行所言，無不可爲天下後世不易之大法。其餘則順之者爲君子而吉，背之者爲小人而凶。吉之大者，則能保四海而可以爲法；凶之甚者，則不能保其身而可以爲戒。是其粲然之跡、必然之效，蓋莫不具於經訓史册之中。欲窮天下之理而不即是而求之，則是正牆面而立爾。此窮理所以必在乎讀書也。若夫讀書，則其不好之者固怠忽間斷而無所成矣；其好之者又不免乎貪多而務廣，往往未啓其端而遽已欲探其終，未究乎此而忽已志在乎彼，是以雖復終日勤勞，不得休息，而意緒怱怱，常若有所奔趨迫逐，而無從容涵泳之樂，是又安能深信自得，常久不厭，以異於彼之怠忽間斷而無所成者哉？孔子所謂「欲速則不達」，孟子所謂「進鋭者退速」，正謂此也。誠能鑒此而有以反之，則心潛於一，久而不移，而所讀之書文意接連、血脈通貫，自然漸漬浹洽、心與理會，而善之爲勸者深、惡之爲戒者切矣。此循序致精所以爲讀書之法也。

若夫致精之本，則在於心。而心之爲物，至虛至靈，神妙不測，常爲一身之主，以提萬事之綱，而不可有頃刻之不存者也。一不自覺而馳騖飛揚，以徇物欲於軀殻之外，則一身無主，萬事無綱。雖其俯仰顧盼之間，蓋已不自覺其身之所在，而況能反覆聖言、參考事物，以求義理至當之歸乎？孔子所謂「君子不重則不威，學則不固」，孟子所謂「學問之道無他，求其放心而已矣」者，正謂此也。誠能嚴恭寅畏，常存此心，使其終日儼然，不爲物欲之所侵亂，則以之讀書，以之觀理，將無所往而不通；以之應事，以之接物，將無所處而不當矣。此居敬持志所以爲讀書之本也。

此數語者，皆愚臣平生爲學艱難辛苦已試之效。竊意聖賢復生，所以教人不過如此。不獨布衣韋帶之士所當從事，蓋雖帝王之學殆亦無以易之。特以近年以來，風俗薄陋，士大夫間聞此等語，例皆指爲道學，必排去之而後已。是以食芹之美，無路自通，每抱遺經，徒竊慨歎。今者乃遇皇帝陛下，始初清明，無他嗜好，獨於問學孜孜不倦，而臣當此之時，特蒙引對，故敢忘其固陋而輒以爲獻。伏惟聖明深賜省覽，試以其說驗之於身，蚤寤晨興，無忘今日之志而自彊不息，以緝熙于光明，使異時嘉靖邦國如商高宗，興衰撥亂如周宣王，以著明人主講學之效，卓然爲萬世帝王之標準，則臣雖退伏田野，與世長辭，與有榮矣，何必使之勉彊盲聾、扶曳跛躄，以汙近侍之列而爲盛世之羞哉！干冒宸嚴，不勝戰慄，惟陛下留神財幸。取進止。

行宫便殿奏劄三

臣前任備員潭州，兼管荆湖南路安撫司事，竊見本路土瘠民貧，無他生理，而州縣歲計入少出多，往往例於常賦之外多收加耗，重折價錢，尚且入不支出，公私俱困。昨來諸司察見其弊，累嘗蠲減，務寬民力，連年所放，蓋已不貲，而州縣起發上供、支遣俸給諸色費用尚仍舊額，略無所損。沿此官司已是狼狽，不可支吾。或有非泛賞給，調發支賜，若更差到諸班換授歸正、雜流補官之人復有增加，則愈見逼迫，無以爲計。臣近者嘗與漕司何異備奏全州守臣韓邈所申乞減添差員數〔七〕，可見一端。至於其他州縣，大略往往類此，不唯官吏苟逭目前，多方趣辦〔八〕，不暇爲國家赤子計，而按察之官知其甚不得已以至於此，亦不忍盡法按治，無由發覺。

竊念本路，東望朝廷，遠在二千餘里之外，而北據重湖、南撫諸峒，形勢所關，亦非他道之比。萬一民貧不堪誅剥，一旦屯結，自爲擾亂，而盜賊蠻猺相挻而起，則不知議者何以處之？臣自到任以至去官，僅及三月，雖未及詳密究其曲折，然其大勢如此，亦不待智者而後知矣。故嘗深以爲憂，欲爲料理，但以召還之遽，未暇子細詢考，畫一奏聞。

今者既蒙賜對，又不敢不爲陛下一言。欲望聖慈深察，一視同仁，特詔本路帥臣、監司更以前日全州所申事理通之諸郡，並行均節，將大段闕乏去處特與痛加退減〔九〕，指定奏聞，取旨行下，庶幾州得以恤其縣、縣得以寬其民。而其間或有不奉詔者，亦且無詞以逃其罪。則遐遠之民均被實惠，而寬大之恩不但爲掛牆壁之具而已。臣奉使亡狀，不早上聞，以至今日，死有餘罪。伏惟矜赦而亟圖之，則一路幸甚。取進止。

行宫便殿奏劄四

臣昨於去冬伏蒙聖恩，除知潭州，方具辭免，未及起發，即聞湖北猺人侵犯邵州界分〔一〇〕，及今年春伏奉聖旨，不許辭免，臣遂即日就道。比及到官，湖北已行進兵攻討，賊氣漸衰〔一一〕，遂就招降，一向寧帖。却據邵州守臣潘燾申到，見得從前邊防全無措置〔一二〕，以致小醜敢肆侵犯，因條畫到移置寨栅、增撥戍兵利害數條，臣與漕臣何異詳燾所申頗有條理〔一三〕，遂行詢究，見得委的合行措置，遂已具奏，乞賜施行，竊計已徹天聽。欲望聖慈明詔大臣，早賜處分，及何異、潘燾在任之日，依元所申日下措置。其提刑趙不迂先次申奏，亦與臣等所乞無大異同。欲乞并行劄下，公共相度，從長區處，庶使姦賊畏威，邊民安業，實一方永遠之利。取進止。

貼黄

臣昨招到猺賊蒲來矢等，已赴安撫司公參。其人衰弱，初無能解，但恃險阻，敢爾跳梁。今已伏降〔一四〕，則於事理不得不加存卹。欲乞聖慈行下本司常切照管，毋失大信，庶幾異日復有此輩，易以招納。伏候聖旨。

行宫便殿奏劄五

臣伏見潭州城壁昨因虜騎殘破之後，剥落摧圮，五十餘年不曾修築。近者守臣周必大方議補砌，已蒙朝廷支降度牒一百道，賣到錢八萬貫，未及興工，而必大奉祠就第。臣到任之初，即行點檢，其錢已支六萬餘貫買到甎灰，見在餘錢不多，不足爲雇工犒設之費。又元料只擬用本州諸色軍兵，共不過三千餘人，竊慮不堪久役勞苦。而其城廣闊，中間多有空閑無民居處，若盡修築，亦無所用，枉費工力。初已尅定七月下旬起工，而偶值小旱，繼以霖雨，旋遭國哀，人情汹汹，未敢容易。然念興作有緒，所買甎灰費錢已多，若遂因循，便成廢棄，亦又可惜。故自登極赦後，事勢稍定，即別委官再行計度，擬將其城北面一帶荒迥去處量加裁減，向裏別築。蓋如此則不唯目今工力易辦，將來萬一不測有警，亦易防守。但未及子細條畫，而臣忽奉聖恩召令奏事。竊恐新任守臣未知始末，欲望聖慈行下，詳審計度。如臣妄議有可施行，即乞睿旨再給度牒，雜募軍民，促減北邊，近裏修築，乘此樂歲，擇日興工，亦爲一方永久不虞之備。取進止。

乞進德劄子

臣竊聞周武王之言曰：「惟天地萬物父母，惟人萬物之靈，亶聰明，作元后。元后作民父母。」而孟子又曰：「堯舜性之，湯武反之。」蓋嘗因此二説而深思之。天地之大，無不生育，固爲萬物之父母矣。人於其間，又獨得其氣之正而能保其性之全，故爲萬物之靈。若元后者，則於人類之中，又獨得其正氣之盛而能保其全性之尤者，是以能極天下之聰明而出乎人類之上，以覆冒而子蓄之，是則所謂作民父母者也。然以自古聖賢觀之，惟帝堯、大舜生而知之，安而行之，爲能履此位、當此責而無愧。若成湯、武王，則其聰明之質固已不能如堯、舜之全矣，惟其能學而知，能利而行，能擇善而固執，能克己而復禮，是以有以復其德性聰明之全體，而卒亦造夫堯、舜之域，以爲億兆之父母。蓋其生質雖若不及，而其反之之至則未嘗不同。孔子所謂及其成功一也，正此之謂也。

恭惟皇帝陛下，聰明之質性之於天，固非常情所能窺度。然而生長深宫，春秋方富，臣恐稼穡艱難，容有未盡知；人之情僞，容有未盡察；國家憲度，容有未盡習。至於學道脩身、立志揆事之本，制世御俗、發號施令之要，亦容有未能無待於講而後明者。故竊以爲陛下誠能於此深留聖意，日用之間，語默動静，必求放心以爲之本，而於玩經觀史、親近儒學，已用力處益用力焉；數召大臣切劘治道，俾陳今日要急之務，略如仁祖開天章閣故事；至於羣臣進對〔一五〕，亦賜温顔，反復詢訪，以求政事之得失、民情之休戚，而又因以察其人材之邪正短長，庶於天下之事各得其理。經歷詳盡，浹洽貫通，聰明日開，志氣日彊，德聲日聞，治效日著，四海之内瞻仰畏愛，如親父母，則是反之之至，而堯、舜、湯、武之盛不過如此。不宜妄自菲薄，因循苟且，而不復以古之賢聖自期也。

臣本迂儒，加以老病，自知無用，分甘窮寂。今者徒以趣召之峻，冒昧而來，耳目筋骸，皆難勉彊。然而未敢遽以告歸爲請者，誠感眷遇之厚，猶欲少忍須臾，以俟陛下聖志之立、聖學之成，決知異日姦言邪説不能侵亂，果如前所期者，然後乞身以去，則爲上不負天子、下不負所學，而臣主俱榮矣。顧以此事在臣但能言之，而其用力則在陛下。萬一暮景迫人，不容宿留，則抱此耿耿，私恨無窮。伏望聖慈憐臣此志，察臣此言，策厲身心，勉進德業，使臣蚤得遂其所願，則雖夕死，瞑目無憾矣。冒瀆宸聽，臣無任悃款激切之至。取進止。

貼黄

臣聞中庸有言：「人一能之，己百之；人十能之，己千之。果能此道，雖愚必明，雖柔必彊。」而元祐館職吕大臨爲之説曰：「君子所以學者，爲能變化氣質而已。德勝氣質，則愚者可進於明，柔者可進於彊。不能勝之，則雖有志於學，亦愚不能明、柔不能彊而已矣。蓋均善而無惡者〔一六〕，性也，人所同也；昏明彊弱之稟不齊者，才也，人所異也。誠之者，所以反其同而變其異也。夫以不美之質求變而美，非百倍其功，不足以致之。今以鹵莽滅裂之學，或作或輟，以求變其不美之質，及不能變，則曰天質不美，非學所能變，是果於自棄，其爲不仁甚矣。」臣少時讀書，偶於此語深有省焉，奮厲感慨，不能自已。自此爲學，方有寸進。食芹而美，敢以爲獻。伏乞聖察。

乞不以假故逐日進講劄子

臣伏見近制，每遇隻日蚤晚進講，及至當日或值假故，即行權罷。又按故事，將來大寒大暑，亦繫罷講月分。恭聞陛下天性好學，晨夕孜孜，雖處深宫，必不暇逸。但臣誤蒙選擇，以經入侍，固當日有獻納，以輔聖志。今乃淹旬累月，不得脩其職業，素餐之刺，實不自安。故嘗面奏，假日無事，正宜進講，已蒙聖慈俯賜嘉納。今已兩日，未見施行，因省昨來所陳，似亦未至詳悉。今别具奏，欲乞聖明特降睿旨，今後除朔望旬休及過宫日外，不以寒暑雙隻月日諸色假故，並令逐日蚤晚進講。内有朝殿日分，伏恐聖躬久坐不無少勞，却乞權住當日蚤講一次，庶幾藏脩遊息，無非典學之時，聖德日躋，天下幸甚。取進止。

乞差官看詳封事劄子

臣前日面奏，恭奉詔旨〔一七〕，以雷雨之異，許陳闕失，仰見陛下畏天省己之意。然臣未敢奉詔者，竊見陛下登極之初，已下明詔，來獻言者甚衆，未聞一有施行。今復求言，殆成虚語。欲乞睿旨令後省官鎖宿看詳，擇其善者條上，取旨以次施行。已蒙聖慈開納，再三玉音宣諭，如此則求言之詔不爲文具，臣不勝感激欣幸。而今已兩日，未見指揮，竊慮當時所奏他事猥多，又無文字可以降出，是致遲緩。今敢再具奏聞，欲望聖明早賜處分，庶幾聞者知勸，直言日聞，開悟聖聰，益脩政德。應天之實，莫大於此。取進止。十月十七日奉聖旨，差沈有開、劉光祖限十日看詳聞奏。

乞瑞慶節不受賀劄子

臣伏覩今日瑞慶節前一日，宰執率文武百寮詣行宫便殿拜表稱賀〔一八〕，臣已前來祗赴立班。然竊惟念壽皇梓宫在殯，陛下追慕方新，乃以此時講行賀禮，臣當以經術入侍帷幄，覩此缺失，心實未安。久欲奏聞，又念疏遠，不敢僭越。昨晚忽奉睿旨，特令宣引，今日晚講，仰見聖心虛懷求善，唯恐不及，待遇之恩，復異常品。感激之深，不能自已，謹此密奏，欲望聖慈速賜傳旨，便令權免，其表亦不收接。三年之内，凡有合稱賀事並依此例，庶幾上廣孝治，益隆聖德，風示四表，垂法萬世，臣不勝大願。取進止。

貼黄

臣今所奏雖已遲晚，然羣臣班賀於外而聖主抑而不受，益見聖德之盛，可爲後世法程。伏乞睿照。

經筵留身面陳四事劄子

臣迂愚衰賤，無以逾人，仰荷聖明，召從遠外，置之近侍之列，處以勸誦之官，此豈私於小臣者哉，意者必以其粗嘗講學，稍有思慮，不肯隨衆默默，或有以仰裨聖治萬分之一也。而臣伏自到闕，三獲進對，狂妄之言，時蒙采納，如增添講日、看詳封事、不受賀表之屬，皆得施行。臣竊不自知，以爲庶幾可以披瀝肝膽，畢義願忠，而無負於陛下所以收録使令之意。又竊惟念服在内朝，實以從容諷議爲職，故雖被求言之詔，亦不敢輒同外臣，撰述文字，以致宣洩，但嘗面奏一二，意望陛下自以聖意施行。而累日以來，竊觀天意，雷霆之後，繼以陰雨，沉鬱不解，夜明晝昏，此必政事設施大有未厭人望，以致陰邪敢干陽德者。而臣前日所嘗言之大者，尚亦未蒙省察。若但碌碌隨羣，解釋文義，時時陳説一二細微，以應故事，則不唯非陛下所以召用愚臣之意，亦豈愚臣所以服事陛下之志哉？今有微誠，須至傾竭。

臣之所言，其最大者，則勸陛下凡百自奉，深務抑損，自宫闈之私，居處服用，且如潛邸之舊，以至外庭禮數，僕御恩澤，亦未可遽然全享萬乘之尊，庶幾有以感格親心，早遂晨昏定省之願，以爲陛下必垂開納。而數日來，乃聞有旨修葺舊日東宫，爲屋三數百間，外議皆謂陛下意欲速成，早遂移蹕，以爲便安之計。不惟未能抑損，乃是過有增加，臣不知此果出於陛下之心、大臣之議、軍民之願耶，抑亦左右近習倡爲此説以誤陛下，而欲因以遂其姦心也？臣恐不惟上帝震怒，災異數出，正當恐懼脩省之時，不當興此大役，以咈譴告警動之意。亦恐畿甸百姓飢餓流離，阽於死亡之際，忽見朝廷正用此時大興土木，修造宫室，但以適己自奉爲事，而無矜恻憫憐之心，或能怨望忿切，以生他變。不唯無以感格太上皇帝之心，以致未有進見之期，亦恐壽皇在殯，因山未卜，几筵之奉，不容少弛〔一九〕。太皇太后、皇太后皆以尊老之年，煢然在憂苦之中，晨昏之養，尤不可闕。而四方之人但見陛下亟欲大治宫室，速得成就，一旦翩然委而去之，以就安便，六軍萬民之心必又將有扼腕而不平者矣。前監未遠，甚可懼也。至於一離尊親之側，輕去倚廬之次，深宫永巷、園囿池臺，耳目之娱雜然而進，臣又竊恐陛下之心未易當此紛華盛麗之熒惑感移。雖欲日親儒士，講求經訓，以正厥事而進德脩業，亦將有所不暇矣。此又臣之所大懼也。

至於壽康定省之禮，則臣嘗言之矣，而其意有未盡也。今聞邇日一再過宮，亦未得見，而不亟爲之慮，如臣所謂下詔自責、頻日繼往者，顧乃逶迤舒緩，無異尋常之時，泛然而往，泛然而歸，太上皇帝聞之，必以爲此徒備禮而來，實無必求見我之意，其深閉固拒而不肯見，固亦宜矣。又聞太上皇后懼忤太上皇帝之意，不欲其聞太上之稱，又不欲其聞内禪之說，此又慮之過者。殊不知若但一向如此而不爲宛轉方便，使太上皇帝灼知陛下所以不得已而即位者，但欲上安宗社、下慰軍民，姑以代己之勞，而非敢遽享至尊之奉，則父子之間，上怨怒而下憂懼，將何時而已乎？父子天倫，三綱所繫，不惟陛下之心深所未安，而四方觀聽殊爲不美。久而不圖，亦將有借其名以造謗生事者，此又臣之所大懼也。

至於朝廷紀綱，尤所當嚴，上自人主，以下至於百執事，各有職業，不可相侵。蓋君雖以制命爲職，然必謀之大臣，參之給舍，使之熟議以求公議之所在，然後揚于王庭，明出命令而公行之。是以朝廷尊嚴，命令詳審，雖有不當，天下亦皆曉然知其謬之出於某人，而人主不至獨任其責。臣下欲議之者，亦得以極意盡言而無所憚。此古今之常理，亦祖宗之家法也。今者陛下即位未能旬月，而進退宰執，移易臺諫，甚者方驟進而忽退之，皆出於陛下之獨斷，而大臣不與謀，給舍不及議，正使實出於陛下之獨斷，而其事悉當於理，亦非爲治之體，以啓將來之弊，況中外傳聞，無不疑惑，皆謂左右或竊其柄，而其所行又未能盡允於公議乎！此弊不革，臣恐名爲獨斷而主威不免於下移，欲以求治而反不免於致亂。蓋自隆興以來，已有此失，臣嘗再三深爲壽皇論之，非獨今日之憂也。尚賴壽皇聖性聰明，更練世事，故於此輩雖以驅使之故稍有假借，實亦陰有以制之，未至全墮其計。然積習成風，貽患於後，其害已有不可勝言者。如陳源、袁佐之流，皆陛下所親見也。奈何又欲襲其跡而蹈之乎！且陛下自視聰明剛斷，孰與壽皇？更練通達，孰與壽皇？壽皇尚不能制之於前，而陛下乃欲制之於後，臣恐其爲患之益深，非但前日而已。此又臣之所大懼也。

至於攢宮之卜，偏聽臺史膠固謬妄之言，墮其交結眩惑之計，而不復廣詢術人，以求吉地，但欲於祐、思諸陵之傍儹那遷就，苟且了當，既不爲壽皇體魄安寧之慮，又不爲宗社血食久遠之圖，則自宰執侍從以至軍民〔二〇〕，皆知其非而不敢力爭。夫以壽皇之豐功盛烈，百世不忘，而所以葬之如此其草草也，此豈不又大咈天人之心，以致變異之頻仍而貽患於無窮乎？此又臣之所大懼也。

凡此四懼，皆非小故。臣願陛下深察愚言而反之於心，明詔大臣首罷修葺東宮之役，而以其工料回就慈福、重華之間，草創寢殿一二十間，使粗可居，又於宮門之外草創供奉宿衛之廬數十間，勿使其有偪仄暴露之苦。如是，則上有以感格太上皇帝之心，而速南內進見之期，又有以致壽皇几筵之奉，而盡兩宮晨昏之禮；下有以塞羣下窺觀眩惑之姦，而慰斯民飢餓流離之歎。此一事也。

若夫過宮之計，則臣又願陛下下詔自責，減省輿衛，入宮之後，暫變服色，如唐肅宗之改服紫袍，執控馬前者。預詔近屬尊行之賢，使之先入，首白太上皇后以臣前所陳宛轉方便之説。然後隨之而入，望見太上皇帝，即當流涕伏地，抱膝吮乳，以伸負罪引慝之誠。而太上皇后、宗戚貴臣左右環擁，更進譬諭解釋之詞，則太上皇帝雖有忿怒之情，亦且霍然雲消霧散而懽意浹洽矣。此二事也。

若夫朝廷之紀綱，則臣又願陛下深詔左右勿預朝政。但使朝廷尊嚴，紀綱振肅而國家有泰山之安，則此等自然不失富貴長久之計。其實有勳庸而所得褒賞未愜衆論者，亦詔大臣公議其事，稽考令典，厚報其勞。而凡號令之弛張，人才之進退，則一委之二三大臣，使之反復較量，勿徇己見，酌取公論，奏而行之。批旨宣行，不須奏覆，但未令尚書省施行，先送後省審覆，有不當者，限以當日便行繳駁。如更有疑，則詔大臣與繳駁之官當晚入朝，面議於前，互相論難，擇其善者稱制臨決。則不惟近習不得干預朝權，大臣不得專任己私。而陛下亦得以益明習天下之事，而無所疑於得失之算矣。此三事也。

若夫山陵之卜，則臣前日嘗以議狀進呈，近日又與同列連名具奏。今更不敢頻煩聖聽，亦望特宣大臣，使詳臣等前後所論而決其可否於立談之間。先寬七月之期，次黜臺史之說，別求草澤，以營新宮，使壽皇之遺體得安於內，則宗社生靈皆蒙福於外矣。此四事也。

凡此四事，皆今日最急之務，切乞留神，反覆思慮，斷而行之，以答天變、以慰人心，上以彰聖主用人求諫之實，下以伸小臣愛君憂國之忠，則臣不勝千萬大幸。

又竊念臣老病之餘，寒齋獨宿，終夜不寐，憂慮萬端；而進對之時，率多遺忘〔一一〕，言語精神又不能以自達。是以前日一再面奏，所陳數事，有未蒙深察者。今因入侍，敢復冒昧，輒形紙墨，伏惟聖明獨賜詳覽而擇其中。至於孤危之蹤，不敢自保，竊恐自今以往，不獲久侍清閒之燕矣。臣無任瞻戀懇切皇恐俟罪之至。取進止。乞留中。

不受賀表下貼黃

臣又聞前日賀表雖蒙退出〔一二〕，而未降指揮。今後合稱賀事，三年之内并與權免，其節序變遷，并合進名奉慰。并乞聖明先賜處分，庶幾遇事免致失禮。伏候聖旨。

竊觀天意下貼黃

臣又聞前此雷雨之時，累曾地震，此十七日半夜前後，其震光甚。八月半聞蜀中大震〔一三〕，墻屋往往傾摧。臣雖不曾親見，然見者頗多，傳聞甚的。聖政方新而變異不止，天戒甚明，必有所爲。并乞睿照。

此三事也下貼黄

臣又嘗謂人主當務聰明之實，而不可求聰明之名。信任大臣，日與圖事，反覆辯論，以求至當之歸，此聰明之實也；偏聽左右，輕信其言，每事從中批出處分，此聰明之名也。務其實者，今雖未明，久必通悟；務其名者，或外間一時可以竦動觀聽，然中實未明，愈久而愈暗矣。二者之間所差毫釐，而其得失則有大相遠者。伏乞睿照。

論災異劄子

臣竊聞今月五日夜漏方下五六刻間，都城之内忽有黑煙四塞，草氣襲人，咫尺之間，不辨人物，著於面目，皆爲沙土。臣雖不曾親見，然親舊相訪，見之者多，驗之數人，其説如一，決非虚妄。臣竊思惟，間者以來，災異數見，秋冬雷雹，苦雨傷稼，山摧地陷，無所不有，皆爲陰盛陽微之證。陛下雖嘗下責躬之詔、出敢諫之令，而天必未豫，復有此怪，亦爲陰聚包陽，不和而散之象。臣竊懼焉，而恐其未有敢以聞於聖聽者也。

蓋嘗聞之，商中宗時，有桑穀並生于朝，一暮大拱。中宗能用巫咸之言，恐懼脩德，不敢荒寧，而商道復興，享國長久，至于七十有五年。高宗祭于成湯之廟，有飛雉升鼎耳而嗚。高宗能用祖己之言，克正厥事，不敢荒寧，而商用嘉靖，享國亦久，至于五十有九年。古之聖王遇災而懼，脩德正事，故能變災爲祥，其效如此。伏願陛下視以爲法，克己自新，蚤夜思省，舉心動念、出言行事之際，常若皇天上帝臨之在上、宗社神靈守之在旁，懔懔然不復敢使一毫私意萌於其間，以煩譴告，而又申敕中外大小之臣，同寅協恭，日夕謀議，以求天意之所在而交修焉，則庶乎災害日去而福禄日來矣。臣不勝惓惓愛君憂國之至。取進止。一本乞留中省覽，一本乞降付三省樞密院。

乞令看詳封事官面奏劄子

臣昨具奏，乞降指揮看詳臣庶所上封事，已蒙聖慈施行。今來竊見看詳官所具進册，其間貼説極爲詳備，若令因侍經幄面奏指陳，庶於聰明實有裨補。取進止。

乞討論喪服劄子

臣聞三年之喪，齊疏之服、飦粥之食，自天子達於庶人，無貴賤之殊。而禮經敕令子爲父、嫡孫承重爲祖父，皆斬衰三年，蓋嫡子當爲父後，以承大宗之重，而不能襲位以執喪，則嫡孫繼統而代之執喪，義當然也。然自漢文短喪之後，歷代因之，天子遂無三年之喪。爲父且然，則嫡孫承重從可知已。人紀廢壞，三綱不明，千有餘年莫能釐正。及我大行至尊壽皇聖帝，至性自天，孝誠内發，易月之外，猶執通喪，朝衣朝冠，皆以大布，超越千古拘攣牽制之弊，革去百王衰陋卑薄之風，甚盛德也。所宜著在方册，爲世法程，子孫守之，永永無斁。而間者遺詔初頒，太上皇帝偶違康豫，不能躬就喪次，陛下實以世嫡之重仰承大統，則所謂承重之服，著在禮律，所宜一遵壽皇已行之法，易月之外，且以布衣布冠視朝聽政，以代太上皇帝躬執三年之喪。而一時倉卒，不及詳議，遂用漆紗淺黄之服，不唯上違禮律，無以風示天下，且將使壽皇已革之弊去而復留，已行之禮舉而復墜。臣愚不肖，誠竊痛之。然既往之失，不及追改，唯有將來啓殯發引，禮當復用初喪之服，則其變除之節尚有可議。欲望陛下仰體壽皇聖孝成法，明詔禮官稽考禮律，預行指定。其官吏軍民男女方喪之禮，亦宜稍爲之制，勿使過爲華靡〔二四〕。布告郡國，咸使聞知。庶幾漸復古制，而四海之衆有以著於君臣之義，實天下萬世之幸。取進止。

書奏藁後

準五服年月格，斬衰三年，嫡孫爲祖，謂承重者。法意甚明。而禮經無文，但傳云「父没而爲祖後者服斬」，然而不見本經，未詳何據。但小記云「祖父没而爲祖母後者三年」，可以旁照。至「爲祖後者」條下，疏中所引鄭志，乃有「諸侯父有廢疾，不任國政，不任喪事」之問，而鄭答以「天子諸侯之服皆斬」之文，方見父在而承國於祖之服。向來入此文字時，無文字可檢，又無朋友可問，故大約且以禮律言之。亦有疑父在不當承重者，時無明白證驗，但以禮律人情大意答之，心常不安。歸來稽考，始見此說，方得無疑。乃知學之不講，其害如此，而禮經之文誠有闕略，不無待於後人。向使無鄭康成，則此事終未有決斷。不可直謂古經定制一字不可增損也。

乞脩三禮劄子

臣聞之〔一一五〕，六經之道同歸，而禮、樂之用爲急。遭秦滅學，禮、樂先壞。漢晉以來，諸儒補緝，竟無全書。其頗存者，三禮而已。周官一書，固爲禮之綱領，至其儀法度數，則儀禮乃其本經，而禮記郊特牲、冠義等篇乃其義説耳。前此猶有三禮、通禮、學究諸科，禮雖不行，而士猶得以誦習而知其説。熙寧以來，王安石變亂舊制，廢罷儀禮，而獨存禮記之科，棄經任傳，遺本宗末，其失已甚。而博士諸生又不過誦其虛文以供應舉，至於其間亦有因儀法度數之實而立文者，則咸幽冥而莫知其源。一有大議，率用耳學臆斷而已。若乃樂之爲教，則又絶無師授，律尺短長，聲音清濁，學士大夫莫有知其説者，而不知其爲闕也。故臣頃在山林，嘗與一二學者考訂其説，欲以儀禮爲經，而取禮記及諸經史雜書所載有及於禮者，皆以附於本經之下，具列注疏諸儒之説，略有端緒。而私家無書檢閱，無人抄寫，久之未成。會蒙除用，學徒分散，遂不能就。而鍾律之制，則士友間亦有得其遺意者。竊欲更加參考，别爲一書，以補六藝之闕，而亦未能具也。欲望聖明特詔有司，許臣就秘書省太常寺關借禮樂諸書，自行招致舊日學徒十餘人〔二六〕，踏逐空閑官屋數間，與之居處，令其編類。雖有官人，亦不繫銜請俸，但乞逐月量支錢米，以給飲食、紙札、油燭之費。其抄寫人即乞下臨安府差撥貼司二十餘名，候結局日量支犒賞，别無推恩。則於公家無甚費用，而可以興起廢墜，垂之永久，使士知實學，異時可爲聖朝制作之助，則斯文幸甚，天下幸甚〔二七〕。取進止。

校勘記

〔一〕然注司理者乃不用此令　「乃」，浙本作「仍」。

〔二〕版曹總所猶不肯與之蠲除　「除」，浙本作「免」。

〔三〕討論經總制錢合與不合立額比較之利病而罷行之　「討」，原作「計」，據浙本、天順本改。

〔四〕非不欲愛養生靈之財力　「靈」，浙本作「民」。

〔五〕人情爲之哀恫怫鬱　「怫」原作「拂」，據浙本、天順本改。
〔六〕則可以致吾温清定省之禮　「清」，原作「清」，據浙本改。
〔七〕臣近者嘗與漕司　「司」，浙本作「臣」。
〔八〕多方趣辦　「辦」，原作「辨」，據浙本改。
〔九〕將大段闕乏去處特與痛加退減　「退」，浙本作「裁」。
〔一〇〕即聞湖北猺人侵犯邵州界分　「犯」，浙本作「擾」。
〔一一〕賊氣漸衰　「氣」，浙本作「勢」。
〔一二〕見得從前邊防全無措置　「置」，浙本作「畫」。
〔一三〕臣與漕臣何異詳熹所申　「詳」，原作「潘」，據浙本改。
〔一四〕今已伏降　「已伏」，浙本作「既歸」。
〔一五〕至於羣臣進對　「羣」原作「君」，據浙本、天順本改。
〔一六〕蓋均善而無惡者　「均」，浙本作「有」。
〔一七〕恭奉詔旨　「旨」，浙本作「書」。
〔一八〕宰執率文武百寮　「寮」，浙本作「官」。
〔一九〕不容少弛　「不」，浙本作「未」。
〔二〇〕則自宰執侍從以至軍民　「侍」原作「待」，據浙本改。

〔二一〕率多遺忘　「多」，浙本作「有」。
〔二二〕雖蒙退出　「退」，浙本作「送」。
〔二三〕八月半聞蜀中大震　「聞」，浙本作「間」。
〔二四〕勿使過爲華靡　「過」，浙本作「肆」。
〔二五〕臣聞之　浙本無「之」字。
〔二六〕自行招致舊日學徒十餘人　「十餘」，浙本作「數十」。
〔二七〕天下幸甚　浙本無此四字。

晦庵先生朱文公文集卷第十五

講義　議狀　劄子〔一〕

經筵講義

大學臣熹曰：大學者，大人之學也。古之爲教者，有小子之學，有大人之學。小子之學，灑掃應對進退之節，詩、書、禮、樂、射、御、書、數之文是也。大人之學，窮理、脩身、齊家、治國、平天下之道是也。此篇所記皆大人之學，故以「大學」名之。

臣又嘗竊謂自天之生此民，而莫不賦之以仁、義、禮、智之性，叙之以君臣、父子、兄弟、夫婦、朋友之倫，則天下之理，固已無不具於一人之身矣。但以人自有生而有血氣之身，則不能無氣質之偏以拘之於前，而又有物欲之私以蔽之於後，所以不能皆知其性，以至於亂其倫理而陷於邪僻也。是以古之聖王設爲學校，以教天下之人，使自王世子、王子、公、侯、卿、大夫、元士之適子以至庶人之子，皆以八歲而入小學，十有五歲而入大學，必皆有以去其氣質之偏、物欲之蔽，以復其性，以盡其倫而後已焉。此先王之世所以自天子至於庶人無一人之不學，而天下國家所以治日常多而亂日常少也。及周之衰，聖賢不作，於是小學之教廢而人之行藝不脩，大學之教廢而世之道德不明。其書雖有存者，皆不過爲世儒誦説口耳之資而已，未有能因其文以既其實，必求其理而責之於身者也。是以風俗敗壞，人才衰乏，爲君者不知君之道，爲臣者不知臣之道，爲父者不知父之道，爲子者不知子之道，所以天下之治日常少而亂日常多，皆由此學不講之故也。至于我朝，天運開泰，於是河南程顥及其弟頤始得孔孟以來不傳之緒，而其所以開示學者，則於此篇之旨深致意焉。若其言曰：「大學乃孔氏遺書，須從此學則不差。」又曰：「大學乃初學入德之門，於今可見古人爲學次第者，賴有此篇尚存，其他則莫如論、孟。」其可謂知言之要矣。後之君子欲脩己以治人而及於天下國家者，豈可以舍是而他求哉！臣以無能，獲奉明詔，使以此篇進講，謹誦所聞，釋其名義如右，惟聖明之留意焉。

大學之道，在明明德，在親民，在止於至善。臣熹曰：大學者，大人之學也。明，明之也。明德者，人之所得乎天，至明而不昧者也。但爲氣稟所拘、人欲所蔽，則有時而昏，故當有以明之而復其初也。親，程氏以爲字當作「新」，是也。其義則去其舊而新之云爾。言既能自明其明德，又當推以及人，使人亦有以去其舊染之汙也。止者，必至於是而不遷之意。至善，則事理當然之極也。言明明德、新民皆當至於至善之地而不遷，蓋必其有以盡夫天理之極，而無一毫人欲之私也。此三者，大學之綱領也。

臣竊謂天道流行，發育萬物，而人物之生，莫不得其所以生者以爲一身之主。但其所以爲此身者，則又不能無所資乎陰陽五行之氣。而氣之爲物，有偏有正，有通有塞，有清有濁，有純有駁。以生之類而言之，則得其正且通者爲人，得其偏且塞者爲物。以人之類而言之，則得其清且純者爲聖爲賢，得其濁且駁者爲愚爲不肖，其得夫氣之偏且塞而爲物者，固無以全其所得以生之全體矣，惟得其正且通而爲人，則其所以生之全體無不皆備於我，而其方寸之間虛靈洞徹，萬理粲然，有以應乎事物之變而不昧，是所謂明德者也。人之所以爲人而異於禽獸者以此，而其所以可爲堯舜而參天地、贊化育者，亦不外乎此也。然又以其所得之氣有清濁純駁之不齊也，是以極清且純者，氣與理一，而自無物欲之蔽，自其次者而下，則皆已不無氣稟之拘矣。又以拘於氣稟之心，接乎事物無窮之變，則其目之欲色、耳之欲聲、口之欲味、鼻之欲臭、四肢之欲安佚〔二〕，所以害乎其德者，又豈可勝言也哉！二者相因，反覆深固，是以此德之明日益昏昧，而此心之靈，其所知者不過情欲利害之私而已。是則雖曰有人之形，而實何以遠於禽獸？雖曰可以爲堯舜而參天地，然亦不能有以自知矣。是以聖人施教，既已養之於小學之中，而後開之以大學之道。其必先之以格物致知之說者，所以使之即其所養之中而發其明之之端也。繼之以誠意、正心、脩身之目者，則又所以使之因其已明之端而致其明之之實也。夫既有以發其明之之端，而又有以致其明之之實，則吾之所得於天而未嘗不明者，豈不超然無有氣質物欲之累，而復得其本然之明哉？是則所謂明明德者，而非有所作爲於性分之外也。然其所謂明德者，又人人之所同得，而非有我之得私也。向也俱爲物欲之所蔽，則其賢愚之分固無以大相遠者。今吾既幸有以自明矣，則視彼衆人之同得乎此而不能自明者，方且甘心迷惑，没溺於卑汙苟賤之中而不自知也，豈不爲之惻然而思有以救之哉？故必推吾之所自明者以及之，始於齊家，中於治國，而終及於平天下，使彼有是明德而不能自明者，亦皆如我之有以自明，而去其舊染之汙焉。是則所謂新民者，而亦非有所付畀增益之也。然德之在己而當明，與其在民而當新者，則又皆非人力之所爲；而吾之所以明而新之者，又非可以私意苟且而爲也。是其所以得之於天而見於日用之間者，固已莫不各有本然一定之則矣。以其義理精微之極，有不可得而名者，故姑以至善目之。而傳所謂君之仁、臣之敬、子之孝、父之慈、與人交之信，乃其目之大者也。衆人之心固莫不有是，而或不能知，學者雖或知之，而亦鮮能必至於是而不去。此爲大學之教者所以慮其理雖復而有不純，欲雖克而有不盡，將無以盡夫脩己治人之道，而必以是爲明德新民之標的也。欲明德而新民者，誠能求必至是而不容其少有過不及之差焉，則其所以去人欲而復天理者，無毫髮之遺恨矣。

知止而后有定，定而后能静，静而后能安，安而后能慮，慮而后能得。臣熹曰：止者，所當止之地，即至善之所在也。知之，則志有定向。静，謂心不外馳。安，謂所處而安。慮，謂思無不審。得，謂得其所止。

臣謹按：此一節推本上文之意，言明德新民所以止於至善之由也。蓋明德新民固皆欲其止於至善，然非先有以知其所當止之地，則不能有以得其所當止者而止之。如射者固欲其中，然不先有以知其所當中之地，則不能有以得其所當中者而中之也。知止云者，物格知至而於天下之事皆有以知其至善之所在，是則吾所當止之地也。能知所止，則方寸之間，事事物物皆有定理矣。理既有定，則無以動其心而能静矣。心既能静，則無所擇於地而能安矣。能安則日用之間從容閒暇，事至物來，有以揆之而能慮矣。能慮則隨事觀理，極深研幾，無不各得其所止之地而止之矣。

物有本末，事有終始，知所先後，則近道矣。臣熹曰：明德爲本，新民爲末，知止爲始，能得爲終。本始所先，末終所後。此結上文兩節之意。

臣竊謂明德、新民，兩物而内外相對，故曰本末；知止、能得，一事而首尾相因，故曰終始。誠知先其本而後其末，先其始而後其終也，則其進爲有序而至於道也不遠矣。蓋欲治人者不可不先於治己，欲體道者不可不先於知道。此則天下國家之達道通義，而爲人君者尤不可以不審。是以臣愚竊願陛下深留聖意，伏乞睿照。

古之欲明明德於天下者，先治其國。欲治其國者，先齊其家。欲齊其家者，先脩其身。欲脩其身者，先正其心。欲正其心者，先誠其意。欲誠其意者，先致其知。致知在格物。

臣熹曰：明明德於天下者，使天下之人皆有以明其明德也。心者，身之所主也。誠，實也。意者，心之所發也。實其心之所發，欲其一於善而無自欺也。致，推極也。知，猶識也。推極吾之知識，欲其所知無不盡也。格，至也。物，猶事也。窮至事物之理，欲其極處無不到也。此八者，大學之條目也。

臣謹按：此言大學之序，其詳如此，蓋綱領之條目也。格物、致知、誠意、正心、脩身者，明明德之事也；齊家、治國、平天下者，新民之事也。格物致知，所以求知至善之所在，自誠意以至於平天下，所以求得夫至善而止之也。所謂明明德於天下者，自明其明德而推以新民，使天下之人皆有以明其明德也。人皆有以明其明德，則各誠其意，各正其心，各脩其身，各親其親，各長其長，而天下無不平矣。然天下之本在國，故欲平天下者，必先有以治其國；國之本在家，故欲治國者，必先有以齊其家；家之本在身，故欲齊家者，必先有以脩其身。至於身之主，則心也。一有不得其本然之正，則身無所主，雖欲勉彊以脩之，亦不可得而脩矣。故欲脩身者，必先有以正其心。心之發則意也。不能純一於善而不免爲自欺，則心爲所累，雖欲勉彊以正之，亦不可得而正矣。故欲正心者，必先有以誠其意。若夫知，則心之神明，妙衆理而宰萬物者也。不能推而致之，使其内外昭融，無所不盡，則隱微之際，私欲萌焉。雖欲勉彊以誠之，亦不可得而誠矣。故欲誠意者，必先有以致其知。致者，推致之謂，如「喪致乎哀」之「致」，言推之而至於盡也。至於物，則理之所在，人所必有而不能無者也。不能即而窮之，使其精粗隱顯究極無餘，則理所未窮，知固不盡，雖欲勉彊以致之，亦不可得而致矣。故致知之道在乎即事觀理以格夫物。格者，極至之謂，如「格于文祖」之「格」，言窮之而至其極也。

物格而后知至，知至而后意誠，意誠而后心正，心正而后身脩，身脩而后家齊，家齊而后國治，國治而后天下平。臣熹曰：物格者，物理之極處無不到也。知至者，吾心之所知無不盡也。知既盡，則意可得而實矣。意既實，則心可得而正矣。

臣謹按：此覆説上文之意也。物格者，事物之理各有以詣其極而無餘之謂也。理之在物者，既詣其極而無餘，則知之在我者，亦隨所詣而無不盡矣。知無不盡，則心之所發可一於善而無不實矣。意不自欺，則心之本體可致其虚而無不正矣。心得其正，則身之所處可不陷於其所偏而無不脩矣。身無不脩，則推之天下國家亦舉而措之耳，豈外此而求之智謀功利之末哉？

自天子以至於庶人，壹是皆以脩身爲本。臣熹曰：壹是，一切也。正心以上，皆所以脩身也。齊家以下，則舉此而措之耳。其本亂而末治者否矣。其所厚者薄，而其所薄者厚，未之有也。臣熹曰：本，謂身也。所厚，謂家也。此兩節結上文兩節之意。

臣竊謂以身對天下、國家而言，則身爲本，而天下、國家爲末。以家對國與天下而言，則其理雖未嘗不一，然其厚薄之分亦不容無等差矣。故不能格物、致知以誠意、正心而脩其身，則本必亂而末不可治。不親其親，不長其長，則所厚者薄而無以及人之親長。此皆必然之理也。孟子所謂「天下國家皆本於身」，又謂「於所厚者薄，無所不薄」，其言皆本於此。蓋君猶表也，民猶影也，表正則影無不正矣；君猶源也，民猶流也，源清則流無不清矣。若夫天下之物，則有親有疏、有近有遠，而心之應物則有重有輕、有長有短。親者重而疏者輕，近者長而遠者短，重而長者在所先，輕而短者在所後，亦理勢之必然，非人之所能爲也。是以此章詳陳大學之條目，曰格物，曰致知，曰誠意，曰正心，曰脩身，曰齊家，曰治國，曰平天下，凡有八事，而於章末獨以脩身、齊家二事結之，亦猶前章知所先後之云，而其旨益以深矣。臣願陛下清閒之燕從容諷味，常存於心，不使忘失，每出一言，則必反而思之曰：「此於脩身得無有所害乎？」每行一事，則必反而思之曰：「此於脩身得無有所害乎？」小而嚬笑念慮之間，大而號令黜陟之際，無一不反而思之。必無害也，然後從之，有害則不敢也。則又夙興而思之曰：「吾於吾親得無有未厚乎？」夜寐而思之曰：「吾於吾親得無有未厚乎？」以至於出入起居、造次食息，無時不反而思之，必已厚也，然後守之而勿失；一有未厚，則又恐懼而益加厚焉。念念如此，無少間斷，則庶乎身脩親悦，舉而措諸天下無難矣。惟陛下深留聖意。

臣又謹按：自此以上皆大學經文，自「則近道矣」以上爲前章，自「古之欲明明德於天下者」以下爲後章。前章略提綱領，後章細分條目，鉅細相涵，首尾相應，極爲詳備，蓋夫子所誦古經之言而曾子記之。自此以下，傳文十章，則曾子之意而門人記之也。當俟異日詳究其説。然必先讀經文，使之習熟，而綱領條目羅列胸中，如指諸掌，然後博考傳文，隨事體察而實致其力，使吾所以明德而新民者無不止於至善，而天下之人皆有以見其意誠、心正、身脩、家齊、國治、天下平之效，則大學之道不在於書而在於我矣。伏惟陛下深留聖意，則天下幸甚。

康誥曰：「克明德。」臣熹曰：克，能也，又有勝義。言文王能明其明德也。太甲曰：「顧諟天之明命。」臣熹曰：顧，目在之也。諟，古「是」字，通用。天之明命，即人之明德也。言先王之心常欲明其明德，如目在夫物〔三〕，不敢忘也。帝典曰：「克明峻德。」臣熹曰：峻，書作「俊」，大也。大德即明德也，言堯能明其大德也。皆自明也。臣熹曰：結所引書以釋「明明德」之意，皆謂自明己之明德也。

臣謹按：此傳之首章，釋經文「明明德」之義。舊本脱誤，今移在此。其曰「克明德」者，見人皆有是明德而不能明，唯文王能明之也。夫人之所以不能明其明德者，何哉？氣稟、物欲害之也。蓋氣偏而失之太剛，則有所不克；氣偏而失之太柔，則有所不克。聲色之欲蔽之，則有所不克；貨利之欲蔽之，則有所不克。不獨此耳，凡有一毫之偏蔽得以害之，則皆有所不克。唯文王無氣稟、物欲之偏蔽，故能有以勝之而無難也。其曰「顧諟天之明命」者，人受天地之中以生，所謂命也，故人之明德非他也，即天之所以命我，而至善之所存也。是其全體大用蓋無時而不發見於日用之間，事親事長、飲食起居，其所當然，各有明法。人唯不察於此，是以氣稟物欲得以蔽之而不能自明。常目在之，無少間斷，真若見其參於前、倚於衡也，則明德常明而天命在我矣。其曰「克明峻德」者，人之爲德，未嘗不明，而其明之爲體，亦未嘗不大，但人自有以昏之，是以既不能明，而又自陷於一物之小，唯堯爲能明其大德而無昏昧狹小之累〔四〕，是則所謂止於至善也。「皆自明也」者，言此上所引三句，皆言人當有以自明其明德也。能自明其明德，則能治其天下國家而有以新民矣。

湯之盤銘曰：「苟日新，日日新，又日新。」臣熹曰：盤，沐浴之盤也。銘，名其器以自戒之辭也。苟，誠也。湯以爲人之洗濯其心以去惡，如沐浴其身以去垢，故銘其盤。言誠能一日有以滌其舊染之汙而自新，則當因其已新者而日日新之，又日新之，不可畧有間斷也。康誥曰：「作新民。」臣熹曰：鼓之舞之之謂作，言振起其自新之民也。詩曰：「周雖舊邦，其命維新。」臣熹曰：言周國雖舊，至文王，能新其德以及於民，而始受天命也。是故君子無所不用其極。臣熹曰：自新新民，皆欲止於至善也。

臣謹按：此傳之二章，釋「新民」之義也。蓋沐浴之盤者，常用之器，而銘者，自警之辭也。古之聖賢兢兢業業，固無時而不戒謹恐懼，然猶恐其意有所怠而忽忘之也，是以於其常用之器，各因其事而刻銘以致戒焉，欲其常接乎目，每警乎心，而不至於忽忘也。其辭所謂「苟日新，日日新，又日新」者，則取沐浴之事而言之。蓋人之有是德，猶其有是身也。德之本明，猶其身之本潔也。德之明而利欲昏之，猶身之潔而塵垢汙之也。一旦存養省察之功真有以去其前日利欲之昏而日新焉，則亦猶其疏瀹澡雪而有以去其前日塵垢之汙也。然既新矣，而所以新之之功不繼，則利欲之交將復有如前日之昏。猶既潔矣，而所以潔之之功不繼，則塵垢之集將復有如前日之汙也。故必因其已新而日日新之，又日新之，使其存養省察之功無少間斷，則明德常明而不復爲利欲之昏。亦如人之一日沐浴，而日日沐浴，又無日而不沐浴，使其疏瀹澡雪之功無少間斷，則身常潔清而不復爲舊染之汙也。昔成湯所以反之而至於聖者，正惟學於伊尹而有得於此，故有感乎沐浴之事而刻銘於盤以自戒焉。而稱其德者，亦曰：「不邇聲色，不殖貨利。」又曰：「以義制事，以禮制心。」又曰：「從諫弗咈，改過不吝。」又曰：「與人不求備，檢身若不及。」皆日新之謂也。至詩所謂「聖敬日躋」者，則其語意於日新爲尤近〔五〕，而「敬」之一字，又見其所以日新之本。蓋不如是，則亦何地可據而能日繼其功哉？其後伊尹復政太甲，復以「終始惟一，時乃日新」爲丁寧之戒。蓋於是時，太甲方且自怨自艾於桐，處仁遷義而歸，是亦所謂苟日新者。故復推其嘗以告于湯者告之，欲其日進乎此，無所間斷，而有以繼其烈祖之成德也。其意亦深切矣。至周武王踐祚之初，受師尚父丹書之戒，而於几席、觴豆、刀劍、户牖，盥槃莫不銘焉，則亦聞湯之風而興起者，皆可以爲萬世帝王之法矣。傳者釋「新民」之義而及於此，蓋以是爲自明之至而新民之端也。其曰「作新民」者，武王之封康叔，以商之餘民染紂汙俗而失其本心也，故作康誥之書而告之以此，欲其有以鼓舞而作興之，使之振奮踴躍，以去其惡而遷於善，舍其舊而進乎新也。然此豈聲色號令之所及哉？亦自新而已矣。其曰「周雖舊邦，其命維新」者，言周之有邦，自后稷以來，千有餘年，至於文王，聖德日新而民亦丕變，故天命之，以有天下。是其邦雖舊而命則新也。蓋民之視效在君，而天之視聽在民。若君之德昏蔽穢濁而無以日新，則民德隨之，亦爲昏蔽穢濁而日入於亂。民俗既壞，則天命去之，而國勢衰弊，無復光華。如人向老，如日將暮，日凋日瘁，日昏日暗，不覺滅亡之將至。若其有以自新而推以及民，使民之德亦無不新，則天命之新將不旋日而至矣。其曰「君子無所不用其極」者，盤銘言自新也，康誥言新民也，文王之詩自新新民之極也，故曰君子無所不用其極。極，即至善之云也。用其極者，求其止於是而已矣。

詩云：「邦畿千里，惟民所止。」臣熹曰：邦畿，王者之都也。止，居也，言物各有所當止之處也。詩云：「緡蠻黃鳥，止于丘隅。」子曰：「於止，知其所止，可以人而不如鳥乎？」臣熹曰：緡蠻，鳥聲。丘隅，岑蔚之處。「子曰」以下，孔子説詩之辭，言人當知所當止之處也。詩云：「穆穆文王，於緝熙敬止。」爲人君，止於仁；爲人臣，止於敬；爲人子，止於孝；爲人父，止於慈；與國人交，止於信。臣熹曰：穆穆，深遠之意。於，嘆美辭。緝，繼續也。熙，光明也。敬止，言其無不敬而安所止也。引此而言聖人之止無非至善，五者乃其目之大者也。詩云：「瞻彼淇奧，菉竹猗猗。有斐君子，如切如磋，如琢如磨。瑟兮僩兮，赫兮喧兮。有斐君子，終不可諠兮。」如切如磋者，道學也。如琢如磨者，自脩也。瑟兮僩兮者，恂慄也。赫兮喧兮者，威儀也。有斐君子，終不可諠兮者，道盛德至善，民之不能忘也。臣熹曰：淇，水名。奥，隈也。菉，詩作「緑」。猗猗，美盛貌。斐，文貌。切，以刀鋸。琢，以椎鑿。皆裁物使成形質也。磋，以鑢錫。磨，以沙石。皆治物使其滑澤也。治骨角者既切而復磋之，治玉石者既琢而復磨之，皆言其治之有緒而進進不已也。瑟，嚴密之貌。僩，武毅之貌。喧，詩作「咺」。赫喧，宣著盛大之貌。諠，詩作「諼」，忘也。道，言也。學，謂講習討論之事。自脩者，省察克治之功。恂，鄭氏讀作「峻」，恂慄，戰懼也。威，可畏也。儀，可象也。引詩而釋之，以見能得至善之所由，而又以贊美德容之盛也〔六〕。詩云：「於戲，前王不忘！」君子賢其賢而親其親，小人樂其樂而利其利，此以没世不忘也。臣熹曰：於戲，嘆詞。前王，謂文、武也。君子，謂其後賢後王。小人，謂後民也。此言前王盛德至善之餘澤，使天下後世無一物不得其所，所以雖已没世，而人思慕之，愈久而不忘也。此兩節咏嘆淫泆，其味深長，當熟玩之。

臣謹按：此傳之三章，釋經文「止於至善」之義。其曰「邦畿千里，惟民所止」者，以民止於邦畿，明物之各有所止也。其曰「可以人而不如鳥乎」者，言鳥於其欲止之時，猶知其當止之處，豈可人爲萬物之靈，而反不如鳥之能知所止而止之也。其引「穆穆文王」以下一節，則以聖人之止而明至善之所在也。蓋天生烝民，有物有則，是以萬物庶事莫不各有當止之所。但所居之位不同，則所止之善不一。故爲人君，則其所當止者在於仁；爲人臣，則其所當止者在於敬；爲人子，則其所當止者在於孝；爲人父，則其所當止者在於慈；與國人交，則其所當止者在於信。是皆天理人倫之極致，發於人心之不容已者。而文王之所以爲法於天下、可傳於後世者，亦不能加毫末於是焉。但衆人類爲氣禀物欲之所昏，故不能常敬而失其所止。唯聖人之心表裏洞然，無有一毫之蔽，故連續光明，自無不敬，而所止者莫非至善，不待知所止而後得所止也。故傳引此詩而歷陳所止之實，使天下後世得以取法焉。學者於此誠有以見其發於本心之不容已者而緝熙之，則其敬止之功，是亦文王而已矣。詩所謂「上天之載，無聲無臭。儀刑文王，萬邦作孚」，正此意也。然君之所以仁，臣之所以敬，子之所以孝，父之所以慈，朋友之所以信，皆人心天命之自然，非人之所能爲也。但能因事推窮以至其極，而又推類以盡其餘，則天下之物皆有以見其至善之所在而止之矣。其引「瞻彼淇奥」以下，舊本脱誤，今移在此。其意則以明夫所以得其至善而止之之方，與其得止之驗也。夫「如切如磋」，言其所以講於學者已精而益求其精也。「如琢如磨」，言其所以脩於身者已密而益求其密也〔七〕。此其所以擇善固執，日就月將而得止於至善之由也。恂慄者，嚴敬之存乎中也；威儀者，輝光之著乎外也。此其所以睟面盎背，施於四體，而爲止於至善之驗也。盛德至善，民不能忘，蓋人心之所同然，聖人既先得之，而其充盛宣著又如此，是以民皆仰之而不能忘也。盛德，以身之所得而言也；至善，以理之所極而言也。切磋琢磨，求其止於是而已矣。其引「於戲，前王不忘」以下一節，則因上文民不能忘而言也。蓋賢其賢者，聞而知之，仰其德業之盛也；親其親者，子孫保之，思其覆育之恩也。樂其樂者，含哺鼓腹而安其樂也；利其利者，耕田鑿井而享其利也。此皆先王盛德至善之餘澤，故雖已没世，而人猶思之，愈久而不能忘也。

子曰：「聽訟，吾猶人也，必也使無訟乎！」無情者不得盡其辭。大畏民志，此謂知本。

臣熹曰：猶人，不異於人也。情，實也。引夫子之言，而言聖人能使無實之人不敢盡其虛誕之辭。蓋我之明德既明，自然有以畏服民之心志，故訟不待聽而自無也。觀於此言，可以知本末之先後矣。

臣謹按：此傳之四章，釋經文「物有本末」之義也。舊本脱誤，今移在此。蓋言聖人德盛仁熟，所以自明者皆極天下之至善，故能大有以畏服其民之心志，而使之不敢盡其無實之辭。是以雖其聽訟無以異於衆人，而自無訟之可聽。蓋己德既明而民德自新，則得其本之明効也。或不能然，而欲區區於分爭辯訟之間，以求新民之效，其亦末矣。

臣又謹按：自此以上大學之傳，以釋正經前章之義者也。其言「克明德」者，欲學者自彊其志，以勝其氣稟之偏、物欲之蔽，而能明其明德也。其言「顧諟天之明命」者，欲學者之於天理心存目在而不可以頃刻忘也。其言「苟日新，日日新，又日新」者，欲學者深自省察，一日沛然有以去惡而遷善，則又如是日日加功而無間斷也。其言「如切如磋，如琢如磨」者，欲學者之不以小善自足，而益進其功，以求止於至善，亦日新之意也。凡此數者，其言雖殊，其意則一。臣願陛下深留聖意而實致其功，必使一日之間曉然有以見夫氣稟物欲之爲己害，脱然有以去之而無難，則天理之明瞭然在目，而有以爲日新之地矣。然後日日新之又日新之，如既切而復磋之，如既琢而復磨之，以至於至善在我而無所不用其極，則宋雖舊邦，而天之所以命陛下者則新矣。如其不然，則臣恐天下之勢將有如前章所謂向老而將暮者。臣不勝大懼，惟陛下之留意焉。

此謂知本。程子曰：衍文也。此謂知之至也。臣熹曰：此句之上當有闕文。

臣謹按：此傳之五章，其次當釋物格知至之義，今亡其辭，而獨留此一句，乃章末之結語也。臣嘗竊考此篇之旨，其綱領有三，其條目有八，而格物致知最爲先務。今乃獨遺其本傳之文，不知其所以發明此旨者果爲何説，甚可惜也。然而尚賴程氏之言，有可以補其亡者。如曰：「學莫先於正心誠意，然欲正心誠意，必先致知。而欲致知，又在格物。致，盡也。格，至也。凡有一物，必有一理，窮而至之，所謂格物者也。然而格物亦非一端，如或讀書講明道義，或論古今人物而別其是非，或應接事物而處其當否，皆窮理也。但能今日格一件，明日又格一件，積習既多，然後脱然有貫通處。」又曰：「窮理者，非謂必盡窮天下之理，又非謂止窮得一理便到，但自一身之中，以至萬物之理，理會得多，自當脱然有悟處。」又曰：「格物，非欲盡窮天下之物，但於一事上窮盡，其他可以類推。至於言孝，則當求其所以爲孝者如何。若一事上窮不得，且別窮一事，或先其易者，或先其難者，各隨人淺深。譬如千蹊萬徑，皆可以適國，但得一道而入，則可以推類而通其餘矣。」蓋萬物各具一理，而萬理同出一原，此所以可推而無不通也。至於論其所以用力之本，則其言又曰：「學道以知爲先，致知以敬爲本。」又曰：「涵養須是敬，進學則在致知。」又曰：「致知在乎所養，養知莫過於寡欲。」論其所以爲敬之方，則其言又曰：「主一之謂敬，無適之謂一。」又曰：「但莊整齊肅，則心便一，一則自無非僻之干，存之久而天理明矣。」至其門人謝良佐之言，則曰：「敬是常惺惺法。」尹焞之言則曰：「人能收斂其心，不容一物，則可以謂之敬矣。」此皆切至之言，深得聖經之旨。傳文雖亡，然於此可以得其梗概矣。故臣又拾遺意而論之曰：天道流行，造化發育，凡有聲色貌象而盈於天地之間者，皆物也。既有是物，則其所以爲是物者莫不各有當然之則，具於人心而自不容已。是皆得於天之所賦，而非人之所能爲也。今且以其至切而近者言之，則心之爲物，實主於身，其體則有仁、義、禮、智之性，其用則有惻隱、羞惡、恭敬、是非之情，渾然在中，隨感而應，各有攸主而不可亂也。次而及於身之所具，則有口、鼻、耳、目、四支之用〔八〕。又次而及於身之所接，則有君臣、父子、夫婦、長幼、朋友之常。是皆必有當然之則而自不容已，所謂理也。外而至於人，則人之理不異於己也；遠而至於物，則物之理不異於人也。是乃書所謂降衷，詩所謂秉彝，劉子所謂天地之中，子思所謂天命之性，孟子所謂仁義之心，程氏所謂天然自有之中，張載所謂萬物之一原，邵雍所謂道之形體者。但其氣質有清濁偏正之殊，物欲有淺深厚薄之異，是以聖之與愚、人之與物，相與殊絶而不能同耳。以其理之同，故以一人之心而於天下萬物之理無不能知。以其稟之異，故於其理或有所不能窮也。理有未窮，故其知有不盡。知有不盡，則其心之所發必不能純於義理而無雜乎物欲之私。此其所以意有不誠、心有不正、身有不脩，而天下國家不可得而治也。昔者聖人蓋有憂之，是以於其始教，爲之小學，而使人習於誠敬，則所以養其德性、收其放心者，已無所不用其至矣。及其進乎大學，則所謂格物致知云者，又欲其於此有以窮究天下萬物之理而致其知識，使之周遍精切而無不盡也。若其用力之方，則或考之事爲之著，或察之念慮之微，或求之文字之中，或索之講論之際，使於身心性情之德、人倫日用之常，以至天地鬼神之變、鳥獸草木之宜，莫不有以見其所當然而自不容已者。而又從容反覆而日從事乎其間，以至於一日脱然而貫通焉，則於天下之理皆有以究其表裏精粗之所極，而吾之聰明睿知亦皆有以極其心之本體而無不盡矣。凡此推演，雖出管窺，然實皆聖經賢傳之意、造道入德之方也。抑臣聞之，治古之世，天下無不學之人，而王者之子弟，其教之爲尤密。蓋自其爲赤子之時，而教已行矣。及其出就外傅，則又有小學之學。及其齒於胄子，則又有大學之學。凡所以涵養其本原、開導其知識之具，已先熟於爲臣爲子之時，故其内外凝肅、思慮通明之効，有以見於君臨天下之日。所以能秉本執要，醻酢從容，取是舍非，賞善罰惡，而姦言邪説無足以亂其心術也。降及後世，教化不脩，天下之人例不知學，而尊且貴者爲尤甚。蓋幼而不知小學之教，故其長也無以進乎大學之道。凡平日所以涵養其本原、開導其知識者，既已一切鹵莽而無法，則其一旦居尊而臨下，決無所恃以應事物之變而制其可否之命。至此而後，始欲學於小學，以爲大學之基，則已過時而不暇矣。夫手握天下之圖，身據兆民之上，可謂安且榮矣。而其心乃茫然不知所以御之之術，使中外小大之臣皆得以肆其欺蔽眩惑於前，騁其擬議窺覦於後，是則豈不反爲大危大累而深可畏哉？然而尚幸有可爲者，亦曰敬而已矣。若能於此深思猛省，痛自策勵，兼取孟子、程氏之言，便從今日從事於敬，以求放心，則猶可以涵養本原而致其精明，以爲窮理之本。伏惟陛下深留聖意，實下功夫，不可但崇空言，以應故事而已也。臣義切愛君，不覺煩瀆，下情無任恐懼懇激之至。

所謂誠其意者，毋自欺也。臣熹曰：毋者，禁止之辭也。人心本善，故其所發亦無不善。但以物欲之私雜乎其間，是以爲善之意有所不實而爲自欺耳。能去其欲〔九〕，則無自欺而意無不誠矣。如惡惡臭，如好好色，此之謂自慊。故君子必慎其獨也。臣熹曰：如惡惡臭，惡之深也。如好好色，好之切也。慊，快也，足也。獨者，人所不知而己所獨知之地也〔一〇〕。好善惡惡深切如此，則是意常快足而無自欺矣。必謹其獨者〔一一〕，所以察之於隱微之間，不使其有物欲之雜而爲自欺也。小人閒居爲不善，無所不至，見君子而后厭然揜其不善而著其善，人之視己，如見其肺肝然，則何益矣？此謂誠於中，形於外，故君子必慎其獨也。臣熹曰：閒居，獨處也。厭然，銷沮閉藏之貌。小人爲惡於隱微之中，而詐善於顯明之地，則自欺之甚也。然既實有是惡於中，則其證必見於外，徒爾自欺而不足以欺人也。君子之謹獨，不待監此而後能，然亦不敢不監此而加勉也。曾子曰：「十目所視，十手所指，其嚴乎！」臣熹曰：言雖幽隱之中，吾所獨知之地，而衆所共見有如此者，可畏之甚也。富潤屋，德潤身，心廣體胖，故君子必誠其意。臣熹曰：胖，安舒也。言富則能潤屋矣，德則能潤身矣，故心無愧怍，則體常舒泰，德之潤身者然也。蓋善之實於中而形於外者如此，又君子之所以不可不謹獨而誠其意也。

臣謹按：此傳之第六章，承上章之言，以釋經文誠意之義者也。臣又詳說之曰：民之秉彝本無不善，故人心之發，莫不知善之當爲而欲爲之。惟其氣禀之雜，物欲之私有以害之，是以爲善之意有所不實而不免爲自欺也。所謂自欺者，外有欲善之形，而其隱微之間常有不欲者以拒乎内也；外有惡惡之狀，而其隱微之間常有不惡者以主乎中也。是以其外雖公而中則私，其形常是而心則否，是皆自欺之類也。所謂誠其意者，亦禁乎此而已矣。能禁乎此，則其心之所發在於好善，則表裏皆好，而隱微之間無一毫之不好；心之所發在於惡惡，則表裏皆惡，而隱微之間無一毫之不惡。是以其好善也如好好色，其惡惡也如惡惡臭，而方寸之間無有纖芥不快不足之處，是則所謂自慊而意之誠也。能自慊而意誠，則其隱微之間無非善之實者。君子於此亦致其謹，而不使一毫之私得以介乎其間而已。若小人之自欺，則不惟形於念慮之間，而必見於事爲之際。此知其爲惡而揜之，則既不足以自欺，人之視己如見其肺肝，則又不足以欺人，亦何益之有哉？此君子所以又以爲戒而必謹其獨也。其引曾子之言以下，則所以明夫隱微之間實有不善，則人皆知之，如十目之所同視、十手之所同指，無不見之，甚可畏也。隱微之間，實無不善，則其形於外也亦然。蓋多財之人其屋必美，有德之人其身必脩，其心廣大，則其體必安舒。此又以著理之必然，而見君子所以必誠其意之指也。然考之於經，則所以能誠其意者，乃在夫知至。蓋知無不至，則其於是非得失皆有以剖析於毫釐之間，而心之所發必無外善内惡之弊。所以有主於中，有地可據，而致謹於隱微之間也。若知有不至，則其不至之處惡必藏焉，以爲自欺之主，雖欲致其謹獨之功，亦且無主之能爲而無地之可據矣。此又傳文之所未發，而其理已具於經者，皆不可以不察也。然猶爲衆人言之耳。若夫人君，則以一身託乎兆民之上，念慮之間一有不實，不惟天下之人皆得以議其後，而禍亂乘之，又將有不可遏者。其爲可畏，又不止於十目所視、十手所指而已。願陛下於此深加省察，實用功夫，則天下幸甚。如其不然，則今日區區之講讀，亦徒爲觀聽之美而已，何益於治道有無之實，以窒夫禍亂之原哉？

祧廟議狀并圖

古廟制

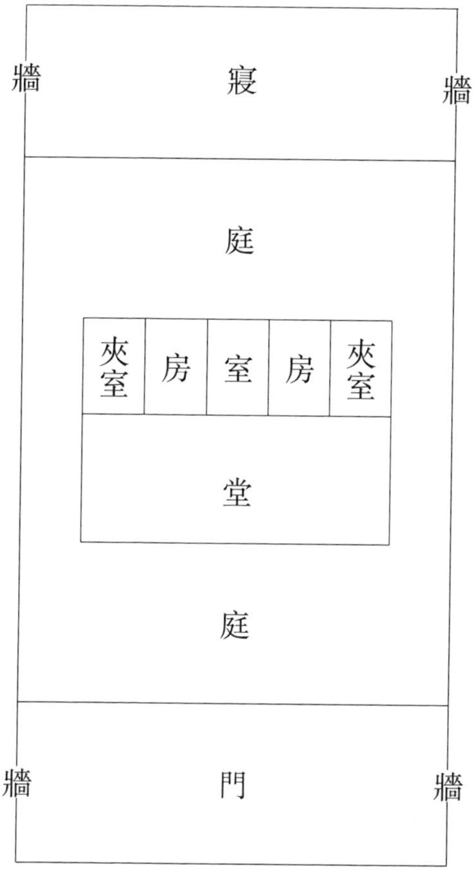

一世各爲一廟，廟有門、有堂、有室、有房、有夾室、有寢，四面有牆。

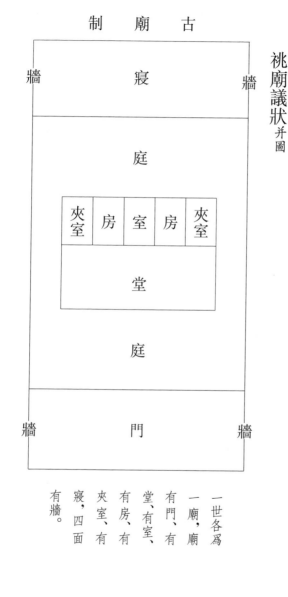

古室制

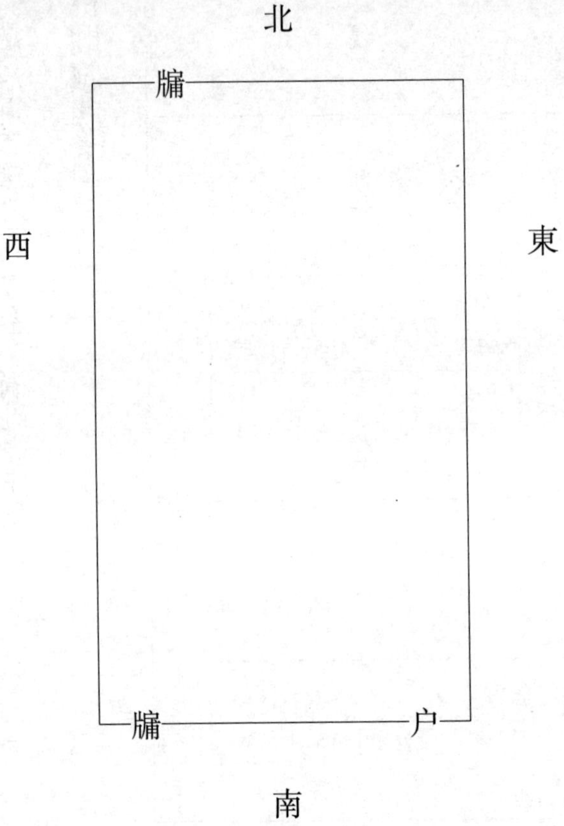

廟室之制皆如此。其主皆在西壁下，東向。祫則太祖東向，昭南向，穆北向。

本朝太廟制從後看起

東夾室		
第十二室	高宗穆廟　欲遷高宗於第十室，而廢此廟。	欲遷高宗於第九室，而廢此廟。
第十一室	欽宗穆廟　欲遷欽宗於第九室，而奉孝宗於此爲穆廟。	欲遷欽宗於第八室，而廢此廟。
第十室	徽宗昭廟　欲遷徽宗於第八室，而奉高宗於此爲昭廟。	欲遷徽宗於第七室，而奉孝宗於此爲穆廟。
第九室	哲宗昭廟　欲遷哲宗於第七室，而奉欽宗於此爲昭廟。	欲遷哲宗於第六室，而奉高宗於此爲昭廟。
第八室	神宗穆廟　欲遷神宗於第六室，而奉徽宗於此爲穆廟。	欲遷神宗於第五室，而奉欽宗於此爲穆廟。

自後漢明帝以來，公私廟制皆同堂異室，歷世因之，未有能改。故堂之上衆神並享其禮[一二]，不專昭穆，但有南北之辨，而無左右之别。卒哭之後，雖依古法祔于祖父，而遷主之際，乃從今制而入于父之室，殊無意義。又如古制，祔昭廟則穆主不動，祔穆廟則昭主不動。如今之法，則每祔一室，而羣室皆遷。又古祫祭皆於室中，今以迫狹而祫於堂上，皆非禮也。神宗皇帝察見其非禮[一三]，命儒臣討論古制，方欲爲而未及營表[一四]，論者惜之。今日朝廷寄寓於此，理固未

續表

第七室	英宗昭廟　欲遷英宗於第五室，而奉哲宗於此爲穆廟。	欲遷英宗權入西夾室，而奉徽宗於此爲昭廟。	應及此，故熹今擬定姑就權宜〔一六〕，若異時恢復，還反舊都，能復先王之舊，則左昭右穆，各得其所。而真宗、英宗皆當藏主於太祖之夾室矣。
第六室	仁宗穆廟　欲遷仁宗於第四室，而奉神宗於此爲昭廟。	欲遷仁宗於第四室，而奉哲宗於此爲穆廟。	
第五室	真宗昭廟　欲遷真宗於第三室，而奉英宗於此爲穆廟。	欲遷真宗權入西夾室，而奉神宗於此爲昭廟。	
第四室	太宗穆廟　欲遷太宗於第二室，而奉仁宗於此爲昭廟，百世不遷〔一五〕。	欲遷太宗於第三室，而奉仁宗於此爲昭廟，百世不遷。	
第三室	太祖穆廟　欲遷太祖於第一室，而奉真宗於此爲穆廟。	欲遷太祖於第二室，而奉太宗於此爲昭廟〔一七〕，百世不遷。	
第二室	宣祖昭廟　欲遷宣祖入西夾室，而奉太宗於此爲昭廟。	欲遷宣祖入西夾室，而奉太祖於此爲穆廟，百世不遷。	

續表

室次第	見行廟　今禮官等議。	今熹擬定。
第一室	僖祖始祖廟　欲遷僖祖入西夾室，而奉太祖於此，百世不遷，祫則東向。	欲仍舊奉僖祖於此，百世不遷，祫則東向。
西夾室	順祖昭、翼祖穆　欲遷僖祖、宣祖於此。	欲遷宣祖、真宗、英宗於此。

太廟

周人以此廟正堂室祀其太祖后稷，而不窋以下至王季十五世先公之祧主藏于西夾室，祫祭則諸祧主及羣廟之主皆合食於此廟之室中，后稷東向，羣昭南向，羣穆北向。

本朝當以此廟正堂室祀僖祖，而順、翼、宣三祖之祧主藏于西夾室。祫祭並如周制，而僖祖東向，順祖、宣祖、太宗、仁宗、神宗、徽宗、高宗皆南向，翼祖、太祖、真宗、英宗、哲宗、欽宗、孝宗皆北向。

昭世室

周人以此廟正堂室祀武王，而康王、穆主以下，祧主藏于西夾室。本朝當以此立廟，其西以正堂室祀太宗，其東以正堂室祀仁宗，而神宗、徽宗祧主當以次藏于西夾室，高宗當別立世室於仁宗之東。今皆未合遷奉。

昭宮一

周人以康王、穆王以下迭居此下三宫，當祧則藏主於武世室之西夾室。本朝當以仁宗、神宗、徽宗、高宗迭居此下三宫，當祧則仁宗別立世室於太宗之東，神宗、徽宗藏主于仁宗世室之西夾室。高宗別立世室於仁宗之東。

昭宮二

昭宮三

春秋傳曰：周公稱太廟，魯公稱世室，羣公稱宫。世室者，世世不毀也。今按此魯制也。然禮曰：「魯公之廟，文世室也。武公之廟，武世室也。」則天子之制亦如此矣。孫毓云：諸侯之廟，外爲都宫。太祖在北，二昭二穆，以次而南。今按此雖諸侯之制，然天子之廟亦當如此。但三昭三穆而宗無數，而其逐廟門、堂、室、夾、寢、牆之制已見前圖〔一八〕。

穆世室

周人以此廟正堂室祀文王，而成王、昭王以下祧主藏于西夾室。本朝當以其正堂室祀太祖，而真宗、英宗、哲宗、欽宗、孝宗祧主當以次藏西夾室。今當奉真宗、英宗二主藏此。

穆宮一

周人以成王、昭王以下迭居此下三宫，當遷則藏主于文世室之西夾室。本朝當以真宗、英宗、哲宗、欽宗、孝宗迭居此下三宫，當遷則藏主于太祖世室之西夾室。

穆宮二

穆宮三

見行祫享位次此禮當於室中行之，今廟室狹小〔一九〕，放於堂上行之。其始祖及諸穆廟之主坐後，皆無所依，非禮之正也。

東

徽宗　哲宗　英宗　真宗　宣祖　順祖

僖祖

（倒書）高宗　欽宗　神宗　仁宗　太宗　太祖　翼祖

西

今禮官所議祫享位次此圖四祖，或祫於夾室前，或祫於別廟，而太祖以下祫於太廟之堂上，皆非禮也。

東

高宗　欽宗　神宗　仁宗　太宗　宣祖　順祖

太祖

僖祖

（倒書）孝宗　徽宗　哲宗　英宗　真宗　翼祖

西

今擬定祫享位次此圖今以廟制未能如古，且欲權於太廟堂上行禮，俟他日改立廟制，即於室中行禮。

東

高宗　徽宗　神宗　仁宗　太宗　宣祖　順祖

僖祖

孝宗　欽宗　哲宗　英宗　真宗　太祖　翼祖

西

具位準尚書吏部牒，奉聖旨，令侍從、兩省、臺諫、禮官集議四祖祧主宜有所歸者。熹今竊詳羣議，其説雖多，而揆以禮經，皆有可疑。如曰藏於太廟之西夾室，則古者唯有子孫祧主上藏於祖考夾室之法，而無祖考祧主下藏于子孫夾室之文。昔者僖祖未遷，則西夾室者，僖祖之西夾室也。故順、翼二祖之主藏焉而無不順之疑。今既祧去僖祖，而以太祖祭初室矣，則夾室者乃太祖之夾室。自太祖之室視之，如正殿之視朵殿也。子孫坐於正殿，而以朵殿居其祖考，於禮安乎？此不可之一也。至於祫享，則又欲設幄於夾室之前而别祭焉，則既不可謂之合食，而僖祖神坐正當太祖神坐之背，前孫後祖，此又不可之二也。如曰别立一廟以奉四祖，則不唯喪事即遠，有毁無立，而所立之廟必在偏位，其棟宇儀物亦必不能如太廟之盛，是乃名爲尊祖而實卑之。又當祫之時，羣廟之主祫于太廟，四祖之主祫于别廟，亦不可謂之合食。此又不可之三也。如曰藏主於天興殿，則宗廟、原廟，古今之禮不同，不可相雜，而不得合食，亦與别廟無異。此又不可之四也。凡此數者，反復尋繹，皆不可行。議者亦皆知其不安，而不知所以然者，特以其心急欲尊奉太祖，三年一祫，時暫東向之故，而爲此紛紛，不復顧慮。殊不知其實無益於太祖之尊，而徒使僖祖、太祖兩廟威靈常若相與争校彊弱於冥冥之中，并使四祖之神疑於受擯，徬徨躑躅，不知所歸，令人傷痛不能自已。不知朝廷方此多事之際，亦何急而爲此也？今亦無論其他，但以太祖皇帝當日追尊帝號之心而默推之，則知太祖今日在天之靈於此必有所不忍而不敢當矣。又況僖祖祧主遷於治平，而不過數年，神宗皇帝復奉以爲始祖，已爲得禮之正而合於人心，所謂有其舉之而莫敢廢者乎？且孔子論武王、周公之孝而曰：「踐其位，行其禮，奏其樂，愛其所親，敬其所尊，事死如事生，事亡如事存，孝之至也。」今天子既踐太祖之位、行太祖之禮，奏太祖之樂矣，則當愛太祖之所親，敬太祖之所尊，所以事太祖者無以異於生存之時，乃爲至孝。而議者顧欲黜其所追尊之祖考置之他所，而又未有一定之處，是豈所謂愛敬其所親尊而事之如生存之時乎？且議者之所以必爲此説者，無他，但以太祖膺圖受命，化家爲國，而王業之興不由僖祖耳。若以此言，則后稷本封於邰，而不窋已自竄於戎狄，公劉、太王又再遷而後定，文、武之興，又何嘗盡由於后稷哉？但推其本始爲出於此，故不可以不祭，而祭之不可以不尊耳，豈計其功德之小大有無哉？況周人雖以后稷爲太祖，而祭法亦曰：「祖文王而宗武王」，是乃所謂祖有功而宗有德之意，故自爲世室而百世不遷，以冠羣廟，則亦不待東向於祫然後可以致崇極之意矣。然今日宗廟之制未能如古，姑以權宜而論之，則莫若以僖祖擬周之后稷而祭於太祖之初室，順祖爲昭，翼祖爲穆，宣祖爲昭，而藏其祧主于西夾室。太祖爲穆，擬周之文王爲祖而祭於太廟之第二室。太宗爲昭，擬周之武王爲宗而祭于太廟之第三室。其太祖、太宗又皆百世不遷而謂之世室。真宗爲穆，其祧主亦且權藏於西夾室。仁宗爲昭、爲宗，而祭於第四室，亦爲世室，如太宗之制。英宗爲穆，藏主如真宗之制。神宗爲昭，祭第五室。哲宗爲穆，祭第六室。徽宗爲昭，祭第七室。欽宗爲穆，祭第八室。高宗爲昭，祭第九室。孝宗爲穆，祔第十室。異時高宗亦當爲宗，爲世室，如太宗、仁宗之制。三歲祫享，則僖祖東向如故，而自順祖以下至于孝宗，皆合食焉，則於心爲安而於禮爲順矣。至于古者宗廟之制，今日雖未及議，尚期異時興復之後，還反舊都，則述神宗之志而一新之，以正千載之繆，成一王之法，使昭穆有序而祫享之禮行於室中，則又善之大者也。蓋尊太祖以東向者，義也；奉僖祖以東向者，恩也。義者，天下臣子今日之願也；恩者，太祖皇帝當日之心也。與其伸義詘恩以快天下臣子之願，孰若詘義伸恩以慰太祖皇帝之心乎？韓愈所謂「祖以孫尊，孫以祖詘」者，正合此意。而又以爲四時各祭其廟，則所伸之祭常多；三年然後一祫，則所詘之祭常少，亦中事情。故熹於此嘗有感焉，竊獨以爲今欲議四祖神位所祔之宜，而卒不免於舛逆而難通，不若還僖祖於太廟，三年而一東向之，爲順易而無事也。熹孤陋寡聞，所見如此。昨日適以衰病，不及預議。伏念宗廟事重，不敢緘默，須至申聞者。

右件如前，并畫到圖子四紙繳連在前，謹具狀申尚書省，欲乞并賜詳酌，敷奏施行。伏候鈞旨。

小貼子

熹謹按禮家先儒之説，兄弟傳國者，以其嘗爲君臣，便同父子，各爲一世，而天子七廟，宗者不在數中，此爲禮之正法。若今日見行廟制，則兄弟相繼者共爲一世，而太廟增爲九世，宗者又在數中，皆禮之末失也。故熹狀中所擬太廟世數，一準先儒之説，固知未必可用。若議者乃用今制，而反不曾詳考自僖祖以至孝宗方及十世，太祖、太宗爲第三世，尚在四昭四穆之中，今日祧遷，只合依孝宗初年遷翼祖例，且遷宣祖，然後爲得。乃不察此，而欲一旦無故并遷僖、宣二祖，又强析太祖、太宗各爲一世，既與哲、徽、欽、高之例不同，又使太廟所祀其實僅及八世，進不及今之九，退不成古之七，尤爲乖繆，無所據依。政使熹説迂闊，多所更改，不可施行，其議者并遷二祖、析一爲二之失，亦合速行改正，且遷宣祖，而合太祖、太宗復爲一世，以足九世之數。伏乞詳察。

熹既爲此議，續搜訪得元祐大儒程頤之説，以爲太祖而上有僖、順、翼、宣，先嘗以僖祧之矣，介甫議以爲不當祧，順以下祧可也。何者？本朝推僖祖爲始，已上不可得而推也。或難以僖祖無功業，亦當祧。以是言之，則英雄以得天下自己力爲之，並不得與祖德。或謂靈芝無根，醴泉無源，物豈有無本而生者？今日天下基本蓋出於此人，安得爲無功業？故朝廷復立僖祖廟爲得禮，介甫所見，終是高於世俗之儒。熹竊詳頤之議論，素與王安石不同，至論此事，則深服之，以爲高於世俗之儒，足以見理義人心之所同，固有不約而合者。但以衆人不免自有爭較彊弱之心，雖於祖考，亦忘遜避，故但見太祖功德之盛，而僖祖則民無得而稱焉，遂欲尊太祖而卑僖祖。又見司馬光、韓維之徒皆是大賢，人所敬信，其議偶不出此，而王安石乃以變亂穿鑿得罪於公議，故欲堅守二賢之説，并安石所當取者而盡廢之，所以無故生此紛紛。今以程頤之説考之，則可以見議論之公，而百年不決之是非可坐判矣。并乞詳察。

面奏祧廟劄子 并圖

	舊制	今議	臣熹擬定
夾室	順祖翼祖	僖祖順祖翼祖宣祖	順祖翼祖宣祖真宗英宗
一世	僖祖	太祖太宗	僖祖 始祖
二世	宣祖	真宗	太祖 世室
三世	太祖太宗	仁宗	太宗 世室
四世	真宗	英宗	仁宗 世室
五世	仁宗	神宗	神宗
六世	英宗	哲宗徽宗	哲宗
七世	神宗	欽宗高宗	徽宗
八世	哲宗徽宗	孝宗	欽宗
九世	欽宗高宗		高宗 世室
			孝宗

臣竊見太祖皇帝受命之初，未遑他事，首尊四祖之廟，而又以僖祖爲四廟之首。累聖尊崇，罔敢失墜。中間雖以世數寖遠，遷之夾室，而未及數年，議臣章衡復請尊奉以爲太廟之始祖。宰相王安石等遂奏，以爲本朝自僖祖以上，世次不可得而知，則僖祖有廟，與稷、契疑無以異。今欲毀其廟而藏其主，替祖宗之尊而下祔於子孫〔二〇〕，非所以順祖宗之孝心也〔二一〕。於是神宗皇帝詔從其請，而司馬光、韓維、孫朴、孫固等以爲非是〔二二〕，力奏爭之，其說甚詳。然其立意不過以爲太祖受命立極，當爲始祖而袷享東向，僖祖初無功德，親盡當祧而已。臣嘗深考其説，而以人心之所安者揆之，則僖祖者，太祖之高祖考也，雖歷世久遠，功德無傳，然四世之後篤生神孫，順天應人，以寧兆庶，其爲功德，蓋不必身親爲之然後爲盛也。是以太祖皇帝首崇立之，以爲初廟。當此之時，蓋已歸德於祖而不敢以功業自居矣〔二三〕。今乃以欲尊太祖之故〔二四〕，而必使之奪據僖祖初室東向之位，臣恐在天之靈於此有所不忍而不敢當也。安石之爲人，雖不若光等之賢，而其論之正則有不可誣者。世之論者不察乎此，但見太祖功德之盛，而不知因太祖當日崇立僖祖之心以原其所自，但見光等之賢非安石、章衡之所及，而不知反之於己，以即夫心之所安，是以紛紛，多爲異說。臣嘗病其如此，每恨無以正之。不謂今者之來，適逢此議，而又以疾病之故，不獲祗赴，謹已略具鄙見申尚書省，乞與敷奏，并畫成圖本，兼論古今宗廟制度得失。因又訪得元祐大儒程頤所論，深以安石之言爲當，貼説詳盡，而所論并祧二祖、止成八世之説，尤爲明白，未知已未得達聖聽？欲乞宣問，詳賜覽觀，并下此奏別令詳議，以承太祖皇帝尊祖敬宗、報本反始之意，上延基祚，下一民聽，千萬幸甚。取進止。乞降付尚書省。

貼黄

臣竊見今者羣臣所議奉安四祖之禮多有未安，蓋不遷僖祖則百事皆順，一遷僖祖則百事皆舛，雖復巧作回互，終不得其所安。而又當此人心危疑之際，無故遷移國家始祖之祀，亦惑衆聽，實爲非便。而或者以謂前日之議已奉聖旨恭依，難復更改。臣竊詳治平四年三月，議者請遷僖祖，已詔恭依，至熙寧五年十一月，因章衡、王安石等申請復還僖祖，又詔恭依。蓋宗廟事重，雖已施行，理或未安，不容不改。伏乞聖照。

議祧廟劄子

臣前日面奏祧廟事，伏蒙聖慈宣諭，若曰：「僖祖自不當祧，高宗即位時不曾祧，壽皇即位時亦不曾祧，太上即位時又不曾祧，今日豈可容易？」臣恭承聖訓，仰見陛下聖學高明，燭見事理，尊事宗廟，決定疑惑，至孝至明，非羣臣所能及，不勝嘆仰。然今已多日，未聞降出臣元奏劄子，付外施行，竊慮萬機之繁，未及指揮，欲望聖明早賜處分，臣不勝幸甚。

取進止。乞降付尚書省。

進擬詔意

廟議劄狀并圖包括古今，曲盡底藴〔二五〕，非獨可爲今日之法，亦可留備他日稽考，不若降出，更令詳議。如彼説妄，便可反覆剖析，以盡同異。如彼説是，此便不當固執。如但含糊，直降指揮，却恐不厭衆心，反有輕率偏狥之誚。若必不欲降出再議，即當擬定詔意，乞降御筆指揮。然終不若再議之爲善也。其詔意如左云：昨因臣僚請遷僖祖皇帝，而尊太祖皇帝爲初室，將來祫享，即正東向之位，當已恭依。今復思之，殊有未便。蓋太廟見祀九世十二室，僖祖自熙寧以來尊爲始祖，祭于初室，百世不遷，遇祫享日〔二六〕，即居東向之位，已合典禮，「有其舉之，莫敢廢也」。太祖尚在四昭四穆之内，亦未合便居初室，亟正東向，却使太廟止成八世，而四祖不得合食。不若上存僖祖爲初室〔二七〕，東向如故，而遷宣祖一世於西夾室。太祖、太宗、仁宗三室亦爲百世不遷之廟，將來永不祧毁，庶幾有以仰順祖宗之孝心，不至妄減太廟世數，且符合食之義，以副朕欽承宗廟之意，其□月□日、閏十月□日兩次已降指揮更不施行。

山陵議狀

具位臣朱熹準尚書吏部牒，十月九日，殯宫覆按使孫逢吉狀，定到太行至尊壽皇聖帝神穴事，三省、樞密院同奉聖旨，令侍從臺諫限三日集議聞奏。臣方欲赴臺集議，忽聞朝廷已别差官前去宣諭，即與衆官具狀申省，别聽指揮外，臣竊有愚見，深恐言之不早，有誤大計，須至先具奏聞者。

右臣竊惟至尊壽皇聖帝，聖德神功，覆冒寰宇；深仁厚澤，浸潤生民。厭世上賓，率土哀慕。宜得吉土，以奉衣冠之藏，垂裕後昆，永永無極。而因山之卜〔二八〕，累月于兹，議論紛紜，訖無定説。臣嘗竊究其所以，皆緣專信臺史而不廣求術士，必取國音坐丙向壬之穴，而不博訪名山，是以粗略苟簡，唯欲祔於紹興諸陵之旁，不唯未必得其形勢之善，若其穴中水泉之害，地面浮淺之虞，偪仄傷破之餘，驚動諸陵之慮，雖明知之，亦不暇顧。羣臣議者又多不習此等猥賤之末術，所以不能堅決剖判，致煩明詔，博訪在廷。臣實痛之，其敢無辭以對？

蓋臣聞之，葬之爲言藏也，所以藏其祖考之遺體也。以子孫而藏其祖考之遺體，則必致其謹重誠敬之心，以爲安固久遠之計。使其形體全而神靈得安，則其子孫盛而祭祀不絶，此自然之理也。是以古人之葬，必擇其地而卜筮以決之，不吉則更擇而再卜焉。近世以來，卜筮之法雖廢，而擇地之說猶存。士庶稍有事力之家，欲葬其先者，無不廣招術士，博訪名山，參互比較〔二九〕，擇其善之尤者，然後用之。其或擇之不精，地之不吉，則必有水泉、螻蟻、地風之屬以賊其内，使其形神不安，而子孫亦有死亡絶滅之憂，甚可畏也。其或雖得吉地，而葬之不厚，藏之不深，則兵戈亂離之際，無不遭罹發掘暴露之變，此又其所當慮之大者也。至於穿鑿已多之處，地氣已洩，雖有吉地，亦無全力。而祖塋之側，數興土功，以致驚動，亦能挺災。此雖術家之説，然亦不爲無理。以此而論，則今日明詔之所詢者，其得失大概已可見矣。

若夫臺史之説，謬妄多端。以禮而言，則記有之曰：「死者北首，生者南向，皆從其朔。」又曰：「葬於北方北首，三代之達禮也。」即是古之葬者必坐北而向南。蓋南陽而北陰，孝子之心不忍死其親，故雖葬之於墓，猶欲其負陰而抱陽也。豈有坐南向北，反背陽而向陰之理乎？

若以術言，則凡擇地者，必先論其主勢之彊弱、風氣之聚散、水土之淺深、穴道之偏正、力量之全否，然後可以較其地之美惡。政使實有國音之説，亦必先此五者，以得形勝之地〔三〇〕，然後其術可得而推。今乃全不論此而直信其庸妄之偏説，但以五音盡類羣姓，而謂塚宅向背各有所宜，乃不經之甚者。不惟先儒已力辨之，而近世民間亦多不用。今乃以爲祖宗以來世守此法，順之則吉，逆之則凶，則姑亦無問其理之如何，但以其事質之，則其謬不攻而自破矣。蓋自永安遷奉以來，已遵用此法，而九世之間，國統再絶，靖康之變，宗社爲墟。高宗中興，匹馬南渡，壽皇復自旁支入繼大統。至於思陵，亦用其法，而壽皇倦勤之後，旋即升遐。太上違豫日久，以至遜位。赤山亦用其法，而莊文、魏邸相繼薨謝。若曰吉凶由人，不在於地，不有所廢，其何以興，則國音之説自爲無用之談，從之未必爲福，不從未必爲禍矣。何爲信之若是其篤，而守之若是其嚴哉？若曰其法果驗，不可改易，則洛、越諸陵，無不坐南而向北，固已合於國音矣，又何吉之少而凶之多耶？臺史之言，進退無據，類皆如此。試加詰問，使之置對，必無辭以自解矣。

若以地言，則紹興諸陵臣所未覩，不敢輕議。然趙彦逾固謂舊定神穴土肉淺薄，開深五尺，下有水石，難以安建矣。而荆大聲者乃謂新定東頭之穴比之先定神穴高一尺一寸五分，開深九尺，即無水石。臣嘗詳考二人之言，反復計度，新穴比之舊穴只高一尺一寸五分，則是新穴開至六尺一寸五分，則與舊穴五尺之下有水石處高低齊等，如何却可開至九尺而其下二尺八寸五分者無水石耶？且大聲既知有此無水吉穴，當時便當指定，何故却定土肉淺薄、下有水石之處以爲神穴，直至今日，前説漏露，無地可葬，然後乃言之耶？其反覆謬妄，小人常態，雖若不足深責，然其姦心乃欲奉壽皇梓宫置之水中而略不顧忌，則其罔上迷國、大逆無道之罪不容誅矣。脱使其言別有曲折，然一坂之地，其廣幾何，而昭慈聖獻皇后已用之矣〔三一〕，徽宗一帝二后又用之矣，高宗一帝一后又用之矣，計其地氣已發洩而無餘，行圍、巡路、下宫之屬又已迫狹之甚，不可移減。今但就其空處即以爲穴，東西趲那，或遠或近，初無定論。蓋地理之法，譬如針灸，自有一定之穴，而不可有毫釐之差。使醫者之施砭艾皆如今日臺史之定宅兆，則攻一穴而遍身皆創矣，是又安能得其穴道之正乎？若果此外别無可求，則亦無可奈何。而今兩浙數州皆爲近甸，三二百里，豈無一處可備選擇，而獨遷就偪仄於此數步之間耶？政使必欲求得離山坐南向北之地，亦當且先泛求壯厚高平可葬之處，然後擇其合於此法者。況其謬妄不經之説，初不足信也耶？臣自南來，經由嚴州富陽縣，見其江山之勝，雄偉非常。蓋富陽乃孫氏所起之處，而嚴州乃高宗受命之邦也。説者又言臨安縣乃錢氏故鄉，山川形勢寬平邃密，而臣未之見也。凡此數處，臣雖未敢斷其必爲可用，然以臣之所已見已聞者逆推其未見未聞者〔三一〕，安知其不更有佳處，萬萬於此而灼然可用者乎？但今偏信臺史之言，固執紹興之説而不肯求耳。若欲求之，則臣竊見近年地理之學出於江西、福建者爲尤盛，政使未必皆精，然亦豈無一人粗知梗概，大略平穩，優於一二臺史者？欲望聖明深察此理，斥去荆大聲，置之於法，即日行下兩浙帥臣、監司，疾速搜訪，量支路費，多差人兵轎馬，津遣赴闕，令於近甸廣行相視，得五七處，然後遣官按行，命使覆按。不拘官品，但取通曉地理之人，參互考校〔三二〕，擇一最吉之處，以奉壽皇神靈萬世之安，雖以迫近七月之期，然事大體重，不容苟簡。其孫逢吉所謂「少寬日月，别求吉兆爲上」，此十字者實爲至論。惟陛下采而用之，庶幾有以少慰天下臣子之心，用爲國家祈天永命之助。

臣本儒生，不曉術數，非敢妄以淫巫瞽史之言眩惑聖聽，自速譏誚。蓋誠不忍以壽皇聖體之重，委之水泉沙礫之中、殘破浮淺之地。是以痛憤激切，一爲陛下言之。譬如鄉鄰親舊之間，有以此等大事商量，吾乃明知其事之利害必至於此，而不盡情以告之，人必以爲不忠不信之人。而況臣子之於君父，又安忍有所顧望而默默無言哉？惟陛下詳賜省察，斷然行之，則天下萬世不勝幸甚。謹録奏聞，伏候勑旨。乞付尚書省〔三四〕。

校勘記

〔一〕議狀劄子　四字原缺，據浙本補。
〔二〕四肢之欲安佚　「四」原作「回」，據閩本、浙本、天順本改。
〔三〕如目在夫物　「夫」，浙本作「一」。
〔四〕而無昏昧狹小之累　「昧」，閩本、浙本、天順本作「暗」。
〔五〕則其語意於日新爲尤近　「尤」，原作「至」，據浙本改。

〔六〕而又以贊美德容之盛也　「美」，浙本作「其」。
〔七〕言其所以脩於身者已密而益求其密也　「於」，浙本作「其」。
〔八〕則有口鼻耳目四支之用　「有」，原作「其」，據浙本、天順本改。
〔九〕能去其欲　「欲」，浙本作「私」。
〔一〇〕所獨知之地也　「之」下原有「之」字，據浙本删。
〔一一〕必謹其獨者　「謹」，原作「慎」，據閩本、浙本改。按「慎」（眘）爲孝宗諱，朱熹所書必是「謹」字。
〔一二〕故堂之上衆神並享其禮　「堂」上，浙本有「一」字。
〔一三〕察見其非禮　「非禮」，浙本作「弊常」。
〔一四〕方欲爲而未及營表　「方欲」，浙本作「欲以改」。
〔一五〕百世不遷　四字原缺，據浙本補。
〔一六〕故熹今擬定　「今」，浙本作「所」。
〔一七〕而奉太宗於此爲昭廟　「昭」，原作「穆」，據浙本改。
〔一八〕而其逐廟門堂室夾寢牆之制已見前圖　「而」，原作「隨」，據浙本改。
〔一九〕今廟室狹小　「小」字原缺，據浙本補。
〔二〇〕替祖宗之尊而下祔於子孫　「宗」，浙本作「考」。
〔二一〕非所以順祖宗之孝心也　「宗」，浙本作「考」。

〔二二〕孫朴孫固等以爲非是　「朴」，浙本作「抃」。考孫抃英宗時已卒，不當於神宗時猶能與王安石爭也。
〔二三〕蓋已歸德於祖而不敢以功業自居矣　「祖」，浙本作「彼」。
〔二四〕今乃以欲尊太祖之故　「以欲」，浙本作「欲以」。
〔二五〕曲盡底蘊　「曲」，浙本作「展」。
〔二六〕遇祫享日　「祫」原作「於」，據浙本改。
〔二七〕不若上存僖祖爲初室　「不若」，浙本作「今合」。
〔二八〕而因山之卜　「卜」，浙本作「役」。
〔二九〕參互比較　「互比」，浙本作「考互」。
〔三〇〕以得形勝之地　「勝」，浙本作「勢」。
〔三一〕而昭慈聖獻皇后已用之矣　「獻」，原作「皇」，據浙本、天順本改。
〔三二〕然以臣之所已見已聞者逆推其未見未聞者　「已見已聞」原作「已見聞」，據浙本改。「未聞者」，「者」字原缺，據浙本補。
〔三三〕參互考校　「互考」，浙本作「考互」。
〔三四〕乞付尚書省　「乞」，天順本作「降」。

晦庵先生朱文公文集卷第十六

奏狀

乞蠲減星子縣税錢第二狀第一狀闕

臣誤蒙聖恩，竢罪偏壘，自度庸愚，無以補報。到任以來，夙夜憂勞，惟思所以上布聖恩，下求民瘼，仰副使令之萬一者。竊見本軍諸縣大抵荒涼，田野榛蕪，人煙稀少，而星子一縣爲尤甚。因竊究其所以，乃知日前兵亂流移，民方復業，而官吏節次增起税額，及和買折帛數目浩瀚，人户盡力供輸，有所不給，則復轉徙流亡，無復顧戀鄉井之意。其幸存者，亦皆苟且偷安，不爲子孫長久之慮。一旦小有水旱，則復顧而之他。觀其氣象，如腐草浮苴，無有根蔕，愁歎亡聊，深可憐憫。是以去年六月，曾以此縣税錢利害條具聞奏，乞賜蠲減。伏蒙聖恩，即日降出，而户部下之本路漕司，漕司委官究實，復以申部，取旨施行。百里疲羸，日夕仰望聖澤之下流，不啻飢渴，而户部乃以去歲議臣之請，復下漕司，責以對補。吏民相顧，悼心失圖，臣愚惶惑，亦不知所以爲計。然竊伏惟念陛下寬仁勤儉，恭己愛民，四方遠近凡以病告，無不惻然興念，即賜復除。臣不敢廣引前事，且如近者汀州所貢白金歲數千兩，一旦沛然出令，舉以丐之，了無難色。此豈復責其有所取償而後予之哉？慘怛之愛，發於誠心而不可已也。而往者議臣不足以窺測天地含容施生之大德，輒爲對補之説，以逆沮遠近祈恩望幸之心。臣雖至愚，有以知其決非陛下之本心也。且州郡誠有餘財，自當措置兑那，以紓民力，豈復敢以此等瑣末上勞天聽？正爲公私匱乏，不能相救，是以冒昧有此陳請。今乃限以對補之説，不附其説則遠縣窮民永無蘇息之期，必從其説則勢無從出，不過剜肉補瘡，以欺天罔人。不惟無益，而或反以爲害。不惟仰失陛下愛民之本心，而臣之愚亦有所不忍爲也。是以敢冒萬死，復以奏聞。欲望聖慈，特降睿旨，檢會前奏，依汀州例，直賜蠲放施行。計其所捐除不礙上供數外，不過紬絹一千五十餘匹、錢二千九百餘貫，比之汀州之數未爲甚費，而可以少寬斯人，使得安其生業。臣不任祈天瀝懇、皇恐俟命之至。

奏南康軍旱傷狀

照會本軍并管屬星子、都昌、建昌縣，自六月以來，天色亢陽，缺少雨澤，田禾乾枯。本軍恭依御筆處分，嚴禁屠宰，精意祈禳，及行下逐縣精加祈禱。去後今據星子、都昌、建昌縣申，依應遍詣寺觀、神祠及諸潭洞建壇，祭祀請水，精加祈禱，雨澤並無感應，今來諸鄉早禾多有乾損。及備據税户陳德祥等狀披訴，所布田禾緣雨水失時，早禾多有乾槁，不通收刈，申乞委官檢視。本軍今檢準淳熙令，諸官私田災傷，秋田以七月聽經縣陳訴，至月終止。本軍除已依條施行外，須至奏聞。

乞放免租税及撥錢米充軍糧賑濟狀

臣伏覩本軍今爲久缺雨澤，早田旱損，已依準令式具狀奏聞訖。照對本軍地荒田瘠，税重民貧，昨於乾道七年曾遭大旱，伏蒙聖恩，放免本年夏秋二税錢米、紬絹共八萬六千三百二十貫石匹，及詔本路監司應副軍糧米四千石，撥到糴軍糧米錢九千餘貫，并撥本軍未起米一萬一千七百餘石，本軍借兑過乳香度牒錢一萬餘貫，凑糴軍糧，支遣官兵，及撥到賑濟米五萬石，又拖欠兩年上供、折帛、月樁等錢共九萬三千四百一十六貫石匹兩，然後遺民復得存活，以至今日。今茲不幸，復罹枯旱之災，又蒙陛下親降御筆，深詔守臣精加祈禱，而臣奉職無狀。無以感格幽明，祈禱兩月，殊無應効。今則早田什損七八，晚田亦未可知，正得薄收，其數亦不能當早田之一二。訪聞耆老，云乾道七年之旱雖不止於如此，然當時承屢豐之後，富家猶有蓄積，人情未至驚憂。又以朝廷散利薄征，賑給之厚，而人民猶不免於流移殍死，閭井蕭條，至今未復。況今民間蓄積不及往時，人情已甚憂懼，目下軍糧便闕支遣，計料見管常平斛斗，亦恐將來不足賑濟支用。若不瀝懇先事奏聞，竊恐將來流殍之禍及他意外之憂又有甚於前日。欲望聖慈早降睿旨，許依分數放免税租外，更令轉運、常平兩司多撥錢米，應副軍糧，準備賑濟，則一郡軍民庶幾不致大段狼狽。冒犯天威，臣無任恐懼待罪之至。

再奏南康軍旱傷狀

照對本軍管屬星子、都昌、建昌三縣管下諸鄉，自春夏以來，雨澤少愆，尋行祈禱，於五月中旬已獲感應，稍稍霑足，遂至高下之田皆已布種。至六月上旬以來，又闕雨澤，及遍詣管屬靈跡、寺觀、神祠、諸處淵潭取水，建置壇場，依法册祭龍及修設醮筵，禁止屠宰，精加祈禱，自後未獲感應。其管下民户陂塘所積水利，雖車戽注蔭禾稻，緣乾亢日久，兼又風色滲漏，是致民田多有乾槁，不通收刈，見不住據人户投陳旱傷不絶。本軍恭依御筆處分，嚴禁屠宰，精意祈禳，及行下逐縣精加祈禱。去後據星子、都昌、建昌縣申，依應遍詣寺觀、神祠及諸潭洞建壇，祭祀請水，精加祈禱，雨澤並無感應，今來諸鄉早禾多有乾損；及備據税户陳德祥等狀披訴，所有田禾緣雨水失時，早禾多有乾槁，不通收刈，申乞委官檢視。本軍檢準淳熙令，諸官私田災傷，秋田以七月聽經縣陳訴，至月終止。具録奏聞。

乞截留米綱充軍糧賑糶賑給狀

臣熹昨以衰病無能，退居田野，陛下過聽，不忍棄捐，超資越序，付以千里民社之寄，德至渥也。而臣亡狀，不能悉心營職，宣布寬恩，馴致旱災，害及民物。雖已嘗具奏聞，及申省部諸司，乞行賑救，今來竊聞接濟飢民事常平司已行措置。惟有軍糧一節，利害尤爲不輕，而未聞諸司有所措置。竊慮一旦事出意外，罪無所逃，須至昧死再有陳奏，伏望聖明俯垂臨照。

臣契勘南康軍受納人户苗米計四萬六千五百一十九石，遞年科撥，並充上供起發。而本軍官吏軍兵一歲糧廩計當用米二萬七千五百一十三石，並無科名支撥，從來只於人户輸納苗米多收加耗，高量斛面，及侵支漕司科撥未盡米斛〔一〕，應副支遣。昨於淳熙五年内奉聖旨，令人户自行把概，見青交量，每斛已減斛面二斗。及臣到任，訪聞民間猶以所納爲重，又行措置，減去加耗一斗。所入之數既已不多，然若無水旱災傷，非泛支遣，更以別色官錢多方糴補，亦可僅免曠闕。今者不幸遭此旱傷，差官檢放，雖未見得分數多寡，然以目所見，參之傳聞，其勢所收未必及三四分。竊慮將來減放之後，實納苗米頭數不多，當此凶年，所減加耗斛面又難以復行增起，即本軍官兵所支糧廩委是並無指擬。夫民飢猶能流移逐食，軍兵既係尺籍，從來仰食於官，豈容一日有所欠闕？臣既淺短，無術可爲，旬月以來，晝度夜思，以至成疾。雖已略控危衷，陳乞罷免，然念州郡事勢日就危迫，又有萬倍於一身者。若不力告朝廷，早爲之所，而但偷爲一身之計，自求安便，則其上負陛下拔擢任使之恩，雖復萬死，猶有餘罪。故不自揆其疏賤，輒敢復具情實，冒昧奏聞。欲望聖慈哀憐遠方軍民遭此旱虐，凛然日有溝壑之憂，特降睿旨，許留淳熙六年殘零未起米綱及七年合起米綱，並充本軍軍糧及賑糴賑給支用，其賑糴米錢候將來收到，別隨綱運解發，庶幾一郡生靈若軍若民皆得以保其螻蟻之微命，共感天地造化無窮之恩。更乞憐臣所患心疾不堪思慮，又苦脚氣，不任步履，早賜罷免。仍催已差下人石𡼖不候般家接人，疾速前來之任，使臣得舆病還家，待盡餘息，則臣之私計亦爲幸甚。謹録奏聞，伏候敕旨。

貼黄

照對本軍淳熙六年米綱，未起僅五千石，今年苗米且約減放七分，即所餘合納米不過一萬三千九百五十五石。若蒙聖旨盡行撥賜，亦不爲多；又況賑糶米錢將來續次發納，即其實支之數愈更不多。此在朝廷至爲微末，而可以救活一郡軍民之命，誠非細事。伏乞聖照。

奏推廣御筆指揮二事狀

具位臣朱熹伏覩本路安撫使司牒，備奉御筆指揮：「頗聞雨澤愆期，有妨農務，仰本路帥守勤恤民隱，決遣滯獄，嚴禁屠宰，精加祈禳。若未感格，即具奏聞，當議降香前去〔二〕，期於必應，俾雨澤霑足，寬朕憂軫。卿等各勉旃毋怠。」臣伏讀聖訓，有以仰見陛下畏天之誠、愛民之切，雖成湯桑林之禱，宣王雲漢之章，無以過此，甚盛德也。臣幸以愚賤，獲奉詔旨，謹以謄寫播告，質之幽明。仰憑威靈，屢獲感應，但其雨澤不至浹洽均匀，目今正是早禾吐穗結實之時，尚多闕水去處。又聞湖南、湖北、淮西等路例皆枯旱，將來不幸或至荒歉，即雖移民移粟之小惠，亦無所施。臣是以夙夜憂惕，不遑啓居。竊以愚見推廣聖訓，畫爲二策，具以奏聞。如有可採，乞賜施行，庶幾有以導迎和氣，銷去旱災，仰寬陛下宵旰之憂。惟是不量卑鄙，屢犯天威，無任震懼隕越之至。臣之所陳，謹具如後：

一、臣伏讀聖詔，有曰「勤恤民隱」，臣謹已遵禀施行訖。然臣竊聞陸贄有言：「民者，邦之本；財者，民之心。其心傷，則其本傷，其本傷，則支幹凋瘁而根柢蹶拔矣〔三〕。」推此言之，則今日所以勤恤民隱，莫若寬其税賦，弛其逋負，然後可以慰悦其心而感召和氣也。臣自去年到任之初，即以本軍星子縣税賦偏重，嘗具奏聞，乞賜蠲減；及續體訪到三縣夏料木炭錢科紐太重，亦嘗具申省部及提點司，其木炭錢近得提點司保明條奏，已蒙聖恩蠲減二千貫訖。獨星子減税一事，雖蒙聖恩施行，而户部行下漕司，漕司委官覈實，近日方得回申户部。此事若格以有司之法，必是多方沮難〔四〕，未容便得蠲減。所願聖慈深賜矜憐，直降睿旨，特依所乞，則此縣之民庶幾復得樂生安土，永爲王民，不勝幸甚。臣又竊見州縣積欠官物，已凖去年明堂赦書，自淳熙三年以前並行除放。而近者上司行下，依舊催督，至如本軍雖小，而所催除虚額逃閣外，凡一十三項，計三萬四千七百三十三貫石匹兩。其他大郡，抑又可知。其間所欠雖復名色多端，然而皆是赦恩已放之物，今日再行催理，不唯仰虧帝王大信，而其爲害有不可勝言者。蓋若勒令州縣填補〔五〕，則州縣無所從出，必至額外巧作名色，取之於民。若但責之欠人，則其間多已貧乏狼狽，雖使賣妻鬻子，不足填納，而監繫在官，無復解脱之期。均之二者皆不足以足用豐財，而適足以傷和致沴，爲害不輕。

臣愚欲望聖慈特推曠蕩之恩，自淳熙三年以前，但干欠負官物，不問是何名色，凡赦恩已放若已放而未盡者，一切蠲除。如有違詔，輒行催理，仰被受官司繳連具奏，委自三省看詳，將施行官司重作行遣。其被苦人户亦許逕赴登聞鼓院進狀陳理，依此施行。庶幾聖恩下達，民情上通，可以感格和平，銷去災沴。惟聖明留意，則天下幸甚。

一、臣伏讀聖詔，有曰「決遣滯獄」，臣謹已遵稟施行訖。然臣竊聞之，易曰：「君子明謹用刑而不留獄。」此聖人觀象立教，萬世不易之法也。今州縣之獄，勘結圓備，情法相當者，並皆即隨時決遣。惟其刑名疑慮、情理可閔者，法當具案聞奏，下之刑寺，審閱輕重，取自聖裁，而州縣不敢以意決也。此深得古人明謹用刑之意矣。然奏案一上，動涉年歲。且如本軍昨於淳熙四年十一月内申樞密院，乞奏劫賊倪敏忠罪案，其罪狀明白，初無可疑，而凡經二年有半，至今年三月内，方準勑斷行下。其他似此，亦且非一。竊計他州繁劇去處此類尤多，若使皆是行劫殺人之賊，偶有疑慮，使之久幽囹圄，亦何足恤；其間蓋有法重情輕之人，本爲有足憫憐，冀得蒙被恩貸，而反淹延禁繫，不得早遂解釋，則恐非聖人所謂不留獄之意也。臣愚欲望聖慈，特詔大臣一員，專督理官，嚴立程限，令將諸州奏案依先後資次排日結絶。其合貸命從輕之人，須當日便與行下。其情理深重，不該減降者，即更寬與一限，責令審覈，然後行下。庶幾輕者早得決遣釋放，重者不至倉卒枉濫。是亦導和弭災之一術，惟聖明留意，則天下幸甚。

右謹件如前，謹録奏聞，伏候勑旨。

奏借兑上供官錢糴米并乞權行倚閣夏税錢帛狀

臣昨爲本軍今年災傷至重，奏乞截留兩年上供米斛，内循狂妄，伏俟誅夷，不謂聖恩即垂開允，臣與合郡千里軍民鼓舞相慶，仰戴天地父母再生之恩，雖復捐軀隕首，誠不足以仰報萬分之一。今來檢放旱傷秋苗，通計不止七分，除已一面攢具奏聞外，復有危迫之懇，須至冒昧以聞。竊見本軍今年所理夏税，緣自省限起催以來，即苦旱乾，人户車水救田，日不暇給，憂勞愁歎，實與常歲不同，遂不敢嚴責諸縣依限催理，只令勸諭人户自行輸納。至今截日，方據納到絹九千四百匹、錢一萬六千七百三十五貫二百五十九文省。其絹一面支裝起發，所有見錢竊緣本軍别無儲積可備賑糶，不免擅行兑借，并未起淳熙六年折帛錢七千三百一十九貫二百九十六文省。通前兩項，共錢二萬四千五十二貫五百五十五文省。趁此米價未起之間，收糴米斛，約計可得一萬一千五百七十石，賑糶飢民，却俟糶畢收簇元錢，節次起發。其餘人户所欠錢絹數目尚多，而民間自今以往飢餓寒凍之憂日甚一日，漸次無力可以供輸，臣誠不忍更行催督，以速其流離轉死之禍。敢冒萬死，復以上聞。欲望聖慈更賜哀憐，許將本軍今年人户未納夏税錢帛權行倚閣，令候來年蠶麥成熟，却隨新税帶納，庶幾飢餓餘民得保生業，不勝萬幸。所有臣輒將上供官錢借兑糴米之罪，敢不俯伏，恭俟朝典。伏乞聖慈，併賜施行，臣無任瞻天望聖、皇懼懇切之至。

乞撥賜檢放外合納苗米充軍糧狀〔六〕

準尚書省劄子，宣教郎、權發遣南康軍朱熹奏：「爲今歲旱傷，除接濟飢民一事，常平司已行措置，惟有軍糧歲用二萬七千五百一十三石，並無窠名支撥。乞將淳熙六年未起米五千石并今年苗米檢放外餘數，乞盡行撥賜，充軍糧及賑糶賑給支用。」奉聖旨，令本路提舉常平司將所部州軍應管常平義倉錢米通融，寬數支撥外，更許本軍將淳熙六年未起米並皆盡數存留充軍糧及賑糶等支用。內糴到價錢另項樁管〔七〕，非奉朝廷指揮，不得擅行支使。其淳熙七年分米〔八〕，候見得實旱傷分數，别行申取朝廷指揮。本軍除已遵稟施行外，今據星子、都昌、建昌縣申到，檢放通計八分四毫四絲。所有今秋苗米管催四萬六千五百餘石，除放八分四毫四絲，計米三萬七千四百餘石外，合納米九千九十餘石。竊緣本軍一年支遣米計二萬七千五百一十三石，政使盡蒙撥賜上項米斛，其於歲計尚闕支遣，若於數內更令發起，即其狼狽又將有不可勝言者。欲望聖慈矜憐孤遠，特許盡數支撥上件放外苗米，與充軍糧，則一郡軍民不勝幸甚。伏候勑旨。

奏勸諭到賑濟人户狀

照對本軍今歲旱傷，細民闕食，已行下管屬星子、都昌、建昌縣，勸諭到上户張世亨等承認米穀，賑糶接濟民間食用。已行下逐縣，告示上户，依所認數目樁管在家，伺候差官審實監糶。去後續準行在尚書户部符：九月十九日辰時，準淳熙七年九月十三日勑中書門下省檢會：昨準乾道七年八月一日勑節文，訪聞湖南、江西間有旱傷州軍，竊慮米價踴貴，細民艱食，理合委州縣守令勸諭有米斛富室上户，如有賑濟飢民之人，許從州縣審究詣實〔九〕，保明申朝廷，依今來立定格目給降付身，補授名目。内無官人，一千五百石補進義校尉，願補不理選限將仕郎聽。二千石補進武校尉，如係進士，與免文解一次。不係進士，候到部與免短使一次。四千石補承信郎，如係進士，與補上州文學。五千石補承節郎。如係進士，補迪功郎。符本軍疾速施行。本軍遂恭稟行下星子、都昌、建昌縣，勸諭承認賑糶米穀之人，如願將來賑濟，依今來所降指揮格法推賞。去後今據都昌、建昌縣狀申，勸諭到元認賑糶米穀税户張世亨、張邦獻、劉師輿、黄澄四名，各情願依格法將米穀賑濟飢民，乞依今降指揮保奏推賞。本軍已行下逐縣，告示張世亨等依數樁管米斛，伺候本軍給曆付飢民，及差官前去監轄賑濟，飢民請領食用。候見的實賑過米數，別行保奏推賞外，須至奏聞者。

繳納南康軍任滿合奏稟事件狀

臣熹昨於淳熙五年準勑差前件差遣，續奉聖旨，令臣任滿前來奏事。臣已於次年三月到任，至今年三月，已係成資。方欲等候替人前來交割職事，即依元降指揮前去奏事。忽於三月二十五日準尚書省劄子，奉聖旨，除臣提舉江南西路常平茶鹽公事。自顧疏頑，已試無狀，薦蒙任使，恩重命輕，未敢遽有辭避，已於當日望闕謝恩祗受訖。緣爲替人未到，準法未得離任。其元降奏事指揮，又緣已有前件恩命，兼臣見患心氣，精神不全，思慮應對動有差錯，不敢前詣國門，聽候進止外，伏念臣愚賤疏遠，在任二年，凡所奏陳，多蒙開納。甫及終更，曾無績効，又蒙聖恩，有此陞擢。臣雖至愚，然早服父師之訓，其於君臣大義與夫古今治亂得失之故，粗亦識其梗概，豈不願得一望天日之光，少罄平日愚忠之萬一？顧以衰頹，不獲自盡，退就田畝，死有遺憾。惟是今任職事尚有合具奏稟事件，不免具事狀條畫以聞，而總其目如左，須至奏聞者。

一、臣熹狀奏爲本軍星子縣税錢太重，欲乞直降睿旨，特賜蠲減事。

一、臣熹狀繳連本軍狀奏爲勸諭到税户張世亨、張邦獻、劉師輿、黄澄，共承認米一萬九千石，賑濟飢民，給賜了畢。欲乞不候諸司保明，早依元降賞格推恩事。

一、臣熹狀奏爲乞降指揮，淳熙七年被災之郡不得催理積欠，及將倚閣夏税特與蠲放，其上三等户零欠夏税亦與多作料次，逐年帶納事。

一、臣熹奏爲乞賜白鹿洞書院勑額，及乞頒降光堯壽聖憲天體道性仁誠德經武緯文太上皇帝御書石經及國子監九經注疏等事。

右謹具如前，欲望聖慈特降睿旨，逐一施行，不勝幸甚。臣瞻望闕庭，無任慕戀祈懇之至。謹録奏聞，伏候勑旨。

一〔一〇〕

右臣誤蒙聖恩，俟罪偏壘，自度庸愚，無以補報。到任以來，夙夜憂勞，惟思所以上布聖恩，下求民瘼，仰副使令之萬一者。竊見本軍諸縣大抵荒涼，田野榛蕪，人煙稀少，而星子一縣爲尤甚。因竊究其所以，乃知日前兵亂流移，民方復業，而官吏節次增起税額，及和買折帛數目浩瀚，人户盡力供輸，有所不給，則復轉徙流亡，無復顧戀鄉井之意。其幸存者，亦皆苟且偷安，不爲子孫長久之慮。一旦小有水旱，則復顧而之他。觀其氣象，如腐草浮苴，無有根蒂，愁歎亡聊，深可憐憫。是以到任之初，曾以此縣税錢利害條具聞奏，乞賜蠲減。伏蒙聖恩，即日降出，而户部下之本路漕司，漕司委官究實，復以申部，取旨施行。百里疲羸，日夕仰望聖澤之下流，不啻飢渴，而户部乃以往者議臣之請，復下漕司，責以對補。吏民相顧，悼心失圖，臣愚惶惑。亦不知所以爲計者，是以默息久之，不敢復有奏陳。今既終更不遠，郡境又遭去年之旱，其憔悴無憀之態，又有甚於前所陳者。是以不敢愛死，復嬰鈇鉞而一言之。夫以民之貧病至於如此，州郡誠有餘財，自當措置兑那，以紓其力，豈復敢以此等瑣末上勞天聽〔一一〕？正爲公私匱乏，不能相救，是以冒昧有此陳請。今乃限以對補之説，使遠民之疾苦不得以上聞，而陛下之德澤不得以下究，此殆議者過計之憂。臣雖至愚，有以知其決非仁聖之本心也。欲望聖慈特降睿旨，將淳熙六年十月十九日對補指揮更不施行，仍詔有司檢會臣熹前奏本軍星子縣税錢事〔一二〕，直賜蠲放。蓋其所捐除不礙上供數外，不過紬絹一千五十餘匹，錢一千九百餘貫。此於大農之經費不足以當九牛之一毛，而可以少寬百里之民，使得安其生業。臣不任祈天瀝懇、惶恐俟命之至。謹録奏聞，伏候勑旨。

二

貼黄

奏爲本軍勸諭都昌、建昌縣税户張世亨、劉師輿、進士張邦獻、待補太學生黄澄賑濟飢民米斛〔一三〕。

照會本軍去歲旱傷至重，細民闕食，雖有樁管及撥到常平米斛，數目不多，深恐不能周給，遂行勸諭到管屬上户承認米數，賑糶接濟民間食用。續於去年十月十一日準行在尚書户部九月十六日辰時準淳熙七年九月十三日敕中書門下省檢準乾道七年八月一日敕節文〔一四〕，訪聞湖南、江西間有旱傷州軍，竊慮米價踴貴，細民艱食，理合委州縣守令勸諭有米斛富室上户，如有賑濟飢民之人，許從州縣審究詣實〔一五〕，保明申朝廷，依今來立定格目給降付身〔一六〕，補授名目。内無官人，一千五百石補進義校尉，願補不理選限將仕郎聽。二千石補進武校尉，如係進士，與免文解一次。不係進士，候到部與免短使一次。四千石補承信郎，如係進士，與補上州文學。五千石補承節郎。如係進士，與補迪功郎。符本軍疾速施行。本軍恭禀行下管屬，再行勸諭承認賑糶米數之人，如願將來賑濟〔一七〕，切待審究，保明申朝廷，依今來所降指揮格法推賞。去後據都昌、建昌縣申，數内勸諭到元認糶米税户張世亨、劉師興、進士張邦獻、黄澄四名，各情願承認米，依格法賑濟。內建昌縣稅户張世亨五千石，乞補承節郎。進士張邦獻五千石，乞補迪功郎。稅户劉師興四千石，乞補承信郎。并都昌縣待補太學生黄澄五千石，乞補迪功郎。各乞依今降指揮保奏施行。本軍遂行下，告示張世亨等依數椿米，伺候給曆付飢民，差官監轄賑濟。已於去年十二月二十八日先具奏聞，及申本路諸監司照會去訖。

續據管屬星子、都昌、建昌三縣，共抄劄闕食飢民二萬九千五百七十八户，數內大人一十二萬七千六百七口，小兒九萬二百七十六口。本軍各印給曆頭牌面，置簿曆發送逐縣當職官給散付人户。預於縣市及諸鄉均定去處，共置三十五場，分差見任、寄居、指使、添差、監押酒稅務、監廟大小使臣共三十五員監轄賑糶賑濟，及委縣官分場巡察，嚴戢減尅乞覓之弊。自淳熙八年正月初一日爲始，令抄劄到闕食人户赴場賑糶。其鰥寡孤獨之人，即以常平米斛依法賑濟。至正月内，又緣雪寒，行下屬縣，將元係賑糶飢民用上件張世亨、黄澄等米及常平義倉米一例賑濟兩日。至三月内，又慮飢民艱得錢收糴米斛，再自十一日爲頭，行下諸縣，將已給曆賑糶飢民一例普行賑濟一十三日，通作半月。及照得都昌縣止有黄澄一名承認賑濟米五千石，湊所管義倉米會計賑濟不周，本軍遂於建昌縣張世亨等賑濟米内撥米四千石，本軍措置官錢，和雇脚夫、舟船，裝載發送都昌縣交管，分於置場去處，責令監轄賑濟。至閏三月十五日終，節次據都昌縣、建昌縣申到張世亨、張邦獻、劉師輿、黄澄賑濟過米撮算共計一萬九千石。星子縣元無勸諭到上户賑濟米斛，即以常平義倉米斛依例普行賑濟外，本軍節次行下都昌、建昌知縣，逐旋審究的實賑濟過張世亨、黄澄等米數，保明申軍。去後據迪功郎、監城下酒稅、權都昌縣事孫僑，通直郎、知建昌縣事林叔坦狀保明到張世亨、張邦獻、劉師輿、黄澄賑濟過米一萬九千石，委是節次賑濟飢民食用之數，即無冒濫。本軍一面差委從政郎、本軍司法參軍陳祖永前去都昌、建昌縣覈實到張世亨、張邦獻、劉師輿、黄澄賑濟米一萬九千石委是賑濟過的實之數，本軍再行稽考，别無冒濫，保明是實。

本軍勘會得張世亨、劉師輿各係稅户，張邦獻係應舉習詩賦終場士人，并黄澄係於淳熙四年秋試應舉習詩賦取中待補太學生第十五名是實。其張世亨、張邦獻、劉師輿、黄澄賑濟過米數各應得近降指揮賞格，數内稅户張世亨賑濟過米五千石，合補承節郎。稅户劉師輿賑濟過米四千石，合補承信郎。進士張邦獻賑濟過米五千石，合補迪功郎。待補太學生黄澄賑濟過米五千石，合補迪功郎。除已具申本路安撫司、轉運司、提舉司、提刑司照會，依條保奏推賞外，欲望聖慈下所屬給降合得付身發下，以憑給付張世亨、張邦獻、劉師輿、黄澄祇受，須至奏聞者。

貼黄

臣契勘本軍管下去秋種麥甚廣，春初亦極茂盛，續次訪聞近緣雨水頗多，大段傷損，民間養蠶，亦緣雨濕桑柘，不至十分成熟。伏乞聖照。

貼黄

臣契勘除上項張世亨等四家米數已行支散了畢外，續次訪聞都昌縣下尚有漏落人户，未曾賑濟。除已帖本縣知佐審實，用義倉米支散去訖。伏乞聖照。

奏爲乞特詔有司，不候諸司保明將本軍所奏黄澄等賑濟早賜依格推賞奏聞事。

右臣昨奉淳熙七年九月十三日聖旨，勸諭到本軍人户黄澄等，出備米一萬九千石賑濟飢民，已曾累具畫一奏聞去訖。近緣春初風雪寒凍，及三月以來農功將起，已帖諸縣將上件米普行賑濟管内飢民兩次，通計二萬九千五百七十八户。數内大人一十二萬七千六百七口，小兒九萬二百七十六口。大人一斗五升，小兒七升五合，足爲半月之糧，今已了畢。千里之民既免於飢餓流離殍死之憂，無不歡呼鼓舞，感戴聖恩。臣亦多方體察詢究，委無欺隱漏落、誑妄不實之弊，已因近降指揮具事狀申本路監司〔一八〕，乞行保奏外，竊緣當來勸諭並是臣親書榜帖，分遣官屬再三往復，示以朝廷命令官賞之信，其人乃肯欣然聽命。今臣秩滿，非久解罷，若不力爲奏陳，早乞推賞，萬一他日有司視同常事，巧爲沮却，則不惟使臣得罪於民，亦恐朝廷異時命令無以取信於下。本軍不免别具狀奏，欲望聖慈，特詔有司，不候諸司保明，將本軍所奏黄澄、張世亨、張邦獻、劉師輿早賜處分，依格推賞。庶幾民間早獲爲善之利，日後或有災傷，富民易以勸率，貧民不至狼狽，實爲永久之利，臣不勝大願。其本軍奏狀繳連在前，謹録奏聞，伏候勑旨。

三

右臣輒有愚見，上瀆聖聰。臣竊見本軍去年大旱，田畝不收，幸蒙聖恩，减放秋苗，倚閣夏税，而又申詔有司發廩勸分，前後丁寧，勤勤懇懇，凡所以加惠於無告之窮民者至深至厚，以故今歲開春以來，及今已是七十餘日，而閭里細民幸不至於大段闕食。又幸目今雨澤以時，原野漸潤，竊料不過四五十日，則二麥可收。又四五十日，則早稻相繼，决不至於復有流離捐瘠之禍，以勤陛下宵旰之憂矣。然臣竊以爲救荒之政，蠲除賑貸固當汲汲於其始，而撫存休養尤在謹之於其終。譬如傷寒大病之人，方其病時，湯劑砭灸固不可以少緩；而其既愈之後，飲食起居之間，所以將護節宣小失其宜，則勞復之證百死一生，尤不可以不深畏也。今者飢餓之民雖得蒙被聖恩，以幸免於死亡，然亦類皆鳥形鵠面，薾然無異於大病之新起。若有司加意撫綏，寬其財力，則一二年間，筋骸氣血庶幾可復其舊；若遂以爲既愈而不復致其調攝之功，但見其尚能耕墾田疇，撑拄門户，而遽欲責以累年之逋負，與夫去歲倚閣之官物，則是人者其必無全理矣。竊聞乾道七年之旱，夏税秋苗亦皆嘗蒙聖恩矣，而流殍甚衆，迄今不復者，正以次年帶納前料税物者迫之也。然考其實，所謂帶納者，初未嘗大段有人納到，以佐有司用度之闕，而姦胥猾吏得以並緣搔擾，則其害有不可勝言者。其後淳熙元年九月四日，乃以荐饑，始蒙蠲放，則三年之間，所失已多而無及於事矣。今舊逋未除，新税將起，斯人懔懔，已有狼顧之憂。臣愚欲望陛下赦臣之罪，察臣之言，亟詔有司，凡去年被災之郡，盡今年毋得催理積年舊欠，及將去年倚閣夏税悉與蠲放。其上二等人户〔一九〕，當此凶年，細民所從仰食，其間亦有出粟減價賑糶而不及賞格者。欲望聖慈普加恩施，許將去年殘欠夏税多作料數，逐年帶納，則覆載之間，幅員之内，當此災旱之餘，無有一夫一婦不被堯舜之澤矣。臣愚賤疏遠，不當妄有陳奏，實以誤膺委寄，職在牧民，竊於詔令之間有以仰窺陛下子愛黎元之心有加無已，大懼無以仰稱萬分，是以不敢不盡其愚。冒瀆天威，臣無任恐懼顛越之至。謹録奏聞，伏候敕旨。

四〔二〇〕

右臣竊嘗伏讀國朝會要，恭覩太宗皇帝嘗因江州守臣周述之奏，詔以國子監九經賜廬山白鹿洞書院，既又以其洞主明起爲蔡州褒信縣主簿，以旌儒學，每恨無由一至其處仰觀遺迹。及蒙聖恩假守兹土，到任之初，考按圖經，詢究境内民間利病，乃知書院正在本軍星子縣界〔二一一〕，而陳舜俞廬山記又載真宗皇帝咸平五年嘗勑有司重加修繕。間因行視陂塘，始得經由其地，見其山川環合，草木秀潤，真閒燕講學之區，而荒凉廢壞，無復棟宇。因竊惟念太宗皇帝、真宗皇帝所以幸教多士、垂裕萬世之意其盛如彼，而下吏淺聞，弗克原念以稱萬分之罪其大如此，駭懼震慴，不皇啓居。既又按考此山老、佛之祠蓋以百數，兵亂之餘，次第興葺，鮮不復其舊者，獨此儒館莽爲荆榛。雖本軍已有軍學，足以養士，然此洞之興，遠自前代，累聖相傳，眷顧光寵，德意深遠，理不可廢。況境内觀寺鐘鼓相聞，殄棄彝倫，談説空幻，未有厭其多者，而先王禮義之官，所以化民成俗之本者，乃反寂寥希闊，合軍與縣僅有三所而已。然則復修此洞，蓋未足爲煩。於是始議即其故基度爲小屋二十餘間，教養生徒一二十人，節縮經營，今已了畢。但其勑額、官書皆已燒毁散失，無復存者，不敢擅行標榜收置，輒昧萬死，具奏以聞〔二一二〕。欲望聖明俯賜鑒察〔二一三〕，追述太宗皇帝、真宗皇帝聖神遺意，特降敕命，仍舊以白鹿洞書院爲額，仍詔國子監仰摹光堯壽聖憲天體道性仁誠德經武緯文太上皇帝御書石經〔二一四〕，及印版本九經疏、論語、孟子等書〔二一五〕，給賜本洞，奉守看讀。於以褒廣前烈、光闡儒風，非獨愚臣學子之幸，實天下萬世之幸。謹録奏聞，伏候勑旨。

貼黄

臣頃年親見潭州嶽麓書院尚存舊碑，大書「勑賜嶽麓書院」六字，伏乞睿照。

阿馬奏案内小貼子

臣熹等契勘阿馬既與外人通情，密謀殺夫，自是不容旁有知證，本不敢具案奏聞。今準提刑司牒，須至具奏。謹按本人所犯隳絶三綱，情狀慘酷，聞之猶可酸鼻。竊慮有司因循常格，擬從減等之坐，有害風教，事體不輕。欲望聖明洞察，特依常法，以警昏愚，以正邦法。臣等不任大願。

奏紹興府都監賈祐之不抄劄飢民狀

照對紹興府諸縣今歲災傷，飢民流移闕食甚衆，恭禀聖訓，寅夕究心奉行。緣本府山陰、會稽縣人户不住遮道告訴抄劄不盡、漏落不實，臣即已措置，專設一局，見今呼集耆保鄉司〔二六〕，專委本府當職官敦請鄉官，重行隔别審實。其在城五廂闕食細民及流移到府之人，本府雖委逐廂官沿門抄劄，訪聞多是止憑廂典，合干人多有不實不盡，亦行前來陳訴。

臣又已送下厢官審實抄劄，所有他處流移到府，臣亦已行下本府，與縣令佐約束停房店舍，不得多收賃資，并津渡邀滯，仍遍行收拾病患飢困及遺棄小兒，就寬闊寺院安著，支撥常平官錢，收買柴薪藁薦，給衣襖之類，修合藥餌醫治，煮造三兩等稀稠粥，次第救助，仍委請慈悲僧道主管看養，所行非不告戒。臣今月十九日據馬林等投狀，稱是嵊縣人事〔二七〕，移在本府第一厢居住，闕食飢餓。内有馬百四一名，扶到臣治所，已是飢餓日久，十分羸困，纔到不久，即便倒死。臣即令醫人用藥灌救，移時方得甦醒。遂行呼到本厢官武翼郎、紹興府兵馬都監賈祐之，取問元不抄劄供報因依，本官應對不行，及先來承受本府牒，委及承臣送下陳狀，並無抄劄事因報應。本官委是不職，難以存留在任。臣除已先將賈祐之牒紹興府對移本府指使差遣外，欲望聖慈，特降睿旨，重賜黜責，以爲官吏奉行賑濟不虔之戒。

乞借撥官會給降度牒及推賞獻助人狀

臣昨被臨遣，備使浙東，又蒙聖慈賜以錢會三十萬貫，以給一路賑糶賑濟。自謂遭值聖恩隆厚，至於如此，其勢必可以救活此道之人。伏自入境以來，日據紹興府會稽、山陰兩縣人户投訴抄劄漏落，遂將諸縣悉行根括，先據兩縣申到比舊計增二十五萬六千一百九十二口，其餘諸縣尚未申到，計其縣分地里之大小，户口決當數倍於此。蓋緣當來諸縣抄劄不甚子細，而又涉日既久，向之粗能自給者今皆闕食，所以飢民之數日有增加。因以此數考按本府昨來均定所得錢米撥下諸縣之數，其爲欠闕數目尚多，遂將昨來所蒙給降會子等錢，除五萬貫諸州申到已無見在，更留五萬準備諸州取撥外，即計逐縣大小及已得錢米多寡，等第均給。計已支費十八萬餘貫，而會稽、山陰兩縣自占九萬餘貫，其餘準擬諸縣申到再劄人數別行均給者，共不過一萬餘貫，計可得米三四千石而已。事勢危迫，不免逐急於鹽司錢内借撥九萬餘貫，牒紹興府措置運糴，然亦僅可得米二萬餘石而已。以兩縣再劄所添計之，則此二萬二三千石之米，其勢豈足以均及諸縣之人？然而兩縣所得，一家不過日得一二升，一口不過日得一二合而已。此皆僅足以苟延喘息，而不足以救其死命。竊料更加旬月，未論不得食者必致殍死，而此得食之人亦有羸困不能以自存者矣。又況當來計料糴濟止到三月十五日便行住罷，已不能給，而麥熟猶在四月。麥之熟否姑置未論，止計住罷至麥熟〔二八〕，猶有半月餘日，無以接濟。

夫以紹興一郡之飢，自臣未到，已蒙撥賜米十四萬石、錢九萬貫。至臣有請，又蒙聖恩如此其厚，而臣智術淺短，不能變通，其所施爲，止於如此。竊恐考之於今，則徒有賑救之名而無賑救之實；要之於後，則既已養之數月之久，而不免棄之旬日之間。徒費陛下軍國之儲數十大萬，而不足以稱陛下救民水火之心，固臣之無狀，死不償責。至於減米增賞，雖已得旨通行，而去年獻助之人至今未蒙推賞。度牒换米，雖已得旨給降，而米數太多，度牒一道計當錢千五百緡，以此至今皆未聞有應募者。則此竊恐陛下憂勞惻怛、博施濟衆廣大無窮之心，或格於有司拘攣纖嗇之議而不得以下究也。臣已與帥臣王希吕同狀奏聞，欲望聖慈，更賜憐憫，再行借撥會子三十萬貫，及今糴米五六萬石，通融接續，措畫糶濟，而復於此詳具其所以然者以聞。其去年本路所奏合推賞人，則乞特詔有司直與推賞，給降告命，付之本州，令守臣唤上當廳祗受，不須更令官司保明，徒爲文具。其度牒亦乞裁減半價，只作百五十石，仍再給降三百本，付紹興府，令臣與王希吕同共掌管。文到米斛，即與書填，則人必樂從，應募者衆。凡此三者，儻蒙施行，庶幾此郡飢民逐家一日各添得米一二升，逐口一日各添得米二三合，而逐縣續有劄到漏落户口及流移歸業之人，亦得以漸次收拾，不至飢死。既有以卒究陛下憂勞惻怛、博施濟衆廣大無窮之心，而草野愚臣亦得以憑藉威靈，不負飢民之命，千萬幸甚！如其不然，則臣計已窮，終必仰孤任使。伏自到任以來，朝夕憂懼，精神耗竭，四肢緩弱，時復麻痹，竊恐一旦溘然，無以見百萬餧鬼於地下。欲望聖慈，赦其罪戾，許臣罷免，使得脱此寃債，歸骨故山，亦千萬幸甚。披心瀝血，干冒宸嚴，臣無任恐懼戰栗之至。

奏救荒事宜狀

臣蒙恩將命浙東，奉行救恤，到官日夕考究，求所以上副焦勞之意。竊見浙東諸州例皆荒歉，台、明號爲最熟，亦不能無少損。而紹興府之飢荒，昔所未有。臣以目所覩，回思去歲南康之歉，猶謂之樂歲可也。賑救既在所急，事體宜先奏聞。

今紹興八邑，餘姚、上虞號爲稍熟，然亦不及半收。新昌、山陰、會稽所損皆七八分，嵊縣旱及九分，蕭山、諸暨水旱相仍，幾全無收。今除餘姚、上虞稍似可緩外，且論蕭山等六縣，約其所收，不過十一。先次朝廷撥米一十四萬七千石、錢九萬貫，并本司前官申朝廷，於衢、婺州通融，撥到義倉錢三萬八千七十五貫一百文，明州義倉米五千石，數目非不多。州郡日夕惟賑濟是務，官吏稍解事者，皆奔走不暇，雖寄居士大夫，亦不敢寧處，不可謂不留意。然終未有能救飢莩之實，民情嗷嗷，日甚一日，不獨下户乏食，而士子宦族、第三等人户有自陳願預乞丐之列者。驗其形骸，誠非得已。兼自秋來，賣田拆屋，斫伐桑柘，鬻妻子、貨耕牛，無所不至，不較價之甚賤，而以得售爲幸。典質則庫户無錢，舉貸則上户無力，藝業者技無所用，營運者貨無所售，魚鰕螺蚌久已竭澤，野菜草根取掘又盡，百萬生齒飢困支離，朝不謀夕。其尤甚者，衣不蓋形，面無人色，扶老攜幼，號呼宛轉，所在成羣，見之使人酸辛怵惕，不忍正視。其死亡者蓋亦不少。臣深究其所以然，正緣紹興地狹人稠，所産不足充用，稔歲亦資鄰郡，非若浙西米斛之多。又以和買偏重，無巨富之家，連遭水旱，兼失蠶麥，些小積穀，春首勸糶，無有存者。上户先已匱乏，是以細民無所仰給，狼狽急迫，至於如此。大抵荒歉自五分以下猶可措置，蓋以五分之粟給十分之人，稍行勸分，便可苟活。今以空虚之郡而荒及九分，則一分之粟既不能給十倍之人，而户口甚多，所闕浩瀚，亦有非移民移粟所能補助者。臣所目見心思，兼詢訪士夫父老者既如此，復約墾田收租之數以證之。除餘姚、上虞外，今將田畝計其歲入，六縣爲田度二百萬畝，每畝出米二石，計歲收四百餘萬。又將今再抄劄山陰、會稽兩縣口數以約六縣之數，則山陰、會稽丁口半於諸暨、嵊縣，而比新昌、蕭山相去不遠，絶長補短，兩縣當六縣四分之一。今抄劄山陰、會稽四等、五等貧乏之户計三十四萬口，四等之稍自給及上三等者不預焉，則統計六縣之貧民，約須一百三十萬口，併上户當不下百四十萬。計稔歲所斂四百萬石米，除上供及州用外，養百四十萬之生齒，日計猶不能及二升之數，則所謂樂歲無餘者，既信而有證矣。又約六縣所蠲放分數以計，今歲民間所收不過十分之一，則所不收之米約計三百六十萬石，而所收止四十萬石。闕乏數目如此浩瀚，則所謂補助無策者，又信而有證矣。

今將紹興府先所得錢一十二萬八千七十五貫一百文，并臣所得三十萬貫，除五萬貫諸州申到已無見在，又措留五萬貫均給諸州外，不過共折米八萬二千餘石，并前項米一十四萬石，總而計之，不及其田租所闕十分之一。今來措置，除蕭山僅能口給半月外，其餘五縣以户計之，日之所得，固已不過一二升，若以口計之，則日之所得又不過一二合。是僅足以使之皆知聖主憂勞憫恤，不忍坐視之意而已。若謂如此而便足以救其必死之命，則固難指準。然遂欲以百三十萬之貧民盡仰官司，口以升計，麥秋之前九十餘日，當爲粟百萬石，則亦非朝廷今日事力之所及也。然臣竊謂有司之力誠有限量，而聖主天地父母覆載生育之心則無終窮。以有限之力言之，則救護之切、撥賜之多，誠若不可以有加於今日；然以陛下無窮之心論之，則豈不欲使此邦更得數十萬石之粟，以必救數十萬人之命？其忍直以無可奈何處之，而熟視其飢餓顛仆於前乎？故臣輒敢歷叙其所見聞考驗之實本末如此，而別具施行事目以干聖聽，惟陛下哀憐財幸。意迫情切，言無倫次，臣無任皇恐俟罪之至。

奏紹興府指使密克勤偷盜官米狀

照對紹興府諸縣去歲旱傷，飢困及流移之民見今闕食，昨蒙聖恩，撥下米斛賑濟，紹興府遂差指使、保義郎密克勤往平江府請取米一萬三千石，分下上虞、新昌、嵊縣交卸賑濟。今月初七日，臣巡歷到嵊縣點檢，據嵊縣主簿、迪功郎葉梓申，承本縣差往三界鎮交量密克勤請到賑濟米一萬石，依應躬親將本府通判、承議郎吴津較量斛斗交量，每斛比少米一升五合，又令親隨斗子葉吉等徑自用斛行概，意在虧減升合。兼其米盡用糠泥拌和，却乃倚恃本府指使，對衆抑捺，意欲庇護船稍合干人作弊，緣此未敢交量，乞施行。及據本縣土豪黄彦等列狀陳訴，密克勤押到米，蒙告示前去般擔，並係濕惡，夾雜糠泥，及每斗不應本場斛斗，去後折欠負累不便。臣尋取到米樣看視，其米多係糠土拌和，遂唤到斗子康勝，對衆用斛量計，每石少欠九升，於内量出一斗篩簸，内有泥土碎米一升二合，并糠一升一合。通約所押一萬三千石内折欠、拌和之數，計米四千一百六十石。臣竊惟陛下聖慈天覆，矜憫飢民，給賜米斛，德意至爲深厚。然以臣所見，嵊縣一帶飢餓之民羸困瘦瘠，宛轉道路，呼號之聲不可忍聞。其不免於死亡者，已不勝計。其密克勤乃敢輒將官米如此偷盜作踐，使飢餓之民不得霑被實惠，情理重害，不可容恕。除已牒本府通判、承議郎吴津逐急用嵊縣斛斗交量，發下本縣賑濟，仍拘管密克勤，聽候施行，及牒紹興府送獄根勘，取見著實，依法施行外，欲望聖慈先將本人重作施行，仍令紹興府疾速根勘，監追所盜米斛送納入官，庶副賑濟。

奏巡歷合奏聞陳乞事件狀

臣自正月四日起離紹興府〔二九〕，迤邐巡歷，有合奏聞陳乞事件，今具下項。欲望聖慈檢會臣前兩狀所奏及今所陳事理，再賜官會三十萬貫，速行舊歲之賞，痛減度牒之價，庶幾儲備稍豐，官吏更敢放手救活飢民。其作捺湖埂，亦係一縣新年農事利害之大者。并乞特依所乞，早賜給降，不勝幸甚。

一、臣初六日到三界鎮，見有餓損人口頗多，其死亡者亦已不少。七日至嵊縣，八日至本縣清化孝節鄉，所見尤多，飢羸尤甚。據其稱說，皆自八九月來闕食至今，其死亡者不可勝數，道殣相望，深可憐憫。臣謹已再於昨蒙給賜錢内取撥五千貫付紹興府通判吴津，令收拾賑給嵊縣、新昌及三界鎮一帶病困之人，庶幾稍獲安存，未至一向死損。但恐錢少，不足支用，伏乞睿照，早賜接濟。

一、臣初九日入諸暨界，所有縣之東南一帶山鄉，所見病損人數絶少。問之鄉人，云是去年稍得收成去處。却見令佐鄉官稱説縣北湖鄉一帶，接連蕭山，病死人多，不減嵊縣。臣亦再撥給賜錢五千貫，付紹興府通判劉俣，令收拾諸暨、蕭山病困之人。及根刷到勸諭上户賑糶米未曾出糶之數尚有四千餘石，已牒通判劉俣及本縣催促赴場，增添人户。每户除單丁外，更與一口收糴。及有人户陳訴，乞借官錢，及早修捺湖埂。緣臣曾與帥臣王希吕連狀奏乞給降米斛，未蒙應副。今恐失時，浸損二麥，兼廢農工，已逐急於給賜錢内借撥三千貫應副。所有三項錢米雖已支撥，尚恐數少，未足支用。伏乞睿照，早賜拯濟〔三〇〕。

一、臣十三日入婺州界，以後事體續具奏聞。大抵婺州災傷，比之紹興府分數頗輕，州縣措置亦似稍有倫理，伏乞睿照。

奏上户朱熙績不伏賑糶狀

臣巡歷到婺州界，一路飢民頗少。本州見將元撥賜米及勸諭到上户米斛置場糶濟，逐日煮粥，以給城市鄉村艱食之人，亦已頗有倫緒。臣自入境以來，每過米場，必親臨視，閱其文曆，校其升斗，小有欺弊，即行懲戒。至十四日，到金華縣孝順鄉第十二都，地名十里牌，有朱二十一米場，本場即無人在彼糶米。據貧乏人户俞九等列狀哀訴，本鄉田産盡賣與豪户朱縣尉，去年荒旱，本縣給曆，令就本都朱二十一米場糴朱縣尉米養濟。且九等每日往來〔三一〕，並不曾般米到來，致一村人民飢餓。其朱縣尉爲見行司到來，却於沿路散榜，詐稱糶米施粥。及據金二等陳訴，朱縣尉雖在十四都糶米，即與朱二十一場隔遠二十餘里。本人令幹人許浩用使私升及濕潤粞碎糙米，及將人户官給曆頭擅自批鑿，每七升減作五升，五升減作四升，又有收下曆頭不肯付還，百端抑遏，無處告訴。又據人户周楊、朱子智等衆狀告訴，朱縣尉典買産業，累年白收花利，不肯批割物力，皆係出産之家抱空代爲送納。臣尋令人暫喚朱縣尉取問，本人倚恃豪强，不伏前來。遂委金華縣尉追發，據縣尉、迪功郎陸適申〔三一〕，依應追唤朱縣尉，係極等上户，居屋三百餘間，倚恃豪勢，藏隱在家，不伏前來。竊緣本人家僕叢衆，全無忌憚。臣又已行下本州追發，亦復不到。臣照得朱縣尉係修職郎朱熙績，元因進納補受官資，田畝物力雄於一郡，結託權貴，凌蔑州縣，豪横縱恣，靡所不爲。本縣昨爲第十二都無上户米斛可糶，就近分撥本人在第十二都朱二十一家置場糶米，其朱熙績輒敢欺凌縣道，不伏發米前去。洎至臣巡歷到彼，又乃詐出文榜，稱就十四都出糶，致得一場糴米人户無從得食。其在家所糶，又皆減尅升斗，虚批曆頭，姦弊非一；所稱散粥，亦是虚文，日以一二斗米，多用水漿，煮成粥飲，來就食者反爲所誤，狼狽而歸。凡其所爲，無非姦狡切害之事。及至官司呼唤，又敢公然抵拒，首尾三日，不肯前來。若使人皆如此，荒政何由可辦？欲望聖慈，特降睿旨，將朱熙績重賜黜責，以爲豪右姦猾不恤鄉鄰之戒。

奏巡歷婺衢救荒事件狀

臣昨按視紹興府嵊縣、諸暨縣，已具事目奏聞訖。續於正月十一日入婺州浦江縣界，歷義烏、金華、武義縣，由蘭溪縣界入衢州龍遊、西安、常山、開化、江山縣。今有合奏聞事，謹具下項：

一、婺州諸邑，蘭溪水旱相仍，被災最甚。金華次之，而境内馬海、白沙一帶爲尤甚。其他又次之，惟永康一縣爲稍輕。大概通計，比之紹興府諸邑事體殊不侔，然諸縣措置不無乖謬。以臣所見，武義坊郭已有飢民，而訪聞蘭溪、金華山谷之間，流殍已衆。幸今守臣錢佃頗能究心料理，專委通判一員往來檢察，請到鄉官五員，日夕商議，計當不至大段闕敗。臣尚恐其所有錢米不足支用，已於昨蒙聖恩所賜錢内取撥台州、處州義倉米錢五萬貫，應副本州糴米糶濟。伏乞睿照。

一、衢州常山、開化水旱最甚，江山次之，西安、龍遊又次之。通計其實，不減婺州。但緣當時州郡吝於檢放，常山、開化係災傷極重去處，而常山所放僅及一分六釐有奇，開化又止一釐一毫而已。故文案之間，但覺災傷輕可，而兩邑之民陰受其害不可勝言。聞得歲前死亡已多，今之所見，羸餓之民亦有甚於婺州諸邑者。西安雖輕於兩邑，而聞芝溪一源向來俞七、俞八作過去處，人民已極困悴，加之守倅皆已逼替，吏民解弛，無復條貫。臣竊憂之，已輒行下本州，所得朝廷許撥義倉米五萬石内，將一萬石專充賑濟，專委曹官兩員、鄉官三員分縣措置，收拾飢餓羸困之人，貌驗支給。伏乞睿照。

一、婺州諸邑有災傷稍重而巡歷未到處，回程當一一點檢，别具奏聞。伏乞睿照。

校勘記

〔一〕及侵支漕司科撥未盡米斛　「支」，浙本作「用」。
〔二〕當議降香前去　「去」，原作「來」，據浙本、天順本改。
〔三〕則支幹凋瘁而根柢蹶拔矣　「則」，原作「其」，據浙本改。
〔四〕必是多方沮難　「多方」，原作「方多」，據浙本乙。
〔五〕蓋若勒令州縣填補　「補」，浙本、天順本作「備」。
〔六〕乞撥賜檢放外合納苗米充軍糧狀　「外」字原缺，據浙本補。
〔七〕内糴到價錢另項樁管　「另」，原作「令」，據正訛改。
〔八〕其淳熙七年分米　「米」，原作「來」，據浙本改。
〔九〕許從州縣審究詣實　「詣」，原作「指」，據閩本、浙本及天順本改。
〔一〇〕按：此篇與本卷乞蠲減星子縣税錢第二狀文字略有異同。
〔一一〕豈復敢以此等瑣末上勞天聽　「復」，原作「便」，據浙本、天順本改。
〔一二〕仍詔有司檢會臣熹前奏本軍星子縣税錢事　「詔」，原作「照」，據浙本、天順本改。
〔一三〕待補太學生黄澄賑濟飢民米斛　「米」，原作「斗」，據浙本改。
〔一四〕九月十六日　「六」，本卷奏勸諭到賑濟人户狀作「九」。

〔一五〕許從州縣審究詣實　「詣」，原作「指」，據閩本、浙本及天順本改。
〔一六〕依今來立定格目給降付身　「目」，原作「且」，據浙本改。
〔一七〕如願將來賑濟　「來」，閩本、浙本作「米」。
〔一八〕已因近降指揮具事狀申本路監司　「因」，浙本作「依」。
〔一九〕其上二等人户　「二」，正訛據本篇前所列總目改作「三」。
〔二〇〕此節淳熙本單出，題曰乞白鹿洞書狀。
〔二一〕乃知書院正在本軍星子縣界　「書院」下，淳熙本有「故基」二字。
〔二二〕今已了畢至具奏以聞　淳熙本作「今略有緒。切惟兹事雖小，體實非輕，不敢寢默，輒昧萬死以聞」。
〔二三〕欲望聖明俯賜鑒察　「察」，淳熙本作「念」。
〔二四〕特降敕命至御書石經　淳熙本作「特賜敕額，仍詔國子監仰摹尊號太宗皇帝御書石經」。按：淳熙本「宗」字誤。「經武」，原作「繼武」，據浙本、天順本改。
〔二五〕及印版本九經疏論語孟子等書　淳熙本「印」下有「造」字，「經」下有「注」字。
〔二六〕見今呼集耆保鄉司　「今」，浙本作「令」。
〔二七〕稱是嵊縣人事　底本原有注，云：「人事」，疑當作「人氏」。
〔二八〕止計住罷至麥熟　「計」，原作「許」，據閩本改。

〔二九〕臣自正月四日起離紹興府 「離」，原作「奏」。據正訛引朱本改。
〔三〇〕早賜拯濟 「拯」，浙本作「接」。
〔三一〕且九等每日往來 「且」，正訛改作「俞」。
〔三二〕據縣尉迪功郎陸適申 「適」，原作「適」，據浙本、天順本改。

晦庵先生朱文公文集卷第十七

奏狀

奏衢州守臣李嶧不留意荒政狀

臣昨蒙賜對，輒論州縣檢放災傷不實之弊，伏蒙聖慈開納，即降睿旨，令臣詢訪不實最多去處，按劾施行。臣恭稟聖訓，伏自到任，即行詢訪。大抵本路被災諸郡檢放分數多不盡實，而衢州尤甚。蓋自去歲大水之後，知州事朝散郎李嶧專務掩蔽，不以實聞。及轉運司訪聞，差官驗問，既得其實，反爲李嶧執稱無水。而其親戚方在政路，曲爲主張，遂再下提刑司體究，欲以遂其姦詐。幸所差官不肯曲從，方欲具以實聞，又爲李嶧生事把持，至今未竟。及既遭旱，嶧又妄申諸司，稱民不闕食，未至流移。後來甚不得已，然後差官檢視。

所差之官受其風旨，早田之旱例不爲檢，晚田又不盡實。如常山一縣，被災最甚。通計無慮七八分，而嶧乃只作一分六釐減放，至開化縣，被災不減常山，而其所放則又僅及一釐一毫而已。臣今行視兩縣之境，水痕尚存，高岸民居皆至半壁，山谷之人採取蕨根以充飢腸，羸瘦萎黄，非復人貌，歲前雨寒，死亡已多，而李嶧恬然略不加恤，對臣依舊隱諱，堅執舊説。其於荒政全不留意，但知一味差人下縣督責財賦，急如星火。所蒙聖恩撥賜米斛共六萬石，不爲不多，而至今日久，並不科撥下縣，亦不曉諭民間。諸縣官吏尚有初不聞者，況於窮民，何緣得知聖主天地涵育之恩？加以病昏，不能視履，百度廢弛，不成州郡，不但檢放不實、荒政不修而已也。臣既奉聖訓，詢訪見得上件事理，不敢緘默，以負委寄，敢昧萬死，按劾以聞。伏惟聖慈，早賜處分。

奏請畫一事件狀

臣今有合具奏請事件，謹具下項：

一、臣昨爲紹興府米斛有限、飢民日衆，向後日月尚遠，竊恐無以接續糶濟，仰貽宵旰之憂，曾具奏聞，乞再給會子三十萬貫，及盡推去年賞典，半減度牒米數。至今日久，未奉進止。今到衢、婺，見得兩州元係災傷稍輕去處，而糶濟之備可接初秋，紹興係災傷最重去處，而糴濟之備反不能盡春月。將來青黄未接，必致狼狽，無可疑者。欲望聖慈，檢臣前奏，早賜處分，庶幾有以接續糴濟，不棄前功，不勝幸甚。

一、臣昨到婺州，爲見豪户脩職郎朱熙績不伏糴米，抵拒官司，曾具奏聞，乞賜行遣。今據婺州申到本人居鄉豪横不法事件，條目猥多，不敢復具奏聞，已條具申尚書省去訖。其人多貲，力能使鬼，伏乞睿斷，早賜施行。不勝幸甚。

一、臣昨準尚書省劄子，勘會已降指揮行下江浙兩淮旱傷州縣，將第四、第五等户今年以前應干殘欠苗税丁錢並特住催，及將官私債負權免理還，其流移人拖欠官物亦與除豁，不得令保正長代納。并支撥米斛，通行賑濟。謹已即時行下州縣，遵守施行去訖。續據紹興府新昌縣申：「今年以前」，未委是淳熙七年官物，或是淳熙八年二税？臣亦已申省，欲乞明降指揮，未奉回降。今來巡歷，見得州縣奉行果是互有不同。蓋有以「今年以前」爲七年者，則八年四等、五等夏秋殘欠依舊催理；有以「今年以前」爲八年者，則八年四等、五等夏秋殘欠悉已住催。蓋緣本文未明，致此差互。臣亦未能别其是非，然竊以謂治財思予，寧過於厚，涣汗之號，有出無反，欲望聖慈，明降指揮，將八年四等五等殘欠併行住催。仍乞令臣督其奉行不如法者，庶幾雨露之澤均一霑被，不勝幸甚。

一、衢州守倅並各任滿在即，欲乞特降指揮，催促已差下人前來赴任。

奏張大聲孫孜檢放旱傷不實狀

臣昨蒙賜對，奏論州縣檢放不實，令臣詢訪最多處按劾〔一〕。臣詢訪得本路州縣檢放類多不實，而衢州爲甚。衢州檢放既多不實，而開化一縣又爲尤甚。已節次奏聞外，今取會到本州元差監户部贍軍酒庫、成忠郎張大聲前去檢視，及差龍遊縣丞、從政郎孫孜覈實。逐官自當從實檢視減放，却乃觀望本州守臣意指，不以恤民爲念，不曾逐一親詣田頭檢視，輒敢欺罔滅裂，將七八分以上災傷作一釐一毫八絲六忽檢放，是致被災人户困於輸納追呼，監繫決罰之苦，流移四出。而貧下之民無從得食，歲前寒雨，死亡甚衆，有傷聖朝子育黎元、救恤災患之意。逐人委是難以存留在任，欲望聖慈，特降睿旨，將張大聲、孫孜並行重賜黜責，以爲日後附下罔上、慢法害民之戒。

乞賜鐫削狀

臣昨以職事横被中傷，伏蒙聖明特賜臨照，謹已遵禀，復還紹興府界。竊見諸暨縣災傷至重，疾疫大作，民之羸瘠死亡者已不勝數。由臣前日聞命之際，震恐猝迫，輕去職守，有失照管，目今雖已一面多方措置，收拾救濟，然前日之罪已在不赦之域；加以蹤跡孤危，風采銷奪，竊恐無以號令州縣，卒副使令。顧獨惟念飢民生死之命在此數日之間，恐勤宸慮，未敢再乞賜罷，只乞聖慈且將臣見在官職先次鐫削，候救荒結局日別行竄責，庶允公議。

乞給降官會等事仍將山陰等縣下户夏税秋苗丁錢並行住催狀

臣恭被聖恩，復抵官次，今有職事，須至奏聞，謹具下項：

一、臣自衢、婺州復回紹興府界，竊見衢、婺災傷比之紹興分數殊少，而兩州公私本皆富實，賑恤之備，足至秋成。惟紹興府災傷極重，所費不貲，目今已是非常狼狽，而考其後日之備，乃不能盡三月而止。竊恐新麥未登之際，尚有闕乏之患，而下田之麥，亦有遭雨浸損去處，又已無復食新之望。其豐熟處，常歲所收亦不過可爲兩月之計，五六月間青黄未接之際，此必復有以勞聖慮者。若至其時方作處置，竊恐復有緩不及事之歎。如欲及今講究，早爲措畫，則臣昨累具奏，所乞數事，今皆尚可行也。其一乞推去年獻助之賞者，已蒙節次施行。近日遂有婺州進士陳夔詣臣投狀，陳乞獻助二千五百石。訪聞浦江等縣更有一二家亦欲陳獻，此亦可見不吝恩賞之效。今若更賜指揮，催促省部盡行推賞，使無一户之遺，然後鏤板開具，頒下諸州，廣行曉諭，則其慕而效之者當不止此而已也。其二乞減度牒米數，亦已蒙減五十石。此則恐所減太少，未足多致米斛。蓋度牒本價止四百貫，適今之宜，更合少損，以濟飢民，乃爲得策，不當反高其直，使曠日持久，卒無所售，以誤指準也。其三則臣嘗與帥臣王希吕同奏，再乞撥賜錢會三十萬貫，而未蒙開允也。此固無厭之請，宜不足聽。然紹興之民不幸罹此非常之災，父老相傳，以爲數十百年所未嘗有，而陛下所以扶持救恤，恩勤備至，亦數十百年所未嘗有。今其不能免於死亡捐棄者，已無可言，其幸得延殘息以至今日者，豈可不爲終惠之計，而使之旬月之間頓至闕絶，以棄前日之功哉？抑官會出於印造，非有鼓鑄之勞，見今通行，輕重之權與見錢等，雖使更散三數十萬，亦未遽有害於流通也。況以陛下之至仁至聖，夫豈有愛於此而輕百萬人之命哉？且又紹興累年荒歉，常平錢米日下支散，無復一文一粒可爲將來久遠之備。今此所乞，若蒙聖慈依數撥賜，則亦非惟可救目前之急，萬一支遣不盡，又足以接續收糴，更爲後日之儲，其利尤不細也。凡此三者，乞留聖念，早賜施行，庶幾緩急不至誤事。然臣尚慮麥前急闕，收糴未辦，獻助不多，有失賙救。竊見本路諸州常平義倉米斛尚有餘剩未支遣處，欲乞特降指揮，許臣照應移用條法量行取撥，尤爲利便。

一、臣昨具奏，乞照應元降指揮，明降睿旨，住催淳熙八年四等、五等殘欠官物，未蒙施行。而後來户部勘當，止將淳熙七年終殘欠住催，於是州縣日前雖已將八年秋米住催者皆復追催。其未放者，則其催督愈益嚴峻。臣於此時適以俟罪，不敢復有陳論，然竊獨病其深失朝廷命令之體。其後乃聞軍器監主簿李嘉言請以臨安、餘杭兩縣四、五等户八年苗税比附徽、饒州例，亦行住催，而陛下可之，則又有以知凡此户部之所行者，皆非陛下之本心也。蓋所謂四等、五等户者，非他也，乃今日蒙被糶濟之飢民，陛下所爲焦心勞思、傾困倒廪而拯之於溝壑之中者也。夫以救之如此其悉，而猶常慮其有所未至，其肯使州縣之吏追呼禁繫，加以箠撻而速其死亡也哉？況今本路災傷紹興爲甚，比之徽、饒兩州，臨安、餘杭兩縣，事體有甚不侔者。若蒙矜憐，出自聖意，特降指揮，將紹興府山陰、會稽、嵊縣、諸暨、蕭山五縣四等、五等户夏税秋苗丁錢並與住催，其餘諸州縣逐都檢放旱傷及五分以上者，五等户亦與住催，七分以上者并四等户並與住催，候秋成日併行帶納，則初不失縣官之入而足以少寬飢民目下之迫，免致流移死損。不勝幸甚。

乞將山陰等縣下户夏税和買役錢展限起催狀

照對紹興府諸縣去歲水旱相仍，田禾損傷，人民飢餓，幸賴聖恩，給賜錢米，廣行賑救，以至今日。二麥既已成熟，民之幸免於死亡者，亦稍蘇息，全籍官司存恤休養，方可安業。今不住據屬縣第四、第五等人户列狀陳稱，災傷之餘，生理未復，竊恐和買役錢、夏税綿絹準例起催，乞特與具奏，放免一年。臣照得人户夏税綿絹係是朝廷常賦，難以放免外，惟是起催省限在五月十五日。竊見下户今春之食，養蠶甚少，二麥雖熟，亦只得供給口食，尚慮將來青黄未接，更有闕食之患，所有稻田，又方蒙聖恩借給秧本，始得布種。向去早禾成熟尚遠，若或依限便行起催，竊慮細民未有可以送納，不免追呼之擾，却致逃移。欲望聖慈，特降睿旨，將紹興府最荒蕭山、諸暨、嵊縣、會稽、山陰五縣第四、第五等户合納今年夏税、和買役錢與展限兩月起催，庶幾新穀成熟之時，可以送納。所有上三等人户自從常年條限催理。如蒙開允，從臣所乞，則上既不虧縣官經常之費，下可少安飢餓羸困之人，誠爲兩便。

乞住催被災州縣積年舊欠狀

具位臣朱熹。

臣伏覩四月二十二日聖旨指揮，紹興府蕭山、諸暨、會稽、山陰、嵊縣五縣并嚴州諸縣各爲去年水旱最甚，可將第四、第五等人户合納今年夏税、和買役錢並特與展限兩月起催，内有願依條限送納之人，聽從其便。仰見陛下愛育黎元天地父母之意。臣竊慮州縣奉行不虔，仰稽睿澤，即已鏤版，多印小榜，散下紹興府五縣曉示去訖。臣訪聞本路被災州縣，知通令佐多有只見蠶麥稍熟，便謂民力已蘇，遽於此時催理積年舊欠，上下相乘，轉相督促，使斯民方幸脱於溝壑之憂，而一旦便罹追呼決撻囚繫之苦，甚可哀痛。況今疫氣盛行，十室九病，呻吟哭泣之聲所不忍聞，豈堪官吏更加殘擾？臣雖已行下諸州及通判約束外，尚慮未能禁戢，欲望聖慈，特降指揮，令被災最重州縣，如紹興府，衢、婺州，且據今年合納官物，照應三限條法，勸諭人户及時送納。其積年舊欠，直候秋冬收成之後，逐料帶催，庶幾飢餓餘民得以存活。其温、台等州去年災傷雖不至甚，然亦不爲樂歲，并乞同此指揮，戒飭官吏不得意外生事，妄有搔擾，則一路生民蒙被德澤，不勝幸甚。臣以狂妄，曲荷優容，偶有所聞，不敢不奏。累瀆天威，臣無任戰栗俟罪之至。須至奏聞者。

右謹録奏聞，伏候勑旨。

乞推賞獻助人狀

臣昨具奏，乞依前點檢台州措置賑濟官耿延年所奏，將本路獻助糶濟米人户比乾道七年糶濟賞格，特減米數之半，優與推賞。已蒙聖恩開允，特降指揮，依臣所乞，將諸路州縣人户願出米穀，自行般運前來紹興府糶濟減半推賞。臣當即恭稟施行，節次勸諭到婺州進士陳夔等各赴本司及紹興府入狀，情願獻助米斛。本司與紹興府各已差官交量，或已就行散給去訖。臣已與安撫、轉運司連名具狀申尚書省及户部，乞依乾道七年及淳熙八年十二月十三日指揮推賞外，今來竊恐有司將同常事，未即推恩，致使失信本人，無以激勸來者，欲望聖慈，特降睿旨，依已降指揮，將陳夔等特補合得官資，庶幾有以取信於民。將來或有災傷，易爲勸諭，實爲利便。開具逐人所獻米數、合補官資，畫一下項：

婺州金華縣進士陳夔獻米二千五百石，準淳熙八年十二月十三日指揮，合補迪功郎。

婺州浦江縣進士鄭良裔獻米二千石，準淳熙八年十二月十三日指揮，合補上州文學。

婺州東陽縣進士賈大圭獻米二千石，準淳熙八年十二月十三日指揮，合補上州文學。

處州縉雲縣進士詹玠獻米二千五百石，準淳熙八年十二月十三日指揮，合補迪功郎。

奏衢州官吏擅支常平義倉米狀

照對臣昨據衢州知州、朝奉大夫沈崈一申，今年二月二十一日到任〔二〕，適當荒歉之後，財計匱乏，别無可以措置，已申明朝廷，乞於豐儲倉内更給助米二萬石，以濟支遣。本州四月合散官兵米四千餘石，未有指擬，逐急於常平義倉米内權行借兑，合有擅支之罪。除已具奏，乞賜處分施行外，申本司照會。本司契勘衢州見管常平義倉米數不多，其災傷之餘，尚慮新陳未接之際，細民闕食，準擬接續濟糶。設欲借兑，自合申聞朝廷，聽候回降，又不聞本司知覺，輒行擅借四千餘石〔三〕，支散官兵，有違條法。遂申尚書省，乞劄下根究，監勒本州擅支借官吏，照數補還元舊窠名樁管。去後又據衢州申，再行借兑義倉米，支散五月分官兵糧米。本司契勘衢州設有欠闕，即合措置於别色米斛應副。今來本路州軍見管常平米數不多，本司尚且申奏朝廷，乞給降錢會收糴，若或容令州縣違法侵撥，萬一不測，有誤指擬。再具申尚書省，乞賜敷奏，依法施行。如是本州軍糧委實欠闕，即乞别行應副。去後未蒙劄下。近覩已降指揮，衢州守臣已行放罪。臣伏緣在法義倉穀唯充賑給，不得他用，即擅支借移用，以違制論。臣竊惟常平之法，所以準備災傷，廣行賑給，民命所係，利害非輕。所以祖宗以來，立法之嚴至於如此。而議者不以爲過，以爲久長緩急之計，非苟徇目前姑息之私者所能知也。今衢州當職官不能計度軍儲，應副支遣，而坐指常平儲蓄之備，以爲一時之用，雖原其情實，未必有他情弊，而隳廢法度，耗散儲蓄，漸不可長。故臣昨來不欲便具奏劾，只具狀申尚書省，乞與敷奏，依法施行。意謂朝廷必須薄行責罰，以戒後來。今乃一無所問，亦不略行戒約，即在本司，何以約束諸郡？况今來旱勢已成，衢州尤甚。昨日有轉運司差出官員自彼回來，説城中米價已是七十文足一升。兼本州水路淺澁，卒難般運他處米斛，將來糶濟，全仰見管常平義倉米斛，尤宜愛惜，不可違法妄有侵耗。欲望將本州當職官吏略加責罰，或念其委實欠闕軍糧，即乞朝廷别行應副，嚴行約束，今後不得輒將常平官物妄有侵支，實爲久遠之利。伏候勅旨。

奏蝗蟲傷稼狀

簽黄

奏爲紹興府會稽縣廣孝鄉蝗蟲入境，臣親到地頭田間看視，委有咬傷稻苗。今與知紹興府王希吕詢訪祈禱、打撲焚瘞奏聞事。

具位臣朱熹。

臣昨於今月初四日聞得紹興府會稽縣蝗蟲頗多，即遣人走探。昨已據所差人孫勝回報〔四〕，會稽縣白塔寺相對東山下有蝗蟲數多，收拾得大者一籃，小者一袋。其地頭村人皆稱蝗蟲遇夜食稻，臣已具事狀并大小蝗蟲二色申尚書省，乞賜敷奏去訖。臣遂即時乘船出門，向曉至蝗蟲地頭廣孝鄉第十都、第十七都，同會稽令尉步行，親到田間看視，其蟲大者不多，小者無數，集於稻苗之上。其未結實者，莖葉皆爲咬傷，其已結實者，穀子皆爲咬落〔五〕，委是爲災，有害苗稼。紹興府先已支錢一百貫文，付會稽縣募人打撲，赴官埋瘞。本司亦已支錢一百貫文付縣，添貼收買。據本縣申，兩日内已買到七石三斗八升五合，臣亦與帥臣王希吕一面詢究祈禱、打撲焚瘞外，須至奏聞者。

右謹録奏聞，謹奏。

御筆回奏狀

御筆

覽奏，知紹興府界蝗頗爲災，朕心憂懼。今不欲專遣使人，降香二合付卿等，宜即虔潔，分詣祈禱。又聞蝗之小者滋育甚多〔六〕，可更支賞，召人收捕，務速殄滅，毋使遺種以爲異日之害。故兹札示，當體至懷。

具位臣朱熹。

臣昨具奏，紹興府會稽縣廣孝鄉蝗蟲，臣已同本府發錢，專令本縣令尉親在地頭召人捕獲，收買焚埋。每得大者一斗，給錢一百文，小者每升給錢五十文。續奉御札，令臣分詣祈禱，更行支賞，召人收捕，務速殄滅。臣恭禀聖訓，夙夜不遑，即同帥臣王希吕就府治設醮祈禳。又發錢出牓曉諭，於先支賞錢之外，更行倍加增貼，召人收捕。仍差茶鹽司幹辦公事沈大雅前去監視督責，及敦請鄉官二員同縣官分頭給賞收捕。今據申到，截今月十三日，通計收到大蟲一石五斗三升六合、小蟲二十五石九斗三升九合，並已埋瘞。目今尚有一分以上未至盡絶。臣續又見諸暨縣寄居與投詞人稱，紫巖鄉亦有飛蝗在境，臣即已專委本縣令佐親臨田陌，子細從實相視。如委的實，即從會稽縣所行，召人支賞收捕焚埋去外，臣伏爲本路所管衢、婺等六州今歲旱損，比之紹興，其災尤甚。本欲取本月上旬起離前往，親行檢視，預備賑恤，正緣收捕蝗蟲未盡，未得起發。今不住據逐州縣接續申到事理，委是大段緊急，不免定取十五日起發前去。經由蝗蟲地頭，更行督責，取見殄滅次第，然後取道嵊縣山間，望婺州界迤邐前去。前路有合奏聞事件，續次申發。所有上項事理，須至先具奏聞者。

右謹録奏聞，謹奏。

貼黄

臣竊聞旱蝗之災，過貽聖慮，夙夜焦勞，至忘寢味。臣雖疏賤，不勝感泣震懼之至。今此前去災傷州郡，敢不究心竭力，周爰咨詢，庶有以仰稱明詔之萬一。但前奏乞錢數事，欲望睿旨早賜施行。臣雖未到諸郡，近日提刑傅淇、張詔自彼來歸，具言所見〔七〕，委實災傷至重，尚慮臣所乞錢數少，不足周給。臣緣未經目見，不敢再具懇請。且乞早賜指揮，依臣前奏應副施行，庶幾前路所到州郡，便可布宣德意，措約收糴，以慰飢民之望。若不得此，實無措手之處。將來坐視陛下赤子流離溝壑，臣雖萬死，不足贖罪。伏乞聖照。

臣去年到任，已是深冬，狼狽急迫，措置不辦，只得將所蒙給賜錢米計口分俵，誠爲可惜。今來雖是災傷，然日月尚寬，足可措置。臣已行下逐州通判，檢計有合興脩水利去處，將來廣募飢民，給食工作。唯是老弱殘疾婦女之類無依者，方與賑給，庶幾不至又似去年虚費官物。伏乞聖照。

乞脩德政以弭天變狀

具位臣朱熹。

右臣昨爲本路旱傷，祈禱不應，累曾具奏，及申尚書省，乞爲敷奏，早作防備。近準省劄，已蒙聖慈特從所請，支錢於明州置場糴米。而又伏覩陛下發自宸衷，特遣中使降香祈禱。臣有以見陛下畏天恤民之心至深至切，不勝感激，願效愚忠。顧恨官有常守，無由瞻望清光，罄竭血誠，庶裨萬一，不勝犬馬螻蟻區區之情。竊謂累年之旱，譴告已深，今日之災，地分尤廣，非惟官府民間儲備已竭，而大農之積，亦已無餘。又當大禮年分，户部催督州縣積年欠負官物，其勢不容少緩。凡所以爲施舍賑恤之恩者，竊恐又必不能如去年之厚。臣竊不勝大懼，以爲此實安危治亂之機，非尋常小小災傷之比也。爲今之計，獨有斷自聖心，沛然發號，深以側身悔過之誠解謝高穹，又以責躬求言之意敷告下土，然後君臣相戒，痛自省改，以承皇天仁愛之心，庶幾精神感通〔八〕，轉禍爲福。其次則唯有盡出內庫之錢，以供大禮之費，爲收糴之本，而詔户部無得催理舊欠，詔諸路漕臣遵依條限，檢放税租，詔宰臣沙汰被災路分州軍監司守臣之無狀者，遴選賢能，責以荒政，庶幾猶足以下結民心，消其乘時作亂之意。如其不然，臣恐所當憂者不止於餓殍，而在於盗賊；蒙其害者不止於官吏，而上及於國家也。臣蒙恩至深，不知死所，敢冒鈇鉞，爲陛下言之。觸犯天威，恭俟夷滅。謹録奏聞，伏候勑旨。

再奏衢州官吏擅借支常平義倉米狀

具位臣朱熹。

臣照對本路諸州今歲旱傷，比之他郡，衢州尤甚。將來細民必至艱食，全籍本州所管常平義倉米斛賑濟賑糶，以救民命。臣近點檢衢州沈崈一違法擅行借兑過常平義倉米八千石，充四月、五月官兵俸料，臣已一面行下衢州，督催補還元舊窠名〔九〕，及具録奏聞，乞將本州當職官略行責罰，以戒後來，未得回降。今來再據衢州沈崈一申，又於常平米内借支三千五百石，充六月分軍糧，三箇月共擅借過一萬一千五百石。并本州申，先借支過常平米一萬九千五百八十一石五斗六升四合，亦係充官兵俸料，未曾撥還。及稱目下盤量折欠米一萬七千七百一十五石五斗一升三合三勺，三項共計四萬八千七百九十七石七升七合三勺。更有衢州濟糶未盡米一萬八千一百九十九石一斗九升，本州所申，不曾聲説此項米着落，必是亦有互用。臣照對在法義倉穀唯充賑給，不得他用，擅支用者以違制論。況本路諸州所管常平義倉米斛唯衢州萬數稍多，輒皆擅行支用，目今見管止有三千一百六十五石三斗八升，委是大失指準。而本州略無忌憚，甚非朝廷置立常平之意，竊慮必有情弊。臣除已一面牒隣近州追衢州合干人收索赤曆干照逐一根勘，從法施行外，欲望聖慈先將衢州違法擅支常平義倉米當職官吏特行責罰，以警諸郡，爲擅用常平義倉米者之戒。須至奏聞者。

右謹録奏聞，伏候敕旨。

奏救荒畫一事件狀

臣竊見本路諸郡頻年災傷，蒙被聖恩，僅獲全濟。今又亢旱，周遍七州，其幸免者不過三五縣，比之去年，被災地分大段闊遠。至於公私積蓄，則連年饑歉，支移發散，略已無餘，其於措置尤爲費力。臣本欲此月上旬巡歷諸郡，計度合用錢米，詢訪合行事務，回日類聚奏聞，庶免頻煩天聽。今爲紹興府會稽縣界蝗蟲害稼，見行監督掩捕埋瘞，已是累日，未見衰減，未敢起發前去。竊慮合奏請事漸致後時，有失及早措畫，今略條具一二，冒昧以聞。

伏望聖慈閔此一方重罹災數，特垂矜恤，早賜施行，不勝幸甚。

一、臣昨曾具奏，乞詔州縣照應省限理納夏税，不得促限追呼，已蒙聖慈頒下施行。今聞諸州間有不遵稟者，公行文移，必要七月上旬取足，顯屬違戾。兼昨具奏，乞將紹興府去年住催夏税人户納過之數依倣秋苗所放分數，特與比折今年合納之數，亦蒙聖慈行下，又爲户部巧爲沮難，行下本府，催督愈峻。今來既是復有災傷，豈是追呼箠撻、催督税賦之時？欲望聖慈，特降指揮，令被災州郡將所管縣分被災重處特與寬限，勸諭送納。其不係被災縣分内有被災鄉分，亦合較量輕重，依此施行。其紹興府理折夏税，亦乞直降指揮，依臣所乞施行，庶幾遭難遺民稍獲安業。

一、臣昨具奏諸州雨暘次第，曾有貼黄奏稟，乞詔州郡依條受理旱帳及早差官檢放事。蓋爲田稻既是乾損，及其未穫之際便行檢踏，即荒熟之狀明白易知，非惟官司不得病民，亦使姦民無由僥倖。所以著令訴旱，自有三限：夏田四月，秋田七月，水田八月。蓋欲公私兩便。近來官吏不曾考究令文，但據傳聞云訴旱至八月三十日斷限，遂至九月方檢旱田，則非惟田中無稼之可觀，至於根查亦不復可得而見矣。於是將旱損早田一切不復檢踏蠲放，窮民受苦，無所告訴，而其狡猾有錢賂吏者，則乘此暗昧，以熟爲荒，瞞官作弊，皆不可得而稽考。去歲本路諸州大率皆然，欲乞降指揮劄下轉運司及本司，遍牒諸州縣疾速受理旱狀，日下差官檢踏旱田荒熟分數〔一〇〕。其中晚稻田却候八月受狀，節次檢踏。如有奉行違慢後時失實之處，許兩司按劾以聞〔一一〕，庶幾窮民將來獲霑實惠，目下聞此德音，便知朝廷存恤之意，不至猖狂别生妄念，仰勞宵旰之憂，實爲利便。

一、賑恤之備，去年諸郡公私猶有蓄積，緣今春支用數多，悉已無餘。今被災之民既是不可不加接濟，則其費皆當出於朝廷。臣本欲遍詢諸郡，約見合用實數，然後奏請。今恐因循後時，失於措置，兼聞衢、婺、明州守臣皆欲丐祠而去，台州亦申本司乞撥錢糴米，數目甚多，又見臣寮劄子論衢州等處見已乏食，及有指揮行下閩、廣，勸諭客米前來温州接濟，可見一路州軍荒歉匱乏，事勢已急。臣今且約一路之數，權以一百萬貫爲率，欲望聖慈，特賜開許，印給度牒官會，早賜給降。其度牒欲乞就十分錢數之内且給三分，依近降指揮，每道且賣五百貫文省，或依元價作四百貫文省。容臣約度，分俵諸州守臣，令其多方措置，變轉收糴，庶幾趁此早穀成熟之際，便於左近有米去處價直尚平之時，節次收拾，免致臨時倉卒，貴價收糴，緩不及事。

一、訪聞諸州府村落已有彊借刼奪之患，此在官司固當禁約，然亦須先示存恤之意，然後禁其爲非，庶幾人心懷德畏威，易以彈戢。若漫不加省，待其生事然後誅鉏，則所傷已多，所費又廣，況其不勝，何患不生？乞降指揮，早撥上項錢數，使如臣者得以奉承宣布〔一二〕，遍行曉諭，即德意所孚，固有以銷厭禍亂之萌矣。然後明詔安撫、提刑兩司，察其敢有作過唱亂之人，及早擒捕，致之典憲，庶幾姦民知畏，不至生事。

一、去歲獻納糶濟之人，近已各蒙聖恩補授官資，無不感戴。然去歲所降減半指揮，止於紹興一府施行。今則一路皆荒，事體不同。乞降指揮，檢會當來耿延年所乞事理，許於浙東一路通行。

一、檢準常平免役令，諸興脩農田水利而募被災飢流民充役者，其工直糧食以常平錢穀給。臣契勘本路水利極有廢壞去處，亦有全未興創去處，欲俟將來給到錢物，即令逐州計度合興修處，顧募作役，既濟飢民，又成永久之利，實爲兩便。

一、伏見州縣之吏不爲不多，而其間才能忠信可倚仗者極不易得。將來七州糶濟，往來督察，用人必廣。乞降指揮，特許將得替、待闕、丁憂、致仕及在法不應差出之官權行差使，候結局日如舊，庶可集事。

右謹録奏聞，謹奏。

簽黄

臣所乞錢數雖多，然以今日明州中色米價計之，方糴得二十四五萬石，散之七州，不爲甚多，而般運水脚縻費又在其外，伏乞聖照。

臣所乞紹興府理折夏税事理極爲分明，然在中夏以前，未經再旱之時行之，固若有過優者。在今日再旱之後，人物煎熬，朝不謀夕之際，沛然行之，以紓民力，則恐未爲甚過。況今據大數，通府所放秋苗不過六分三釐，以此計之，所減夏税亦不甚多。若以去年比例言之，今年夏税亦合住催。況此是補還去年之數，直行放免，不爲過當。重念臣自論此事，上爲省部所嫉，下爲州郡所仇，藉躪形迹，無所不至。原其本心，只爲陛下愛養疲民，護惜根本，誠亦何罪而至於此？切望聖明哀憐照察。

臣竊詳在法，檢視蠲閣隸轉運司。臣今敢以爲請者，蓋緣蠲閣、賑恤本是一事，首尾相須。若蠲放後時失實，使飢民已被輸納追呼之擾，然後復加賑恤，則與割肉啗口無異。故臣妄意欲得參與其事，庶幾血脉貫通〔一三〕，使聖朝賑恤之恩不爲虚枉。伏乞聖照。

臣所奏請固皆今日所當施行，而此項最爲急切。竊恐大臣進呈之際，謾將一二項不甚緊要事節量行應副，却將此項沉匿〔一四〕，不爲施行。俟臣再請，則又費月日，致失機會。且如明州糴米一事，臣本是四月二十三日以後節次申奏，是時明州米船輻湊，正好收糴，乃不施行，及至六月十一日方得指揮，則所有船米已爲上户收糴殆盡矣。今朝廷施行事體緩慢，姦弊百端，不稱陛下救焚拯溺之意，大率類此。臣不敢越職奏聞，惟是此事切乞斷自聖志，力賜主張。蓋不惟一路民命所繫，實亦國家休戚所關，願陛下獨留聖慮。

臣曾摹得蘇軾與林希書，説熙寧中荒政之弊，費多而無益，以救之遲故也。其言深切，可爲後來之龜鑑，近已刻石本司。緣是臣下私書，不敢容易繳進。今有一本，急於申奏，不及如法標背，已申納尚書省，或蒙宣索，一賜覽觀，仍詔大臣常體此意，不勝幸甚。

此項以後係是次緊，内推賞、差官兩條，亦乞早留聖意。

乞留婺州通判趙善堅措置賑濟狀

具位臣朱熹。

臣據知婺州錢佃申：「備據國學進士唐季淵等狀：『本州去歲遭旱特甚，通判、朝奉郎趙善堅協力措置災傷，廣求利害，籍貧乏家七十萬口，置濟糶場五百餘所，勸諭上户糶米借貸，排日煮粥，以食民之不給，津遣鄰郡流移，收養小兒遺棄，病者醫藥以療之，無流移凍餒之人，存活者幾百萬口，實迹可考。今歲闔郡乾旱，祈禱尚未感通，飢餓狼狽，指日可待。趙善堅前來賑濟有方，況今歲之旱甚於去歲，善堅解罷在即，不惟邦民失所倚賴，而州郡亦大失裨助。乞特敷奏，權留在州，同共措置賑濟。』佃契勘去歲旱歉，通判趙善堅專一措置賑濟，遍歷諸邑山谷，點檢糶塲，委是宣勞，實惠及民。今年梅雨愆期，旱歉至甚，照得通判趙善堅今年七月十八日任滿，本州委是闕官措置，乞移牒趙善堅權留在任，同共措置賑濟，候來年細民接食，却行解罷。」臣照對婺州去歲災傷，本州通判趙善堅措置濟糶，存恤飢民，委有勞効。本官雖將任滿，本州今歲又遭旱傷，比之去年尤甚，切要知得措置首尾官員，差委幹辦。欲望聖慈，特賜睿旨，許從本州守臣錢佃備到士民連狀所請，令善堅在任，同錢佃協力措置災傷，庶免誤事。須至奏聞者。

右謹録奏聞，伏候勑旨。

乞將合該蠲閣夏税人户前期輸納者理折今年新税狀

具位臣朱熹。

臣昨備據紹興府士民魏必大等狀陳訴，具狀申奏朝廷，乞行下紹興府，將災傷諸縣自第一等至第五等人户，照應淳熙八年已納夏税、和買役錢等，依秋苗檢放分數除豁外，有餘剩納過分數，與理作今年合納夏税事。續承降五月三十日省劄，户部勘當，即不委本府去年受納到人户錢物，自第一等至第五等各等各户納到若干分數，比秋苗有無多納過錢絹紬綿數目。獲奉聖旨指揮劄下，開具保明供申。臣已恭稟施行，及照得取會各等逐户數目。緣諸縣户名萬數浩瀚，竊慮遲延，有妨催科，繼已具申尚書省。今一面取會到諸縣去年總計管納夏税官物，除山園陸地浮財屋産外，其湖藉田共計合納二十八萬六千三十七疋三丈六尺七寸五分，折帛役錢等三十萬三千四百九十六貫七百五十文。除被水渰浸，倚閣蠲免及人户納到錢帛外，有未納共五萬三千五百七十六疋一丈五尺一寸六分，錢四萬一千四百六十一貫二百六十八文。若以檢放秋苗分數，合計七萬一千三百七十八疋一丈七尺八寸，錢一十萬九千五百一十六貫二百八十二文外，諸縣止有剩納三萬七千八百九疋三丈九尺八寸六分，錢七萬七千二百三貫九百二十六文在官，乞理作今年合納之數。臣照對紹興府諸縣所管湖籍田畝出納夏秋二税官物，去年緣爲災傷，其秋苗係隨田内禾稻輕重檢放；其所輸夏税，雖因水災，得蒙蠲閣，後來繼即遭旱，水不及處，亦無所收。緣係未收成以前起催，所以人户多不霑被減放之恩。又八月内降到蠲閣指揮之時，人户之善良畏事者皆已輸納，其得被聖恩者實皆頑猾之户，事體輕重，甚不均一。臣又竊覩去歲災傷，飢民猥衆，尚蒙聖慈撥賜錢米救濟，豈有田内夏税已蒙蠲閣，人户前期誤行輸納者，却不與理折今年新税？甚非朝廷矜恤之意。況今夏以來，諸邑又多亢旱，斯民接連飢荒，方苦艱食，當此催科之時，委實無可輸納。若不蒙朝廷特加優恤，必見失所。況以諸縣數百萬户口，今來所乞通理剩納之數，其爲物帛止三萬七千八百九十七屯匹三丈九尺八寸六分，錢止七萬七千二百三貫九百二十六文，數目既少，於朝廷所損不多，而民户可霑實惠。欲望聖慈，俯賜允從，特降指揮，將人户去年剩納前項數目與理作今年之數蠲豁，庶幾嗷嗷之民得以安業。須至奏聞者。

右謹録奏聞，伏候勑旨。

奏巡歷沿路災傷事理狀

具位臣朱熹。

今具沿路災傷事理下項，須至奏聞者：

一、臣七月十六日再到田間看視蝗蟲，大者絶少而小者尚多。當處多是早中禾稻〔一五〕，皆已成熟，多被喫損。人户皆稱檢官未到見分數，不敢收割。臣已牒本府，催促所差下官日下出門，前來檢視去訖。又支錢付曹娥監鹽官，收買十四、十五都蝗蟲，并行埋瘗。續據上虞、餘姚縣申到，本縣蝗蟲頗多，亦已行下，催促支錢收捕埋瘗。今來頻得雨澤，遠近沾足，竊意其蟲必當殄滅，已牒本府一面審實具奏，伏乞聖照。

一、臣十七日經歷上虞縣界，田皆遭旱，彌望焦赤。間有近水去處，尚有些小可望收成〔一六〕。觀其災傷，委是至重，而本縣不受人户投訴，反將投訴人户刷具舊欠，監繫門頭，及出招子催督税賦，無問貧富大小人户，五日一限，逐限輸官之外，人吏定要乞錢一百文省。其不到者，即差公人下鄉追捉，搔擾尤甚，乞覓尤多。人户不勝其苦，一日之間，遮臣泣訴者至五七百狀。臣已送本府存恤，究治施行去訖。更乞聖慈，特賜指揮，庶幾州縣有所懲戒，免致重困飢民，不勝幸甚。

一、臣十八日到嵊縣，其旱勢尤甚於上虞。蓋紹興諸縣之旱，嵊爲最，而上虞次之，餘姚又次之。然上虞、餘姚去年猶得薄收，獨嵊縣一連三年遭此極重之災，雖其上户中家已覺艱窘，鰥寡細民，則已有掇稗子而食者。臣曾支錢三十文，買到所採稗子一升，今申納尚書省。欲乞宣索一賜觀覽，早降指揮，令紹興府將此三縣新舊税租特與倚閣，俟見秋苗合放分數，斷自宸衷，别賜處分，不勝幸甚。

一、臣十九日至新昌縣，是日午後連得大雨，幾至通夕。本縣先來亦苦乾旱，早稻皆已失收，中晚之田亦已龜坼。方自中旬以來，連日得雨，田中遂皆有水，中晚之禾間有可望去處，可勝上虞等縣。但諸縣大抵旱乾日久，得雨後時，秋序已深，氣候寒冷，其間稻苗雖尚青活，而不復能結實者亦多有之，荒熟之形，尤難分别。臣已遍牒檢視官員，切宜子細，不可差誤。伏乞聖照。

一、沿路人户，已損田段，不堪收割，皆欲及早耕犂，布種蕎麥、二麥之屬，接續喫用。但以檢放未定，不敢施工。欲望聖慈，特降指揮，催促檢放，庶幾不妨民間及早耕種。其有闕少種糧之人，更令官司量行應副，尤爲厚幸。

一、臣二十一日入台州天台縣界，以後事理，尋別具奏聞，伏乞聖照。

右謹録奏聞，伏候勑旨。

奏知寧海縣王辟綱不職狀

具位臣朱熹。

臣昨爲親見台州寧海縣人户流移，已曾具奏。竊慮深軫聖懷，自到本州，即行詢究，見得本縣流移人户已是千有餘口。其知縣、宣教郎王辟綱恬然不恤，亦無申報，委是不職。竊恐將來糶濟事務繁夥，必是不能了辦，欲望聖慈，特賜罷黜，或依已得指揮，與監廟一次，仍特不理作自陳，須至奏聞者。

右謹録奏聞，伏候勑旨。

奏救荒事宜畫一狀

貼黄

奏爲本路災傷，已蒙聖慈支降錢三十萬貫，更乞撥作二百萬貫，及別有畫一奏聞等事，伏候敕旨。

具位臣朱熹。

臣昨以本路荐被災傷，輒以賑恤事宜一二條奏。伏蒙聖慈曲賜俞允，仍賜錢三十萬貫，以充七郡糴濟之用，德意甚厚。臣謹已奉宣詔旨，頒布遠近，飢饉餘民感激受賜，歡聲如雷。此固足以見陛下天地父母生成覆育之恩矣。然臣愚暗，不知分量，輒敢更有無厭之請，觸冒萬死，復以奏聞。伏惟陛下少留聖聽，臣不勝幸甚。今具下項：

一、臣昨奏請給降錢一百萬貫，爲一路救荒之備，已蒙聖慈開允應副三十萬貫，不勝幸甚。然臣自昨者具奏之後，續據諸州申到所乞錢數，明州一百萬貫，婺州六十萬貫，處州十萬貫，台州十萬貫，而紹興府、衢、温州尚未申到，計其所須，當亦不下三二十萬。大抵通以一路計之，約二百餘萬貫始可足用。而臣向來所請，不及其半，致陛下未知合用實數，其所予者又不及所請之半，臣之罪大，無所逃刑。唯有及今據實披露，尚冀可補萬一。臣竊計本路四十一縣，除得熟縣分不過十數，其餘大抵皆荒。且以三十縣計之，若得二百萬貫，則一路可得米五十萬石，而一縣當得一萬六千餘石。若止得一百萬貫，則一縣但可得米八千餘石。今乃僅得三十萬貫，則是一路得米不過七萬餘石，而一縣爲二千餘石而已。其逐縣合糶給户口雖已立式行下，取會未到，然以去年紹興諸邑之費推之，則一縣用米有至四五萬石者。況今歲之荒甚於去歲，一縣飢民之衆，其非八千、二千石之所能濟，亦不待算計而可知矣。今欲少俟取見户數，而後計所不足，續有陳請，則恐地分闊遠，取會未能遽集之間，而已後糶米之期矣。冬春之間，糶者日衆，米價日高，臣恐用錢愈多，得米愈少，而民之飢者愈失望也。臣愚欲望聖慈深察前項事理，特降睿旨，更撥錢一百七十萬，揍前所給，通作二百萬貫，令臣及早分給諸州，廣行運糶。俟見糶給户口實數，却行計度支用不盡之數，先次拘收回納，亦未爲晚。伏候聖旨。

貼黄

竊恐度牒官會發出太多，難以發洩，今減半賞格，已蒙施行。欲乞指揮，紐計米數，量給空名告身五七十道，并度牒官會，揍成二百萬貫，付臣收掌，則富民聞之，願獻助者必多。如有應格之人，即乞許令提舉官與安撫使照應見行減半賞格，聚廳書填，當面給付，亦足以關防私曲情弊。伏乞聖照。

一、臣昨奏乞依耿延年所奏，浙東一路獻助米斛人户並與減半推賞，已蒙聖慈開允施行，不勝幸甚。但指揮内却有「將來檢踏，見得災傷最重處，方得保明取旨」之文，則臣恐聽者不能無疑，而未有應募之意也。臣雖已行下州縣，令人户願獻助者先經本司自陳，特與摽撥赴災傷最重州縣送納支散〔一七〕，然人户未知省部人吏將來的將是何州縣作災傷最重去處，則終不能無疑。且天下一家，初無彼此，而本路災傷重處，殆計八九，但今在在處處米穀堆積，而徐視飢民闕食尤甚去處般運以往，則亦無處不可入納，又何必逆爲此不可取旨之端，以疑羣聽而誤飢民之命哉？臣愚欲望聖慈深察上件事理，特降睿旨，一依乾道七年耿延年所請已得指揮施行，而删去今來所增委曲關防之語，使大哉之言、一哉之心有以宣著暴白於天下，則有餘粟者争先應募，而所賜之錢又可會計餘數，拘收回納，是亦所謂惠而不費者。伏候聖旨。

一、臣昨具奏，乞詔州縣寬限催税，已蒙聖慈特詔本路州縣將合納税賦並照省限催促，不得非理搔擾，不勝幸甚。但今年旱傷實非去年之比，若據事理，所有夏税自合依去年例特與住催。竊緣節次蠲放，蒙恩已多，不敢便爲陳乞。但今八月十五日，省限已滿，州縣自此必是公肆追呼，無所忌憚，使被災餘民無所告訴，馴致死徙，仰貽宵旰之憂。臣愚欲望聖慈深察上件事理，特詔有司將本路被災縣分人户夏税權行住催，却俟檢放秋苗分數定日，却將夏税亦依分數蠲減，一併催理，庶幾飢民均被實惠。伏候聖旨。

簽黄

臣契勘紹興府今年人户丁錢已蒙聖慈盡數蠲放，今者本路諸州例遭災旱，而台州丁錢最重，下户尤以爲苦。欲望聖慈許將台州五縣第五等人户今年丁絹特與蠲放，庶幾千里飢民得免追呼決撻之擾，不勝幸甚。伏取聖旨。

一、臣昨所奏逐項事理並蒙開允，獨有依準舊制募飢民修水利一事未蒙施行。臣竊見連年災旱，國家不忍坐視天民之死，大發倉廩以拯救之，其費以巨億計。蓋其賑給者固不復收，其賑糶者雖曰得錢，而所折閲亦不勝計。仁聖之心，於此固無所吝。然飢民百萬，安坐飽食，而於公私無毫髮之補，則議者亦深惜之。故臣嘗竊仰稽令甲，私計以爲若微於數外有所增加，以爲募民興役之資，則救災興利一舉而兩得之，其與見行糶給之法，利害之算相去甚遠。故不自揆，既以奏聞，而輒下諸州，委是通判詢究水利合興復處〔一八〕，以俟報可。至於近日巡歷，又得親見，所至原野極目蕭條，唯是有陂塘處，則其苗之蔚茂秀實，無以異於豐歲。於是竊歎，益知水利之不可不修。自謂若得奉承明詔，悉力經營，令逐村逐保各有陂塘之利如此，則民間永無流離餓莩之患，而國家亦永無蠲減糶濟之費矣。不謂言語疏略，未蒙鑒照，敢竭其愚，重以爲請。伏望聖慈深察上件事理，許臣前項所請百七十萬貫者，而令於内量撥什三，候諸州通判申到合興脩水利去處，即與審實應副。其合糴給人有應募者，即令繳納糴給由曆，就顧入役。俟畢工日，糴給如舊。則所損不至甚多〔一九〕，而可以成永久之利、絶凶年之憂。費短利長，未爲失策。伏候聖旨。

籤黄

臣又竊恐興脩水利所費太多，難以支給，即乞且令貸與食利人户，雇工興役，却候將來豐熟年分，紐計米數，量分料次，赴官送納。椿管在官，尤爲利便。伏候聖旨。

一、臣昨嘗面奏，乞令被災州縣人户苗米五斗以下不候檢踏，先次蠲放，以絶下户細民奔走供億、計囑陪費之擾，誤蒙聖慈曲賜開納〔二〇〕。今者本路復遭旱虐，竊欲取旨，依此施行。但令檢官已在田野，如蒙開允，即乞聖慈，特降指揮，令轉運司疾速施行。若俟命下到臣巡歷去處然後施行，却恐緩不及事。伏候聖旨。

一、臣伏覩歲既不登，所在艱食，全賴商賈阜通之利，所宜存恤，不可搔擾。今米穀不得收税，雖有成法，而州縣場務多不遵守，至於往糴而有所挾之資，既糴而有所貿之貨，則往來之間，經由去處，尤以邀阻抽税爲苦，是致客人憚於興販。欲望聖慈，特降睿旨，申嚴舊法。仍詔有司，諸被災州縣人户欲興販物貨往外州府收糴米穀，就闕米處出糶者，各經所在或縣或州或監司自陳所帶貨物，判執前去。其糶米訖所買回貨，亦各經所在自陳，判執回歸。往回所過，並不得輒收分文税錢，違者並依税米穀法，必行無赦。如蒙開允，即乞徑下轉運司，約束沿江瀕海所過場務遵禀施行，庶幾商販流通，民食不匱。伏候聖旨。

右謹録奏聞，伏乞敕旨〔二一〕。

奏明州乞給降官會及本司乞再給官會度牒狀

具位臣朱熹。

臣據明州申，契勘本州今歲闕雨，管下六縣皆有旱傷去處，竊慮細民闕食。本州雖有常平錢米，所管不多。今來事勢不可少緩，本州遂於七月十八日具奏，乞支降官會一百萬貫下本州，循環充本，雇備人船出海，往潮、廣豐熟州軍收糴米斛〔二二〕，準備賑糶賑濟〔二三〕。或朝廷不欲支動經常之費〔二四〕，即乞支降空名度牒一千道、官告三十道下本州，轉變糴米。未蒙回降，申本司乞更賜敷奏。

臣照對本路諸州今歲皆有旱傷，比去年大段不同。雖荷聖恩給降官會度牒共三十萬，不足支遣。臣已具奏，乞再給一百七十萬貫，揍前作二百萬貫。如蒙朝廷應副，便可均給諸州。今又據明州所申，合行備録奏聞。伏望聖慈，照臣前奏事理，早賜依數給降。仍乞就撥紹興府先蒙降到度牒一百道所换米二萬石，及明州先蒙降到二十萬貫糴到米，並付本司均撥應副紹興府、明州糶濟，及貸與食利人户興修水利，却於二百萬貫内除豁其水利貸錢。向後豐年，却令逐旋回納，實爲利便。須至奏聞者。

右謹録奏聞，伏候勑旨。

校勘記

〔一〕令臣詢訪最多處按劾　「劾」，原作「效」，據浙本改。

〔二〕今年二月二十一日到任　「二月」，浙本、天順本作「三月」。

〔三〕輒行擅借四千餘石　「輒」，浙本作「便」。

〔四〕昨已據所差人孫勝回報　「已」，浙本作「日」。

〔五〕㝅子皆爲咬落　「子」，原作「苗」，據浙本改。

〔六〕又聞蝗之小者滋育甚多　「又」，浙本、天順本作「及」。

〔七〕具言所見　「具」，原作「其」，據浙本改。

〔八〕庶幾精神感通　「神」，浙本、天順本作「誠」。
〔九〕督催補還元舊窠名　「督催」，浙本、天順本作「催督」。
〔一〇〕日下差官檢踏早田荒熟分數　「日」，原作「目」；「早」，原作「旱」。據浙本改。
〔一一〕許兩司按劾以聞　「劾」，原作「効」，據浙本改。
〔一二〕使如臣者得以奉承宣布　「宣布」，浙本作「布宣」。
〔一三〕庶幾血脉貫通　「貫通」，浙、天順本作「通貫」。
〔一四〕却將此項沉匿　「匿」，原作「溺」，據浙本、天順本改。
〔一五〕當處多是早中禾稻　「早」，原作「旱」，據浙本改。
〔一六〕尚有些小可望收成　「小」，浙本作「少」。
〔一七〕特與摽撥赴災傷最重州縣送納支散　「特」，浙本、天順本作「待」。
〔一八〕委是通判詢究水利合興復處　「是」，原作「自」，據四庫本改。
〔一九〕則所損不至甚多　「損」，浙本作「捐」。
〔二〇〕誤蒙聖慈曲賜開納　「開」，浙本作「嘉」。
〔二一〕伏乞勑旨　「乞」，浙本、天順本作「候」。
〔二二〕往潮廣豐熟州軍收糴米斛　「潮」，正訛改作「湖」。
〔二三〕準備賑糶賑濟　「糶」，原作「糴」，據浙本改。
〔二四〕或朝廷不欲支動經常之費　「欲」，浙本作「行」。

晦庵先生朱文公文集卷第十八

奏狀

奏台州免納丁絹狀

具位臣朱熹。

臣巡歷至台州，據屬縣人户陳狀稱，逐年身丁每丁合納本色絹三尺五寸并錢七十一文，被州縣登承抑納絹七尺。其實本州每丁只發納上供三尺五寸，却將錢七十一文令人户倍輸，折納本色。竊念本州縣人户連遭荒旱，細民艱食，見蒙追催緊急，無所從出，乞將遞年多納理作今年合納，其今年倍納在官，乞理爲來年合納之數。臣喚到台州典級楊松年、陸迅等供，拖照案例，臨海五縣人户合納丁絹，除第一等止第四等係將丁産税錢併紐科納紬帛外，所有第五等丁絹，檢準建炎三年十一月三日德音節文，兩浙人户歲出丁鹽錢，每丁納錢二百二十七文，並令納絹一丈、綿一兩，已是太重。自今第五等以下人户一半依舊折納外，餘一半折納見錢。台州人户身丁，每丁收鹽税錢一百四十一文足〔一〕，折納絹七尺。自紹興三年首正，將第五等人户丁鹽錢除一半折納絹三尺五寸外，有一半折納見錢七十文足五分，計減退本色絹數，是致闕少絹帛支遣。本州於紹興四年相度，貼支官錢揍納，具申朝廷。獲奉聖旨，令台州椿管見錢與人户納到數目，依市價買發〔二〕，不得科敷騷擾。本州自紹興四年以後，却將第五等人户合納一半丁錢七十文五分足紐納絹三尺五寸。照得第五等人户計一十九萬九千八十四丁，合納丁鹽錢二萬八千七十貫八百四十四文〔三〕，除一半納本色外，有一半止合納丁錢一萬四千三十五貫四百二十二文足。本州却將上件丁錢紐作本色絹三尺五寸催納，計絹一萬六千五百九十匹一丈二尺，以致人户陳理。今來若放免一半丁絹，却合催納一半丁錢〔四〕一萬四千三十五貫四百二十二文足。其所免上件丁絹，本州逐年自有支用趲剩紬絹一萬六千二百餘匹，可以通那，充官兵等支遣，不礙起發上供綱運之數。臣照對台州諸縣連年災傷，細民重困，若不優加存恤，必見流移。其第五等人户所納丁税，既有元降建炎三年指揮，許納一半見錢，自不應並納本色。今來台州若免納一半丁絹，本州自有趲剩紬絹可以通那支遣，不礙起發上供之數，委無相妨。臣已行下台州及臨海等縣，遵照建炎三年獲降聖旨，令人户逐年每丁送納絹三尺五寸，并一半見錢七十文五分足，免致重困貧民下户，不得仍前違戾科抑外，須至奏聞者。

右謹録奏聞，謹狀。

再乞給降錢物及減放住催水利等狀

具位臣朱熹。

臣於今月初一日及六日兩次具奏，乞給降錢物，應副本路諸州糴濟支用等事。至今半月，未奉進止。竊緣自今已向深秋〔五〕，欲得上項錢物給付逐州及早運糴，其餘事件亦合早作措置，庶幾將來飢民得沾實惠，不至復似去年措置後時，追悔無及。但緣臣近日不合按劾知台州唐仲友不公不法事件，違忤貴臣，不敢更以私書手劄陳懇廟堂，催促敷奏。竊慮進呈淹緩，有誤一道飢民性命之計，今不免再具畫一事目奏聞。欲望聖慈鑒兹愚悃，發自宸衷，斟酌事宜，特降處分，先將愚臣重賜行遣，别選膚使，錫以緡錢，使布寬大之恩。其減放、住催、水利、募糴等事，亦係本路救荒緊要節目，若俟新官奏請然後施行，必是遲緩誤事。欲乞權依臣奏，且與施行，不勝幸甚。須至奏聞者。

一、奏乞特降睿旨，支撥錢一百七十萬貫，湊前所給，通作二百萬貫，令臣及早分給諸州，廣行運糴。俟見糴給户口實數，却行計度支用不盡之數，先次拘收回納。仍乞於内紐計米數，量給空名告身五七十道，并度牒官會，揍成二百萬貫，付臣收掌。如有獻助及格之人，令臣與安撫使書填給付。

一、奏乞特降睿旨，於今來所降減半指揮内，删去「將來檢踏，見得災傷最重處，方得保明取旨」之文，只依乾道七年耿延年所請已得指揮施行。

一、奏乞特降睿旨，將本路災傷縣分人户夏税權行住催，少俟檢放秋米分數定日，却將夏税亦依分數蠲減。

一、奏乞特降睿旨，許臣前項所請百七十萬貫，却於數内量撥什三，候諸州通判申到合興修水利去處，即與審實應副。其合糴給人有應募者，即令繳納糴給由曆〔六〕，就顧入役，俟畢工日糴給如舊。

一、奏乞特降睿旨，許令被災州縣人户苗米五斗以下不候檢踏，先次蠲放，令轉運司疾速施行。

一、奏乞特降睿旨，申嚴米穀不得收税舊法。仍詔有司，諸被災州縣人户欲興販物貨往外州府收糴米穀，就闕米處出糴者，各經所在或縣或州或監司自陳所帶貨物，判執前去。其糴米訖所買回貨，亦各從所在自陳，判執回歸。往回所過，並不得輒收分文税錢，違者並依税米穀法，必行無赦。徑下轉運司約束施行。

一、奏乞特降睿旨，就撥紹興府先給到度牒一百道換到米，及明州先蒙降到二十萬貫糴到米，並付本司，均撥應副紹興府、明州糶濟，及貸與食利人户，興修水利。却於二百萬貫内除豁其水利貸錢，向後豐年，却令逐旋回納。

右謹録奏聞，伏候勑旨。

乞降旨令婺州撥還所借常平米狀

具位臣朱熹。

臣伏準尚書省劄子，備據知婺州錢佃奏，乞於本州見管常平義倉米内支借二萬石支遣軍糧。八月三日，三省同奉聖旨，許支借二萬石，限至歲終撥還。臣除已恭禀施行外，臣竊見義倉米在法唯充賑給，不許他用。今歲婺州諸縣例皆旱傷，將來細民必致闕食，本司尚自申奏朝廷，支降官會度牒，應副本州糴米，而義倉窠名正係賑給之數，先來本州已曾借過一萬七千石，元降指揮，候秋成先次撥還，尚未還到顆粒，今來再借二萬斛，止存七千餘石，已是不足支遣。而所借之米，又蒙許令歲終撥還，深恐後時，有誤糶濟。欲望聖慈，特降指揮，令婺州將兩次借過米三萬七千石趁此秋成，盡數先行撥還，庶幾可以添助糶濟。須至奏聞者。

右謹録奏聞，伏候敕旨。

奏巡歷至台州奉行事件狀

具位臣朱熹。

臣照得本路州縣今歲旱傷，臣自七月十五日出巡，取道嵊縣，迤邐入台州按視，及預行措置賑恤事件節次具奏外，臣已於八月十八日起離台州，取處州前去。所有台州奉行事件，須至奏聞者。

一、臣七月二十三日到台州，二十五日準尚書省劄子，恭奉聖旨，給降度牒三百道，官會一十五萬緡。臣即時分撥應副諸州外，仍於台州刷到常平司及諸州庫眼有管窠名錢八萬貫，及於降到錢會内撥錢二萬貫，共湊一十萬貫，量逐縣災傷輕重、地里闊狹，均撥應副。仍詢訪到土居官員士人誠實練事、爲衆所服者，一縣數人，以禮敦請，令與州縣當職官公共措置，差募人船，前往得熟去處收糴米斛，循環賑糶。仍多方敦請上户，説諭或出米穀，或出錢物，并行運糴，添助賑糶。仍據本州申到見管常平義倉米五萬二千餘石，已令椿管準備賑濟。及一面立式，選差都正鄉官等，家至户到，從實抄劄法應糴濟大小户口，取見的確數目，各隨比近置場，以俟將來闕食，就行糶濟。仍立罪賞約束，不得泛濫抄劄，枉費官廩外，伏乞聖照。

一、臣所經歷去處，得雨之後，晚稻之未全損者，並皆長茂，可望收成。但民間所種不多，僅當早稻十之一二。其早稻未全損者，亦皆抽莖結實，土人謂之二稻，或謂之傳稻，或謂之孕稻，其名不一。目今有已黄熟處，亦有尚帶青色處，村民得此接濟，所益非細。但其稻莖稀疏，秕多穀少，其色青者已逼霜露，恐難指擬。至於粟、荳、油麻、蕎麥之類，却並有收，次第今冬未至乏絶。只爲荐飢，民無蓋藏，竊恐來春必至艱食，臣已面諭州縣官吏常切體訪，不拘早晚，但覺民間闕食，便行賑糶，收錢運糴，循環接濟，無損於官，有益於民，實爲利便。伏乞聖照。

一、臣體訪到本州黄巖縣界分闊遠，近來出穀最多〔七〕，一州四縣皆所仰給，其餘波尚能陸運以濟新昌、嵊縣之闕。然其田皆係邊山瀕海，舊有河涇堰閘，以時啓閉，方得灌溉收成，無所損失。近年以來，多有廢壞去處，雖累曾開淘修築，又緣所費浩瀚，不能周遍。臣竊惟水利修則黄巖可無水旱之災，黄巖熟則台州可無飢饉之苦，其爲利害，委的非輕。遂於降到錢内支一萬貫付本縣及土居官宣教郎林鼐、承節郎蔡鎬公共措置，給貸食利人户，相度急切要害去處，先次興工，俟向後豐熟年分，却行拘納。其林鼐曾任明州定海縣丞，敦篤曉練，爲衆所稱。蔡鎬曾任武學諭，沈審果決，可以集事。但本縣知縣范直興不甚曉事，恐難倚仗。欲乞依本司已獲降到指揮，特與嶽廟，理作自陳。别選清强官權攝縣事，庶幾興役救荒不至闕誤。伏候勑旨。

一、臣前項所奏給降到錢三十萬貫〔八〕，臣已分撥婺州八萬貫，衢州六萬貫，處州五萬貫，台州二萬貫，黄巖興修水利一萬貫，及明州定海縣亦乞興修水利，已撥一萬貫，共已撥二十三萬貫外，尚剩七萬貫。初欲分撥應副明州、紹興府，而明州申到，已奏乞撥錢一百萬貫，臣遂不敢拈出。兼婺、衢兩州連年荒歉，並無蓄積可以那兑運糴，竊恐將來更有欠闕，欲且留此錢數，更俟聖慈添撥到錢，即并諸州再行均給。所有添撥之數，已兩次具奏，今更於後項開説，伏乞聖照。

一、臣於八月初三日及十二日兩次具奏，更乞聖慈添撥錢物，及紹興府、明州元降度牒官會所糴米斛，通揍作二百萬貫文，乞不候檢踏，先放五斗以下苗米。又乞權住催夏税零欠，俟檢放秋苗分數定日，并行除豁理納。又乞申嚴米穀免税舊法，仍乞特降指揮，與免往回物貨及搭帶税物。亦已日久未奉進止，欲乞聖慈，詳臣兩狀，早賜指揮，伏候勑旨。

右謹録奏聞，伏候勑旨。

貼黄

臣第二狀内，已有陳乞别選盧使，付以緡錢一節。今更自度，決難自効，并望聖慈，早賜處分。

奏均減紹興府和買狀同本府

臣聞欲救巨患者，不可惜小費；欲除實弊者，不可循虚名〔九〕。臣等叨蒙聖恩，備數東浙，竊見紹興和買之患，民所不堪，巧詐之徒，姦弊百出。前此議者非不欲救而除之，而往往過爲國家顧惜小費，下比流俗，苟循虚名〔一〇〕，是以因循，終莫能革。臣等不肖，誠不足仰窺聖德之萬分，然有以知陛下愛民之心，燭理之明，於此必有所不屑者，是以敢昧萬死而一言之，伏惟陛下留神財擇。臣等契勘浙東七州，除温州無和買外，其餘六州共管和買二十八萬一千六百四十四二丈一尺，紹興一州獨當一十四萬六千九百三十八匹，乃占諸州一半以上。緣此重困，人不能堪，所以子户詭名，巧爲姦弊，雖有重法，終不能禁。且如會稽一縣，經界之初舊例，雖是物力三十八貫五百以上起科和買，然以通數計之，實及四十七貫，方滿一匹。今亦自三十八貫五百起科，以通數計之，乃自十八貫六百單一文已科一匹。則是向來科納一匹者，今增爲二匹半矣。官之所入不加贏，田之在民不加損，止緣人苦其重，避免者多，以故姦僞日滋，以至此極。向來官吏之有意於民者，莫不知有此弊，亦未嘗不爲之惻然動心。評議措畫，亦既多端，而利害相形，終無定説。如欲首併詭户，則懼其告訐成風，徒敗風俗，而暫併復分，終不能禁；欲以畝頭均紐，則縱舍游末，重困農民，輕重之間，亦未爲允；欲科有産無丁之户，則彼能立詭户者，固不憚更立虚丁，而寡妻弱子，實無丁籍者，反受其弊；如欲减退物力等則，或作鼠尾推排，則彼昔者既能析而爲三十八貫五百以下之户矣，今豈不能再析而爲若干錢以下之户乎？故嘗參酌前後衆人之論而折衷之，獨有通計家活浮財物力貫頭均紐之説稍爲無弊。雖第五等户昔無今有者未免有言，然於其間真僞亦復相半。若真貧民，輸一户之和買不過丈尺，彼自不較。惟是子户詭名之衆〔一一〕，頓輸數户，積計甚多，故尤不以爲便而必争之。其力又足以挾下户、唱浮論以揺衆聽，故不察其實者遂以自疑，而莫能復措其説。此和買之議所以洶洶累年，而和買之害固未嘗有一毫之損也。然竊嘗深究其受病之原，則無他焉，直以元額之太重而已。故今臣等相與熟議，輒陳此説，欲望聖慈，先發德音，痛减歲額，然後用貫頭均敷之説以定其制。惟慮所敷第五等户之中，真下户者或受其弊，則請參用高下等第均敷，及减免下户丁錢之説以優恤之。但使真下户者，審知此法之行不爲厲己而無他辭，則彼姦民之浮論亦可以置而不問矣。謹畫一條具于後〔一二〕：

一、所以先裁減歲額者，臣聞祖宗初立和預買法，先支見錢，後納紬絹，民間實賴其利，至有形於歌謡者。而當是時，本路漕臣有私於越州者，其吏復私於會稽，故此郡縣所抛獨多。其後請本之數遂爲歲額，而錢不復支，絹日益貴，以至今日，而白着之科遂反爲一州無窮之害。故建炎元年五月一日，光堯壽聖憲天體道性仁誠德經武緯文太上皇帝登極赦書有曰：「和預買法本支實價，訪聞官司立價甚低，或高擡他物價直準折，或以無實虚券充數，甚者直至受納未支本錢，不遵條限，前期起催，急於星火。今來上供之類，欲依祖宗法，其和預買有前項違戾，守令并轉運司並以違制論加二等。仍委提刑司覺察，每歲於依限後一月内，具有無違戾奏聞〔一三〕。不以實聞與同罪。」仰味大哉之言，則是太上皇帝再造之初，聖慮之深，固已及於此矣。而兩聖相承，於今五十餘年，迫以軍國之須，所資至廣，卒未能有以仰稱睿謨預支實價，以復祖宗之舊者。臣等竊思其次，獨有擇其甚處，如紹興府者，有以少解其倒垂之急，爲庶幾焉爾。然今欲去紹興和買之害，使無姦弊，稍得均平，而不先減其當日請本之額，譬如負千鈞者，背膂之力既已不堪，乃不知減其所負之物，但欲移而置之懷袖，亦必無益於事矣。故今臣等於此首陳減額之説。而議者顧以爲有虧經費，無所從補，徒然奏陳，必不聽許，則臣等雖愚，有以知其必不然也。臣等仰觀陛下愛育黎元，如親父母，有以病告，如切其身。如頃年四川之虚額，饒州之金，徽州之絹，汀州之銀，青陽、星子之稅，放免蠲除。不可勝計。而連年水旱施舍貸給，何啻數十巨萬，何獨於此知其爲害之甚，而不出捐數萬匹者以紓之乎？又況近日已蒙聖恩[一四]，減免天慶攢陵等處和買二千餘匹，固已漸示救患除弊之端矣。然通而計之，人户所減，每匹纔及一尺有奇，而坊本、煎鹽、坍江、放生四色所放尚未除免，則臣等所以望於陛下者，不但如此而已也。臣等竊見浙西和買最重去處，無如臨安府者，而其數纔及八萬餘匹。欲望聖慈將紹興府且依此例爲額而蠲其餘數。至於版曹經費或有所闕，則乞量撥内帑之蓄，以補其數。蓋如本路坊場課利出剩錢數，歲輸内帑者至若干萬貫，皆是近歲曹泳創置窠名，即非舊法所當供者。如此之類，倘捐一二，歸之版曹，還以補填本路上供蠲減之數，則聖澤下流，人知德意，舊弊庶乎其可革矣。

一、所以謂貫頭均紐之説爲無弊者，蓋今和買之重，人悉規避，詭爲下户，長姦滋弊，莫可關防。如經界之初，會稽一縣凡爲物力錢一百二十六萬餘貫，而四等以上科納和買者當一百一十萬餘貫，今來四十年，所謂四等以上止有物力錢三十七萬九千四百六十貫六百文，而轉入五等者乃至七十二萬五百餘貫。皆緣和買之重，姦猾之民争爲子户詭名，以避均敷，而其淳謹畏法不敢爲者，顧乃爲之代受所免之數，幾再倍於其舊。政之不平，莫甚於此。從來爲州縣者灼知其弊[一五]，非不嚴詭户之禁，往往隨併隨分，終莫能革。今若蒙恩先次痛減歲額，却以貫頭均敷，自物力一文以上，並紐寸尺，則高下多寡，其數一定，而姦弊無所從出矣。若猶以真實下户創科爲慮，則所謂高下等第科敷，以及減免下户身丁之説，臣等請得而備陳之。

一、所謂高下等第均敷者，上户舊科和買數多，今用貫頭均敷，則其數却須少減。下户舊不曾科和買，今用貫頭均敷，則其數乃是頓增。若使頓增數中皆是子户詭名，則固不足恤。第其間却有真實下户，不能無咨怨者，故今復爲此法以優恤之。如第一等物力，四十貫當科和買一匹，則第二等四十五貫乃科一匹，等而下之，至於五等，則户愈卑而科愈少矣。如此施行，庶幾下户所增不多，不至反有重困。

一、所謂減免下户丁錢者，大率第五等中，有丁者多是真實下户，無丁者多是子户詭名。今若將第五等户所納丁錢特與除放，則真實下户雖增和買，而得除此色官物，其乘除之間，亦略足以相補矣。

右謹件如前。欲望聖慈，特賜省覽，直降睿旨，悉與施行，則不惟臣等之幸，實紹興闔境百萬生靈數十百年永永無窮之幸。

貼黄

第五等户計若干丁，每丁一歲納錢若干，統府八縣，計若干貫。後闕。

又小貼子

所以欲改「畝頭」二字爲「物力貫百」者，蓋以畝頭科紐，則獨有田之家被科，而有浮財物力者不與，亦有未均之弊。故欲改作「物力貫百」，則有田及浮財者皆在其中。此奏是衆人商量，而新秀州嘉興主簿諸葛千能操筆爲之。其人有學行，審細詳練，恐可招而問之，必能博盡異同，得其利病之實。伏乞台照，熹上覆。

奏鹽酒課及差役利害狀

臣竊見本司所管鹽酒課利，國計所資爲甚廣，而民情所患爲甚深，若不根索弊原，别行措畫，竊恐民力日困，亦非國家久遠之利。臣雖書生，不曉錢穀，然其大體亦竊講聞。久欲條奏以聞，顧以救荒方急，有所不暇。今以罪疾，力請投閑，惓惓之私，懷不能已，輒有己見，冒昧奏陳。如有可採，欲乞别選忠厚通敏之臣，付以其事，令其詳細稽考，因事制宜，使民情亟得去其所患，而國計永不失其所資，實爲利便。至於差役一事，亦屬本司所管，今亦有少利害，并具其説如後，須至奏聞者。

一、浙東所管七州，而四州瀕海，既是産鹽地分，而民間食鹽必資客鈔，州縣又有空額，比較增虧，此不便之大者。夫産鹽地分距亭場去處，近或跬步之間，遠亦不踰百里，故其私鹽常賤而官鹽常貴。利之所在，雖有重法不能禁止。故販私鹽者百十成羣，或用大船般載，巡尉既不能訶，州郡亦不能詰，反與通同，資以自利，或乞覓財物，或私收税錢。如前日所奏台州一歲所收二萬餘貫是也。以此之故，除明、越兩州稍通客販，粗有課利外，台、温兩州全然不成次第，民間公食私鹽，客人不復請鈔，至有一場一監，累月之間不收一袋、不支一袋，而官吏糜費、吏卒搔擾有不可勝言者〔一六〕。然以有比較之法，州縣恐有殿罰，則不免創立鹽鋪，抑勒民户，妄作名色，抑令就買。出入暗昧，不可稽考。大略瘠民以肥吏，困農民以資游手，爲州縣、爲提舉主管者非不之知，然皆以國計所資，不敢輒有陳説，日深月久，民愈無聊。若不變通，恐成大患。臣生長福建，竊見本路下四州軍舊行産鹽之法，令民隨二税納産鹽錢，而請鹽於官。近歲官鹽雖不支給，而民間日食私鹽〔一七〕，官司既得産鹽税錢，亦不復問其私販，雖非正法，然實兩便。欲乞聖慈，特詔本司，取會福建路轉運司下四州軍見行産鹽法，將本路地里遠近、鹽價高低比附參考，立爲沿海四州鹽法，其餘州軍自依舊法施行，則亦革弊救民之一事也。伏乞聖慈，詳酌施行。

一、酒坊之弊，其説有四：一曰官監，二曰買撲，三曰拍户抱額，四曰萬户抱額。臣竊以爲莫不便於官監，莫便於萬户，其他則亦互有利害。而萬户之中，亦不能無少利害，要在講究詳盡，然後施行，則庶乎其弊之可革矣。今官監之害，朝廷既知而罷之矣，然州郡占吝，多不遵稟，户部漕司所撲，仍不廢罷，此則害雖除而未盡者也。買撲之害，在買人有消折本柄、破壞家産之患，在衆人有掗托抑勒、捕捉欺凌之擾。雖加禁防，法式明備，然勢之所在，終不能革。拍户抱額，則庶幾矣。然或額重而抱納不前，或藉此而掗托搔擾，則其弊亦不異於買撲。唯萬户抱額最爲簡便，然須以一州或一縣，通計田畝浮財物力而均出之，使無官户、民户之殊，城居、村居之異，一概均敷，立爲定籍，乃爲盡善。若舍官户而敷民户，舍城居而困村居，不立官簿而私置草簿，使吏得以陰肆出没走弄於其間，則又病矣。此法本路處州見已施行四五十年，民無爭訟，官省禁防，雖其小害尚不能無，然入其封境，觀其氣象，宛然樂國，與諸州不同。今欲便取其法行於諸州，則恐本州課額素輕，或非他州之比，未可遽議。然他州課額雖多，從來拘催少曾登足，皆是虚名，徒掛空簿。若蒙聖恩深詔有司，取淳熙六年、七年、八年三歲實催到庫之數，參校取中，立爲定額，然後以此科敷，俾爲萬户，則亦庶幾安民省事之一端也。伏乞聖慈，詳酌施行。

一、臣於今年□月内曾具差役利害□事申尚書省，幾數千言，内有徐詡所畫歇役年限一條，最爲詳密。而近準户部行下，乃無一言見施行者。臣生長田間，頗諳鄙事，竊謂其言若得聖明一賜觀覽，決須有可采者。欲望聖慈，特賜宣索，觀其大概，然後付之愛民曉事、老成詳細之臣，令其看詳，擇可行者具爲條畫，别降指揮施行，庶於陛下愛民之意少有裨補，臣不勝萬幸。

右謹録奏聞，伏候敕旨。

奏義役利害狀

具位臣朱熹。

臣巡歷到處州，竊見本州昨奉聖旨，依布衣楊權所請，結立義役，此見陛下愛民之切，雖草茅之言，苟有便於民者，無不采納施行，天下幸甚。然本州目今奉行，却有未盡善者。如令上户、官户、寺觀出田以充義田。此誠善矣，而本州却令下户只有田一二畝者亦皆出田，或令出錢買田入官，而上户田多之人，或却計會減縮，所出殊少。其下户今既被科出田，將來却不充役。無緣復收此田之租，乃是困貧民以資上户。此一未盡善也。如逐都各立役首管收田租、排定役次，此其出納先後之間，亦未免却有不公之弊，將來難施刑罰，轉添詞訴。此二未盡善也。又如逐都所排役次，今日已是多有不公，而況三五年後，貧者或富，富者或貧，臨事不免却致争訟。此三未盡善也。所排役次，以上户輪充都副保正，中下户輪充夏秋户長，上户安逸而下户陪費。此四未盡善也。凡此四事，是其大概。目下詞訴紛然，何況其間更有隱微曲折，未可猝見〔一八〕；若不兼採衆論，熟加考究，竊恐將來弊病百出，詞訴愈多，改之則枉費前功，不改則反貽後患，將使義役之名重爲異議者所笑，無復可行之日，誠有未便。臣昨見紹興府山陰縣見行義役，只是本縣勸諭人户各出義田，均給保正户長，各有畝數，具載砧基。其保正户長依舊只從本縣定差，更不别置役首，亦不先排役次。而其當役之户既有義田可收，自然樂於充應，不至甚相糾訐。但其割田未廣去處，未免尚仍舊弊。若更葺理增置，便無此患。竊謂其法雖似闊疏，然却簡直易明，無他弊病，又且不須衝改見行條法，委實利便。故嘗取其印本砧基，行下州縣。然以未經奏請，晝降指揮，州縣往往未肯奉行。臣愚欲望聖慈詳酌，行下處州，止令合當應役人户及官户、寺觀均出義田，罷去役首，免排役次，止用山陰縣法，官差保正副長輪收義田，仍令上户兼充户長。俟處州行之有緒，却令諸州體倣施行，庶幾一變義風，永息争競。須至奏聞者。

右謹録奏聞，伏候勑旨。

按知台州唐仲友第一狀

外封

奏爲本路諸州人户間有流移去處奏聞事。

内封

奏爲台州催税緊急，户口流移，知台州唐仲友別有不公不法事件〔一九〕，臣一面前去審究虚實奏聞事。

貼黄

臣竊見本人近蒙進擢，而臣蹤跡方此孤危，較權量力，實犯不韙。顧以疏賤，蒙被誤恩，實當一路耳目之寄，不敢緘默，以負使令。伏惟睿照〔二〇〕，力賜主張，免致復爲小人陰有中害，不勝幸甚。

具位臣朱熹。

臣今月十六日起離紹興府白塔院，道間遇見台州流民兩輩，通計四十七人，扶老攜幼，狼狽道途。臣問其故，皆云本州旱傷至重，官司催税緊急，不免拋離鄉里，前去逐食。臣即量給錢物，喻令復業，竟不能回，各已迤邐西去。臣因詢究得本州日前似此流移户口已多，目今方是初秋，已致如此，竊恐向後愈見數多。除已行下本州約束，令其存撫見在人户，毋致復有流移外，臣續訪聞知台州唐仲友催督税租委是刻急，多差官吏在縣追呼，屬邑奉承，轉相促迫，急於星火，民不聊生。又聞本官在任，多有不公不法事件，衆口讙譁，殊駭聞聽。臣今一面躬親前去審究虚實，別具聞奏，乞賜究治外，所有上項事理，須至先次奏聞者。

右謹録奏聞，伏候敕旨。

按唐仲友第二狀

貼黄

奏爲知台州唐仲友違法促限催税，搔擾飢民事，伏候勑旨。

具位臣朱熹。

臣昨訪聞知台州唐仲友催税急迫，致得民户流移等事，即具大略奏聞。今巡歷到本州天台縣，據人户遮道陳訴，本縣夏税絹一萬二千餘匹、錢三萬六千餘貫，緣本州催促嚴峻，六月下旬已納及絹五千五百餘匹、錢二萬四千餘貫。而守臣唐仲友嗔怪知縣趙公植催理遲緩，差人下縣追請赴州。縣人聞之，相與號泣，遮欄公植回縣，情願各催户下所欠零税絹二千五百匹，限十日内赴州送納，方得放免。仲友遂專牒縣尉康及祖催納零欠，更不照應三限條法及近日累降指揮，牒内明言要在六月終以前一切數足。又牒縣尉催淳熙七年、八年殘欠官物，專差人吏牟穎在縣監督〔一一〕，及節次差下承局、禁子等人絡繹在道，乞覓搔擾，無所不至。又據寧海人户論訴〔一二〕，本州專差天台主簿張伯温及州吏鄭椿、姜允在縣催督去年殘米、下户丁税，百端搔擾。本司見行追問未到，而聞張伯温在寧海縣追呼迫急，本縣人户不堪其擾，相與羣聚喧譟，欲行毆擊。伯温知之，僅得走免。臣竊惟台州頻年災傷，民力凋弊，仲友儒臣，幸得蒙恩典郡，專以布宣德澤、摩撫疲瘵爲職，而乃舞智徇私〔二三〕，動乖仁恕。在法，夏税省限至八月三十日下限方滿，近來户部擅行指揮，必要七月盡數到庫，已是違法，而仲友乃於户部所促之限又促一月，公行文移，督迫屬縣，頓辱良吏，苦虐飢民，使千里之人愁怨歎息，無所告訴，甚失聖朝所以選用賢良、惠恤鰥寡之本意。又況方此飢饉，人心易摇，萬一果然生事，不知何以彈壓？臣雖疏賤，誤蒙任使，職在刺舉，不敢不言。欲望聖慈，先將仲友亟賜罷黜，以慰邦人之望。其不公不法事件〔二四〕，臣當一面審實以聞。須至奏聞者。

右謹録奏聞，伏候勑旨。

申尚書省狀

具位朱熹。

今有狀奏知台州唐仲友促限催税、違法擾民，乞賜罷黜事。緣在道路，次舍淺迫，慮有漏泄，不敢備録全文申尚書省。其狀如蒙聖慈降出，欲乞早賜敷奏施行，以快千里疲民之憤。須至供申。

右謹具申尚書省，伏乞照會，謹狀。

按唐仲友第三狀

貼黄

奏爲知台州唐仲友在任不公不法事件，除已將干連人送紹興府司理院根勘，録案奏聞，欲乞聖慈，將唐仲友先賜罷黜，仍詔有司毋得觀望，嚴行究治事，伏候勑旨。

此項已追到鐵匠作頭林明供具分明，尋别具奏，伏乞聖照。

仲友差官非法估没人户財産，多是差曹格及司户趙善德，案中可見，伏乞聖照。

造假會人蔣輝，已據通判趙善伋、監押趙彦將就州宅後門捉獲，臣已押送紹興府司理院。傳聞此人在此造作假會甚多。其台州解到行在諸庫官會，欲乞密遣公正臣寮驗其真僞，伏乞聖照。

此項已據人户潘牧繳到仲友長子手簡與弟子王静，内説計囑周士衡論分公事，及婦人李六娘訴王静及弟子鮑雙入宅求囑犯姦公事。臣追到王静、鮑雙，供通委有取受詣實，尋别奏聞，伏乞聖照。

具位臣朱熹。

臣昨兩次具狀按劾知台州唐仲友促限催税、違法擾民罪狀聞奏，乞賜罷黜，及聞本人更有不公不法事件，乞候一面審究以聞。

臣於今月二十三日到本州，密切體訪。及先據本州通判申，并據士民陳狀，皆稱仲友到任以來，少曾出廳受領詞狀，多是人吏應褒、林木接受財物，方得簽押，無錢竟不得通。以市户應世榮爲耳目，令其在外刺求富民之陰事。民間初無詞訴，急遣吏卒奄至其家，捕以送獄。擇姦貪之吏鍛鍊考掠，傅致其罪，往往徒配。或請囑既行，則又忽然縱舍，曲直輕重，初無定論。邦人畏其凶焰，無不重足而立。又本州違法收私鹽税錢歲計一二萬緡，入公使庫，以資妄用，遂致鹽課不登，不免科抑，爲害特甚。又抑勒人户賣公使庫酒，催督嚴峻，以使臣姚舜卿、人吏鄭臻、馬澄、陸侃爲腹心〔二五〕，妄行支用。至於饋送親知，刊印書籍，染造匹帛，製造器皿，打造細甲兵器，其數非一，逐旋發歸鄉里。其他細碎不急之物，下至魚鹽臭腐，但直一文以上，無不津致以歸，籠擔動十百計，絡繹不絶於路。凡此皆人所共見，有口者類能言之。臣嘗令本州通判趙善伋取其公庫文曆，自二十四日巳午間至中夜不至。據監庫官司理王之純及造買使臣姚舜卿供，每遇知州判下支單，即時關支出庫。所有應干簿籍，於今日巳時，知州聞得本司勾追馬澄，即時盡行拘收入宅，有公庫貼司俞實、張公輔、吴允中備見。之純等曾親往控告，知州堅執不肯付出。仲友又悦營妓嚴蘂，欲携以歸，遂令僞稱年老，與之落籍，多以錢物償其母及兄弟。據司理王之純供，今年五月滿散聖節，方知弟子嚴蘂、王蕙、張韻、王懿四名，知州判狀放令前去，即不曾承準本州公文行下妓樂司照會。仲友身既不正，遂不能令其子弟，以至白晝公然乘轎出入娼家，交通關節，受納財賂，曾爲羣不逞就娼家毆擊狼狽，而仲友不敢問。其嚴蘂、沈芳之徒，招權納賂，不可盡紀。其簿曆文字少經倅貳之手，惟倚□臨海縣丞曹格及曹官范杉等。格妻與之有婣姻，得出入其家，早暮無節，物論頗醜。凡此細碎污穢之迹，臣不敢縷陳，以瀆天聽。

臣謹按：仲友身爲儒生，早取科目，繼登臺省，爲清望官。今又蒙恩出守名郡，所宜夙夜恪勤，正身率下，務以承流宣化、牧養小民爲職。顧乃不思報稱，公肆姦心，其刻核擾民之政，既如臣前奏所述，其貪污不法之狀，又如臣今奏所陳，而近侍貴臣或未知其所爲，猶以故意期之，以至交章論薦，上誤寵擢。臣以職事所在，恐負使令，誠知蹤跡孤危，不敢隱情惜己。其官屬所言、士民所訴，與臣前後所聞大略不異。雖其曲折未必盡如所陳，然萬口一詞，此其中必有可信者。而觀其公然占吝公庫文曆，不肯解送，則其衷私折換〔二六〕，以蓋日前侵盗入己之迹，亦有不待案驗而可知者。臣更不敢差官體究，慮涉張皇，却致本人潛將文案盡底改易，無可供證。竊謂唯有付之所司，盡實根勘，則其有無虚實，自不可掩。除已牒本州通判趙善伋、高文虎拘收，本州自仲友到任以後至截日終應干收支文曆公案，及將合干人等押送紹興府司理院禁勘外，欲望聖慈，閔此一方久罹凶害，亟詔有司毋得觀望，嚴行究治，依法施行，以爲遠近四方守臣貪殘不法之戒。須至奏聞者。

一、淳熙八年受納秋苗糙米，每年是十月半後間開場，仲友信委司户趙善德，差爲受納官，公然倍取合耗，高帶斛面，不半月間，善德已申所納糙米數足。方十一月，仲友將人户未納糙米違法高價一併折錢，人户盡用賤價糴米，高價納官，一郡皆以爲苦。至今追催所折米錢，更不顧恤朝廷上司時暫住催指揮。其收到錢雖入於糴本庫收附，多是闢入公庫，巧作名色，支破私用。欲乞委官到州，監合干人供具去年折納糙米月日石數，見得不恤民力，一意取錢實迹。

一、淳熙八年春，本州荒歉，抄劄諸縣合賑濟人户姓名，散給未嘗周遍。仲友却專委人吏李迴，乘勢監勒鄉司價具隱落丁税之人，抑勒諸鄉司乘此作弊增減〔二七〕，成其姦計〔二八〕，詞訴至今不已。每縣添至數千人，多是失實，比常年添增五縣丁産絹數千匹。在兩年中，納夏税和買絹未及七分，却並高價折錢，困及小民，無錢可納，增起丁税，以無爲有，爲一州無窮之害。欲乞委官再行審實，早與除豁。其所取到添丁錢並不曾起發，不審將作何用。

一、公使庫自來不許賣酒，緣添歸正人，合支些小供給錢。仲友到任以來，以此爲名，公庫每日貨賣生酒至一百八十餘貫，煑酒亦及此數。一日且以三百貫爲率，一月凡九千貫，一年凡收十萬餘貫。其所造酒米麥之屬，既並取於倉庫羡餘，而所收息錢太半不曾收附公使庫錢曆，並是入己。

一、自到任以來，緣公庫賣酒錢額既高，督責兵官尉司，逐日捕捉私造酒麴及糶糯米、糯穀者。所犯之家與四鄰盡是籍没貲産，以充自立賞錢格。所犯止於升合，亦不能免。兩年中，破壞二千餘家，其間久繫囹圄，染疫而死者甚多。所犯甚輕，並出私意，文致其罪，至於徒配，如兵士盧宗之類。闔郡軍民冤恨，無一日安迹。

一、公庫所入，舊例並支見任官員逐月供給及宴會之屬。自兩年來，却以糴本庫錢撥入軍資庫，軍資庫撥入公使庫，以支供給。公庫之錢既富，乃巧作名色，以饋送爲名，多至五百貫，少至數十貫，專委公庫手分馬澄支行，及書表司楊楠僞作書劄，送與官員，封角了當，却供入宅堂。又其間婺州親戚如妻之親兄何知縣、何教授，其子之妻父曹宣教，其表弟高宣教者甚多，止宿郡齋，争受關節，以此頻作宴會，無不預坐，留連數月，臨行饋送各以數百千。及去年十一月，次子娶婦〔二九〕，凡供帳幙帟，染破紫綾羅絹凡數百匹。從人衣衫數百領，樂妓衣服並是什物庫陸侃支公使庫錢，往仲友私家婺州所開綵帛鋪高價買到暗花羅并瓜子、春羅三四百匹，及紅花數百斤，本州收買紫草千百斤，日逐拘繫染户在宅堂及公庫變染紅紫。其妓弟四十餘人，都行首嚴蘂分真紅暗花羅，餘行首分瓜子羅，其餘分春羅。

每人分俵真紅大袖帔子、背子、紅裙、衫段、幃子各一副。一州驚駭，自來未嘗有知州爲妓弟製造衣服。名件不一，違法如此，盡是父子踰濫，以此取媚。其餘所染到真紅紫物帛，並發歸婺州本家綵帛鋪貨賣。其子親會宴集經月，姻族内外，一文以上，皆取辦於公庫。其妓弟今夏又分紗帛衣，名件並如前。

一、仲友專委司户趙善德兼管公庫，前後妄自支使，並無合破名色條例。善德將滿，遂密獻計，以收買米麴物料爲名，於今年二月上旬一日之間支錢二萬貫，皆是入己，並無他處簿書收附證照。

一、司户趙善德兼管糴本庫，今年二月上旬，忽支落十餘萬貫，以轉運司差官點檢，且欲移寄他庫爲名。此項錢後來即不見起發，亦不見拘收，並無下落。

一、仲友專委人吏鄭榛、陳忠充財賦司，凡官賦所入，其間有不該係省及諸庫收附者，盡是别作名色支破，差人往外州買銀子。及收到來，即不知將作何用。及就本州置買銀場，逐日監繫鋪户，稍違限期，無不重斷。多是以所賣公庫生酒錢支買，不曾附曆。先是，司户趙善德及二胥吏同謀作弊，逐時於公庫以犒賞爲名，支錢遺賂，善德一歲至二三千緡，其妄用錢物，甚於泥沙，不可明説。其兩吏所支，亦數百貫。

一、仲友少曾坐廳受領詞狀，間有判下人户論訴，皆係應褒、林木接受，忽自宅堂傳出。盡是子弟同坐，商議判詞，其父子或自相争執。弟妓早晚出入宅堂，公然請囑，每事皆有定價，多至數千緡。又縱獄吏百端乞覓，民間寃苦，不可勝言。

一、仲友自到任來，本性喜引致姦私公事，或告首事不干己，或幃箔曖昧不明，或僧道與人有寃，並行受領，皆欲窮究根底。並不憑信獄官推司所勘，自引歸花園中亭館及宅堂後宴坐去處，親自鞠問，語言穢媟，吏卒羞聞。當面露示其合該刑名至重之意，其弟妓與心腹人吏、住持鄉僧等，内外相通，同共請托，取受貨賂，不可勝計，並是子弟專決。其所諾不副者，雖已釋去，復行追繫，增其刑名。所需既滿者，刑名雖重，結案之後，平白不斷。如僧景猷犯姦事，道士祝元善亦預。景猷富厚，責賂甚重，不能應其所需，則籍没其衣鉢莊産之屬。祝元善因栖霞知官姓李者以彈琴出入宅堂，首以厚賂徑達，未斷間先令放出，竟不斷罪。李承節之妻爲應揚所犯，乃外甥犯從舅母，或佃者犯主母，干連十餘人。臨斷時，得二千緡，平白不斷。富室黄士龍、黄日新更易其妻，穢不可言，並自引上親勘。既受其物，至今不斷。凡此等事皆顯然，人所共知者。

一、兩獄直日，收禁罪囚，羅織枝蔓，不容獄官依法裁處，須令逐日過廳取稟己意，以爲輕重高下，每事多是曲法枉斷。緣此拘繫既多，致死百餘人，全不顧恤。

一、仲友在鄉開張魚鮝鋪，去年有客人販到鮝鮭一船，凡數百節，更不容本州人户貨買，並自低價販般，歸本家出賣，並差本州兵級般運。其他海味，悉皆稱是，至今逐時販運不絕。

一、仲友自到任以來，關集刊字工匠在小廳側雕小字賦集，每集二千道。刊板既成，般運歸本家書坊貨賣。其第一次所刊賦板印賣將漫，今又關集工匠又刊一番。凡材料、口食、紙墨之類，並是支破官錢。又乘勢雕造花板，印染斑襭之屬凡數十片，發歸本家綵帛鋪，充染帛用。

一、仲友因修造兵器，前後發買牛羊皮穿甲及生絲打弓弩弦，支破不可勝計。其牛羊皮買來甚少，錢亦不歸。所買生絲，除量支作弓弩弦用外，並發歸本家綵帛鋪機織貨賣。

一、仲友又因修造兵器，自造精細鐵甲數副，及弓弩刀鎗各十數件，收入宅堂，不知將作何用。

一、本州新報恩寺元有住持僧，誣以他罪逐去，却請鄉僧介登來此住持，早晚出入宅堂，傳度關節。凡五縣僧寺，易換住持幾遍，盡是介登保明乞差，通同接受貨賣，每處必數百緡。其中皆是婺州富僧。近又有應世榮者，亦作士户狀陳乞，即時給帖。其無忌憚，容小人紊亂郡政，一至於此。

一、仲友自到任以來，違法招刺厢兵，每一名必立定價，外寨兵士一百貫，在城兵士止三五十貫。下至學院子、修合醫人、刊碑刊版工匠、弟妓、厨子，各得干預請求。去年七月間，有外寨兵士經州下狀，告論兵士周榮託仙居縣丞楊浩賫錢一千貫，囑本官廳子轉求刺軍十名事，雖送有司，緣錢入己，竟不追究，有案狀可驗。若刷具仲友自到任以來刺過厢兵人數，可照所受錢數。

一、本州販香牙人應世榮，姦猾小人，因其家資稍厚，左右引致〔三〇〕，以曾與仲友建立生祠，乃延爲上客，與之頌贊，親自題寫。世榮乃刻石誇張，因此妄作聲勢，出入宅堂。仲友專一信委，爲心腹牙爪〔三一〕，凡首姦獲酒，盡是世榮發之，仲友却令臨海縣丞將帶兵卒數十人追捕。每一如此，闔郡搔擾驚走。其他挑起事端，及報其私寃，羅織平人寘於重憲，不可勝數。所斷輕重，並出世榮己意，全無州郡。雖士大夫善人之家，亦被凌蔑，郡人指爲殃禍。其人取受，前後不可計數，每事所得，必與其子弟分受。若非送有司勘其情犯，編配遠惡去處，何以贖陷害鄉土善良無窮之罪？

一、臨海縣丞曹格係仲友長子妻黨，其人凶暴貪婪，全無忌憚。自仲友到任，倚恃至親之故，妄作聲勢，凌侮同官，捶撻胥吏。凡士大夫，不問見任寄居，無不遭其譖訴。以其妻出入郡齋，日有醜惡之聲傳播一郡，公然不時出入宅堂，或入其子舍傳度關節，百端取受。并仲友長子之妻父曹宣教者，即曹格之堂兄，往來曹格之家，通同干預公事，全無顧藉。仲友弟婦兒女婦姪，不時往曹格之家飲燕，媟狎無禮，靡所不至，全無廉耻。其曹格日來縱横尤甚，每年受納官物，皆干求差預，百端阻抑。人户所納之物，絹必挼挱令破，綿子曬或經月，米麥必十來日宿倉，又多取合耗，人之寃苦，無所告訴。似此姦猾小吏，輒敢憑藉聲勢，苦虐士民，可不明正典刑？

一、仲友有三子，長曰士俊，次曰士特、士濟，及其甥姪數人，隨侍來此。自到任，見客則立於屏側，引問公事則環於坐隅，或與胥吏混立〔三二〕，紛然干預。有簽押決遣，各出己意，不容其父下筆。多因賄賂先入，其父不止，明知有公受其欺者，是非曲直，一切反戾。其父子各據弟妓，三子多出入王静、沈玉、張嬋、朱妙、沈芳之家，盤合簡帖，絡繹道路。本州士民有得其子所與弟妓書簡受關節者，亦曾連粘投狀，訴于提刑行司。

一、仲友自到任以來，寵愛弟妓，遂與諸子更相踰濫。行首嚴蘂稍以色稱，仲友與之媟狎，雖在公筵，全無顧忌。公然與之落籍，令表弟高宣教以公庫轎乘錢物津發歸婺州别宅。嚴蘂臨行時，係是仲友祖母私忌式假，却在宅堂令公庫安排筵會，餞送嚴蘂。近來又與沈芳、王静、沈玉、張嬋、朱妙等更互留宿宅堂，供直仲友洗浴。引斷公事，多是沈芳先入，私約商議既定，沈芳親抱仲友幼女出廳事勸解，仲友僞作依從形狀，即時寬放。如應揚犯姦等事，並是臨時裝點此等情態。本州亢旱，啓建祈雨道場，安撫司文牒傳奉聖旨，令精意祈求，非不嚴切，仲友却追拘收外縣弟子十餘人及散樂二三十人，逐日出入宅堂，以下碁彈琴爲名，公然於道場前往來。一日，寄居士民在儀門下修設水陸道場，其長子士俊自臨海縣丞曹格家醉歸，帶挾弟妓數人，於本處觀視，嬉笑歌唱，無所不至。士庶嘆恨，皆云太守如此，兒子又如此，如何會有雨澤感應？又因斷屠日，仲友却令公厨供造法煑雞鵝蹄肚食物入宅堂，其長子士俊又以盤合乘貯生料猪羊水雞之類送與行首王静，人皆驚駭。緣此百姓忿怒，因士俊闖游無節，公然捶打於弟妓家，更不敢根究。

一、仲友有婺州隣近人周四，會放煙火，其妻會下碁。仲友招唤來此〔三三〕，遇作州會，以呈藝爲由，每次支破公庫錢酒計十餘貫，前後支過錢約數百貫。妻常出入宅堂下碁，仲友却委放煙火人探听外事。如犯姦首酒等事，亦是此人在外邀求，稍不如意，即時挑發。其間又有在婺州唤到刊字碑塑佛工匠十餘人，壁截郡治堂屋安歇，支破公庫錢物供贍，專是在外探刺生事。

一、仲友造置浮橋，破費支萬餘貫官錢，搔擾五縣百姓數月方就。初以濟人往來爲名，及橋成了，却專置一司，以收力勝爲名，攔截過往舟船，滿三日一次放過，百端阻節搜檢，生出公事不可勝計。此項若不早與奏聞，行下廢罷，却是本州添一税場，遺害無窮。向去復有掊刻之人，因而增添收税課額，若一兩政循襲，必不肯廢。此大係利害，橋成未及一年，已收過力勝錢二千五百餘貫，見有簿曆可照。

一、仲友貪墨無耻，素乏廉稱。到官之初，適見公使庫有前政積下官錢十餘萬貫，竟遂有席卷之意〔三四〕，乃擇姦猾使臣姚舜卿爲監官，并與公庫手分馬澄日夕握手密謀，將公庫諸色官錢巧作名色支破，變轉官會，並用竹籠盛貯入宅，輒先令其子節次作文字行李擔押歸。前後幾數萬緡，皆有實跡。及染造真紫色帛等物，動至數千匹，皆用官錢，託以人事爲名，逐旋發歸，以爲貨賣之資。其他不急之物，往往稱是。乞追姚舜卿、馬澄並帳設庫專知陸侃，送清强官司勘鞠，便見著實。今來既得改除歸鄉，行李亦數百擔，他可知矣。有雕匠姓蔣人，因造假會事發，永康縣差人密來擒捕。仲友輒令兵卒劫取，反將承差人送獄綁打。永康縣無如之何，徑申提刑司，牒本州發遣。仲友輒作本人身死備申，至今尚在本州。其不遵法度，皆此類也。

右其通判及士民所述仲友罪狀，謹件如前。謹録奏聞，伏候勑旨。

校勘記

〔一〕每丁收鹽税錢一百四十一文足 「收」，原作「供」，據浙本、天順本改。

〔二〕依市價買發　「買」，原作「賣」，據浙本、天順本改。
〔三〕合納丁鹽錢二萬八千七十貫八百四十四文　「七十」，原作「七百」，據浙本、天順本改。
〔四〕却合催納一半丁錢　「催納」，原作「納催」，據浙本、天順本改。
〔五〕竊緣自今已向深秋　「自」，浙本作「目」。
〔六〕即令繳納糶給由曆　「令」原作「令」，據浙本、天順本改。
〔七〕近來出穀最多　「近」，浙本、天順本作「從」。
〔八〕一臣前項所奏給降到錢三十萬貫　「一」字原缺，據浙本補。
〔九〕不可循虛名　「循」，浙本、天順本作「徇」。
〔一〇〕苟循虛名　「循」，浙本、天順本作「徇」。
〔一一〕惟是子户詭名之衆　「衆」，浙本、天順本作「奸」。
〔一二〕謹畫一條具于後　「于」，浙本、天順本作「如」。
〔一三〕具有無違戾奏聞　「奏聞」，浙本、天順本作「聞奏」。
〔一四〕又況近日已蒙聖恩　「日」，浙本作「者」。
〔一五〕從來爲州縣者灼知其弊　「州」，原作「用」，據浙本、天順本改。
〔一六〕而官吏糜費吏卒搔擾有不可勝言者　「糜」，原作「縻」，據浙本改。
〔一七〕而民間日食私鹽　「日」，浙本、天順本作「自」。

〔一八〕未可猝見　「猝」原作「倅」，據浙本改。
〔一九〕知台州唐仲友别有不公不法事件　「不公不法」，浙本作「不法不公」。
〔二〇〕伏惟睿照　「睿」，原作「眷」，據浙本改。
〔二一〕專差人吏牟穎在縣監督　「牟」，浙本作「吴」。
〔二二〕又據寧海人户論訴　「論」，正訛據朱本改作「專」。
〔二三〕而乃舞智徇私　「徇」，原作「循」，據浙本改。
〔二四〕其不公不法事件　「不公不法」，浙本作「不法不公」。
〔二五〕以使臣姚舜卿人吏鄭臻馬澄陸侃爲腹心　「臻」，正訛據下文改作「榛」。
〔二六〕則其衷私折换　「折」，浙本作「拆」。
〔二七〕抑勒諸鄉司乘此作弊增減　「諸」字原缺，據康熙本補。
〔二八〕成其姦計　「成」字原缺，據康熙本補。
〔二九〕次子娶婦　「次」上，浙本有「其」字。
〔三〇〕左右引致　「致」，原作「置」，據浙本改。
〔三一〕爲心腹牙爪　「牙爪」，浙本作「爪牙」。
〔三二〕或與胥吏混立　「或」字原缺，據康熙本補。
〔三三〕仲友招唤來此　「唤」，原作「换」，據浙本改。
〔三四〕竟遂有席卷之意　「竟」字原缺，據康熙本補。

晦庵先生朱文公文集卷第十九

奏狀

按唐仲友第四狀

貼黄

奏爲續根究知台州唐仲友不法事件，及藏匿僞造官會人蔣輝實迹，乞付外照勘，伏候聖旨。

仲友所印四子，曾送一本與臣，臣不合收受，已行估計價直，還納本州軍資庫訖。但其所印，幾是一千來本，不知將作何用，伏乞聖察。

奏狀内第十四項，係藏匿僞作官會人蔣輝詐妄行移首尾情節，伏乞聖慈，詳賜省覽。

此項係仲友舍匿死罪亡命姦人蔣輝詐妄行移首尾情節，乞賜詳覽，即知仲友所犯，非獨贜私小過而已。伏乞聖照。

臣竊見仲友本貫婺州，近爲侍御史論薦，又其交黨有是近臣親屬者，致臣三奏，跨涉兩旬，未奉進止。深慮本人狡猾，别有計會，兼恐所司觀望，或致滅裂，切乞聖明照察，嚴賜戒勑施行。

具位臣朱熹。

臣因巡歷至台州，見唐仲友委有不公不法事件，已於前月二十七日具録奏聞，仍將一行干連人送紹興府根勘。乞詔有司毋得觀望，嚴賜根究，依法施行，以爲郡守貪殘之戒。臣連日又據人户陳訴仲友不法事件，略行審究，有旋行供到情實數條。及本州公庫簿曆雖爲仲友收藏，追索不出，今據監庫官司理王之純旋尋檢到仲友拘收不盡草簿，干照年月，亦不接續，遂令庫子葉志具出仲友有非法支用數目已多。及據宜人趙氏狀訴，故夫鄭槐昨任江東提刑日，曾按劾仲友罪狀，後來寄居台州，仲友到任，懷恨不已，不支俸錢，百端凌辱，以致飲氣身死。仍繳到當時劾章内事件，亦是多遣軍兵，遠出禁地，以捉酒爲名，掠其所有財物，抑勒人户輸納十年虧欠和買役錢，拘占民船，抑載官綱，至有子告母姦，弟訴兄濫，取受關節，著意究治，種種無狀事迹，一切不異於今日之所爲。足以見其貪縱刻薄本於天資，而長惡不悛，日增月益，以至於今，遂肆然爲無所忌憚之意，上欺君，下虐民，而專以陛下所付千里刑賞之柄爲立威收貨、娛悦婦人之具〔一〕。臣前所奏雖已略陳其大端，今既得其實狀，請摭其一二，冒死奏聞，以質前言之非妄。欲望聖慈，略賜省覽，降付所委推勘官司照應，催促疾速勘結，毋得少有觀望，庶幾可以少攄千里神人鬱積之憤。惟是言語媟瀆，非所宜道於君父之前，臣不勝大懼，伏惟陛下哀憐裁赦。須至奏聞者。

一、據庫子葉志等供，草簿內，仲友於公庫支錢二萬八千六百一十六貫六百八十二文，送惠與人。內一千四百八十二貫二百六十三文送妻兄，及與第二兒婦之父何知縣、何教授、何宣教兄弟，係淳熙八年二月止淳熙九年四月簿內支破。

一、據葉志等供，草簿內，仲友以官錢開荀、楊、文中子、韓文四書，即不見得盡饋送是何官員。

一、據葉志等供，草簿內，仲友以公庫錢六百九十九貫五十二文買暗花羅等，與弟子嚴蘂等製造衣服，其嚴蘂等亦已供招件數，在案分明。

一、人户張見等狀訴，仲友與弟子行首嚴蘂情涉，交通關節，及放令歸去。今據通判申，於黄巖縣鄭奭家追到嚴蘂，據供，每遇仲友筵會，嚴蘂進入宅堂，因此密熟，出入無間，上下合干人並無阻節。今年二月二十六日宴會夜深，仲友因與嚴蘂踰濫，欲行落籍，遣歸婺州永康縣親戚家，説與嚴蘂：「如在彼處不好，却來投奔我。」至五月十六日筵會，仲友親戚高宣教撰曲一首，名卜算子，後一段云：「去又如何去？住又如何住？但得山花插滿頭，休問奴歸處。」五月十七日，仲友賀轉官燕會，用弟子祗應，仲友復與嚴蘂踰濫。仲友令嚴蘂「逐便且歸黄巖住下，來投奔我」，遂得放令逐便。嚴蘂緣與仲友密熟，有兄周召充黄巖縣欄頭，因被監官何承節窘拾行打，知得妹嚴蘂出入宅堂，凡事喜美信據，遂托嚴蘂寫信，令人力計會傳達仲友，乞辭退欄頭等事。仲友遂作訪聞，追上何承節并周召等六名，於七月二十一日赴州出頭，押下當直司供責。仲友作周召不供何承節事情爲由，當廳免斷，差陳敦押下縣放罷。其何承節等至今知在，未曾結絶。嚴蘂又供，據臨海縣貼司徐新等，因差在城外二路〔二〕，及在城總店賣酒不行，並是陪錢送納，見經本縣陳狀，備申本州，乞免賣酒。許嚴蘂錢一百貫文省，託囑仲友免賣。徐新先將銀盞七隻付嚴蘂作當，候得判免，備錢收取。嚴蘂將銀盞三隻就廟弄丁官人家典錢一十二貫足用過。後仲友與免總店賣酒。徐新令人力將錢三十貫文足，係嚴蘂同母收受，付還銀盞四隻，却將三隻典貼與徐新，自備本利錢取贖，通計受過錢四十二貫二百四十文足。嚴蘂及弟子朱妙入宅打囑仲友，免斷楊準藏伉弟子張百二事，許錢一百貫文，并受過青紗冷衫段、水線魚鮝等。供責是實。

一、據弟子行首王静供，元係長行弟子，每遇祗應筵會，多在宅堂出入無間。今年三月内，因公筵勸酒，遂與仲友男十八宣教踰濫，自後往來不絶。五月二十一日，十八宣教借馬三匹與王静、嚴蘂、沈玉乘騎，仍將官會五道與王静支散馬下人。至二十三日，行首嚴蘂落籍，是王静囑十八宣教稟覆仲友補充行首，仍是十八宣教將官會五十貫文與王静支分使用，并送毛段一丈四尺。及曾將蓮花紗一匹、扇子一柄、曲二十册，係學院子金璉送與王静作人事。至六月十八日王静移過廟弄嚴蘂舊屋居住，節次是十八宣教到家宿卧，至四更回州。因此外人得知，多有犯事人託王静關節，説與十八宣教，得錢使用。供責是實。

一、據道士李冲虚供，本房道童丁希言兄丁全充院虞候，仲友遣往寧海縣追散樂弟子王醜奴、張百二入州祗應。内張百二不到，將丁全枷送州院根勘取受，結案斷配。先憑冲虚告覆十八宣教，後再託弟子王静關節。據王静供，丁全憑鄧十二付官會三十貫文，託王静入宅打囑十八宣教。除學院子金璉并韓百九抽退官會六貫文外，王静得官會二十四貫文，還得從輕作杖一百，勒罷科斷。供責是實。

一、婦人李六娘狀訴，仲友非理追勘與道士王永昌有情涉，弟子王静同弟子鮑雙與李六娘入宅打囑仲友長男十八宣教。今據王静供，寫批與十八宣教告仲友。又蒙將李六娘封案，王静受過錢二十貫文省，鮑雙受銀盞四隻、錢十一貫文足，推司蕭明受銀盞二隻〔三〕。已追索銀盞六隻，寄收州庫訖。六月内，書表司丁志、學院子金璉到王静家，言説有相知董承信妻李氏與應楊犯姦公事，送司理院結絕。今逐人在外和會，欲得免斷，許王静錢一百貫文。王静寫批囑託十八宣教，後蒙杖罪贖銅。兵士謝榮欲差充學院子，許王静錢五貫文囑託十八宣教。王五七囑託王静，稱姊夫左永因事送當直司結案，許王静官會一十貫文，將金裹釵二隻作當。王静並與囑託十八宣教。供責是實。

一、人户潘牧狀，繳到仲友長男十八宣教親書寫批子與弟子王静，打囑周士衡理分公事，與錢五十貫，收下質庫，批當分明。已據王静供，係朱十九助教相託，王静委曾入宅計囑。上件批子係仲友長男令金通引送與王静。供責是實。

一、據弟子王静供，仲友姪三六宣教同十八宣教到王静家飲酒，及與弟子沈玉情涉。據沈玉供，三六宣教先與弟子林瑩、散樂弟子劉醜踰濫，今年五月内，因宴會，方與三六宣教踰濫，自後往來不絕。五月二十一日，三六宣教借馬與乘騎，得錢五貫文，與直馬人支分。緣此多有犯事人託打囑關節，得錢使用，五月内，貼司王敦仁得會子一十道，囑託仲友，蒙給帖補充帳司人吏。并鮑卜妻許錢二十貫文，説與三六宣教，囑託仲友刺軍。并三六宣教令學院子姓董人送真紅紗一匹、白蓮花紗一匹、青扇一柄、曲二十册與沈玉作人事。供責是實。

一、鐵匠作頭林明投白紙，令當廳供，係本州差在教場内打造軍器。内仲友私打造衣甲二副，湯瓶三十三隻、鍮石頭盔二副，並係官中鐵炭工力。仲友收受入己，曾支食錢三貫文、酒六瓶作送到犒設。仲友男亦曾令私打竹節鐵鞭一條，監造官林路分亦各私造鐵甲頭盔一副，湯瓶十二隻、雜物五十餘件、箭三百隻。并差待缺官邢判院同監造，亦私自造刀、斧、箭、交椅，數目已多。又怒林明不與依數打造，凡九次斷決小杖。路分曾遣兵士張顯入行衙計囑林明，據林明、張顯供責是實。

一、仲友有婺州鄰人周四，本名花康成，會放煙火，妻能下棊。仲友招來，每有宴會，以煙火撮藥爲名，支給錢酒。仍是仲友令男十八宣教令兵士劉德等與放單本索子於諸司公吏倉場庫務，及臨海縣并縣官、廳吏、弓手、牙人等，率斂錢物。及康成日逐出入，阿劉入宅無間，上下觀望，從此有犯事人託打關節。據花康成供，仲友筵會凡三十二次，使放煙火、下棊，共支官庫錢一百三貫文，並酒二百一十七瓶，計價錢四十三貫二百九十文足。并率斂索子錢，得錢三百貫文。并曾爲威果兵士祝信犯酒，送當直司寄禁。司理院抑勘行打管營，結案該配，將官會二十五道託虞候陳長送與唐十八宣教〔四〕，得免罪名。并吳信供，母阿朱并弟吳益與鄰人李念一交爭，投廂解州，送當直司，却追出在室兩妹吳六娘、吳九娘枷禁勘姦。承行人林木要錢一百貫打關節，吳信將金釵一隻、金裹釵三隻、銀盞三隻作當，方得將母并弟、兩妹各勘杖八十。內二妹封案，吳信將錢三十貫七十陌付林木，并曾先托花康成、阿劉。并花康成受人吏陸侃引領寧海縣朱秀理庫本錢事，將銀子計錢一百貫，并馬一匹，連鞍直錢一百貫，與仲友姪三六宣教收受入己。朱秀并將官會十五道與花康成，又五十道與陸侃。并松門寨兵士謝興不伏差使，解州，康成取錢三貫，囑託十八宣教説與仲友，將謝興止押下本寨交管。花康成取受院虞候陶顯錢三貫文，囑託十八宣教，差往天台縣催税。花康成受弟子何蕙官會一十貫，囑託令妹抵替回縣。花康成受東陽縣陳客官會五貫文，囑託仲友姪三六宣教，令案吏出引監索人頭少欠紗錢。花康成取受仙居縣公人王富官會一十貫，計囑十八宣教，説與仲友，放令回縣免罷。各供責是實。

一、據城下天慶觀道士祝元善供，與陳百一娘有姦，事發，送州院禁勘結録，下法司檢斷，決脊杖十三還俗〔五〕。託曹縣丞打囑仲友，至今不曾科斷。見令元善起建蓋竹洞屋宇，曹縣丞受本人丹砂二百餘粒。及黄士龍與承信郎黄復妻互行通姦，送司理院根勘，欲具情犯申尚書省，係仲友親兄慈谿宰關節，便行放出。供責是實。

一、據本州通判備應世榮家狀，解到仲友親戚高宣教綿五籠，并人力張四等二名，遂送司理，根問來歷。據司理院申，已申州，牒兵官追捉高宣教，緣本人藏閃宅堂，卒未出獲。及備據夏税場專揀張元亨等供，七月十二日，是本場專知陸侃家人陸允稱，知州宅高宣教有綿四百屯，作空鈔使印，候親戚曹縣丞上場交秤。緣提舉出巡到州，未曾交納，寄留應世榮家。今秤計二十七貫八百四十文重，並係下等不中粉藥綿，每兩市價直錢一百文。若納官將鈔出賣，每兩得錢三百文，共合得錢□百三十五貫二百文。張元亨看驗，其綿不曾經官投稅，其四百屯又合納勘合頭錢一百六貫七十文。雖係孫澄於鈔面使交錢印訖，即未見賫錢入庫。及根問高宣教買綿錢，據公庫合干人陸斌等供，五月二十三日，仲友令於公庫支錢一千貫付什物庫手分陸侃收買接官絹，更不曾收附什物庫曆，徑付仲友親戚高宣教將去。其高宣教止於七月初一日買到輕怯大絹一百十八匹，高價估錢入庫，計四百九十貫九百六十五文省，盡將變染作從物使用。其餘錢五百餘貫，即未見買到物件。又據李沖虛狀陳首，高宣教寄下羅一十匹、紗五匹。及據百姓夏松狀首，高宣教寄下羅一十匹、紗一十匹。又據開茶店百姓蔣三乙狀首，高宣教寄下紗一十匹。及弟子嚴蘂供，高宣教與弟子行首張嬋曾在書院踰濫，其高宣教見事發覺，隱避宅堂，不伏出官。供責是實。

一、據丁志供，本州有開字匠蔣念七，名輝，係婺州人氏〔六〕，因僞造假會，斷配台州。蒙本州拘入書院，同陳顯開文字。續婺州差人緝捉蔣輝，爲僞造官會，知州令蔣輝家屬具狀，經州陳論，婺州差來人打折蔣輝手骨，將差來公人送下州院禁勘，勒令招伏，放令公人回歸婺州，自後令蔣輝在宅𨉖閃宿食事。臣遂索本州元行遣婺州追蔣輝公案，見得婺州義烏縣差弓手劉興、貼司劉儀帶親弟劉保及樓二賫縣牒并申狀，前來台州及臨海縣，與兵馬司投下，勾追蔣輝，照勘見禁黄念五等僞造官會公事。劉興等恐蔣輝逃走，先捉下蔣輝，方敢投公文。被蔣輝同伴周安先覆仲友，令同蔣輝妄論被劉興等打損傷骨，仍令醫人徐浩妄作驗狀，稱肩并背脊、脇、脚、手並皆打損，及傷骨蹉跌。仍令蔣輝男亞德具狀稱被打傷重，人命難保。仲友妄作差趙成忠抄劄口詞，虚立一重案卷，却差獄子朱先追義烏縣差來人劉興等，枷項收禁，逼作打損蔣輝，傳鋪押回本縣。仍將臨海縣同追弓手金信、張臯斷罷，妄作將蔣輝用藥醫治，牢固知管。却又作去年九月二十九日，差兵士王張押蔣輝前去婺州義烏縣交管，其蔣輝即不曾發遣。又詐作王張逃走，並係假作行遣。及義烏縣申提刑司、轉運司及婺州回牒到本州催追，並不發遣，止作根捉王張將帶家屬逃走，不見回報。臣昨令本州通判勾追，乃就州治後門捉到蔣輝。據供，淳熙四年在廣德軍僞造會子四百五十道，在臨安府事發，斷配台州。至淳熙七年十二月十四日，同黄念五在婺州蘇溪樓大郎家開僞印六顆，并寫官押及開會子出相人物，造得成貫會子九百道，與黄念五等分受。於去年二月初回歸，八月十二日，婺州義烏縣弓手前來追捉，藏閃在府衙中藏隱是實。臣照對蔣念七既僞造會子發覺，乃是死罪亡命之人。婺州義烏縣前來追捉，仲友差人奪回〔七〕，却妄作打損，收留醫治，仍假作兵士姓名，管押發遣逃走，藏匿州治。不知仲友身爲郡守，乃敢蓄養此輩亡命造幣姦人〔八〕，意欲何爲？其蔣輝，臣已押送紹興府司理院，欲望聖慈，特賜指揮，嚴加鞫治，必得其情〔九〕。

一、據婺州東陽周大雅并許與供，於六月二十三日前來參謁仲友，在王八家安歇。周大雅送皺紗二匹，許與送金條紗二匹，與仲友作人事。仲友差學院子李錫、兵士葉旺當直，時復出入州衙書院。六月二十九日，同仲友男十八宣教并姪三六宣教往王静家飲酒，因外人囑託關節。七月内，有獄子陳敦許錢二十貫文，囑託十八宣教出引往黄巖縣追人，及受外縣弟子許韻等五名錢一百貫文，放歸本縣。并李錫許錢二十貫文，囑託親情俞安敗酒事〔一〇〕，李錫又許錢四十貫文，託刺厢軍二名。并馮顯因事被禁在獄，馮顯母許錢一十貫文，及將錢二百五十文憑手分馬澄就官庫打供筵酒一十瓶，往弟子施韻家飲喫踰濫。供責是實。

一、據王定狀訴，書表司丁志抄寫假會，係蔣輝雕造。及仙居縣張應龍狀論丁志取過見錢，已行下本州，令將丁志送司理院禁勘。緣蔣輝先已發遣往紹興府取勘，丁志隱諱，未伏供招；旋據承認，去年十二月，因張應龍載糯穀二十石過浮橋捉住，係黄勉囑託丁志取受張應龍錢六十貫文九十六陌，丁志告覆仲友，遂得疏放。丁志又曾同學院子葉薷等五人并擦浴兵士打囑十八宣教，刺打甲軍兵一十名，蒙送路分廳保明。内吳信招到九名，丁志招到徐明一名，得刺軍關節錢二十貫文九十六陌〔一一〕。衙前甘淵許丁志官會二十貫，討差充軍資庫專知。供責是實。

一、據朱綽然供，五月內，同張將仕、韓天與往弟子許韻家飲酒，與石提轄交爭，追送當直司招伏。仲友勘罪，朱綽然憑表兄方禮將官會三十貫文託僧義玗過送與十八宣教，并將官會五十貫文託手分陸侃送與高宣教，得免斷贖銅。十八宣教又受道士李冲虛舊琴一面〔一二〕。供責是實。

一、仲友非法科罰人户，追納贓賞錢，致令小民監繫日久，無可送納。遂追到財賦司人吏郭起、張諤、鄧莊，截日終，具到有周念五等一百七十六户未納酒麴賞錢一千五百八十二貫五百六十二文，有王十二等一百三十六户未納雜色贓錢四千五百四十七貫四百九十九文，有諸軍等一百八十六户未納贖銅錢一百三十六貫二百三十文。正此歉歲，委是不應監納，已具單名，并出榜市曹，盡行除放。如官吏輒敢仍舊催索，別容按劾聞奏。

一、仲友身爲郡守，當此歉歲，不能存恤飢民，乃促限催税，以寧海縣押録林僅拘催夏税遲慢，斷配本州牢城，致得本縣人户流移，至今不絶。臣已於前奏具述。又據本州通判趙善伋申，據本州阿鄭狀訴，夫邵文係院虞候，今年正月抱患請假在家。押番潘寅差院虞候林益往龍泉縣追會公事，因販私鹽走閃。本州更不受理取覆，在假被開拆司人吏應褒、什物庫陸侃執覆知府雷例，配本州牢城不當。檢照並無論訴，委是羅織罪名，本州已給據付邵文改正訖。又據婦人阿王狀，男盧宗係崇節指揮兵士，六月内，因與兵士張立作鬧，妄經三務陳首，到家捉酒，決脊杖二十，斷配嚴州不當。阿王經提刑行衙番理，被本州將孫盧杲又作受過仙居縣典石端三十貫文，決脊杖十五，配本州牢城不當。臣遂送本州兩通判根究，據申追人吏蕭籀等供招，委是元斷不當。看詳盧宗、盧杲，據干連人供證，委無過犯，彊勒供招，遂致決配，情實無辜。本州已改正，出給公據，付盧宗、盧杲照證着役。仍移文嚴州，放還盧宗。又據臨海縣長樂鄉人户沈三四、王細九、張四八狀，各住鄉下地名蹟村江坎，取州五十來里，即非禁地内人户。七月初九日，驀有船三隻，係酒務脚子楊榮等到家捉酒。沈三四等爲天旱，雇覓人工車水，雖有些少白酒喫用〔一三〕，即不曾將出沽賣。即被捉押，及將各家衣物搬去，拷打抑令供認罰錢三百八十貫。緣無從出，被酒務專匠林椿、陳明等妄作沈三四等在州界内賣酒，本州並從徒罪斷遣，監納贓錢，無可送納，乞行根究。臣遂送本州通判趙善伋根究施行。據申，唤到酒匠林椿、脚子楊榮供，本務以課利沽賣遲細，本州日拘納錢三百二十貫文，緣天氣亢旱，禾稻失收，細民闕食，遂致發賣酒貨不行。緣本州拘定額錢，稍或違欠，官吏得罪，不免於在城造販私酒之家搜捉〔一四〕，罰令納錢，補趁課利。本務探問有沈三四等家在禁界外，逐人薄有家産，當用工車戽田畝之時，須有造下酒貨。是林椿同專知陳明前去捉獲，勒令逐人罰錢，以助課利。不納，解州作徒罪科斷，追犯酒賞錢。本州通判趙善伋點對，委是於州界外捉酒騷擾，已從徒罪斷遣，目今尚行監繫，追納賞錢。當此荒旱，百姓不得安業，已將陳明等從杖一百科斷，内陳明勒罷。又據臨海縣義城鄉柯焕狀，因今年正月内爭分，被伯敦義計會開拆司人吏林木傳狀入宅堂簽押，誣告焕令人力吴五七等行打女使及伯敦義。被冒役推司蕭籀迎逢判府私意〔一五〕，枷絣栲訊，勒令供招。改送司理院勘結，將焕及母阿童各斷徒刑，情實枉屈，乞行根勘事。臣遂送本州主管官根究，依法施行未到。今訪聞柯敦義與柯焕父壽祺係親兄弟，已曾分户年深。緣柯敦義自行廢蕩，復誣賴弟壽祺物產。本州取受關節，不與理斷。柯壽祺經省部及漕司陳訴，仲友怒其番理，緣柯壽祺未歸，故將其妻阿童并男柯焕非理鍛煉，並科斷徒罪，闔郡之人莫不憐之。按仲友在本州二年，凡非理窘拾人户，用刑輕重，盡出私意，並不遵守法令，不法不公，莫此爲甚，聞者莫不切齒。

一、據本州通判趙善伋申，七月二十八日，據諸指揮衆軍等狀，自淳熙八年十月二十四日、二十五日至目今，支散五指揮軍兵糙白米，每名被專斗就廒裏各減退八升，以致軍人缺少口食，無處告訴，不知上件減退米歸著去處。今來日下支散八月衆軍冬衣，聞得街巷皆言，本州盡將納到堪好夏税綿絹擔損前去婺州，換到粗綿紕絹，各家老小委是狼狽。重念衆軍等如有些小情犯，到州盡被款司將本身家糧全分開閣，以致老小缺食，難以存活，乞備申施行。臣已牒兩通判根究，嚴行止約〔一六〕，不得作弊。

右謹録奏聞，伏候敕旨。

按唐仲友第五狀

具位臣朱熹。

臣猥以疏賤，叨被使令，雖衰病之餘，精力不逮，而驅馳勞瘁，不敢頃刻自安者，誠以陛下知遇之深，而思有以仰報萬分也。今者不幸不得其職，臣實有罪，無所逃刑。然有血誠，敢勤天聽。臣昨在紹興府，道間聞得台州守臣唐仲友催税刻急，民多流移，即於七月十九日具狀奏聞。至二十三日入本州界，又得其實，再以狀奏。至二十七日，又得其貪污淫虐、蓄養亡命事狀數件，復具條奏。竊謂聖明威斷，必不容貸，雷霆震擊，將不旋踵，而側聽兩旬，未奉處分。仲友始者自知罪贓應死，亦甚惶恐，此數日來，忽復舒肆，追呼工匠，言語譸張。至以弟子嚴蘂繫獄之故，中懷忿切〔一七〕，公遣吏卒突入司理院門，拖拽推司，亂行捶打。其狂悖無忌憚之氣，悖然不衰。及至本州結録引斷蘂等罪案，仲友又遣客將張惠傳語通判趙善伋，云已得指揮，差浙西提刑前來體究，未可引斷。竊詳上件事理元係本司奏劾，若有指揮，合是本司被受。本司既無被受，仲友何緣聞知，便敢傳布，意欲施行？觀此氣象，若非有人陰爲主張，擿語消息，仲友罪人，何敢遽然如此？是則不惟臣竊惑之，而此州闔境千里，前日歡呼鼓舞之民，莫不人懷疑懼，懍乎如虎兕之將復出於柙也。臣伏見仲友本貫婺州，其亡弟之妻王氏見隨仲友同在郡舍，仲友近日又爲吏部尚書、侍御史所薦，而其支黨共爲貪虐之人，又皆臺省要官子弟親戚。況仲友爲人陰狡有素，事窮勢迫，干求請託，何所不爲？竊慮以此之故，黨援衆多，曲爲掩蔽，使臣孤忠無路上達，有以仰累日月之明。兼衢、婺、明州災傷極重，而處州士民近亦告急，臣欲自此遍走諸州，計度救荒事務，而台州之人以仲友未罷，恐其一旦復出爲惡。邀留臣車，不容起發。臣遂不免申尚書省，且住本州，恭俟奏報。竊慮違程日久，按行遲緩，有失數州飢民之望，仰貽陛下宵旰之憂。静言本末，由臣愚闇，見事遲晚，既不能及早按劾，致留天誅。又不能阿徇權豪，共爲欺蔽。有此二罪，難以復居官次。顧以本路飢民阽於溝壑，未敢自劾，謹復具此曲折，昧死奏聞。欲乞睿斷，先將仲友早賜罷黜，付之典獄，根勘行遣，以謝台州之民。然後申詔攸司，議臣之罪，重寘典憲，以謝仲友之黨，臣不勝幸甚。干犯天威，無任恐懼戰灼之至。須至奏聞者。

右謹録奏聞，伏候勑旨。

貼黄

臣竊詳今來所奏事理，若果如唐仲友所得消息，已降指揮委官體究，恐亦止是文具。蓋其所犯，非得清彊獄官嚴行根究〔一八〕，無由見得情實。其見禁人若行放出知在，亦恐漏泄已勘獄情，事屬不便。伏乞聖照，别賜施行。

乞罷黜狀

貼黄

奏爲恭禀聖訓，疾速起發，及論紀綱頽壞，乞留聖慮等事，伏候勑旨。

具位臣朱熹。

臣今月十四日準尚書省劄子，備奉聖旨，據臣奏知台州唐仲友罪狀，并仲友劄子訴臣不合搜捉轎檐，驚怖弟婦王氏，心疾甚危等事，又據檢正左右司申，擬欲從朝廷送浙西提刑司，委清彊官一員，依條前去體究，詣實聞奏〔一九〕。其台州守臣唐仲友既已改除江西提刑，欲乞劄下新知台州史彌正，星夜疾速前去之任，仍具起發月日申尚書省。小貼子稱，今來若從所擬，欲乞劄下提舉朱熹照會外，契勘浙東州郡旱傷去處稍多，合委提舉官躬親巡歷相度。若不先期措置，竊慮失時，欲乞劄下提舉朱熹，疾速起發前去相視。八月五日，三省同奉聖旨，依檢正左右司看詳到事理施行，劄付臣者。

臣所按仲友罪狀實迹，近於八月八日、八月十日又已兩次具奏，伏想已徹聖覽。臣不敢重疊陳述，仰勤聖聽。今來仲友所訴事件，乃是監司按發贓私作過官吏常程行遣，臣即不敢過有淩逼。其仲友弟婦王氏門族貴盛，正仲友所恃以爲姦者，臣初不曾令人驚怖，亦不曾聞有疾病，呼醫問藥。臣之所以久留台州，只緣憂慮仲友逞憾報復，殘虐吏民，欲候新知本州史彌正到來，交割即行。今彌正已到，俟其一兩日間交割州印，臣即便恭禀聖旨，依檢正左右司看詳到事理，日下起發，不敢稽留外，再念臣雖孤賤，叨被使令，今者所按巨姦，贓汙戾虐，衆所共知，而未蒙朝廷依準常法，略賜行下。至於所擬委官體究一節，竊意只是欲與拖延旬月，等候赦恩，且令奏薦子弟，然後迤邐從輕收殺。如此，則是不唯臣無復顏面可以號令諸州〔二〇〕，使之悉力推行荒政，而自是以往，郡縣之吏復有貪殘不法、肆毒害民如仲友者，未審在臣合與不合按劾，朝廷合與不合行遣？如臣愚闇，實有疑焉。然以臣之私計而言，則唯有收迹朝市，遠避權豪，可以少遂初心，克全素守。而臣謹已昧死上奏，乞賜罷免，必蒙開允，以保餘齡。顧獨惟念方今連歲旱災，星文失度，正是朝廷之上君臣相戒，脩明賞罰，以敬天怒、恤民隱之時，而交黨蔽欺，紀綱頹壞至於如此，臣雖不肖，誠竊痛之。敢冒鈇鉞，效其狂愚。伏惟陛下深留聖慮，無以此事爲小而忽之，則臣雖被戮，無所復恨。干冒天威，臣不勝震懼惕息之至。須至奏聞者。

右謹録奏聞，伏候勑旨。

又乞罷黜狀

貼黄

奏爲臣職業隳廢，踪跡孤危，乞賜黜責，伏候勑旨。

具位臣朱熹。

臣昨審究到知台州唐仲友罪狀實迹，於八月八日具狀奏聞。又以七月内節次所奏未蒙朝廷盡法施行，續於八月十日、十二日兩次具奏，乞賜睿斷，將臣罷黜。伏想悉已仰關聖聽。今來臣已於十八日恭禀聖訓，依檢正左右司所申，起離台州，至二十二日入處州縉雲縣界訖。累日以來，恭俟威命，未有所聞。竊伏自念職業既隳，難叨寵禄，孤危已甚，大懼中傷。兼以久苦眵昏，健忘腸澼之疾，近日愈甚。省閲文書，區處事務，乘馬坐轎，皆有所妨，委實不堪奔走往來，幹當職事。欲望聖慈，哀其狂妄，早賜黜責，以安愚分，臣不勝幸甚。須至奏聞者。

右謹録奏聞，伏候勑旨。

貼黄

臣伏爲今者按發唐仲友，遂與宰相、侍從、臺諫皆有妨嫌，已覺州郡解體，不復禀承約束。竊恐將來難以自效，有誤使令，伏乞聖慈，早賜處分。

申尚書省劄子

具位朱熹。

熹緣按知台州唐仲友姦贜罪狀，不蒙施行，職業既隳，難叨廩禄，孤危已甚，大懼中傷，兼以衰病支離，不堪奔走，已具奏聞，乞賜黜責。伏望朝廷特賜敷奏，重作行遣，不勝幸甚。須至供申。

右謹具申尚書省，伏候指揮。

按唐仲友第六狀

具位臣朱熹。

臣九月四日準尚書省劄子，據臣前奏知台州唐仲友催税刻急及有不公不法等事，奉聖旨，唐仲友罷新任者。臣昨來具奏仲友罪狀，已蒙朝廷委送别路官司體究，方慮失實，自取罪戾，不謂乃蒙陛下奮發睿斷，特賜施行，不唯足以仰見大明之下，邪正洞分，而所以鎮撫台州千里之民，紓其憤疾之氣者，抑又甚厚。臣於當日又取會到紹興府司理院勘到情節，如臣累奏，頗有實狀。若使將來體究官司依公闕實，仲友之罪，固無所逃。但臣又側聞已蒙聖恩改除臣別路差遣，伏緣未有被受，未敢具奏謝恩陳情，懇祈罷免。然實深慮將來臣既去官之後，章奏無因得關聖覽，體究官司不無觀望，或至變亂白黑，以惑天聽。敢復掇其一二大者，條奏以聞。伏惟聖慈，赦其僭瀆，留神省覽，臣不勝大幸。須至奏聞者。

一、據台州公使庫手分馬澄供，唐仲友任内據客將陳庚、周式、夏公明并書表司楊楠每月寫單曆供送官員等，特送折酒、折茶等錢，係楊楠徑就庫子葉志邊請取，前去收買海味等，支送親戚，有付書簿可照。及南果、京果、海味等物入宅，有支送錢物具出帳狀。唐仲友自淳熙八年三月初五日止淳熙九年六月初十日，共支過錢一萬九千五百二貫三百二十三文，送與陳宣教等。如去年閏三月二十八日，支錢一十貫文，支送新鎮江府諸軍糧料院姜大夫辭赴任發路折酒錢，係是著實支送，並不曾具入前項帳内。且澄所具出支送錢物帳狀，委不知唐仲友曾不送與官員。

一、據台州書表司楊楠供，去年三月内，唐仲友叫楠指揮：「我到任，鄉里官員相知並無送惠。」口點官員、士人六七員姓位，令具單狀〔二一〕，公庫支送折酒錢。數内一員一十五貫，或一十貫，或五貫，湊及五十貫，具單判送本庫關取會子，封角同書，就書院供納。自後或二日一次，或三日一次，或五日一次，類及五十千，取呈批判，就庫關取會子，封角并書，係楠齎入書院交納。今將付書簿逐一拖具，除實送外，內唐仲友虛作送與官員邵朝議等，納入書院共九十項，計官會四千六百四十五貫。所有馬澄具出帳內其餘項目，及恐有漏落名件，供具未盡。及唐仲友更有令客將夏公明、陳庚、林實、周式、張惠及本司李瑀各別有承受指揮，寫單支送官員，楠不知名件。并唐仲友開雕荀、楊、韓、王四子印板，共印見成裝了六百六部，節次徑納書院，每部一十五册，除數內二百五部自今年二月以後節次送與見任寄居官員，及七部見在書院〔一二〕，三部安頓書表司房，并一十三部係本州史教授、范知録、石司户、朱司法經州納紙兑换去外，其餘三百七十五部，內三十部係□表印，及三百四十五部係黄壇紙印到，唐仲友逐旋盡行發歸婺州住宅。內一百部於二月十三日令學院子董顯等與印匠陳先等打角，用箬籠作七擔盛貯，差軍員任俊等管押歸宅。及於六月初九日，令表背匠余綬打角一百部，亦作七擔，用箬籠盛貯，差承局阮崇押歸本宅。及一百七十五部，於七月十四日又令印匠陳先等打角，同別項書籍亦用箬籠盛貯，共作二十檐擔夯，係差兵級余彥等管押歸宅分明。

一、據台州公使什物庫專知陸侃供，去年十二月間，唐仲友關支軍資庫絹二百匹，令染鋪夏松收買紫草，就本州和清堂染紫，造做宅堂帳幔、應干牀幃及幃設、大卓衣及支散人從衣衫等物〔二三〕。內除從人衣衫著用外，有其他什物，蒙唐仲友令三六宣教用黃巖竹籠六隻盛貯，般入宅堂，排辦念九宣教娶新婦用。及去年十二月間娶新婦，弟妓散樂並重造新衫，係公庫馬澄徑支錢，收買婺州羅回歸，就和清堂令馮四等變染真紅。係唐仲友令客將林實喚上弟妓嚴蘂等，具名就書院親自看揀俵散。及今年六月初十日，唐仲友親戚高一宣教就公庫馬澄邊支錢一千貫文〔二四〕，前去收買新知府從物絹帛，於七月初一日旋交納到絹一百一十八匹，變染做造外，有其餘錢，即不見買到物帛，亦不見回納公庫。并去年十二月間，三次共關錢三百貫文省，支買宅堂什物，及做造罣罳二把，并打造竹簾、新婦行嫁動用等，祗備念九宣教娶宅眷。及自去年止目下，支錢收買竹籠一百五隻、麻布四百匹，做造布袋，盛貯物色使用。并支在官零絹，做袋袋五色果盤圈大小九百箇。及支錢收買竹木，做造細竹衣籠二百隻。并今年正月十五日元宵設醮，係公庫徑支錢，往婺州收買黃蠟，做造蠟燭。有剩下四兩、三兩、二兩蠟燭七百八十條，係三六宣教令邵客用紙打角，在西書院大櫥內安頓，不曾遞出燒點。

一、據登仕郎應世榮供，於七月內，有唐仲友親戚高宣教將帶箬籠，盛貯絹并綿，前去報恩庫下安歇。過幾日，只見般箬籠五隻，盛貯綿前來出賣。其高宣教問世榮，稱說要出賣綿〔二五〕。世榮言說此回行市未好賣，其高宣教言說：不然，將上件綿與縣丞說過，送納了，出賣見成抄〔二六〕，與人户開銷。令世榮問城下攬子顧九、祝十三、毛三十、沈二。其衆人説，但納得綿，得見成抄，將錢買開。其時爲納綿未得，高宣教却問州中人討書，往黄巖縣去。又問見禁人楊楠，不肯寫書與高宣教。世榮七月二十六日得知高宣教却將公使庫官錢買到大絹并綿，除大絹去什物庫交納外，見有綿五籠，安寄在家。世榮已於七月二十七日具狀。作世榮名，齎上件綿五籠，隨狀經本州通判陳首，蒙解送提舉行司訖。

一、據蔣輝供，元是明州百姓，淳熙四年六月内，因同已斷配人方百二等僞造官會，事發，蒙臨安府府院將輝斷配台州牢城，差在都酒務着役月糧，雇本州住人周立代役，每日開書籍供養。去年三月内，唐仲友叫上輝，就公使庫開雕楊子、荀子等印板，輝共王定等一十八人在局雕開，至八月十三日，忽據婺州義烏縣弓手到來台州，將輝捉下，稱被僞造會人黄念五等通取。輝被捉，欲隨前去證對公事，仲友便使承局、學院子董顯等三人捉回。仲友台旨：「你是弓手，捉我處兵士，你不來下牒捉人。」當時弓手押回，奪輝在局生活。至十月内，再蒙提刑司有文字來追捉輝，仲友使三六宣教令輝收拾作具入宅，至後堂名清屬堂安歇宿食，是金婆婆供送飯食。得三日，仲友入來，説與輝，稱：「我救得你在此，我有些事問你，肯依我不？」輝當時取覆仲友，不知甚事。言了，是仲友稱説：「我要做些會子。」輝便言，恐向後敗獲不好看。仲友言：「你莫管我，你若不依我説，便送你入獄囚殺，你是配軍不妨。」輝懼怕台嚴〔二七〕，依從。次日，見金婆婆送飯入來，輝便問金婆婆：「如何得紙來？」本人言：「你莫管，仲友自交我兒金大去婺州鄉下撩使篭頭封來。」次日，金婆婆將描模一貫文省會子樣入來，人物是接履先生模樣。輝便問金婆婆，言是大營前住人賀選在裏書院描模。其賀選能傳神寫字，是仲友、宣教耳目。當時將梨木板一片與輝，十日雕造了，金婆婆用藤箱子乘貯，入宅收藏。又至兩日，見金婆婆同三六宣教入來，將梨木板一十片，雙面，并後典麗賦樣第一卷二十紙。其三六宣教稱：「恐你閑了手，且雕賦板，俟造紙來〔二八〕。」其時三六宣教言說：「你若與仲友做造會子留心，仲友任滿，帶你歸婺州，照顧你不難。」輝開賦板至一月，至十二月中旬，金婆婆將藤箱貯出會子紙二百道，并雕下會子板及土朱、靛青、櫻墨等物付與輝，印下會子二百道了，未使朱印，再乘在箱子內，付金婆婆將入宅中。至次日，金婆婆將出篆寫「一貫文省」并專典官押三字，又青花上寫「字號」二字，輝是實〔二九〕，方使朱印三顆。輝便問金婆婆，三六宣教此「一貫文」篆文并官押是誰寫，金婆婆稱是賀選寫。至十二月末旬，又印一百五十道。今年正月內至六月末間，約二十次，共印二千六百餘道，每次或印一百道，及一百五十道，并二百道。直至七月內，不曾印造。至七月二十六日，見金婆婆急來報說：「你且急出去，提舉封了諸庫，恐搜見你。」輝連忙用梯子布上後牆，走至宅後亭子上，被趙監押兵士捉住，押赴紹興府禁勘。

一、台州人吏鄭榛供〔三〇〕，唐仲友節次支行公庫官錢，送委婺州唐十二宣教收買銀子，抵還糴本庫借支米本錢，作糴本銀起發。除買到銀子徑赴買銀場交秤，係攢司章奎、馬禮交收，附簿及支發起綱亦係逐人并各案見得實數外，尚有續次支去錢一千貫，未曾買到銀子。緣公庫收支簿曆干照於内多有不明，盡係唐仲友收藏入宅。今來馬澄賫到排日收支官會草簿，細數見在，乞勒本人詳細供具。及有關買物帛泛費名件，亦乞令馬澄同什物庫專知陸閑逐一銷破〔三一〕，便見欺弊。

右謹録奏聞，伏候勑旨。

貼黄

臣伏覩近者劉焞、宇文子震妄用官物，聖斷赫然，中外震悚。今仲友所用官物不減二人，而自盗入己、畜養亡命、僞造官會之屬，又二人所無有，顧乃獨蒙寬貸，臣竊有所未喻。伏乞聖照。

臣契勘在法，監司按發公事，不得送置司處，蓋防本官於所勘獄情輒有干預。今紹興府雖係臣置司處，臣自按發之後，見在巡歷，不曾回司，所勘獄情，無容得有干預。伏乞聖照。

乞蠲減漳州上供經總制額等錢狀

具位臣朱熹。

伏覩本州昨準本路提刑司牒，準尚書省劄子，臣僚劄子：「陛下龍飛正位，施實德于民，比因臣下有請，諸州縣經總制及月樁版帳錢悉議裁減。然朝廷雖行蠲減，而州縣之巧取於民者自若。欲乞行下諸路提刑司，應州縣日前以經總制月樁版帳爲名，巧作色目，科歛民錢以足額者，嚴行禁止，則朝廷所減爲及民之實惠矣。」四月二十一日，奉聖旨依。及準安撫諸司牒，準尚書省劄子，臣僚上言：「蠲減之數，郡實私之，而縣之督責於民者如故。乞令諸路監司與州郡公心商議缺乏縣道，如崑山、常熟之類，寬融減放。必不得已，則聞之朝廷，量與蠲減。各限一季聞奏。監司則開具一路所當減之州，守臣則開具一州所當減之縣，仍各要見所減名色錢數若干，庶幾灼然，實惠及民。」四月二十四日，奉聖旨依奏。臣伏讀前件兩次所降指揮，有以仰見皇帝陛下盛德至仁，勤恤民隱，至於偏州下邑，亦無不欲其蒙被堯舜之澤者。甚大惠也。然以臣所領一州四縣觀之，則雖無月樁一項之輸，而諸色上供及經總制無額等錢，或全無窠名，或收不及額。其間亦有州郡已爲抱認代納，而諸縣猶或不免違法科罰以足其數者。就中漳浦一縣，缺乏狼狽尤不可言。竊意崑山、常熟之類，其害未必至於此也。今者本州雖蒙聖恩蠲免經總制額一千貫省，然諸縣日前此色官錢除實收外，所欠常數千緡，以郡計之，則又不啻二萬餘貫。今者所減雖已不爲不多，然逐縣所得，在欠數中僅及二十餘分之一。若以此故，便欲禁其科罰，猶恐尚爲虚文，況欲遽見其所減放名色之若干乎？至於諸色上供全無指擬，則前此又未嘗有以聞者。州縣官吏以此二弊，私憂竊歎，以爲不知何時可免斯苦。今者乃幸遭遇仁聖，憂勤惻怛，至於如此，而臣於此時適叨委寄，得與一季開具聞奏之列，若不能罄竭所聞，以稱明詔，則臣雖死且有餘罪。臣竊計度本州財計以及諸縣，所無者固無可言，所有者，名色亦多不正，其爲曲折，固未易以一言盡。今若得蒙聖慈且將州縣所認折茶錢、罷科荔枝龍眼乾錢、抱認豐國監鑄不足鉛本錢七千六十四貫，及近年通判趙不敵所增經總制無額錢四千七百五十四貫特賜蠲減，則諸縣事力庶幾稍可支持，而日前科罰之弊亦可漸行禁戢。但欲便見其所減之名色錢，則恐朝廷所爲蠲減之數實未爲多，未容責效如此之速。臣謹具條畫前件所陳兩項利害如後，須至奏聞者。

一、臣契勘本州上供錢物一歲之數通及四萬餘貫，除一萬七千餘貫買銀五千兩解發，又有大禮年分銀一千兩，該錢三千五百餘貫，不在常年解發數内外，一項折茶錢七千貫，一項罷科龍眼荔枝乾錢四千貫，係逐年尚書户部準崇寧、大觀上供錢物格符下椿辦。又一項名爲抱認建寧府豐國監鑄不足鉛本錢，其數亦一萬六千貫，雖無省符行下，然逐年登帶省司帳狀，不可分文違欠。三色總計二萬三千餘貫，是皆無復根原來歷之可考，亦無户眼窠名之可催。從前只是本州多方那兑，一歲僅能趲得一萬二千貫錢起發，而其餘一萬一千四十貫，則以敷下諸縣，措置解補，向來州郡費出有經，縣道亦有寬餘，可以樁辦，以故移東補西，未覺敗缺。近年以來，州郡增添寄居、待缺、宗子、孤遺、養老、歸正等官，歲所支錢比之往時日有增廣，以此州郡窘匱而縣道急迫，日以益甚，無復贏餘可以補趲。雖於紹興、乾道年中，兩次蒙朝廷將上件三色上供錢盡數撥下本州，應副左翼軍口食馬料及忠順官驛料支遣，其錢雖不起發，然皆是逐月指定之數，期限促迫，尤不可緩。而縣道所解，往往愆期。至乾道五年，漳浦一縣趲辦不行，州郡不免將其所認錢數減下三千九百七十六貫，州郡自行抱認，於是本州樁辦之數遂成一萬五千九百七十六貫，而諸縣所敷，猶各不減二千餘貫，合三縣共爲七千六十四貫。縣道既無贏餘可積，又無窠名可催，官吏且欲避免一時州郡督責，則不過因民之訴訟而科罰之，甚則誘人以告訐而脅取之。州郡聞知，稍行禁約，則諸縣便以籍口，不肯留心趲辦，州郡不免又將別色官錢那兑補足。爲州郡者憚其如此，則遂一切聽其所爲，不復何問。不唯非理違法，妄取民財之可罪，而民之負冤苦而訴於官司者，皆無自而得其平矣。前後守臣不知其幾，目擊此弊，能不動心？顧以數目浩大，別無計策可以斡旋〔三一〕，朝廷又無蠲減之意，是以不敢遽然有請。今幸議臣建白，聖明開納，許爲蠲減，而臣獨幸得遭此時，其敢不以實聞而力請之乎？然上供錢内所有二萬餘貫買銀之數，臣固不敢輕議。其三色錢内，本州椿辦一萬五千九百七十六貫之數，臣亦未敢自請〔三二〕。故前所奏，只乞聖慈明詔有司，且將諸縣所敷七千六十四貫特賜除罷，却於本州合發别項朝廷錢内照數截撥，添揍應副前項左翼軍、忠順官等支遣，則庶幾州粗有以恤縣，縣粗有以恤民，而海隅蒼生、惸獨鰥寡，亦可以少被聖主發政施仁之澤矣。

一、臣契勘經總制錢不當立額，不待知者而後知也。蓋其出於倉庫出納、田宅契券之所收者，雖可約計其大概，然財計有時而虧盈，物價有時而高下，則其數已有不可得而準者。又況所謂無額錢者，元無一定窠名可以椿辦，其多少不可得而預知。故其創立之初，直以無額名之，則其不當立額也，雖至愚亦知之矣。而比年以來，悉皆立額比較。蓋緣紹興十九年中推行經界，人户多有白契，不堪照用，爭出投印，致得當年經總制錢所收增羨，遂有無狀小人獻此殘賊之計。一時朝廷既爲所誤，而其流毒至今未已。此本州經制之額所以至於二萬四千六百五十一貫者，蓋以紹興二十三年之數爲準也；總制之額所以至於五萬五千六百七貫者，蓋以紹興二十八年之數爲準也。然此其所以爲準者，又非當年自然收到之實數，皆是後來督責追補之虚額。而一時朝廷決意施行，官吏不敢爭執，遂以至今，逐年收趁不上，常虧一、二萬貫。至於無額之額，則立法以來，只以遞年爲額，爲錢不過五千三百一十二貫而已。隆興二年，通判趙不敵者妄意希賞，創立北溪税場，於數十里外遠收竹木之税，又於買納上供銀寶收回出剩價錢，多方督迫，攢得四千七百五十四貫，以充其數，於是無額之額遂增至一萬六十六貫。遞年收趁不上，所虧亦不下六七千貫。州縣無計可爲，則亦兑那科罰，如前項所以趁辦上供之術而已。而又重以守倅皆有磨勘之賞，下吏相與希意迎合，故其督責無藝，冒昧不顧，又非別色官錢之比。使仁人君子坐視民之狼狽而不知所以爲策，亦有年矣。今幸外廷之議偶及於此，得與諸州例蒙蠲減。而本州不幸獨以遞年發足之故，所減不及百分之一。此蓋任事者未知遞年所以不曾拖欠，正以官吏無狀，避罪希賞，不能仰體聖朝愛民厚下之本意，不顧郡計之盈虚、民情之苦樂，既已增立虚額於前，而又强爲登足於後也。且其所取之數若彼其多，所減之數如此其少，分之諸縣，至有僅得五十千者。是曾不足以當其平日所罰中人一家之數，而論者遽欲責其盡除日前科罰之弊，又望其便見蠲減名色若干之實，其亦難矣。故臣前所奏，欲乞聖慈且將近年通判趙不敵所增四千七百五十四貫者特賜蠲減，庶幾州縣稍稍有以相恤，百姓不至大段受害。至於此錢不當立額之本末，則臣昨因賜對，嘗獲面陳。伏蒙至尊壽皇聖帝深加獎納，然臣於是時尋即去國，以故不聞有所施行。今亦未敢出位犯分，輒有所陳，但望聖慈，博采群議，更加詳酌，拔本塞原，以幸天下，臣不勝大願。

右件如前，謹録奏聞，伏候勑旨。

貼黄

臣到任之初，刷具本州逐年起發經總制及無額錢數實收之數，極多不過七萬五千貫，而補發之數多至二萬五千餘貫。其補發者，並是州司兑那發納，以故昨來版曹比較歲額無欠。而議者不知其然，便爲本州事力有餘，不肯多與蠲減。然考累年以來實收之數日少而代納之數日多，亦足以見州郡事力日就空竭，加以數年，恐亦無以爲州，而自爲崑山、常熟之不暇，固不能有以恤其縣，而縣之不恤其民，將益甚於今日矣。臣不敢以此繁碎浼瀆聖聰，謹已別具細數單狀申尚書省。如蒙聖慈哀憐，特賜宣索，除依今來所乞減下無額錢數外，更令有司於淳熙十六年十一月二十五日減無額數内，將經總制兩項正錢比倣他州所欠分數再與蠲減，不勝幸甚。

條奏經界狀

具位臣朱熹。

準尚書省劄子，備奉聖旨指揮，令臣相度漳州先行經界事聞奏者。臣衰晚迂疏，無所能似，猥蒙聖恩畀以郡紱〔三四〕，静惟僥冒，常懼無以補報萬分。今者乃幸遭逢聖朝，不忘遐遠，推行仁政，首於二郡。以臣適守是邦，使得與討論之列，其爲慶幸，何可勝言。臣自早年即爲縣吏，實在漳、泉兩郡之間〔三五〕，中歲爲農，又得備諳田畝之事。竊見經界一事，最爲民間莫大之利。其紹興年中已推行處，至今圖籍有尚存者，則其田税猶可稽考，貧富得實，訴訟不繁，公私之間，兩得其利。獨此泉、漳、汀州不曾推行，細民業去産存，其苦固不勝言。而州縣坐失常賦，日朘月削，其勢亦將何所底止？然而此法之行，其利在於官府細民，而豪家大姓、猾吏姦民皆所不便，故向來議臣屢請施行，輒爲浮言所沮，甚者至以汀州盜賊藉口，恐脅朝廷。殊不知往歲汀州累次賊盜，正以不曾經界，貧民失業，更被追擾，無所告訴，是以輕於從亂，其時初未嘗有經界之役也。以此相持，久無定論，不唯汀州之民不能得其所欲，而泉、漳二州亦復并爲所累，弊日益深，民日益困，論者惜之。今者議臣之請，且欲先行泉、漳二州而次及於臨汀，既免一州盜賊過計之憂，又有以慰兩郡貧民延頸之望，誠不可易之良策也。臣雖多病，精力早衰，無以仰副使令，然不敢先一身之勞佚而後一州之利病，竊獨任其必可行也。然今已是仲秋，向去十月農隙之時，只有兩月之久。若蒙聖慈特許施行，則所有合行事件，欲乞便令監司州郡一面施行。若候得旨方行奏請，更俟報可，竊恐遲緩，不及於事。須至條畫，并此奏聞。今具下項：

一、推行經界最急之務，在於推擇官吏。臣昨因本路諸司行下詢究，嘗具已見申陳，欲乞朝廷先令監司一員專主其事，使擇一郡守臣，汰其昏繆疲輭、力不任事如臣等者，而使郡守察其屬縣，令或不能，則擇於其佐，又不能，則擇於它官，一州不足則取於一路，見任不足則取於得替、待缺之中，皆委守臣踏逐申差，或權領縣事，或只以措置經界爲名，使之審思熟慮於其始，而委任責成於其終。事畢之後，量加旌賞。果得其人，則事克濟而民無擾矣。伏乞聖照，許賜施行。

一、經界之法，打量一事最費功力，而紐折算計之法，又人所難曉者。本州自聞初降指揮，即已差人於鄰近州縣已行經界去處，取會到紹興年中施行事目，及募本州舊來有曾經奉行、諳曉算法之人，選擇官吏將來可委者，日逐講究，聽候指揮。但紹興年中户部行下打量攢算格式印本，多方尋訪，未見全文，竊恐諸州亦未必有。欲乞聖慈，特詔户部根檢謄録，點對行下。

一、圖帳之法，始於一保，大則山川道路，小則人户田宅，必要東西相連、南北相照，以至頃畝之闊狹、水土之高低，亦須當衆共定，各得其實。其十保合爲一都，則其圖帳但取山水之連接與逐保之大界總數而已，不必更開人户田宅之闊狹高下也。其諸都合爲一縣，則其圖帳亦如保之於都而已，不必更爲諸保之别也。如此，則其圖帳之費亦當少減。然猶竊慮今日民力困弊，又非紹興年中之比，此費雖微，亦恐難以陪備。若蒙朝廷矜憐三郡之民，不忍使之更有煩費，則莫若令役户只作草圖草帳，而官爲買紙雇工〔三六〕，以造正圖正帳。專委守倅及所差官會計買紙雇工之費，實用若干錢物，具申漕憲兩司，許就本州所管兩司上供錢内截撥應副。如此則大利可成而民亦不至於甚病矣。又據龍巖縣尉劉壁申〔三七〕，經界之行，惟里之正長其役最爲煩重，疆理畎畝，分別土色，均攤税賦，其在當時，動經再歲。彼出入阡陌，妨廢家務，固已不勝其勞。一有廣狹失度，肥磽失宜，輕重失當，則詞訴並興而督責又隨至矣。然有産則有役，適當重難，使出心力以應役使，亦無可奈何。然彼皆鄉民，安知經界書算？則必召募書人以代此役。而書人能書算，必嘗爲胥史之傑黠者，莫不乘時要求高價。執役之人急於期限，不免隨索則酬。而又簿書圖帳所用紙札亦復不貲。執役之人，安能勝此勞費？竊謂經界之在今日，不可不行，行之亦不患無成。若里正、里長、書人、紙札之費有以處之，則可舉行。若坐視其殫力耗財如曩日，恐非仁政之意也。臣竊詳此意與臣所奏大指略同，而所陳利害更爲詳盡，伏乞參照，特許施行。

一、紹興經界打量既畢，隨畝均産，而其産錢不許過鄉。此蓋以算數太廣，難以均敷，而防其或有走弄失陷之弊也。若使諸鄉産錢祖額素來均平，則此法善矣。若逐鄉産錢祖額本來已有輕重，即是使人户徒然遭此一番打量攢算之擾，而未足以革其本來輕重不均之弊，無乃徒爲煩擾而不免有害多利少之歎乎！ 今來推行經界，乃是非常之舉，不可專守常法。欲乞特許産錢過鄉，通縣均紐，庶幾百里之内輕重齊同，實爲利便。 伏乞聖照，特許施行。

一、本州民間田有産田，有官田，有職田，有學田，有常平租課田，名色不一，而其所納税租輕重亦各不同。 政使坐落分明，簿書齊整，尚難稽考，何況年來産田之税既已不均，而諸色之田散漫參錯，尤難檢計，姦民猾吏並緣爲姦，實佃者或申逃閣，無田者反遭俵寄。至於職田，俵寄不足，則或撥别色官錢以充之。 如此之類，其弊不可遍舉。 今來欲行經界，若更存留此等名字，則其有無高下仍舊不均，而名色猥多，不三數年，又須生弊。 爲今之計，莫若將見在田土打量步畝，一概均産，每田一畝，隨九等高下定計産錢幾文，而總合一州諸色租税錢米之數，却以産錢爲母，别定等則，一例均敷，每産一文，納米若干，錢若干。去州縣遠處，遞減令輕。 米只一倉受納，錢亦一庫交收，却以到官之數照元分數分隸若干爲省計，若干爲職田，若干爲學糧，若干爲常平，逐旋撥入諸色倉庫。 除逐年二税造簿之外，每遇辰、戌、丑、未之年，逐縣更令諸鄉各造一簿，今子、午、卯、酉年應辦大禮，寅、申、巳、亥年解發舉人。惟此四年，州縣無事。 開具本鄉所管田數、四至、步畝等第，各注某人管業，有典賣則云元係某人管業，某年典賣，某人見今管業，却於後項通結，逐一開具某人田若干畝、産錢若干，使其首尾互相照應。又造合縣都簿一扇，類聚諸簿，通結逐户田若干畝、産錢若干文。其有田業散在諸鄉者，則併就烟爨地分開排總結，並隨秋料税簿送州印押，下縣知佐通行收掌。人户遇有交易，即將契書及兩家砧基照鄉縣簿對行批鑿，則版圖一定而民業有經矣。但或者尚疑如此，則本州産田納税本輕而今當反重，官田納租本重而今當反輕，施行之後，爭競必多。須俟打量了畢，灼見多寡實數，方可定議。其説似亦有理。伏乞聖照，并與行下，俟一面打量了畢，别具利害申奏聞次。

一、本州更有荒廢寺院田産頗多，目今並無僧行住持，田土爲人侵占，逐年失陷税賦不少。將來打量之時，無人照對，亦恐别生姦弊。加以數年，將遂不可稽考。欲乞特降指揮，許令本州出牓召人實封請買，不唯一時田業有歸，民益富實，亦免向後官司税賦因循失陷，而又合於韓愈所謂「人其人、廬其居」之遺意，誠厚下足民，攘斥異教不可失之機會也。伏乞聖照，特許施行。

右謹録奏聞，伏候勑旨。

貼黄

第四項

臣契勘産錢不得過鄉，此平世之常法也。然此法之來亦甚未久，向來未立此法之時，産錢往往過鄉，割上烟爨去處。故州城縣郭所在之鄉，其産無不甚重，與窮山僻壤至有相倍蓰者。此逐鄉産錢祖額所以本來已有輕重之所由也。伏乞聖照。

第五項

所謂俵寄者，正田不知下落，官司恐失租米，即以其租分俵寄搭鄰近人户，責令送納。推此一端，貧民受弊亦可見矣。然它處不聞有此名字，獨漳州見之。伏乞聖照。

第六項

臣伏見本州城壁素來頹壞，高者不及丈餘，低者全是平地，居民日夜往來，不得禁制〔三八〕。向來沈師之亂，闔郡驚擾，不知所爲。向非朝廷威靈，尋即破滅，則此邦之患何可勝言。以往推來，此亦事之不可不慮者。今若許賣此田，其錢欲乞且令本州樁管，別行相度，漸爲脩築之計，務一兩得，莫便於此。并乞聖照。

又奏乞戒約州縣妄科經總制錢及除豁虛額錢數狀

具位臣朱熹。

右臣去年到任之初，即準省符行下臣僚奏請〔三九〕，州縣以經總制錢爲名，巧作色目，科斂民錢，以足歲額者，欲乞嚴行禁止。又乞令諸路監司與州郡公心商議，將缺乏縣道寬融減放。奉聖旨依奏。臣於是時即已遵禀具奏，以本州罷科茶及荔枝龍眼乾，抱認建寧府豐國監鑄不足鉛本三色上供錢，除本州自來以省計通融支遣一萬五千九百七十餘貫外，尚欠七千六十四貫，並無户眼源流可催。又有隆興二年增起經總制無額錢四千七百餘貫，逐年收趁不上，並是敷下諸縣，巧作名色，科罰人户，供輸發納，違法害民，事屬不便。乞將上件錢除一萬五千餘貫本州依前通融支遣外，其所敷下諸縣七千餘貫，及隆興二年增起無額虚數四千七百餘貫特賜減免。仍乞指揮別撥一項錢物，應副截支左翼軍官兵口食等用。已蒙聖慈開允，行下本路漕司相度。今經日久，未委本司已未申奏，以致未得早被蠲貸之恩。臣今在任將及一考，逐時稽考本州財計，見得自去年四月以來，節次行下諸縣，不得妄行科罰，而所有上供七千六十四貫，只以省計通融支遣，亦不至於大段欠缺，自不須更令州縣收簇解發，亦不當上煩朝廷別行應副。臣輒已行下諸縣，自今並免解發，及申嚴約束，不得似前以此爲名，妄行科擾去訖。但恐將來官吏不能遵守，復致違戾，欲望聖慈特賜睿旨，嚴行戒敕，如有依前科擾去處，州縣當職官吏並與重行坐罪，庶幾海裔窮民獲安田里，咸知聖主憫仁元元、不間幽遠之意。至於經總無額錢内四千七百餘貫虚額之數，即在州縣不容措畫，却乞聖恩矜憐，特詔有司直與除豁，永絶科擾之原，益廣涵濡之澤，臣不勝大願。臣冒犯天威，不任恐懼俟命之至。謹録奏聞，伏候勑旨。

簽黄

臣所奏不敷諸縣發納上供七千餘貫，乞賜戒約縣道，不得科罰，即於上供元額並無虧減。乞將此項先賜施行，其經總制無額錢却乞付之有司，立限聞奏。取自聖裁，特賜除豁。

乞褒録高登狀

貼黄

奏爲本州故迪功郎高登嘗以直言干忤秦檜，貶死容州，乞賜昭洗褒録事，伏候勑旨。

具位臣朱熹。

臣猥以塵賤，備員偏州，仰體聖明收用奬拔之意，思竭駑鈍，仰報萬分，故於聽訟決獄之際，不敢不盡其愚。今幸踰年，目前人户些少曲直〔四〇〕，粗得其情。獨有事在數十年之前，而其枉直之分、舉錯之重或非州郡之所得爲者，則在臣之職，不敢不具以聞。伏惟聖慈，特垂聽察。

臣伏見本州漳浦人故迪功郎高登資禀忠義，氣節孤高，少遊太學，值靖康之禍，嘗與陳東詣闕上書，力陳六賊之罪，且言金人不可和狀。至紹興間廷對，力陳闕失，無所顧避，覆試官忌其直，降爲下州文學。高宗皇帝嘉其忠而收之，調静江府古縣令。是時秦檜當國，帥臣胡舜陟以其父嘗宰是邑，欲爲立祠，以悦其意，而登獨持不可。舜陟欲以危法中之，召致獄官，驗問訊掠，訖無罪狀可書。後爲潮州試官，又使諸生論直言不聞之可畏，策閩、浙水沴之所由。檜聞益怒，以爲陰附趙鼎，削官徙容州以死。檜没之後，諸以口語爲檜所陷者，高宗皇帝深察其冤，巨細存亡，無不甄録。而登以遠人下士，獨無爲言之者。至乾道間，近臣梁克家等始援紹興二十六年赦書以請，而有司拘文，廢格弗下，近歲守臣傅伯壽又嘗具奏如前，然今亦已踰年，未奉進止。是使登以抱恨没身垂五十年，而姓名猶在罪籍，未蒙昭洗。雖其孤忠自信，獨立不懼，精爽凛然，必不以此爲悔，而在聖朝伸冤雪枉、勸善懲惡之意，則議者猶竊恨焉。臣幸得蒙恩，假守其鄉，目睹兹事；若又緘默，不能具以上聞，則雖萬被戮，不足償罪，是以敢冒言之。伏惟皇帝陛下御極以來，虚心克己，容納盡言，比以陰陽失和，申詔近臣，樂聞至論。草茅之士，雖有狂直過甚之言，始雖忤旨，終薄其罪。竊揆聖志，如登之忠直，宜在矜奬。欲望特發德音，復其官秩，量加褒録，以慰九原，且使天下之欲爲忠義者知所勸慕，誠非小補。臣不量疏遠，干犯威嚴，無任震懼隕越之至。謹録奏聞，伏候勑旨。

貼黄

臣竊詳傅伯壽奏底有「加贈官秩，施恩後嗣，係於聖神之獨斷，非小臣所敢請」之語。臣之疏遠，尤不敢輒論及此。然區區之情，實亦有同焉者。伏乞聖照。

按黄岌狀

照對本州管下沿海寨巡檢一員、土軍一百六人，逐年截撥漳浦縣人户苗米三千一石五升，近寨置倉，專委縣官就彼交納，應副支遣土軍月糧。例是一月餘日方得交畢，結局回縣。去年係委縣官從事郎黄岌，不知有何私幹，到寨未及十日，即便回縣。既不恤人户搬運〔四一〕，且令仍舊搬米前來倉所等候，其黄岌又不前去地頭續爲交納，遂至五月以後，大軍缺食，赴州陳訴。本州累行催促，其黄岌頑然略不介意。本州爲見大軍節次奔走號訴，殊可矜憐，遂將別色官錢量行兑支，仍截下人户未納州米，別行委官前去，監督本縣催促支散。至今日久，未能按月支遣。蓋緣黄岌怠慢不職，專務營私，不以國家養兵捕盗爲念，不爲及時交納，致得一寨土軍一百餘人飢餓狼狽，實非細事，委是難以存留在任。本州遂於八月初七日將黄岌與龍巖縣主簿迪功郎陸槐對移，及具狀申尚書省吏部并諸監司照會訖，並皆未蒙果決，回降指揮。今來伏覩符下六月十八日樞密院劄子，施行朝請郎王銖論奏，乞行約束州軍，弓手土軍雇錢衣糧須管按月支發，毋使侵擾細民，奉聖旨依。本州竊詳上項申請指揮正與本州按發黄岦事件一同，仰見朝廷撫軍恤民丁寧深切之意。所有黄岦罪狀，不敢隱默。欲望聖斷，特將黄岦重賜施行，以爲官吏慢令廢職、不恤軍民之戒。伏候敕旨。

薦知龍溪縣翁德廣狀

具位臣朱熹。

右臣叨被誤恩，假守偏郡，自到官以來，惟思所以仰稱使令之意。以爲布宣德意，固爲郡守之職，然苟屬縣奉行不得其人，則無自而及於百姓。故嘗深察諸縣令佐之賢否，其背公營私、廢弛不職者，已嘗按劾具奏，得旨施行。其涖官公勤，委有善狀者，又豈敢默默而不以上聞乎？

臣伏見朝奉郎、知龍溪縣翁德廣天資剛直，才氣老成，不爲赫赫可喜之名，而每有懇懇愛民之實。臣嘗以縣事大要者三，察其施爲，知其果有可稱者，刑獄、詞訟、財賦是也。縣所解徒流以上罪，歲率數十，臣取其案牘觀之，見其親畫條目，委曲難問，必盡囚辭而後已。及州司理院再行審鞫，而囚卒無異詞，皆以縣之所鞫爲得其情。是能上體國家哀矜庶獄之意也。漳之四邑,龍溪爲大,理訴之牒,日百餘紙,巧僞詆讕,姦詐百出。德廣乃隨事處決,終朝而畢,人服其公,未嘗有知責留禁之人。是能使百姓無屈抑不伸之訟也。縣所賦入,最爲浩繁,合三縣之數,不足以當龍溪十分之八,郡之經費,賴以取足。德廣乃從容應辦,民自樂輸,吏無追督,是能足用裕民而無抑配科斂之患也。考其治行,蓋庶幾乎古之循吏者。竊謂若使凡爲縣者皆能如此,則國家德澤不患於壅隔,而田里之間亦不復有歎息愁怨之聲矣。臣與德廣爲同郡人,其孝友稱於宗族,行義信於鄉閭,臣素知之,固已甚審。至此一年,察其所以施於有政者又如此,故今不復以鄉曲爲嫌,已照薦舉格令,舉充陞陟員數。又念方以災患乞奉香火,朝夕得旨,便當解罷,而德廣去替亦已不遠,竊恐後來者知德廣之賢未能若臣之詳,偶至脱略,則在臣有見賢不能舉之罪。臣愚欲望睿慈,察臣所舉出於公論,將德廣特與陞擢差遣,以爲官吏勤事愛民之勸,臣不勝大幸。謹録奏聞,伏候勑旨。

劾將官陸景任狀

具位臣朱熹。

照對臣誤蒙聖恩,委任閫寄〔四二〕,於今月初四日到潭州交割職事。有本州駐劄東南第八將武功郎陸景任前來公參,見得本官病患尫羸,不能行立。考其出身,係因泛使入國,用入流減年奏補。所歷差遣，止是監當場務，元不曾經兵官職事。而今來所任，係管潭州禁軍八指揮，并有揀中軍兵幾及千人，全藉有精力不衰、諳曉軍務兵官訓練教閲。又本州管下有産茶地分，及上江州軍各有溪洞，亦賴兵官聲勢彈壓。目今邵州見被湖北傜賊侵犯，已調發本州駐劄東南第八副將黄俊部兵往山前把截，其潭州將官，豈是僥倖庸流尸禄養痾、晏然端坐之地〔四三〕？兼臣到任之初，方欲督責兵官、練習軍旅，以爲銷伏姦宄、彈壓盗賊之計，其陸景任實難倚仗。欲望聖慈，特降睿旨，將陸景任與宫觀差遣，别選材武曾歷管軍職事之人前來充職，庶幾軍務不致廢弛。須至奏聞者。

右謹録奏聞，伏候勑旨。

同監司薦潘燾韓邈蔡咸方銓狀

具位臣朱熹等。

臣等竊見比年以來，臣僚申嚴薦舉之法，以革獨員之弊，蓋所以示公道而杜私情也。然人之才固有不同，而薦之者所見亦或不一，往往獨員之薦常多，而列銜之薦常少，繇此故也。臣等備員帥臣、監司，其於一路人才，職當留意，既不敢以己見獨薦，而參之以公論，苟有可以備采擇者，又安敢隱嘿。竊見朝請大夫、權知邵州潘燾，以學問持身，以儒雅飾吏，不鄙夷其民，首以教化爲務，崇尚學校，修建先賢祠宇。民有嚚訟，諭之以理，事至有司，敏於決遣，由是庭訟日簡，郡圄屢空。湖北傜寇侵犯邊境，而熹處置得宜，民用安堵。至於移屯置寨，爲民防患者，無所不用其至。其他設施，一切不苟。臣熹昨與帥臣周必大已嘗以其姓名薦聞矣。朝請郎、權知全州韓邈，名臣之後，材力有餘。入仕以來凡三作邑，皆有可紀。民情利病，纖悉洞究。全之爲郡，久費枝梧，而邈迺能檢柅吏姦，稽考滲漏，民間輸納，不多取斛面，縻費商税，寬減苛細。前政財賦不辦，邈至未幾，即不欠漕計，且足郡用。奉議郎、權通判邵州蔡咸，有高祖襄精明之風，自初試吏，即以能聞。用獲盜賞改官，又用收彊賊、應副錢糧賞循資，又因水澇賑濟，中書籍記姓名。比者邵有傜人之擾，咸詣山前督捕，暴露經時，多設方略，鈎致蠻獠之情，卒能使之恐懼納款。其他佐理郡政，不競不隨，經總制錢，不待督責〔四四〕，每歲溢額，總所亦已保奏，委之賑濟，措置有方，民被實惠。奉議郎、提刑司幹辦公事方銓，器資宏裕，識趣高明。向宰懷安劇邑，連事三帥，皆稱其寬簡不擾，急吏緩民，所薦之詞，如出一口，懷安之民至今稱之。今任湖南屬官，其在幕中靖重寡言，澹若無營。至於酬應事機，多所贊助。前任提刑孫某嘗以其學識深潛，持守正固，薦充所知。是四人者，職雖不同，然其才各適於用。欲望聖慈，特加旌擢，以爲趨事赴功者之勸。如後不如所舉，臣等甘坐謬舉之罰。須至奏聞者。

右謹録奏聞，伏候敕旨。

舉潘友恭自代狀

具位臣朱熹。

準令，侍從官授告訖，限三日内舉官一員自代。

右臣伏見從事郎、新明州司理參軍潘友恭，存心懇惻，造理精深，居家有孝友之稱，持己有廉静之節，其於世務，亦所該通。臣實不如，舉以自代。謹録奏聞，伏候敕旨。乞降付中書門下省。

乞潭州譙王等廟額狀

貼黄

奏爲潭州創立晉譙王承及紹興死事之臣孟彦卿、趙民彦、劉玠、趙聿之等廟乞賜敕額，伏候敕旨事。

具位臣朱熹。

臣前任知潭州日，伏準紹熙五年七月七日大赦内一項節文，歷代忠臣烈士祠廟損壞，令本州支係省錢修葺。竊見東晉王厚之亂，湘州刺史、譙閔王司馬承起兵討賊，不克而死。紹興初，金賊犯順，通判潭州事孟彦卿、趙民彦督兵迎戰，臨陣遇害。城陷之日，將軍劉玠、兵官趙聿之巷戰，駡賊不克而死。此五人者，皆以忠節没於王事，而從前未有廟貌，無可修葺。無以仰稱聖朝褒顯忠義之意；遂牒本州於城隍廟内創立祠堂，象五人者。并考譙王本傳，并象其參謀數人〔四五〕，立侍左右，各立位版，記其官職姓名，奉祀如法。方行考究，未及營表，而臣忽被誤恩，赴闕奏事。計其功力不至甚多，本州必已起造了畢〔四六〕。欲望聖慈，特詔有司賜之廟額，仍下本州照應施行，庶以慰答忠魂，爲天下萬世臣子之勸，臣不勝大願。謹録奏聞，伏候勑旨。乞降付尚書省。

校勘記

〔一〕爲立威收貨娱悦婦人之具　「收」，浙本作「取」。

〔二〕因差在城外二路　「二」，浙本作「三」。

〔三〕推司蕭明受銀盞二隻　「明」字原缺，據正訛引徐樹銘新本補。

〔四〕託虞候陳長送與唐十八宣教　「長」字原缺，據正訛引新本補。

〔五〕決脊杖十三還俗　「十三」，正訛改作「三十」。
〔六〕係婺州人氏　「氏」，原作「事」，據正訛引祠堂本改。底本原注：「人事」，疑當作「人氏」。
〔七〕仲友差人奪回　「差」，原作「幣」，據浙本改。
〔八〕此輩亡命造幣姦人　「幣」，原作「差」，據浙本改。
〔九〕必得其情　「其情」，浙本作「情實」。
〔一〇〕囑託親情俞安敗酒事　底本原注：「敗」字，疑當作「販」。
〔一一〕得刺軍關節錢二十貫文九十六陌　「錢」字原缺，據浙本補。
〔一二〕舊琴一面　「舊」字原缺，據康熙本補。傳經堂本作「古」。
〔一三〕雖有些少白酒喫用　「少」，浙本作「小」。
〔一四〕造販私酒之家搜捉　「造」字原缺，據康熙本補。同治本作「外」。傳經堂本作「逐」。
〔一五〕被冒役推司蕭籀迎逢判府私意　「判」，浙本作「州」。
〔一六〕嚴行止約　「嚴」上，浙本有「及」字。
〔一七〕中懷忿切　「中」字原缺，據康熙本補。
〔一八〕非得清彊獄官嚴行根究　「究」，浙本作「勘」。
〔一九〕詣實聞奏　「詣」，原作「指」，據浙本改。
〔二〇〕則是不唯臣無復顔面可以號令諸州　「不唯臣」，原作「臣不唯」，據浙本、天順本乙。

〔二一〕令具單狀　「令」，原作「今」，據浙本改。

〔二二〕及七部見在書院　「七」，正訛改作「十」。

〔二三〕應干牀幃及幃設大卓衣及支散人從衣衫等物　「及幃」二字原缺，據浙本補。

〔二四〕唐仲友親戚高一宣教就公庫馬澄邊支錢一千貫文　「文」，原作墨丁，據四庫本補。

〔二五〕稱説要出賣綿　「説」字原缺，據浙本補。

〔二六〕出賣見成抄　「抄」，正訛改作「鈔」。

〔二七〕輝懼怕台嚴　「懼」字原缺，據浙本補。

〔二八〕俟造紙來　「俟」，浙本作「候」。

〔二九〕輝是實　記疑云：「疑有誤。」

〔三〇〕台州人吏鄭榛供　「供」，原作「共」，據浙本改。

〔三一〕什物庫專知陸閈　「閈」，上文作「侃」。

〔三二〕別無計策可以斡旋　「斡」，原作「幹」，據浙本改。

〔三三〕臣亦未敢自請　「自」，浙本作「有」。

〔三四〕猥蒙聖恩畀以郡紱　「紱」，原作「級」，據浙本改。

〔三五〕實在漳泉兩郡之間　「漳泉」，浙本作「泉漳」。

〔三六〕而官爲買紙雇工　「買」，原作「置」，據浙本改。

〔三七〕又據龍巖縣尉劉璧申　「璧」，浙本作「壁」。

〔三八〕不得禁制　「得」，浙本、天順本作「可」。

〔三九〕即準省符行下臣僚奏請　「請」，原作「諸」，據浙本、天順本改。

〔四〇〕目前人户些少曲直　「少」，浙本、天順本作「小」。

〔四一〕既不恤人户搬運　「運」字原缺，據康熙本補。

〔四二〕委任閫寄　「任」，浙本作「付」。

〔四三〕晏然端坐之地　「地」，原作「也」，據浙本改。

〔四四〕不待督責　「督責」，浙本作「催督」。

〔四五〕并象其參謀數人　「謀」，浙本作「佐」。

〔四六〕本州必已起造了畢　「必」，原作「除」，據浙本改。